西藏历史文化丛书

张云 主编

Tangdai Tubo Shi yu Xibei Minzu Shi Yanjiu

唐代吐蕃史与西北民族史研究

张云 著

江苏人民出版社

图书在版编目(CIP)数据

唐代吐蕃史与西北民族史研究 / 张云著. —南京：
江苏人民出版社，2021.6(2022.3 重印)
(西藏历史文化丛书)
ISBN 978 - 7 - 214 - 23430 - 8

Ⅰ. ①唐… Ⅱ. ①张… Ⅲ. ①吐蕃—民族历史—研究
—中国—唐代②民族历史—研究—西北地区—唐代 Ⅳ.
①K289②K280.4

中国版本图书馆 CIP 数据核字(2019)第 076792 号

书　　　名	唐代吐蕃史与西北民族史研究	
著　　　者	张　云	
责 任 编 辑	史雪莲	
助 理 编 辑	陆诗濛	
装 帧 设 计	徐　慧	
责 任 监 制	王　娟	
出 版 发 行	江苏人民出版社	
地　　　址	南京市湖南路 1 号 A 楼,邮编:210009	
照　　　排	江苏凤凰制版有限公司	
印　　　刷	江苏凤凰数码印务有限公司	
开　　　本	652 毫米×960 毫米　1/16	
印　　　张	29.5　插页 2	
字　　　数	392 千字	
版　　　次	2021 年 6 月第 1 版	
印　　　次	2022 年 3 月第 2 次印刷	
标 准 书 号	ISBN 978 - 7 - 214 - 23430 - 8	
定　　　价	98.00 元	

(江苏人民出版社图书凡印装错误可向承印厂调换)

"西藏历史文化丛书"序言

张　云

　　中国是一个统一的多民族国家,中国辽阔的疆域是各民族共同开拓的,中国悠久的历史是各民族共同书写的,中国灿烂的文化是各民族共同创造的,中国伟大的精神是各民族共同培育的。"一部中国史,就是一部各民族交融汇聚成多元一体中华民族的历史,就是各民族共同缔造、发展、巩固统一的伟大祖国的历史。"中国历史既要从专题史、断代史、区域史、族别史的角度进行研究,更要从整体史、共同史、发展史和各民族交往交流交融史的视野进行研究,既要考证明辨历史事件、人物、制度、历史地理和思想文化演进的脉络源流,又要深入探究把握中国历史发展的规律动力和中华文明不断进步的内在逻辑。勒芬·斯塔夫罗斯·斯塔夫里阿诺斯(Leften Stavros Stavrianos,1913—2004 年)在所著《全球通史》中说:全球史观研究的是全球而不是某一个国家或地区的历史;关注的是全人类,而不仅仅是欧洲人或是非欧洲人。此外,全球史并不等于国别史或地区史的简单相加,而是重在揭示不同地区和国家历史的相互联系与影响。这和从整体史、共同史及其内在联系和影响的角度研究中国历史、中华民族史有着相同或者相似之处。中国历史、中华民族史研究只有从整体上把握,并从内在的相互联系中进行考察,才能抓住一些本质性的规律,得出一些更加全面客观和科学的结论。

西藏位于中国的西南边陲,青藏高原的西南部,北邻新疆,东北紧靠青海,东西接连四川,东南界云南,南边和西部与缅甸、印度、不丹、尼泊尔等国接壤,国境线长达 3 842 公里,是中国西南边疆的重要门户。西藏全区 6 市(拉萨市、日喀则市、山南市、林芝市、昌都市、那曲市)和阿里地区、74 个县(区),有常住人口为 364.81 万人(截至 2021 年 5 月),其中,藏族人口为 313.79 万人,其他少数民族人口为 6.68 万人,汉族人口为44.33 万人。西藏面积 122.84 万平方公里,约占中国总面积的八分之一,南北最宽约 1 000 公里,东西最长达 2 000 公里,是世界上面积最大,海拔最高的高原,有"世界屋脊"之称。西藏地域辽阔,地貌多样,大致可分为喜马拉雅山区、藏南谷地、藏北高原和藏东高山峡谷区。气候自东南向西北依次有:热带、亚热带、高原温带、高原亚寒带、高原寒带等各种类型。西藏是中国太阳辐射能最多、日照时间最长的地方。西藏耕地集中分布在藏南河谷及河谷盆地中,东部和东南部也有少量分布,总面积达 36 万公顷。西藏有牧草地 65 万公顷,天然草地面积超过内蒙古和新疆,位居全国第一。西藏各类自然保护区面积达 41.22 万平方公里,占西藏自治区国土面积的 1/3 以上。青藏高原孕育了黄河、长江、恒河、湄公河、印度河、萨尔温江和伊洛瓦底江等七条亚洲的重要河流,被称为"中华水塔""亚洲水塔"。西藏是中国湖泊最多的地区,湖泊总面积约2.38万平方公里,约占全国湖泊总面积的 30%。西藏水能资源理论蕴藏量为 2 亿千瓦,约占全国的 30%,居中国首位。西藏是世界上太阳能最丰富的地区之一,太阳能资源居全国首位。西藏矿产资源储量居全国前5 位的有铬、工艺水晶、刚玉、高温地热、铜、高岭土、菱镁矿、硼、自然硫、云母、砷、矿泉水等 12 种。西藏动物资源丰富,野驴、野牦牛、马鹿、白唇鹿、黑颈鹤、小熊猫等 123 种被列为国家重点保护动物,占全国重点保护动物的 1/3 以上,自然资源丰富。

中国各民族形成发展的历史都是中国历史的组成部分,西藏自古是中国不可分割的一部分,包括藏族、汉族、蒙古族、门巴族、珞巴族等在内的中国各民族共同开发、守卫和建设了祖国这块神圣的土地,共同谱写了波澜壮阔的历史,创造了灿烂夺目的文化,为中华民族大家庭的建设做出了重要的贡献。汉文史书记载中的"西羌"是包括汉族、藏族和中国西部地区诸多民族的重要源头。考古资料证明,西藏地区很早就有人类活动,而且与祖国内地存在着密切的联系。2022年1月发布的西藏自治区阿里地区噶尔县切热遗址,是一处全新世早期旧石器时代旷野遗址,也是青藏高原腹地少见的、具有明确地层堆积的史前早期人类活动遗址,填补了青藏高原腹地距今8 000年至10 000年史前考古文化的空白。西藏昌都距今4 000到5 000年前新石器文化遗址——卡若遗址中出土的陶器、石器和房屋建筑形制均与仰韶文化有继承关系,而卡若出土的粟米直接来自黄河流域。西藏阿里故如甲木(gu ru gyam)墓地发现的距今1 800多年的汉字"王侯"织锦和源自内地的茶叶残留,乃至历史语言研究中的汉藏语同源,基因学研究的汉藏语同源等成果,都不断丰富和充实着中华民族史形成与发展历史之西藏篇章的内容。公元7世纪松赞干布(srong btsan sgam po,617—650年)建立吐蕃王朝以前,西藏地区即是由不同民族、不同政权分散管理的区域,较大的有活动在今西藏自治区西部和西北部羊同(象雄,zhang zhung);控制今西藏自治区北部那曲地区、东部昌都地区到青海省南部玉树自治州一带的苏毗(sumpa);位于苏毗东部金沙江上游的多弥;占据今甘肃省、青海省南部和四川省西北部的党项;分布在今四川省西部、西藏昌都东部地区的西山八国,即东女国等;称雄于今西藏自治区山南地区的雅隆悉补野(spu rgyal)部落,以及由鲜卑族联合西羌部落建立的、控制今青海省北部到新疆维吾尔自治区南部的吐谷浑(阿柴,A zha)政权。吐蕃王朝不仅管辖和吸纳了青藏高原地区的众多政权和众多民族,而且不断吸纳和融合了汉族及唐代中国西北、西南众多民族成分。唐蕃在长期的交往交流过程中更逐渐打破壁垒,建立起密切的政治、经济、宗教和文化联系。贞观十五年(公元641年),唐太宗许以文成公主(? —680年),并封吐蕃使臣禄东赞(mgar stong btsan yul srung,? —667)为右卫大将军。唐朝嫁文成公主以后又嫁金城公主到吐蕃,吐蕃遂与唐朝结成"甥舅"关系。唐高宗继位后,授松赞干布为驸马都尉、西海郡王、賨王等。据不完全统计,自公元 634 年至 842 年的 209 年间,吐蕃使者共出使长安 100 次,唐使者出使吐蕃 52 次,平均 1 年零 4 个月,唐、蕃之间就有使臣往来一次。《全唐文》中独孤及《敕与吐蕃赞普书》称:唐蕃之间"金玉绩绣,问遗往来,道路相望,欢好不绝"。公元 823 年建立、至今耸立在拉萨大昭寺前的唐蕃会盟碑盟文中,称唐与吐蕃赞普"代为婚姻,固结邻好,安危同体,甥舅之国,将二百年""和同为一家""社稷叶同如一"。元朝设置中央机构总制院(1288 年改称宣政院),掌管全国佛教事务及西藏等地的军政事务。宣政院使(主管官员)一般由丞相兼任,各级官员"军民统摄,僧俗并用"。元朝中央在藏族聚居地区设立了三个宣慰使司,直属宣政院管理,即藏文史书中所说的"三区喀"(chos kha gsum),其中今西藏自治区分归其中两个宣慰使司管辖——今拉萨、山南、日喀则、阿里等地归乌思藏宣慰司管辖;今昌都一带及那曲市东部归朵甘思宣慰司管辖。乌思藏宣慰司设在萨斯迦(今西藏萨迦),下设 13 个万户府和若干个千户所。元朝在乌思藏等地清查户口,确立差役,征收赋税,建立驿站,驻扎军队,派兵镇守,并颁行元朝刑法、历法,审理案件。元朝乌思藏、朵甘思等地行政机构的设立与裁撤,官员的任免、升降、赏罚,均听命于中央政府。明朝初年分设乌思藏卫、朵甘卫管辖,后分别升级为乌思藏都指挥使司、朵甘都指挥使司,并设俄力思军民元帅府,管理今阿里地区及其以西的地区。乌思藏都司和朵甘都司下设指挥使司、宣慰司、招讨司、万户府、千户所等行政机构实施管理。明朝册封藏传佛教玛噶举派、萨迦派、格鲁派的领袖为大宝法王、大乘法王、大慈法王,封授当时实际统治乌思藏大部分地区的帕竹噶举派的首领为阐化王、萨迦派首领为辅教王、止贡噶举派首领为阐教王,封朵甘思地区馆觉、灵藏地方的首领分别为护教王、赞善王。公元 1653 年,清朝册封五世达赖喇嘛为"西天大善自在佛所领天下释教普通瓦赤喇怛喇达赖喇嘛",册封固始汗为"遵行文义敏慧顾实汗"。1721 年,清朝废除蒙古汗王和格鲁派的第巴管理西藏政务的制度,任命 4 名噶伦管理西藏行政。1726 年(雍正四年),清政府划分西藏和四川、云南地界,分别将昌都、洛隆宗、桑昂曲宗等地划给西藏管理;将中甸、阿墩子(德钦)、维西划归云南管辖;巴塘、里塘、康定、德格等地归四川管辖。同年,命四川、云南、西藏三方派员会勘了地界,在金沙江以西的宁静山山头竖立界碑,以金沙江为界,划出了云南、四川藏区与西藏的地理分界。1728年,清朝正式设置西藏办事大臣。1731年,清朝又划分驻藏大臣和青海办事大臣的管辖地界,将原属蒙古和硕特部管辖的藏北和黄河源以南的游牧部落七十九族分隶青海和西藏,其中,四十族归青海(即今青海省的玉树藏族自治州)、三十九族归西藏,即民间所称藏北霍尔三十九族,由驻藏大臣直辖。此外,还规定了达赖喇嘛、班禅额尔德尼的辖区范围。1751元,清政府废除郡王制,在西藏地方正式建立噶厦政府(即原西藏地方政府)管理西藏大部分地区的行政。1793年(乾隆五十八年),清朝颁布《钦定藏内善后章程二十九条》,确定了金瓶掣签认定包括达赖喇嘛、班禅额尔德尼在内的大活佛转世灵童的制度,设立常备军队,铸造"乾隆宝藏",确立驻藏大臣掌管西藏军事、外交,以及政治地位与达赖喇嘛、班禅额尔德尼平等等一系列重大原则。1912年,中华民国建立,《中华民国临时约法》明文规定:西藏是中华民国22行省之一。同年7月,民国中央政府设立蒙藏事务局(1914年5月改为蒙藏院),取代清朝的理藩院,主管蒙古及西藏地方事务,并任命中央驻藏办事长官,例行清朝驻藏大臣职权。南京国民政府成立后,1929年设立蒙藏委员会,主管藏族、蒙古族等少数民族地区行政事宜。1935年颁布《管理喇嘛寺庙条例》,1936年颁布《喇嘛转世办法》。1940年4月,国民政府在拉萨设立蒙藏委员会驻藏办事处,作为中央政府在西藏的常设机构。民国时期的历届国会、国家最高权力机关、全国性议事机构或历次国民大会,达赖喇嘛、西藏地方政府和班禅额尔德尼都派有代表参加,并被选举或委任各种国家公职,参与国家事务管理。

"西藏问题"是近代以来帝国主义入侵中国的产物,帝国主义支持下的"西藏独立"活动均以失败告终。世代繁衍生息在西藏地区的藏族和其他各民族都是中华民族大家庭中的重要成员,西藏自古就是中国不可分割的一部分,历史上根本不存在所谓的"西藏问题"。所谓的西藏地位问题("西藏问题")完全是近代以来外国帝国主义势力侵略中国的产物。19世纪初期,中国封建社会盛极而衰,1840年英国发动鸦片战争之后,帝国主义列强掀起了一股又一股蚕食中国边疆、瓜分中国领土的狂潮,中华民族面临前所未有的危机,西藏地方自然无法幸免。1888年、1903—1904年英国直接派兵武装入侵中国西藏地方,迫使西藏地方缔结城下之盟。1913—1914年由英国策划的西姆拉会议以双方立场分歧过大而流产,拟议中的《西姆拉条约》也胎死腹中而没有任何法律效力。但是,"西藏独立"的幽灵却在以英国为首的殖民主义势力支持下,粉墨登场,毒害西藏地方,破坏民国中央政府与西藏地方政府,破坏祖国内地与西藏地区人民之间患难与共的密切关系。20世纪40年代,在中国抗日战争的艰难时期和解放战争的特殊时期,投靠外国殖民势力的西藏地方分裂势力试图铤而走险,持续制造了所谓的"外交局事件""热振事件""驱汉事件"和"商务代表团事件"等系列事端,但是,他们违背全国各族人民意愿、违背历史潮流的拙劣表演,最终只能以失败而告终并为历史所唾弃,他们根本无法改变西藏属于中国的历史,也无法改变中国政府和人民维护国家统一与领土完整的意志。在反对外来侵略、捍卫民族尊严的斗争中,中华儿女一代又一代的志士仁人义无反顾地投入到救亡图存的伟大事业之中,用鲜血和生命谱写下一曲曲惊天地、泣鬼神的英雄悲歌,中国人民的爱国主义精神在血与火的淬炼中经受了考验,中华民族的凝聚力在艰难的磨练中进一步增强。在中国内忧外患、积贫积弱年代支持搞"西藏独立"活动未能得逞,在中华民族走向繁荣富强的今天还试图支持搞"西藏独立"必定无法逃脱灭亡的命运!

旧西藏实行的是政教合一封建农奴制,那里是农奴主的天堂,却是农奴和奴隶的地狱。作为旧西藏三大领主利益的代表者,达赖集团口口声声否认旧西藏存在政教合一封建农奴制,甚至美化那个时代的社会生活,但是汉藏文献都不支持他们的观点,而亲历旧西藏的外国人也记录下那时社会真实的一幕。英国人大卫·麦克唐纳(David MacDonald)在他的《西藏写真》里写道,"西藏最严重的刑罚为死刑,而喇嘛复造灵魂不能转生之臆说,于是最重之死刑外,又益之以解体开颅之惨状"。查尔斯·贝尔(Charles Bell,1870—1945年)在《十三世达赖喇嘛传》中也记载,旧西藏对犯重罪者,则要剁手(手腕)、割鼻,甚至挖眼睛。俄国人崔比科夫(Gombojab Tsebekovitch Tsybikoff,1873—1930年),在《佛教香客在圣地西藏》一书也描述道,"在拉萨,每天都可以看到因贪图别人的财产而受到了惩罚的人,他们被割掉了手指和鼻子,更多的是弄瞎了眼睛的、从事乞讨的盲人。其次,西藏还习惯于让罪犯终生脖套圆形小木枷,脚戴镣铐,流放到边远地区和送给贵族或各宗长官为奴"。法国人亚历山大·达维·尼尔(Alexandra David-Néel,1868—1969年)在《古老的西藏面对新生的中国》一书中说,"在西藏,所有农民都是终身负债的农奴,在他们中间很难找到一个已经还清了债务的人"。旧西藏民歌中唱道:"山上有无主的野兽,山下没有无主的人。"在一个只有5%的人口占有几乎全部耕地、牧场、森林、山川、河流以及大部分牲畜,而95%的人没有土地、财产、自由和接受文化教育权利的制度下,奢谈什么"宗教信仰自由""人权""保护民族语言文字""保护民族文化",显然是天方夜谭、痴人说梦!

西藏经济社会的文明进步和文化的繁荣发展始于1949年中华人民共和国成立,始于西藏的和平解放和民主改革。西藏的和平解放,彻底驱除了帝国主义势力,沉重打击了各种分裂势力,捍卫了国家主权和领土完整,维护了国家统一和民族团结,为现代化建设奠定了坚实的基础。1959年的民主改革废除了政教合一封建农奴制,百万翻身农奴当家作主,实现了西藏地方社会制度和人权进步的历史性跨越,给西藏地方社会带来了无尽的发展动力。几十年来,西藏地方在中央关怀、全国支援和各族人民共同努力奋斗之下,基础设施、科技教育、医疗卫生、文化保护、生态文明建设等各个领域均取得了举世瞩目的伟大成就。古老的藏语言传承既拥有广泛的社会基础,也迸发出旺盛的活力。1997年7月藏文编码标准正式获得通过,藏语言文字成为第一个具有国际标准、获得全球信息高速公路通行证的中国少数民族语言文字。2015 年底,国家标准《信息技术 藏文词汇》正式发布,标志着中国第一个少数民族文字的信息技术词汇国家标准正式诞生。西藏传统文化的传承保护和创新发展,展现出无比美好的前景。统计资料显示,西藏档案馆保存有历史档案 136 个全宗,300 万卷(册、件),收藏有自元代至 20 世纪 50 年代,约 700 多年的档案资料,内容涉及政治、经济、历史、宗教、天文、地理、科技、工艺及文化艺术、风土习俗、天灾人祸、徭役赋税等。档案资料文献以藏文为主,还有汉、蒙古、满、回、梵、尼、英、俄等 10 余种文字。仅布达拉宫在册登记的汉、藏、满、蒙、梵等多文种珍贵古籍文献就多达数万函,其中包括 460 多函、近 3 万叶贝叶经珍品,内容涉及宗教、建筑、艺术、医学、历史、语言、文学、哲学等领域,西藏的文献资源十分丰富。西藏现已调查登记的各类文物点 4 277 处,各级文物保护单位 1 985 处,其中国家级文物保护单位 70 处。布达拉宫历史建筑群(含罗布林卡和大昭寺)被列入世界文化遗产名录。西藏现有联合国人类非物质文化遗产代表作 3 项(格萨〈斯〉尔、藏戏、藏医药浴法);国家级代表性项目 89 项,国家级代表性传承人 96 名,自治区级代表性项目 460 项,自治区级代表性传承人 522 名。现有藏传佛教宗教活动场所 1 700 多处,僧尼约 4.6 万人,清真寺 4 座,世居穆斯林群众 1.2 万余人,天主教堂 1 座,信徒 700 余人。1984 年,国家拨款新建西藏自治区档案馆,保存和收藏了大量珍贵的藏文档案,目前馆藏档案达 300 多万卷(册、件)。持续支持重要藏文经典的搜集、整理、翻译和出版工作,组织对勘出版《中华大藏经》藏文版,抢救整理《格萨尔王传》,出版"先哲遗书"丛书、《中华大典·藏文卷》、"雪域文库"丛书等众多宝贵藏文典籍,优秀传统文化保护发展硕果累累。

习近平指出:"文化是一个国家、一个民族的灵魂。文化兴国运兴,文化强民族强。没有高度的文化自信,没有文化的繁荣兴盛,就没有中华民族伟大复兴。"西藏历史文化的研究有助于继承中华民族优秀传统文化,有助于全面了解西藏自古以来各民族交往交流交融的历史事实,也有助于引导群众深刻认识中华民族是命运共同体,并积极促进各民族开展更深入的交往交流交融,为铸牢中华民族共同体意识,为建设团结富裕文明和谐美丽的社会主义现代化新西藏,为实现中华民族伟大复兴的第二个百年目标发挥应有的作用。"西藏历史文化丛书"的编辑出版也正是想为此贡献自己的绵薄之力,并得到广大读者的批评指正。

2022 年 2 月 5 日于北京

目　录

上编
唐代吐蕃史研究

上编　题记

　　研究唐代吐蕃历史,最主要的资料有五个方面:其一是敦煌发掘的古藏文资料和新疆等地出土的藏文简牍文书资料,这些都是第一手的资料,对于研究吐蕃社会历史具有不可替代的价值。特别是《敦煌本吐蕃历史文书》资料,对于恢复唐代吐蕃面貌尤其重要。新疆出土的藏文简牍资料为研究吐蕃在西域地区的统治提供了极为有用的细节,应该引起人们特殊的关注。其二是唐宋时期有关唐代吐蕃历史的汉文资料,诸如杜佑《通典·吐蕃》,《旧唐书》《新唐书》"吐蕃传",杨亿、王钦若的《册府元龟》,司马光的《资治通鉴》等,以及唐人文集资料等,这些资料比较全面地反映唐朝时期吐蕃的历史,具有很高的参考价值。同时也应该注意到它因于偏见或者缺乏实地调查而产生的某些讹误。其三是西藏和其他地区吐蕃时代的考古资料,特别是吐蕃王陵和贵族墓葬发掘资料,以及吐蕃时代的金石碑刻和岩画实物资料。这些资料的文献价值同样很高,但是需要花费心力加以研究和甄别。其四是公元10世纪以后,也就是西藏佛教历史上所谓的"后宏期"的藏文历史文献资料,这些资料内容相当丰富,其中很多内容涉及唐朝时期吐蕃的历史,特别是宗教历史状况,值得认真发掘和利用。但是这些资料也有缺陷,即它多为宗教历史内容,而且还夹杂着鲜明的宗教立场和观点,甚至存在窜改历史的情形。其五是梵文、波斯文、突厥文、回鹘文等其他民族文字资料,这些资料对于研究唐代吐蕃与各该地区的民族关系有着重要的参考价值。

　　唐代吐蕃史的研究,由于《敦煌吐蕃历史文书》和新疆简牍资料等的发掘和利用,以及国内外学者的共同努力取得了巨大的发展,国外的著述,如日本学者佐藤长《西藏历史地理研究》(岩波书店 1978 年)、山口瑞凤《吐蕃王国成立史研究》(岩波书店 1983 年),法国巴考(J. Bacot)等《敦煌吐蕃历史文书》(巴黎 1940 年),法国 A.麦克唐纳夫人(A. Macdonald)《敦煌吐蕃历史文书考释》(巴黎 1971 年),英国托玛斯(F. W. Thomas)编《关于新疆的藏文文书》(1—3)等。中国学者王忠《新唐书吐蕃传笺证》(科学出版社 1958 年),王尧、陈践译注《敦煌本吐蕃历史文书》(民族出版社 1992 年增订本),王尧编著《吐蕃金石录》(文物出版社 1982 年版),王尧、陈践编著《吐蕃简牍综录》(文物出版社 1986 年版)等,为这一时期吐蕃历史研究作出了可贵的贡献。但是,唐代吐蕃历史研究中也还存在着许多问题,很多方面都还存在着疑难点和空白点,需要学者们长期艰苦的努力。

本编是作者在这一领域辛勤劳作的部分成果,《西藏本教与北方萨满教的比较研究》《论本教在吐蕃王朝时期的地位》《试论吐蕃的动物崇拜》《藏族古史传说与波斯祆教的影响》《祆、gshen 与 sanavee 考释》等,是有关唐朝及上古时期西藏宗教历史和文化研究的一些成果,分别就西藏原始宗教中的动物崇拜现象、西藏地方原始宗教本教与北方地区的原始宗教萨满教的关系,以及本教与中亚、西亚地区的波斯古教祆教的关系问题作了探索,通过宗教文化现象来窥视古代历史的真实,以及吐蕃与相关地区文化之间的联系与影响。而《佛教史观与西藏古史的再塑造》,则就在西藏历史研究中普遍存在的佛教史观解释历史,乃至伪造历史的问题作了探索。《藏史中古部族谱系说略》探讨了元明时期在藏文史籍中出现的重塑藏族古代民族谱系的问题,并试图寻找其产生的原因。《吐蕃的起源及其与中原文化的联系》就上古时期藏族的起源与中原地区的文化联系进行了探讨。而《吐蕃丝路的贸易问题》则就吐蕃王朝时期,在吐蕃经济和文化发展中占有极为重要位置的丝绸之路贸易问题作了研究,分析了它的贸易形式与货币。《吐蕃"七贤臣"考论》探讨了藏文史书中记载的上古和吐蕃时期七位著名大臣的事迹,以及由他们的事迹所反映出的西藏地方经济、科技和社会发展的进程。《"节儿"考略》主要探讨吐蕃统治敦煌时期所设置的"节儿"这一职官的含义与职能。《论古代藏族妇女的地位》则对古代时期藏族妇女在社会生活中的地位试图作客观和平实的分析。《两唐书〈吐蕃传〉及其史料价值》《〈通典·吐蕃传〉的史料价值》两文，则从文献学的角度，对研究唐代吐蕃历史很有价值的两部汉文文献作了细致的探讨，对其得失作了评价。

一 西藏本教与北方萨满教的比较研究

本教是青藏高原上的原始宗教,在吐蕃王朝建立以前很长一个时期内,为高原居民所普遍信仰。本教有自己的崇拜方式和修行仪轨,既体现了西藏地区原始居民追求幸福、克服困难的理想,又表露出他们的宇宙观和社会价值观。不仅如此,在佛教传入西藏以前,本教一直作为最高信仰护持着吐蕃奴隶主贵族的政治和权益,在社会政治和社会生活中起着巨大的作用。随后,本教又与外来的佛教相互斗争、吸收,最后融合为独具特色的西藏佛教,从而对西藏、蒙古及内地广大地区人民的精神生活产生了深远的影响。而本教中的许多仪轨和祈祷方式或为佛教所吸收,或在偏远地区继续留存,传至于今,耐人深思。研究宗教史、民族史者不可不察。

萨满教是流行于古代北方地区的原始宗教,其流传或存在的地域极为广阔,东起白令海峡,西至斯堪的纳维亚半岛,横跨欧亚两洲,为从事渔猎或游牧的乌拉尔-阿尔泰语系各民族所共同信仰。"萨满"一词,来自女真语,是"激动不安"或"疯狂乱舞"的意思。汉文史籍对此有明确记载者首推南宋徐梦莘《三朝北盟会编》,原文称"珊蛮,女真语巫妪也"。但是,萨满教的基本内容和仪式则早已存在。我国古代北方诸族,如肃慎、挹娄、勿吉、靺鞨、渤海、女真、匈奴、乌桓、鲜卑、柔然、契丹、突厥、高车、回鹘、黠戛斯等族皆曾信仰过萨满教。[①] 在今天的蒙古、达斡尔、鄂伦春、鄂温克、锡伯等族中,还程度不同地保留着萨满教的痕迹。萨满教可谓源远流长、经久不衰,无疑对北方各族人民的生活产生过深刻的影响。

西藏本教与北方萨满教同属原始灵气崇拜,有许多相似或相同的地方;也因地理环境及文化背景的差异而有许多不同点,很值得人们思考。在这里笔者试图通过对二者进行比较研究,提出一些自己的看法。

一、浓厚的原始崇拜

原始社会的生产力水平十分低下,刀耕火种、茹毛饮血,人们首先面临的是来自大自然方面的威胁。山高难以攀援,水深无法涉过,离奇的风雨雷电及百思不得其解的梦中景象,都使他们感到惶恐不安。太阳会给他们灿烂的光芒,但是却时隐时现;月亮也很仁慈,黑暗中送来一片片轻柔的月辉,使他们感到无限安慰。大自然的千姿百态神妙莫测,不能不引起他们的沉思和冥想:"原来这些都是有灵性的",原始人用自己的意识来解释自然界的日月山川,即得出了万物有灵的结论,自然崇拜就产生了。

由于生存的关系,人们又崇拜危及自己生命的凶禽猛兽,希望得到开恩豁免;同时崇拜终生相伴的驯兽,希望赐以食物求得安生,并把这些寄予了厚望的兽、禽加以顶礼,认为他们与自己祖先有血缘关系,视为自己氏族的标志,图腾崇拜从而出现。当生产有了初步发展,生活稍有改观,人们与自然斗争的能力增强了,逐渐意识到"人"自身的力量,意识到财富是自己祖先留下的,感激和敬仰应属于祖先,祖先崇拜油然而生。西藏本教和北方萨满教的产生走过了类似的历程。

(一)自然崇拜。西藏本教和北方萨满教都有崇拜自然的内容,首先是天、日、月。"本教认为上空中存在着一充满光明的天界称之为'悉

---

① 秋浦主编:《萨满教研究》,上海人民出版社,1985 年。

补'。此天界有一小孔,日月星辰从此孔穴中得到光明,成为世间光明的代表者,人们必须对天界的日月星辰进行祈祷,以博得光明和幸福。"①唐代的吐蕃赞普与臣下盟誓,均要"令巫者告于天地、山川、日月星辰之神"②。古代人担心"天"会在一个瞬间塌下来,给人以灭顶之灾;而太阳、月亮更为重要,如果它们下去后不再上来怎么应对,这是人们经常考虑的问题。古代北方各族对此也颇为用心,匈奴单于早晨出营先拜日之始生,感谢太阳的再次降临;傍晚则拜月之夕明。③乌桓人"祠天地日月星辰山川"④。其次是对名山大川的崇拜。河流给人以捕鱼的便利,又经常要人们付出生命的代价;大山是野草和树木丛生的地方,对游牧业和狩猎业至为重要,人们盼望上山每有所获,因而崇拜之。此外就是对大地的崇拜,这是与原始农业生产发展相联系的。随着农业经济脱离畜牧业而独立,依赖农业为生的居民开始关心大地的慷慨或吝啬了,希望每次播种都会取得收获,从而崇拜之。因此,山川大地的崇拜也极为风行,方式颇为繁多。人们不择方式地膜拜自然界的万千神灵,希望得到他们的保佑和关照。由于人们生活视野扩大,接触事物增多,新的"神灵"也不断涌现,有管风之神、管雨之神、管雷之神、管电之神。总之,大自然的每一份赠礼都是原始居民创造神灵的良好素材。自然崇拜在原始宗教中占有突出的地位,"自然是宗教最初的、原始的对象,这一点是一切宗教、一切民族的历史充分证明了的"⑤。

(二)新的变化。人们开始注重以动物崇拜为基本内容的图腾崇拜。这主要取决于动物与人的相似性以及人对动物的依赖性。当时的人们无法相信自身的力量,只好把希望寄托给自然。但是,自然界的日月星辰或山川河流,无论多么有灵性却不能生儿育女、传宗接代,明显缺乏一

① 孙尔康:《本教初探》,《世界宗教研究》1981 年第 3 期。
②《旧唐书·吐蕃传》。
③《史记·匈奴列传》。
④《三国志·乌桓鲜卑传》。
⑤〔德〕费尔巴哈著,荣震华等译:《费尔巴哈哲学著作选集》下卷,生活·读书·新知三联书店,1962 年,第 436—437 页。

定的群体性和血缘联系。人们对母系血缘的认可,要求所崇拜的对象也有相似或相同的能力。在这样的背景下,与人类生存息息相关又与人类生活习惯十分相近的动物,就不可推卸地承担了这一重任,成为氏族共同的徽记——图腾。由于人们所处自然环境不同及经济生活的差异,往往每个氏族各有自己的不同于其他氏族的动物图腾。在西藏本教中,被列入图腾之位的主要有猕猴、牦牛、公羊、马、狗等动物。据《敦煌吐蕃文书》记载,吐蕃王族始祖聂赤赞普被认为是一位天神之子,后来降临到雅隆地方,"遂来作吐蕃六牦牛部之主宰"①。《新唐书·吐蕃传》称吐蕃人"事猱羝为大神",同书《突厥传》谓"吐蕃,犬出也"即为其证。

在北方原始萨满教中,也有名目繁多的图腾崇拜。如《周书·突厥传》记载突厥各族有狼图腾的崇拜。近现代鄂伦春族仍称公熊为"雅亚"(祖父),称母熊为"太贴"(祖母);鄂温克人称公熊为"合克"(祖父),称母熊为"鄂我"(祖母);赫哲族称熊为"玛法",意为"老年人""长辈"。② 这是活生生的图腾崇拜的语言材料。因此,在图腾崇拜方面,西藏本教与北方萨满教也有相同之处。

(三)祖先崇拜。当人们的社会经济发展到畜牧业生产阶段,对动物的依赖状况又发生了戏剧性的变化:人们虽然还继续通过狩猎捕获更多的野兽以满足生活所需,但这已不是唯一的手段,人们不再担心离开捕获动物会无法生存。家畜饲养业给人们带来崭新的希望,动物的神秘性迅速减弱。于是,动物在人们思想观念中就具有两重性,一是需要它,一是它可以驯养,而且还可以使之为工具,用于运输或迁徙。动物崇拜的基础从而受到无法遏止的冲击,人们转而相信自己的祖先,相信他们创造财富的广大神通,郑重地为他们送葬安魂,祈祷冥福,并请求保护子孙后代安宁繁盛。祖先的地位猛然剧增,乃至上升为神灵,左右着众生的祸福危安,崇拜随即产生。但是,由图腾崇拜到祖先崇拜是一个很漫长

---

① 王尧、陈践译注:《敦煌本吐蕃历史文书》(增订本),民族出版社,1992 年,第 173 页。
② 秋浦主编:《萨满教研究》,上海人民出版社,1985 年。

和复杂的过程,两者之间无法割断千丝万缕的联系,相混或交错的现象极为普遍。具体表现在:在人们追溯自己的祖先时,往往找到某一个动物神或它的化身,以及动物图腾与人相合而繁衍的后代的身上。藏文史籍记载了吐蕃人是由猕猴与岩罗刹女相合而产生的事实,他们有人的性灵,聪明有智慧,向大自然索取食物,逐渐演化为人身。① 第一代赞普即是神的化身自天而降。在丧葬仪式上,祖先也受到优厚的礼待,乃至杀人殉牲以陪伴亡灵。据《旧唐书・吐蕃传》载,"其赞普死,以人殉葬,衣服珍玩及尝所乘马、弓剑之类,皆悉埋之。仍于墓上起大室,立土堆,插杂木为祠祭之所"。《北史・附国传》也记载了高原居民崇拜祖先的具体仪式,"有死者,无服制。置尸高床之上,沐浴衣服,被以牟甲,覆以兽皮,子孙不哭,带甲舞剑而呼:'我父为鬼所取,我欲报冤杀鬼'……死后一年方始大葬,必集亲宾,杀马动至数十匹,立木为祖父神而事之"。这些都是西藏本教祖先崇拜的具体表现。

北方萨满教也以各种方式崇拜祖先神灵。如乌桓人:"俗贵兵死,敛尸以棺,有哭泣之哀,至葬则歌舞相送。肥养一犬,以彩绳缨牵,并取死者所乘马衣物,皆烧而送之。"②据《隋书》记载,契丹先民"父母死而悲哭者,以为不壮,但以其尸置于山树之上,经三年之后乃收其骨而焚之"。即所谓风葬与火葬的送终仪式。在鄂伦春、鄂温克、达斡尔、蒙古等族中,人们均能如数家珍地道出自己古老祖先的赫赫大名和不朽业绩。鄂伦春人传说他们最早的萨满是著名的祖先根特木尔,具有高超的狩猎本领和无比勇敢的精神,他死后成了庇护子孙的神灵。他的法衣上的饰物飞向各地变成无数萨满,"鄂伦春人的每一个氏族都有自己的祖神,称之为'斡娇鲁巴如坎',指氏族内亡故的曾祖父以上的男祖先"③。在祖先崇拜上,西藏本教与北方萨满教相同之处无疑也是明显的。

---

① 索南坚赞著,王沂暖译:《西藏王统记》,商务印书馆,1955 年,第 10—14 页。
②《后汉书・乌桓传》。
③ 蔡家麒:《中国北方民族的萨满教》,见宋恩常编《中国少数民族宗教》(初编),云南人民出版社,1985 年,第 17 页。

但是,它们之间又有不同之处,具体而言,主要有这样几点:第一,早期西藏本教中缺乏关于崇拜火的内容,修火神法只是魔术一类东西,不具神圣性,而北方萨满教对火的崇拜则最为广泛。他们认为火是最神圣最亲切的东西,为一切宗教仪式的核心,贡献祭品首先属于火神。阿尔泰人对火祈祷说:"你是太阳和月亮的一部分。"鄂温克人的新娘嫁到夫家第一件事是叩拜夫家的火,把自己主动介绍给夫家的火神。在早期本教仪式中则没有这么突出和重要。第二,西藏本教崇拜神山神湖则较萨满教为突出。如众所知,青藏高原大山林立,拔地数千米,为世界高原之最。这在原始居民心中本身就有崇高的地位,人们把这些巍峨大山作为神灵,并加以顶礼,认为天神由山顶下来,人登上山顶则与天神接近,而且山就是神灵。比如对于珠穆朗玛峰等五座大山,吐蕃人就认为是"长寿五仙女",翠颜仙女是珠峰主神,掌管人间的"先知"神通;吉寿仙女掌管人间福寿;贞惠仙女执掌农田耕作;施仁仙女执掌畜牧生产;冠咏仙女掌管人间财宝。她们姐妹五人顶风傲雪,关心黎民疾苦,深得人们景仰。对高原湖泊的崇拜也是一个突出方面,湖水明澈如镜,加之以地热升腾,就使湖泊展现出无数难以理喻的神奇景象,于是神灵生焉。这在北方地区较为少见。第三,在萨满教中,祖先崇拜占有最为重要的地位,而萨满之祖多为飞禽化身。与此不同,西藏本教虽也注重祖先崇拜,虽有琼鸟图腾,但传说中的始祖更多的是与走兽有关。如布里雅特人的萨满,是一只会道人语的大鹰娶一布里雅特女子为妻,生一子而产生的。"雅库特人和通古斯人都有祖先萨满是神鹰后裔的传说。鄂伦春、鄂温克、达斡尔和赫哲族萨满的神帽、衣、裙、披肩上,有饰以鹰的形象和图案;他们的跳神动作,常模仿鹰的飞翔,作出象征降鹰吃血的举动。"①而在吐蕃传说中则多为猕猴与罗刹女相合,白牦牛与少女相合繁衍人种的例证。这是地理与文化背景差别的产物。

---

① 蔡家麒:《中国北方民族的萨满教》,见宋恩常编《中国少数民族宗教》(初编),云南人民出版社,1985年,第17页。

二、神秘的巫师与修行仪轨

本教与萨满都有自己的巫师和修行仪轨,论述如下。

西藏本教传说中的始祖叫辛饶弥倭(gshen rab mi bo),生于象雄(zhang zhung,一曰波斯)之魏摩隆仁地方,据《白琉璃经》称"为欲化象雄,变现喜饶身;示十二本行,说九乘法;为生开天门,为亡断死门,度生雍中道"。可见他生在象雄,且有广大神通。后来遍历藏地名胜,"如温达(von mdav)之色康孜(gser khang rtse),此地现已改建为阿里僧院及宝积山(ri bo rin chen spungs pa),公(I)布(Kong Yul)之布屈拉康(bu chu lha khang)以东诸本教神山,收伏世间神道山灵,彼遂传出雍中法蕴之四门、五库"①。辛饶有许多弟子,除藏地智者外,还有波斯(今伊朗)、天竺(今印度)、汉土(即内地)、木雅(党项人)等地智者从其受业。通过这些人本教得以兴盛。

本教有三个派别:(一) 笃本;(二) 恰本;(三) 觉本。笃本产生最早,据称,在聂赤赞普后六世赤德赞时已经出现。但这时的本教仅限于"下镇鬼怪,上祀天神,中兴人宅之法而已,并无本教之见传世"。不外讲一些鬼神祸福、禳祓送鬼之术一类的东西,是为"黑本"。当藏王止贡赞普时,有凶煞,藏地本教徒无法制服,遂从罽宾(克什米尔)、祝夏(勃律)、象雄等三地请来三位本教徒以除凶煞,"其一人则行使巫觋之术,修火神法,骑于鼓上游行虚空,开取秘藏,鸟羽截铁,示现诸种法力。其一人则以色线、神言、牲血等而为占卜,以决祸福休咎。其一人则善为死者除煞,镇压严厉、精通各巫觋之术"②。此后本教始有之见。这大约是本教相互交融、粗具形体的过程。第三个时期是觉本,即翻译的本教。佛教传入西藏以后,为了斗争的需要,本教徒将不成文、无系统的本教仪式刻写下来,并吸收或改造佛教经典,合为本经;埋藏地下者待时发掘,号为

---

①② 善慧法日著,刘立千译,王沂暖校订:《宗教流派镜史》,西北民族学院研究室印,1980 年,第
　185—191 页。

"掘藏"。本教在同佛教斗争中也改变了自己的面目,逐渐趋近于佛教,变得复杂和繁琐,有所谓诠显见解之书、观修之书、行持之书、黑病书、华寿书、白医书、黑禳解法等;"其事业类有:三百六十种禳祓法、八万四千种观察法"。也与佛教一样,有自己的生起圆满道果类;佛法说为正觉,本法名为耶辛代瓦;法身名为本身;般若母名为萨智耶桑(sa dri ae sang);报身名为普贤;化身名为净有者(srid pa sang po);阿罗汉名为辛子;菩提萨埵名为雍中萨埵;等等,不一而足。

与西藏本教相比,北方萨满教有一些自己的特点。首先,萨满祖师不像本教祖师辛饶弥倭那样,是生于象雄地方的人身,而是由一只大鹰变化而成。如前所引,雅库特人和通古斯人都有祖先萨满是神鹰后裔的传说。他们在萨满的神帽、衣裙、披肩上饰以鹰的图案,并在跳神时经常模仿鹰的飞翔和吃血的姿势。可见后者与动物图腾崇拜密切相关,人禽相混尚为明显,时代更早;而前者则是本教形成以后的产物,是经过系统化的原始宗教,人为成分较为突出。其次,萨满教徒没有西藏本教徒那样受宠。本教"从聂赤赞普至赤吉脱赞间凡三十六代"均护持国政。赞普与臣下盟誓,皆杀牲设祭使用本教仪式。而萨满教则更多活动在民间,而且长期处于分散状态,诸神平等。在蒙古帝国兴起时期,成吉思汗曾一度利用过萨满教,但在元朝建立以后就不那么看重它了。也正因为如此,本教徒受到的冲击和政治影响比萨满教更大。在同佛教的斗争中教理迅速形成,由自发宗教变为自觉的宗教。吐蕃王室皈依佛教后,本教徒因干预抵制佛教传播而备受摧残。赤松德赞即下令让本教徒改信佛教,"若有擅改佛经为本书者,杀无赦"。这是受宠时的本教大师们所始料不及的。北方萨满教则处在一个自然的发展过程中,所受冲击较小。最后,本教巫师与萨满教巫师的产生,虽然都与神经失常或先天有疾等异态心理、生理有关,但是本教巫师却注重师承学习,而萨满则更强调"病魔入身"。据《宗教流派镜史》记载,笃本(brdol bon)的创立者,是卫地翁雪纹(vma shod von)地之汝辛族(rus gshen)的童子,十三岁时为鬼所引,遍历藏地约十三年,至二十六岁,始入人间,仗其非人之力倡说神鬼祸福道术。在西藏墨脱珞巴族中,充当巫师的女性必须是患过疯病、裸体乱窜者,否则不能担当此任。但是,我们看到的更多的事实却是通过师承学习而成为本教巫师,如辛饶弥倭即有十余人作为弟子从其学习,这就不需要什么疯病患者了。可是在萨满教中则不行,做萨满者必须是长期重病不愈或突患病癫症者,只有这些人才是被祖神或已故萨满看中的替身。父母许诺多病婴儿长大当萨满也是一个途径。此后方能学一些法术或仪轨,充当萨满。

本师和萨满都有祭祀、跳神、占卜、禳解等社会职能,也有其独特的修法仪式及法衣、法器。如本教有修"禳祓送鬼之术者",有修火神法、骑鼓飞行虚空,并能开取秘藏、鸟羽截铁者,有用色线、神言、牲血、鸟骨等占卜者,也有杀牲祭祖盟誓者。① 据《西藏王统记》记载:"本教之法分九派,因本教四派,果本教五派。"四因派是:(一)显辛毛巾派:以纳祥求福、祷福乞药、增益吉祥、兴旺人财之事为宗旨;(二)神变辛毛巾派:作息灾送病,护国奠基,被除一切久暂违缘之事,参预政事;(三)占命辛色线派:指善恶路、决是非疑,能得有漏神通;(四)葬辛兵器派:为生者除障,死者安葬,幻者驱鬼,上观天象,下降地魔。这些本教巫师除了因病而幻影重重,能看到"鬼神"以外,很重要的是他们有一些医术、气功和天文历算等技能和知识。这些大概是本师给本教徒所传授的主要内容之一。由于这些技能在古代人看来是神秘的和不可理解的,自然而然地给巫师脸上涂了一层圣光,使他们成为人和神的沟通者。

在北方萨满教中,萨满巫师往往与氏族群体活动联系在一起,首先是为氏族或部落服务的,主要通过跳神祈福。如在萨满教传统集会"奥米那楞"期间,一方面是考核或选择新的萨满,让他们跳舞跳到神志不清时,使其众背诵本氏族一长串祖神和世代萨满名称,通过者授予法具,享有萨满称号。另一方面,萨满为氏族成员驱邪纳吉,保佑氏族成员家庭

---

① 善慧法日著,刘立千译,王沂暖校订:《宗教流派镜史》,西北民族学院研究室印,1980年,第185—191页。

平安、人财两旺。至于天旱不雨或水涝成灾,人畜患病、渔猎不利、亲人外出安危等事,均要通过萨满巫师以跳神或占卜加以驱除和预知。在人们悲辛的生活中,萨满成了重要的精神支柱。萨满做法事有许多繁杂的宗教仪式和法衣、法器。与西藏本教相比,萨满巫师不太注重杀牲盟誓或隆重的祭祀仪式,这与它长期作为民间宗教相关联;但却比较注重法器和修行仪式,比如一个萨满需要有独特的神帽、神衣,乃至神鞋、神袜、神手套等类物品,上面往往雕缀繁复,令人眼花缭乱。又有神鼓、神杖、神刀、档士等法器,增加其神秘性和神圣性。在新萨满的产生过程中,必须要经历许多考察,其中之一是所谓"上刀梯",没有很好的气功本领是无法完成的。

在法器方面值得注意的是神鼓,这是西藏本教与北方萨满教共有的而且是最重要的法器。本教巫师讲求骑鼓游行虚空;萨满巫师也以之为通知神灵降临附体的主要法具,而且是想象中奔驰阴间鬼魂世界的骑乘物。这些都是因于鼓声浑厚激昂、荡人心魄的特点,而游牧或畜牧业经济有充足的兽皮作为蒙鼓的材料资源,鼓也就为人们所看重了。此外,萨满教不像本教那样重视丧葬仪式,以至于有一个"葬辛兵器派"。它们主要采用风葬和火葬,适应游猎经济的特点,礼仪简单。而本教当政时,吐蕃人主要盛行土葬,赞普各有陵墓。而且"令所有内臣守护其冢。彼及眷属,皆佩带标帜。不准与王嗣、生者相值。若有牛羊跑近冢边,被彼所捉,亦系以亡者标帜,不更还其主。每年祠祭时,先鸣号声,同时彼等当即往深谷隐蔽。俟赞普等祠祭完毕,去后,方还冢间,收集其祭品而享用之"[1]。重视丧葬是本教一大特点。

从西藏本教与萨满教巫师及仪轨的对比中,我们可以看到,二者基本特征相同:(1)都有传达神意的使者——职业巫师。(2)都履行祭祀、占卜、禳祓跳神等宗教职能,有必要的法衣法器,为氏族成员、为社会服务。(3)都掺杂有原始的医学、气功等科技成分。二者又有差异:(1)本

---

[1] 根敦琼培著,法尊大师译:《白史》,西北民族学院研究所印,1981年,第32页。

教巫师中既有一般意义上的本教徒，在民间施法禳鬼、占卜吉凶，也有"护国奠基"、参预政事决策的"神变辛毛巾派"，这在北方萨满教中是不常见到的。（2）本教徒的产生注重师承学习，而萨满教则注重疯病患者或父母许诺。（3）本教徒借助种种法术乃至原始科技知识来增加其神秘性，大量的杀牲血祭现象十分突出。而北方萨满教虽也利用占卜、上刀梯等法术，但更用心于萨满的法衣、法器，比如用鹿角、神鹰及驱邪明镜装饰的衣帽等显其神圣。（4）在丧葬方面，本教十分铺张而隆重，有所谓"三百六种送葬法""四丧门法"等。① 而萨满则较为简朴，更没有陪葬大批金银的事例。由于本教曾一度护国，所以它的教仪既有普通群众被痛苦扭曲的愿望和向往，也有统治者和部落贵族享乐和追求灵魂安宁的印迹。吐蕃赞普的殉牲厚葬可为其证。

三、朦胧的宇宙观与人生理想

本教与萨满教虽然都属于原始自发宗教，但是，它们都不同程度地流露出探求宇宙的欲望和对人类自身的关心，值得我们注意。

"三界"说。西藏本教把世界划分为三个部分，即天、地、地下。天上之神名"赞"，地上之神名"年"，地下之神名"龙"。这种划分是与万物有灵观念及朦胧的等级意识相联系的，天上之神地位高贵、灵气高洁，能够护佑万物，主宰人世。吐蕃聂赤赞普自天而降，人们以其为"'自空而降之天子，宜奉为吾辈之王'，遂以颈为座，舁之而归，故称也尺赞保"（即聂赤赞普，意为肩舁王）。次后，尚有六王，与聂赤赞普一样，在儿子会骑马时次第悬挂屋顶高向虚空，藏史谓之"天赤七王"。他们的陵墓也建于虚空界，"天神之身如虹散失，无有尸骸"。② 至"上丁二王"时，因不小心将"天绳"砍断，从此后，历代赞普无法登天，只好屈居人间了。而地下的

---

① 善慧法日著，刘立千译，王沂暖校订：《宗教流派镜史》，西北民族学院研究室印，1980 年，第185—191 页。

② 索南坚赞著，王沂暖译：《西藏王统记》，商务印书馆，1955 年，第 10—14 页。

"龙"则是为患致灾的众精灵的化身,人们只有通过祭祀祈祷,使其安宁,否则将会导致人畜病疾或者死亡。本教"葬辛兵器派"即有"下降地魔"的任务。"年"所掌管的就是世间的万物有情了。将世界划分为上、中、下三部分,反映了吐蕃先民们对自己生存环境的关注,也是他们对宇宙的最初认识。这在北方萨满教中也有类似的反映。据《清稗类钞》记载,"萨满教又立三界:上界曰巴尔兰由尔查,即天堂也;中界曰额尔土土伊都,地面也;下界曰叶尔羌珠尔牙儿,即地狱也。上界为诸神所居,下界为恶魔所居,中界尝为净地,今则人类繁殖于此"。赫哲人即认为世界为上、中、下三部分。上界为天堂,众神所居;中间是人间,人类和动植物所居;下界是阴间,为祖神、亡灵和大小魔鬼所居。由于天上有太阳、月亮和众星辰等光明之神,而且在古人那里,它们都有意识好恶感情,天界就出现了。人要死亡,灵魂总不能留在人间,地下世界就成为唯一的归宿。至于造成疾病和灾难的诸魔鬼,则更不能留在地上活动,也把它们置于地下最底层。这样,三界就划分完毕。从吐蕃祖神可以升天,而赫哲人祖神只能居于地下的上层来看,北方萨满教的原始成分更为浓厚,而西藏本教已显露出王权的萌芽,这和它作为护国之教有关。

关于世界生成理论。据《宗教流派镜史》记载,本教史书认为,"最初是本无空,由空稍起本有,由有略生洁白之霜,由霜略生似乳之露"。这已含有水生万物的朴素唯物思想。高原上霜雪化为水,给人以衣食之资,这是诱发此一思想的契机。他们认为"最后一切外器世间与有情世间,由卵而生,为气数及自在天等所造"。而本则是不依赖任何事物的自在的东西。"因自性清净之实相,早于佛与众生之前,光明空寂,本身自性清静,不为习气覆障所染,非是一切,能现一切,从本即住佛之体性,不由所作因成,不待能作缘起,无为任运,本来自有,悟此亦不流于善,不悟亦不入于恶。佛与众生同具,二者原无胜劣,周遍一切,是为因之实相⋯⋯"[①]由此可

---

① 善慧法日著,刘立千译,王沂暖校订:《宗教流派镜史》,西北民族学院研究室印,1980年,第189页。

知:(1) 人是由卵而生的,为气数及自在天所造;(2) 本是自在的客观实体,不生不灭,非是一切,能现一切;(3) 佛与众生同具。本教关于人类世界的生成,既有朴素唯物的一面,又有客观唯心主义的一面;而把本说成是自在的、永恒的东西,就完全陷入客观唯心主义泥坑了。视佛与众生同具,并无神圣之处,含有批判成分,是与佛教斗争的产物。但是,本教的这一套理论已不全是原始宗教的本来面目,它明显地羼入佛教的思辨色彩,应分析对待。而北方萨满教则不同,由于它的散乱和缺乏体系,很少探讨宇宙的产生问题。他们一来到这个世间就接触到自然神、图腾神、祖先神,以及上、中、下三界,缺乏思辨能力,也无法把对世界的认识上升到理论高度。这与他们的游牧经济和狩猎生活不无关系。狩猎或游牧具有较大的流动性,文化的积累和学习缺少一个相对稳定的环境,人们所遇到的都是翻新而又单一的景象,思维往往局限于现象,而在吐蕃人那里,尤其是雅隆地区则不同,很早就发展起来的农业和水利灌溉,给人们提供了相对稳定的生存环境,使文化的学习和积淀得以安存。这从初期本教即有师承学习一点可以证知。佛教的影响与经济生活的差别,是产生思维上差别的重要原因。原始宗教是以探讨人与自然关系为宗旨的,但这不是唯一的宗旨。原始人在探索自然的同时,也就开始了对人类自身的关心。这一点,我们可以从西藏本教与北方萨满教的宗教仪式中得知。首先,祭祀是人对那些于己有恩的自然神灵或祖先神灵的感激和缅怀,通过这种安慰神灵的活动,人们增强了克服困难的信心,树立了自己的人生理想。西藏本教与萨满教都有祭祀神灵的内容,而且往往采取集体聚会形式,达到团结氏族成员的目的。其次,占卜是人们对自己艰难命运的一种预知尝试,由于占卜,人们一致地选择了求福取胜或躲避退却的行动,防止了离心离德。这在原始人心中是郑重其事的,并无后来以此作为谋财害命手段的事情。至于跳神,其意更明,它是人们求媚于神灵,希望得到保佑的由衷感情;同时也是人们愉悦情绪、沟通心灵的一种方式。在原始人看来,万物有灵,人们一不小心即会撞上哪个倒霉的灵魂、魔鬼,从而遭受不幸和疾病的纠缠乃至死亡;为了让人们健康安存,赶走这些鬼怪幽灵是十分必要的,对于病人的心理安慰也不可缺少。

人是按自己的形象和思维方式来塑造或理解神灵的,而神灵大多具有善恶两重性格,甚至有人的感情、人的生理机能。一方面,神鬼的活动,实际上是人的活动的曲折反映。因此,原始宗教解决人与自然矛盾的出发点和目的,都是围绕着人们自身的生存问题,是对人生理想的迂回追求。本教徒或萨满巫师一刻也没有离开人的生活,离开对人类命运的关心。至于为妇女祈子,求雨、止雨等更直接地注意到人们的日常生活,具有一定的社会效益。另一方面,这些又毕竟是被扭曲了的现实,是对大量的幻觉和病中景象的探寻,他们所能掌握的科技知识也是极其微细的,并不能给人带来真正的幸福,甚至有的巫师主持仪式为害于民,如牲殉牲祭及人殉人祭,严重地妨碍了生产的发展和社会的进步,应予批判地加以分析。

在人类文明的早期阶段,世界上有很多地区都曾经存在过原始的灵气崇拜,又因地域不同、文化背景差异各有自身特点。联系起来考察,也许会使视野更为广阔。

原载《西北民族学院学报》1988 年第 4 期

二　论本教在吐蕃王朝时期的地位

本教(bon)是吐蕃的原始宗教,最初流行于象雄(zhang zhung)地区,故又称象雄本教;后经辛饶弥沃(gshen rab mi bo)改造为颇有体系的宗教,即雍仲本教。辛饶弥沃遂被尊为本教始祖。吐蕃王族在雅隆地区兴起后,也逐渐接受了包含于象雄文明之中的本教文化。

在吐蕃早期历史上,本教占有十分重要的地位是无可置疑的。藏文文献指称,用轿子抬着吐蕃第一位赞普——聂赤赞普(gnyav khyi btsan po)登上王位的十二位贤人,即是本教徒。[①] 藏文诸史大都记载了本教在上丁二王(stod kyi sting gnyis)时期广为流传的情况,如《王统世系明鉴》(或译为《西藏王统记》)及《宗教流派镜史》等书。其时,本教已有四因五果,共九个流派,影响甚大。此后相延不断。据称,"从聂赤赞普至赤脱吉赞(khri thog rje btsan)间,凡二十六代均以本教治国"[②]。赤脱吉赞时,始有所谓《百拜忏悔经》、金塔、《佛说大乘庄严宝王经心要六字真言》、《心宝法门》等从空中降落在雍布拉岗王宫之上。但松赞干布以前并无人识得,故佛教未流传于藏区是显然的。可以肯定,松赞干布以前,

---

① 释迦仁钦德著,汤池安译:《雅隆尊者教法史》,西藏人民出版社,1989年,第28页。
② 善慧法日著,刘立千译,王沂暖校订:《宗教流派镜史》,西北民族学院研究室印,1980年,第186页。

在吐蕃政治及社会生活中,占统治地位的信仰是本教。

松赞干布时,佛教从尼泊尔和汉地传入吐蕃,此后,藏文史书多盛言佛教之兴旺,松赞干布、赤松德赞和赤热巴金还有"三大法王"之美称。如何认识佛教在吐蕃王朝时期的作用,藏学界已有论述,然以笔者浅见,仍有探索的余地,本教在吐蕃王朝时期处于何等地位也应相应地加以研究,兹就此论述如下。

一、本教礼仪在王朝政治活动中的地位

佛教传入吐蕃,对本教来说,无疑是一个打击。但是,佛教要在本教流行的地区生根发芽,不仅自身要有极大的进步性,而且还必须经过一个艰难曲折的过程。因此,在松赞干布建立吐蕃王朝以后,虽然佛教已逐渐传入,但并没有取代本教在政治生活中的重要地位,本教礼仪之盛行即是此例。

首先是杀牲盟誓之俗。据汉文史书记载,吐蕃赞普"与其臣下一年一小盟,刑羊狗猕猴,先折其足而杀之,继裂其肠而屠之,令巫者告于天地山川日月星辰之神云:'若心迁变,怀奸反覆,神明鉴之,同于羊狗。'三年一大盟,夜于坛墠(shàn)之上与众陈设肴馔,杀犬马牛驴以为牲,咒曰:'尔等咸须同心戮力,共保我家,惟天神地祇,共知尔志。有负此盟,使尔身体屠裂,同于此牲。'"[①]如此重大、频繁而政治色彩浓厚的活动,完全是以本教为核心的。杀牲与敬告天地山川日月星辰之神的仪式,自然与佛教相抵触。

又据新旧《唐书·吐蕃传》记载,杀牲盟誓之俗在吐蕃会盟活动中持续甚久。赤德祖赞(khri ldeg tsug brtan)时,与唐树栅为界,遣其大将乞力徐与唐将"杀白狗为盟"。值得注意的是,直到赤松德赞(khri srong lde btsan)执政时为止,吐蕃与唐朝及邻部立誓会盟,均以本教礼仪为

---

① 《旧唐书》卷一九六上《吐蕃传》上。

准，并无佛教仪轨介入。唐肃宗至德元年（756），唐蕃会盟使"将诣光宅寺为盟誓，（吐蕃）使者云：蕃法盟誓，取三牲血歃之，无向佛寺之事，请明日须于鸿胪寺歃血，以申蕃戎之礼。从之"①。明确指出，会盟与佛教毫无关联。唐德宗建中四年（783）清水会盟依然如故。直到唐穆宗长庆元年（821）拉萨会盟时，始有佛教内容，即"盟毕，于佛像前作礼，使僧讽文以为誓约"②。但歃血立誓却同时存在。

　　藏文文献及碑铭材料也证实了本教在吐蕃王朝盟誓活动中的突出地位。刻于赤德松赞时的第穆萨摩崖刻石铭文称，"当初，（略埠）自高处来（工布为王）之时，向兄弟二人灵应之生命主神祈祷求福，并与'第穆灵神'婚配。斯时也，天神达奇为王子修福，一切仪轨（指祀神、敬鬼、求福、祈祷四种本教仪式）直至舍命作牲，亦不吝惜"③。文末还附有十一个本教"卐"（雍仲）符号。尤为有趣的是，刻于赤松德赞时的《桑耶寺兴佛证盟碑》中，尚有"祈祷一切诸天、神祇、非人来作盟证"的话语。④ 即借助于本教的自然神灵来护佑佛教之兴起，侧面体现出本教在盟誓中的地位。

　　其次，本教在吐蕃王朝丧葬制度中占有重要的地位。《新唐书·吐蕃传》载，"其君臣自为友，五六人曰共命。君死，皆自杀以殉。所服玩乘马皆瘗，起大室冢颠，树众木为祠所"。即为本教葬制，与佛教反对杀牲及灵魂升天之思想格格不入。在本教葬俗中，死去的赞普仍生活在地下，所以要将其生前所穿衣服、所乘良马，甚至共命朋友也从葬地下，并树众木以为祠。吐蕃赞普不取佛教之火葬而用土葬，也是不可忽视的一点。据根敦琼培《白史》一书所引，藏王之史记（rgyal bo bkav thang）中还记载了守墓之俗，"略谓墓内分九格，中央亦置赞普之尸体，以金涂饰，实以财物。令所有内臣（nang blon，内相）守护其冢。彼及眷属，皆佩带

①《旧唐书》卷一九六上《吐蕃传》上。
②《册府元龟》卷九八一《外臣部·盟誓》。
③ 王尧编著：《吐蕃金石录》，文物出版社，1982年，第101页。
④ 同上书，第169页。

亡者标帜。不准与王嗣生者相值。若有牛羊跑近冢边,被彼所捉,亦系以死者标帜,不更还其主。每年祠祭时,先鸣号声,同时彼等即当逃往深谷隐蔽。俟赞普等祠祭完毕,去后,方还冢间,收集其祭品而享用之"①。显然是本教的丧葬制度与习俗。

由上可见,吐蕃的杀牲盟誓与丧葬制度完全沿袭了本教的礼制,两者均与佛教仪轨相悖。佛教以火葬为主要方式,而吐蕃诸赞普均以土葬为主,知本教礼俗之影响远远大于佛教。

二、本教神灵在吐蕃时期诸神中的地位

在吐蕃王朝时期,本教神灵之被普遍信仰,为我们认识本教的地位,提供了一定的证据。因为本教神的地位正是本教地位的投影,它与本教的命运密切相关。

本教神主要是自然神和女神。在本教中,天地日月山川及万物均有主管之神。吐蕃王朝建立以前,这些神灵之高高在上与护持国政自不待言。佛教传入后,两教相争,本教神的地位也受到冲击,但是,在赤松德赞兴佛抑本以前,本教神一直处于主导地位,民间尤其如此。在藏史中有关于西藏地区是女魔仰卧身的记载,如第五世达赖喇嘛所著《西藏王臣记》即称"文成公主依据中原的《八十种五行算观察法》来细推观察,而知道雪域西藏的地形,俨若罗刹魔女仰卧的形状。娥圹湖恰是罗刹女的心脏;红铁山好似那罗刹女心骨的形状"②,云云。"女魔"应是本教大地神的形象。文成公主信奉佛教,自然不满本教女神在诸神中的统治地位,故斥之为女魔。但是,初入吐蕃的佛教神要很快取而代之,也并非易事。松赞干布的尼泊尔王妃赤尊(khri btsun)公主初来吐蕃时,曾"在拉东之奈塘(la dong gi ne thang)、帕热浦(ba rag phug)及雅隆(yar lungs)等水草林木丰盛之地奠墓,当建造到一百零八座神殿时,夜晚即被鬼神

---

① 根敦琼培著,法尊大师译:《白史》,西北民族学院研究所印,1981年,第32页。
② 第五世达赖喇嘛著,郭和卿译:《西藏王臣记》,民族出版社,1983年,第37页。

彻底摧毁"①。本教神之难以动摇于此可见一斑。后经松赞干布强力倡导,文成、赤尊二王妃积极弘扬,佛教方在逻些(lhasa,今拉萨)得以安存。

松赞干布的建寺压邪使本教神的地位一度受到冲击,据《贤者喜宴》载,除建寺压"女魔"两臂、头、两胯、两肘、两膝及四肢而外,"在东方,为镇压及确定日月星辰,建嘎曲(ka chu)、冈曲(kam chu)及灵曲(gling chu)三寺。为镇压南方火,建囊卓(snang gro)及灵塘(gling thang)二寺。于于西方镇压水,建古朗(gu lang)及兴衮(shing kun)二寺。为于北方镇压风,建格日(dge ri)及贝日(dpal ri)二寺"②。镇压土、火、水,即是镇压本教的诸位自然神。

然而,本教神灵却并未因此而消退。在赤松德赞以前,十二丹玛女神一直处于十分重要的地位。藏文抄本《土地神册》谓"地之女神是丹玛"。《贤者喜宴》记十二丹玛是"多吉衮查玛(rdo rje kun grags ma,在北方纳木错)、多吉雅玛琼(rdo rje gyav ma skyong,在南部藏地拉日山)、多吉衮桑(在定日拉齐雪山)、多吉凯杰佐(rdo rje bgegs kyi gtso,在羊卓雪山湖)、多吉简吉玛(rdo rje sbyang cig ma,在拉甫雪山)、多吉贝吉雍(rdo rje dpal gyi yum,在卫藏交界的文穆卡拉)、多吉陆莫(rdo rje klu mo,在羌兑色钦当玛湖)、多吉察木杰(rdo rje drag mo rgyal,在大积石山)、多吉贝莫且(rdo rje dpal mo che,在工布芝纳山)、多吉缅吉玛(rdo rje smang cig ma,在聂地洛若区)、多吉雅莫斯(rdo rje gyar mo si,在藏兑文莫纳杰)、多吉玉准玛(rdo rje gyu sgron ma,在多康悠日山)"。③ 她们遍布于吐蕃各地,说明本教神之广泛存在。一份本教文献还称,吐蕃的季节神也是女性神灵,即"东方大门的守护女神是春天的金女王,北方大门的守护女神是夏季绿玉女王,西方大门的守护女神是秋夏铜女王,南方大门的守护女神是冬季海螺女王"④。于此可见,本教神的地位,仍非佛教诸神所能比拟。

---

①② 巴卧·祖拉陈瓦著,黄颢译:《贤者喜宴》,《西藏民族学院学报》1981年第2期。
③ 巴卧·祖拉陈瓦著,黄颢译:《贤者喜宴》,《西藏民族学院学报》1981年第4期。
④ 谢继胜:《藏族土地神的变迁与方位神的形成》,《青海社会科学》1989年第1期。

赤松德赞当政时,极力扶持佛教,打击本教,并迎请域外高僧弘扬佛法,其中莲花生的活动颇有代表性。《贤者喜宴》称,"他降伏了十二丹玛(bstan ma bcu gnyis)、唐古拉(thang lha)及香波(sham po)等所有诸狂妄之妖魔,将众多孤独地狱予以消除"。[1] 唐古拉、香波皆为山神,十二丹玛是土地女神,按佛教典籍说法,他们均为莲花生所收服;《青史》进一步指出,莲花生大师"首先和西藏的十二女神较量,运用威力慑伏诸女神,令受灌顶而许誓守护正法;渐次前来北道,使塘拉等神立誓护法"[2]。佛教将本教神灵迎入自己的众神殿。在佛教看来,虽有征服本教的含义,但是,也恰好证明本教神的影响之巨大而无法简单消灭,这正是由于本教神在人们心目中的崇高地位所决定的。佛教以本教神护法,用意是借本教神之皈依佛法来抬高佛教的地位。

赤松德赞以后,来自佛教的压力不断增大,本教神也大多被丑化。如此后的藏文史书或仪礼书籍中,将原来极为神圣的十二丹玛女神称之为四魔女、四夜叉女和四女神,前二者明显带有贬低之意,其中"四位魔女是长着丑脸的黑姑娘;四位夜叉女是满脸怒气的红姑娘;四妙女神是洁白美丽的处女"[3]。原来的诸山神、龙神相继被"收服",或者由善神变为"恶神"。但是,人为的压制只能起到暂时的作用,却并不能完全改变本教神在下层群众中的形象,而赞普用行政命令来扬佛抑本行动的本身已说明了本教神"威力"之巨大。在赤松德赞之后,又有赤热巴金赞普的强力抑本,但是,朗达玛当政时,本教神又回到神圣的殿堂,这正是本教在下层群众中的深厚基础所决定的。至于佛教神取代本教神而为群众所普遍敬仰,那是吐蕃王朝瓦解之后,西藏佛教"后宏期"的重要成果之一。因此,吐蕃王朝时期,本教神在广大群众的心目中一直处于佛教神之上,虽然在"护持国政"方面的作用有所减弱,却仍为群众所普遍敬信,

---

[1]《贤者喜宴》ja 函,又见《土观宗派源流》。

[2] 廓诺·迅鲁伯著,郭和卿译:《青史》,西藏人民出版社,1985 年,第 29 页。

[3]〔奥地利〕勒内·德·内贝斯基·沃杰科维茨著,谢继胜译:《西藏的神灵和鬼怪》,西藏人民出版社,1993 年,第 210 页。

影响于整个社会的物质和精神生活活动。

三、本教在与佛教斗争中所处的地位

本教在抵制佛教影响及同佛教作斗争方面所显示出的力量,直接反映了它在吐蕃王朝时期的地位。在吐蕃历史上,佛本之争,虽然具有浓厚的政治斗争色彩,甚至代表着外来文化与本民族文化、进步势力与保守势力之间的争夺,但其具体内容则要复杂得多。

佛本两教的首次较量发生在松赞干布当政时期。其时,佛教初入吐蕃,松赞干布及文成、赤尊二妃极力扶持,并采取一些抑制本教的措施,双方展开斗争。前文已谈到庞大的建寺压邪活动,其实质即在于压服本教。同时,本教也作了相应的反击。赤尊公主白天所建之寺庙,夜里均被摧毁,正是本教徒抵制佛教的结果。史书又载,松赞干布曾看见,在神变寺墙壁西南角上的獐园中,"有许多鬼魔神怪在那里集会,其中有一名叫贡波堆弥舍的鬼魔说道:'我们要杀害皈依所谓佛、法、僧那些人的性命,要捣毁过去所修的佛庙;要对修行佛法的人传播瘟疫;要使西藏疆域中发生荒年'"①。知本教徒反抗斗志之激昂。此外,传说松赞干布生前曾将佛教经籍埋于地下,以待后世弘扬云云,这自然是本教取得胜利的直接产物。

又据藏史记载,即使在松赞干布扶佛抑本时,也并未排斥本教的影响,事实上,本教处在只禁不止的状态。《松赞干布遗教》记载,吐蕃在从尼泊尔、印度、汉地迎请高僧翻译佛经的同时,"也从象雄招来本教的具成就者象雄拉典,让本波拉沃南巴向他学习本教及防止疾病的仪轨等,本教也因此而得到弘传"。松赞干布"为了使吐蕃人努力于戒、定、慧三学,他又化现为本波教师,为人治病,显示三学之大功德"②。足见,本教经典的翻译与学习仍然未受到重大影响。

---

① 第五世达赖喇嘛著,郭和卿译:《西藏王臣记》,民族出版社,1983年,第39页。
② 达仓宗巴·班觉桑布著,陈庆英译:《汉藏史集》,西藏人民出版社,1986年,第101页。

至于本教徒的活动也依然如故。《贤者喜宴》载,松赞干布时,有两位于阗僧人"抵达逻些(lhasa)附近,他们向一骑马的本教徒老者求问通往于阗之路,本教徒说,'我是建造吐蕃王神殿的使者,很忙,无暇指路',说毕而去"①。既知本教徒尚从事王殿的建筑工作,又知王殿建筑中仍有本教文化的内容。《王统世系明鉴》称,大昭寺建成,"在四角上画雍仲字以满足本波们的心愿,画方格图案以满足蕃土臣民的心愿,并建造先前答应的那些塑像,以满足各位护法、龙王、罗刹、魔王的心愿"②。本教势力并未被忽视。

佛本第二次斗争发生在赤德祖赞执政时期至赤松德赞执政初期。其主要趋势是:本教先战胜佛教,获得优势地位,随后赤松德赞除掉信奉本教的大臣,扬佛抑本,本教之传播又趋于低潮。这次斗争直接与政治活动密切结合在一起,斗争方式明火执仗,且有很大的残酷性。

松赞干布之后,佛教在吐蕃寂然无闻。直到赤德祖赞当政,信奉佛教的唐金城公主至吐蕃时,"小昭寺内已无释迦佛像"③。佛事活动极为萧条。赤德祖赞始命臣下访求经卷,收而藏之;金城公主在大昭寺重新恢复尊佛礼法活动。然历时未久,赤德祖赞过世,信奉本教的大臣妈香·仲巴杰(ma zhang grom pa skyes)掌握一切大权,力排佛教,扶持本教,声言赤德祖赞之所以寿短是由于信佛;并建立小法律以弘扬本教。"他宣布来世可以脱生之说是妄语,禳解今世受鬼神危害的办法是信奉本教,谁做佛教法事即没收其财产,驱逐至边境",拆毁了拉萨喀扎佛堂和扎玛尊桑佛堂,将和尚遣返内地;大小昭寺改为手工作坊和屠宰场,"将宰杀后的牲畜肠子、内脏挂在神像的头上和手上,在神象上面晾血红

---

① 巴卧·祖拉陈瓦著,黄颢译:《贤者喜宴》,《西藏民族学院学报》1981年第2期。
② 萨迦·索南坚赞著,陈庆英、仁庆扎西译注:《王统世系明鉴》,辽宁人民出版社,1985年,第114页。
③ 巴卧·祖拉陈瓦著,黄颢译:《贤者喜宴》,《西藏民族学院学报》1981年第3期。

的牲畜皮张"。① 肆意践踏佛教。甚至将信佛大臣朗埋随(lang mes gz-igs)和末冬曹(vbal ldong tshal)二人处死,使佛教遭受前所未有的劫难。其时,信佛大臣管·赤桑(vgos khri bzang)和尚聂藏(zhang nya bzang)暗中贿赂赞普身边的信使、卦师和数术士,设计将玛香埋入坟墓②,从而结束了本教对佛教的迫害。但是,本教在吐蕃最高层中势力却并未消失。

赤松德赞是吐蕃王朝时期著名赞普之一,在佛教事业上多有建树,与本教势力的斗争也最为出色。当政之初,他便派人迎请尼泊尔的静命堪布(bodhisattva)至吐蕃,讲解"十善"和"十二因缘"等经典。不久,吐蕃发生洪水冲淹桑耶旁塘宫,拉萨布达拉山上的宫殿遭到雷击,瘟疫危及人畜,霜雪旱等自然灾害交加。信仰本教的广大下层群众不满赞普推行佛法,遂把灾难的祸根归之于崇奉佛教,要求将静命等逐回尼泊尔。赤松德赞及信佛大臣迫于压力,暂时停止了佛事活动。

但是,身为赞普的赤松德赞与诸位信佛大臣自然也不会善罢甘休,他们仍在寻找机会进行反扑。为时不久,赤松德赞又派大臣贝·色朗到尼泊尔迎请静命堪布。静命深知吐蕃本教势力之强大,故特请深通神变与巫术的密宗大师莲花生一同到吐蕃。一路上,他们与本教徒较量法力,宣扬佛教大义。本教大臣达扎路恭及王妃觉若沙则激烈反对。"莲花生(菩提萨埵)说,在一个国家里,有两种教法指导政权,会办不好的。我们可以辩论,你们胜了,我们走,兴扬黑教(即本教);佛教胜了,废了黑教,信仰佛教。"于是,双方摆开阵势,"赞普住在素铺红柳宫,佛教选出响乜桑、乜答赞东赛、森廓拉隆赛和娘雪玛四个人,帮助菩提萨埵进行辩论。黑教委派昂达鲁贡、大天文学家琼波东措、琼波才娃、采米、觉拉门

---

① 巴卧·祖拉陈瓦著,黄颢译:《贤者喜宴》,《西藏民族学院学报》1981年第3期。东嘎·洛桑赤烈著,郭冠忠、王玉平译:《论西藏政教合一制度》,中国社会科学院民族研究所印,1983年,第19页。

② 班钦·索南查巴著,黄颢译:《新红史》,西藏人民出版社,1984年,第26页。

朗巴日等五人参加辩论"①。据称,在辩论中,黑教因论据脆弱而失败。于是,本教徒被纷纷驱散,杀牲祭祀之俗也被废弃,本教经典被抛入水中。实际上,本教失败的原因不会仅是这些,赤松德赞本人的态度,才是影响辩论结果的关键因素。

两教的第三次较量虽以本教的失败而暂时告一段落,而双方的斗争却在继续进行。赤祖德赞时又发生了第四次斗争。这次斗争主要以佛教对本教的强力压制为内容,体现了佛教对本教的极端恐惧与仇视。又以本教势力战胜佛教势力而告终。

赤祖德赞(即赤热巴金 khri ral pa can)执政时(815—836),把对佛教的崇拜推到顶峰。他规定了每七户属民供养一位僧人的制度,甚至制订法律制裁本教徒与普通群众,谁若恶视僧人就被挖掉眼睛,谁若恶指僧人即被割断手指。还分给僧人以奴隶、土地和财产。这样,就严重地伤害了本教徒和广大平民的利益,从而引起激烈的反对。本教大臣韦达纳坚(dbavs stag rna can)等即展开针锋相对的斗争。据《布顿佛教史》载,他首先"将出家为僧的王子藏玛流放到亚东(gro mo),并造谣说王妃昂促玛(ngang tshul ma)与钵阐布贝吉云丹(ban de chen po dpal gyi yon tan)私通,随即杀死钵阐布(ban chen po),王妃亦自杀身亡"②。这样,就削弱了赞普身边的信佛势力,然后,韦达纳坚与久若拉略(cog ro lha lod)及列杜赞(legs sdug btsan)将赤热巴金赞普灌醉,惨杀之。③ 本教又重新恢复其"护持国政"的地位。

在抑佛扬本斗争中取得胜利的本教大臣们,推举朗达玛(glang dar ma)即吾都赞普(vu dum btsan po,841—846)为赞普。他采取了同样简单的宗教政策,用武力消灭佛教,将佛教高级僧侣杀掉,让普通僧人背上猎枪去打猎,或者役作马镫。佛教经典或者埋入岩窟,或者投入水中,或者烧掉,从而加剧了社会的各种矛盾。最终导致身死国亡。

---

① 秘明珠著,段克兴译:《巴协》,《甘肃民族研究》1982年第1—2期。
②③ 巴卧·祖拉陈瓦著,黄颢译:《贤者喜宴》,《西藏民族学院学报》1984年第1期。

从佛本两教的几次斗争可以看出,本教的力量始终存在并影响王朝的重大事件,整体上高于佛教,因此,藏史中抑本崇佛的描述,在某种程度上埋没了本教应有的地位。本教在民间一直占据着统治地位应该充分肯定,吐蕃王朝时期,佛本两教代表新旧两股势力,本教的弱点,在于它的排斥外来文化影响,而且大量的杀牲,甚至人殉,妨碍了生产的发展,这一点却为保守势力所利用。但佛教要在新土壤中生根发芽,也需要一个艰难困苦的过程,从吐蕃王朝的建立者松赞干布接受佛教到最后一代赞普朗达玛武力灭佛,可以反映佛教在吐蕃王朝时期的命运。因此,把这一时期的佛教活动称为繁荣或兴盛时期,显然不妥当。至于"佛教三王"的功绩,主要表现在提倡佛教方面,而不是佛教已得到弘扬。

四、从新疆简牍看本教的地位

新疆出土的吐蕃简牍,是吐蕃占领并统治西域地区时期的遗留物,其时代大体与吐蕃王朝相始终,即公元 7 世纪中期到 9 世纪中期。这一部分资料以其毋庸置疑的真实性,补充并修正了关于吐蕃时期佛本两教状况的某些异说。

从新疆出土的藏文简牍来看[①],本教是吐蕃人的主要信仰。有 25 条与宗教活动有关的木简,完全是本教内容。虽然,简牍有不完备的一面,既不是新疆吐蕃木简的全部(或有未被发现的、业已损坏的),又不可能完整地再现当时的生活状况,但是,上述材料让我们作出"该时期本教地位高于佛教"的论断,却已足够了。吐蕃辖下的西域地区的宗教无疑与吐蕃本土的宗教状况基本一致。藏史中关于西藏佛教"前宏期"佛法弘扬之种种说法,显然与新疆出土的简牍不一致。我们认为,应该把文献与新疆发现的简牍材料结合起来,辨别是非,廓清迷雾,然后才能恢复吐蕃王朝时期佛本两教的本来面目,科学地研究佛教、科学地研究本教。

---

① 王尧、陈践:《吐蕃简牍综录》,文物出版社,1986 年。

依据新疆木简,我们还可以知道当时本教徒的一些生活情况:(1)本教徒有自己的组织,有本教总管(ce se ba spon 即 stse rje ba bon)、本教主(bonsje)和一般的本教徒(bon po),且有自己的经典(sro dgrer sto);(2)本教的神灵有地方神(yul lha)、乡神(yul bthag)和女神(lha mo)。其中,女神占有十分突出的地位(此与前文所述一致)。(3)祭祀与占卜是本教徒的两项主要活动内容。祭祀主要是祭奠地方神、乡神和女神,后者为尤,一般要杀牲,如用良种公山羊等,祭祀女神则还需要用美貌之少女一名,此即人祭。占卜往往与祭祀密切相关,多为羊胛骨卜;所卜的内容,小则生男育女,祸福鬼神,大则年成丰歉及有无兵灾等等。(4)本教徒的食物,大多是素食和酒,如发面饼、葡萄干、水果、糌粑、酥油等,平均分配,集体就餐。但祭神时则还要杀牲,甚至人祭。其食物与祭品主要是向当地居民摊派所得。

如何理解吐蕃辖下的西域地区盛行本教,而缺乏关于佛教的报道呢?我们认为,首先是本教在吐蕃本土处于主导地位的结果,这是影响其在西域辖区宗教状况的基础。新疆简牍材料表明,本教是有组织的,其经济生活之来源依赖于对当地居民的摊派,多少带有一些官办的性质,也即,流行于吐蕃辖下的西域地区的本教,是得到当地吐蕃军政机关的支持或首肯的,是与军事行动相伴而行的精神统治。由此反映出,吐蕃本土本教地位亦相应地突出的情况。其次,说明吐蕃王朝时期,松赞干布、赤松德赞及赤热巴金三代赞普所极力提倡和强行扶持的佛教,在很大程度上只限于一时或逻些(今拉萨)一地,对其广大的本土与西域辖区,并没有产生较深的影响。再次,说明在下层群众中广为信奉的仍是本教而非佛教。

在新疆简牍中有一则与佛教有关的材料,内称"在小罗布(nob chung ngu)有八畦菜园子,沙弥菩提藏正在耕种时突然命终,他与卑职同一东岱(stong sde),又是卑职的亲舅……"①吐蕃本土曾颁布过分给僧

①王尧、陈践:《吐蕃简牍综录》第 355 条,文物出版社,1986 年。

人土地、奴隶及七户供养诸特权的命令，而在这里，该沙弥不仅未能享有任何优待，而且还被编入东岱(stong sde)，亲自耕田为生，其与本教徒在西域的状况自成鲜明对照。

如众所知，在吐蕃入据西域之初，西域是佛教较为发达的地区，于阗、龟兹等国均以佛事之繁盛而闻名于当世。那么，吐蕃本教要力排佛教而渗入西域人的精神世界，如果没有军事征服或强力推行无疑是很艰难的。于此可见，本教之流行西域与吐蕃王朝之大力支持有一定关系。因而，本教在吐蕃王朝时期的意识形态中地位也应高于佛教。

五、余论

吐蕃王朝时期，本教的流传与影响之广大远远超出一般藏文史籍所载，这不仅因为后世西藏佛教彻底战胜了本教并普及于藏区，其地位之高，无以复加，从而也抵消了本教在人们头脑中的记忆；而且，由于藏文诸史大多充斥着佛教的观念与内容，作者也都是僧人，扬佛抑本在所难免；即使在近现代藏区流传的本教经典与传说中，也多掺和有佛教的内容[1]，既是佛教影响的结果，又是借佛教以自重的产物，很难客观地反映出本教的真正面目。虽然如此，但要恢复本教在吐蕃王朝时期地位之原貌却也并非易事，首先的是文献不足征。本文所论主要是从侧面加以探讨，难免管窥蠡测。

值得注意的是，普通群众始终敬信本教。松赞干布时如此，赤松德赞时亦如此。莲花生给赞普讲十善法也遭到激烈反对，以至"雷霹红山宫"、"年荒、人病、畜病"并发。[2] 赤松德赞的苦心提倡使佛教在吐蕃站住了脚跟，很难说它能够影响到拉萨以外的辖区，至少，新疆等边远地区未受任何影响。赤热巴金当政后，实行断指、挖眼等措施以惩治抵制佛教的本教徒与下层群众，恰好说明佛教所遇到的阻力是何等巨大，也是群

---

① 参见马长寿：《本教源流考》，《民族学研究辑刊》第 3 辑。
② 第五世达赖喇嘛著，郭和卿译：《西藏王臣记》，民族出版社，1983 年，第 55 页。

众未接受佛教的直接反映。

朗达玛当政后,把本教推向顶峰。据称,当时在曲水铁桥附近,修建了一座本教大寺,名为绛洋贡却寺。大寺在鼎盛时期,住有本教徒三万余人,寺内开辟法苑,学习经典。此寺不仅是西藏最大的寺院,而且是全中国,甚至全世界最大的寺院。[①] 朗达玛被刺后,该寺被焚,经书大多亦毁,但本教却并未因此而亡。《宗教流派镜史》称,"本教之寺院者,在藏有辛达顶寺(gshin dad sding),嘉绒有雍中拉顶寺(g·Yung drung lha sding)等"[②]。又据清人张其勤"西藏寺庙概况总表"所示[③],在西藏的 72 座寺庙中,黄教 41 座,本教 14 座,白教 12 座,红教 5 座。在诸派中,本教居第二,知其对后世影响之深远。

总之,从本教在吐蕃王朝时期的礼仪、丧葬,本教神灵之为民众所普遍信仰及本教与佛教斗争中所处的地位与所显示的力量中可以看出,本教在吐蕃王朝时期的地位是十分重要的;再证之以吐蕃直接管辖下的今新疆地区之藏文简牍,更知这一时期影响人们精神生活的主要信仰是本教而非佛教。

原载《西北民族学院学报》1991 年第 3 期

---

① 段克兴:《西藏原始宗教——本教简述》,《西藏研究》1983 年第 1 期。
② 善慧法日著,刘立千译,王沂暖校订:《宗教流派镜史》,西北民族学院研究室印,1980 年,第 191 页。
③ 张其勤:《番僧源流考 西藏宗教源流考》,西藏人民出版社,1982 年。

三 试论吐蕃的动物崇拜

在上古时代人们的生活中,动物具有不可忽视的重要作用。无论是农业民族饲养的家禽,还是游牧民族放牧的牲畜,它们都以不同的方式和功能参与到人们的物质生产和日常生活之中,与人们征服自然、改造自然的活动结下了不解之缘。因此,上古时代的人们,能够从自身生存要求和向往幸福的角度出发,对周围环境中的各种动物作出区别,产生复杂的感情;或喜悦,或厌恶,或恐惧……因这些情绪得不到科学的解释,人们转而求诸自然界,用超自然力的想象将动物神化,以万物有灵的思想来解释某些动物的特性,相信动物与自己有着千丝万缕的联系又为自己所望尘莫及,也相信某些动物的神圣性与不可抗拒性,从而崇拜动物。其内容大致有二:一是对威胁自己生存的动物的崇拜,如中国古代传说中吃人的"年"以及殷周时代的凶兽"饕餮"等即属此类;一是对维系人们生存、与人们生活息息相关的动物的崇拜,如古羌人的"羊"及鄂伦春、鄂温克人的"鹿"等即是。前者属消极崇拜,由畏惧感和躲避欲产生;后者属积极崇拜,因于人们恭敬和求媚的情绪,表现出喜悦的心情。

吐蕃人也与我国古代其他民族一样,对青藏高原上的动物有许多崇拜的传说,在一定程度上反映了他们的社会生活以及文化观念。

如众所知,我国西藏自治区处在一个较大的地理单元——青藏高原之上,这里群山环抱、地形复杂,平均海拔在 4 000 米以上。有 3 条大的山脉横贯其中:北部与新疆维吾尔自治区交界的是昆仑山脉,中部把高原分隔成南北两部分的是冈底斯山脉,西南部便是世界闻名的喜马拉雅山。这种独特的地形就把西藏藏族人的居住区划分为两大块:藏北高原(也即"羌塘")地区(冈底斯山以北、昆仑山以南)和藏南谷地(冈底斯以南、喜马拉雅山以北)。前者海拔在 4 500 米以上,浑圆而坡度平缓的丘陵夹着许多盆地;而后者海拔大都在 4 000 米以下,雅鲁藏布江穿过其中,形成相对低缓的谷地、有一连串宽窄不一的河谷平原,拉萨河谷最为宽广。藏南谷地是西藏重要的农业区,农作物主要为耐寒耐旱、生长期较短的青稞,以及豌豆、小麦、荞麦等;而藏北高原则为较大的牧区,牲畜有绵羊、山羊和牦牛、犏牛、黄牛等。此外,藏东为高山峡谷,生长着茂密的森林,为重要林区之一。

由以上地形我们可以看到:多高山为此区地理特征,虽有宜于农耕的河谷平原,毕竟很少。这种环境,无疑与畜牧业生产天然地结合起来;在雅鲁藏布江中下游山南地区,以及东部峡谷区分布着茂密的原始森林,它又成为野生动物活动的理想所在地。显然,生活在高原上的吐蕃人与动物广泛联系的必然性是不言而喻的了。同时,高原上险恶的环境、多变的气候又以巨大的威力胁迫着生活在高原上的吐蕃人,使人们在自然面前显得力不从心,而必须依附于自然并崇拜自然。据载,其"国多霆、电、风、雹、积雪,盛夏如中国春时,山谷常冰。地有寒疠,中人辄痞促而不害"①。这种环境,迫使吐蕃人崇拜日月山川,亦崇拜有生灵的动物。试将崇拜动物的事实简论如下。

一、猕猴

据西藏传说记载,第一对先祖夫妇是一只森林猕猴和岩罗刹女,他

①《新唐书·吐蕃传》。

们结合的地方在索塘,即雅鲁藏布江流域的南部雅砻地方。甚至传说,在今雅隆地区泽当平原之东的贡布山上,还有猴子洞,为猴与岩魔女成婚之地。①

在安多等其他地区也有此类传说,而且认为猕猴与岩罗刹女的故乡即在安多。②另据《隋书·党项传》记载,"党项羌者,三苗之后也。其种有宕昌、白狼,皆自称猕猴种"。足见猴子传人之说具有普遍性。

但是,佛教传入西藏后,就给藏人故有的传说披上了佛教的外衣。这在第五世达赖喇嘛所著《西藏王臣记》中有明确的反映。文称,《教敕秘要》和《嘛呢经集》中已包含有西藏人种为猴与罗刹女两相交合所生的内容。"根据佛陀日亲无量大悲所孕育而出的言教中说,圣·怙三尊(观音、文殊、金刚手)运用清净慧眼照见广大的西藏疆域,上部阿里部分是大象和野兽区;中部卫藏部分是野兽与猿猴区;下部多康部分是猿猴与罗刹区。而上部又是秃秃的童山与皑皑的雪山;中部又是峻岩与草原;下部又是果树与森林等。这些丛山和原林像装饰人身上的服饰那样点缀着西藏的大地。""于是由圣观自在的悲力加持化作一头变种的猴,继由圣救度母的加持力,从她皎洁的心间月轮中现出一个罗刹女来与猴配合,经过如六道众生转生那样而转生出不相同的 6 个孩子。而且那些'类父性'的是思想敏锐,悲心广大而内心善良;那些'类母性'的多是赤面而恶业深重、秉性顽强。从此逐渐繁衍而成为有西藏人的疆土。"③

如果我们从如上引文中剥去佛教化的色彩,就可以看到:猕猴与罗刹女相合传入乃是西藏本土的古老传说,并不是来自印度,也不是佛教徒附会的产物。因为猕猴与猿猴活动的地域不是在接近印度的上部阿里(那里生长着大象),而是活跃在中部卫藏,尤其是下部多康;而且佛教的产生及传入西藏的时间、传说中"贵父(猕猴)贱母(罗刹女)"的观念,均与人类起源的时间及母系氏族公社的状况不相吻合,佛家改造西藏本

①② 班钦索南查巴著,黄颢译:《新红史》,西藏人民出版社,1984 年,第 134 页注文。
③ 第五世达赖喇嘛著,郭和卿译:《西藏王臣记》,民族出版社,1983 年,第 12—13 页。

土的传说的痕迹是可以辨析的。青藏高原广泛生存的猕猴应是产生猴子传人说法最深厚的自然基础,猴子的机智灵活,象征智慧,以及人猴相类则无疑激发了人们的联想,使传说得以产生。与此相比,佛教加持力和六道轮回要年轻得多、拙笨得多。无论如何,人是由猿经过长期的劳动及演化变来的,而不是通过猕猴与罗刹女相配合产生的。佛家的改造也只能立足于西藏本土,因此,猕猴和岩罗刹女及其后代活动的场所是:多野兽、多山、多森林、多草原及白雪皑皑的青藏高原,而不是其他地方。

有的研究者认为,"观音菩萨化身的神猴与岩妖结为夫妇,就是从无弋爱剑与剺女结合的故事(《后汉书·西羌传》——引者)流传下来,被添上佛化的色彩而成为西藏古史传说"。[1] 事实上,这只是一种比附或假设,并设有说明传说的真正来源。因为吐蕃人的族源并非起自无弋爱剑所处的秦朝时代,它要更早更悠久;而以吐蕃居民为外来即由羌人移居之说,尚有不足服人之处。据西藏考古发掘,西藏地区早在新石器时代已留下了吐蕃先民的足迹[2],应该是居民土著说的有力证据。受外来文化影响是难免的,也是不可忽视的,但应注重吐蕃人自身的文化,猕猴传入正是这样。

与其他民族相比,吐蕃人虽有图腾崇拜却并没有形成禁忌制度。比如,对具有始祖地位的猕猴,吐蕃人不仅不加以供奉,反而以其为牺牲。据史载,其"赞普与其臣下岁一小盟,用羊、犬、猴为牲"[3]。吐蕃属部女国也用猕猴祭祀战神阿修罗或树神,是其特点之一。[4]

二、羊

羊在游牧民族生活中的作用是不可低估的。羊肉、羊乳为牧民重要

---

① 黄奋生:《藏族史略》,民族出版社,1985 年。
② 戴尔俭:《西藏聂拉木县发现的石器》,《考古》1972 年第 1 期。王恒杰:《西藏自治区林芝县发现的新石器时代遗址》,《文物》1979 年第 9 期。
③《新唐书·吐蕃传》。
④《隋书·女国传》。

食物；羊毛、羊皮可作毡毯衣裘。与吐蕃民族形成具有极大关系的羌人即以牧羊而著名，且以羊为图腾，故许慎《说文解字·羊部》称，"羌，西戎牧羊人也。从人从羊，羊亦声"。羌、羊之密切可知。而进入青藏高原的羌人与当地土著融合，直接影响了吐蕃人的文化与信仰，关于此方面的史料屡见不鲜。吐蕃之事羊为神祇，不外是以羊为重要生产生活资料的畜牧业经济和羌族文化影响的产物。羊在吐蕃人生活中的地位，主要有三：其一，作为崇拜的神物或图腾。《新唐书·吐蕃传》称，吐蕃人"重鬼右巫，事羱羝（即公羊）为大神"。其二，是为不可缺少的生活资料。《隋书·党项》记载，其人"织牦牛尾及羖䍽以为屋"。"服裘褐，披毡以为上饰。"东女国的女王也"服青毛绫裙，下领衫，上被青袍，其袖委地，冬则羔裘，饰以文锦"。人们吃羊肉、饮羊乳而不知稼穑。其三，羊也是宗教仪式及起誓会盟的重要牺牲品。吐蕃赞普与臣下岁一小盟，用羊犬猴为牲。党项人"三年一聚会，杀牛羊以祭天"。羊无疑是吐蕃人的重要动物之一。

三、牦牛

吐蕃人活动的青藏高原地区有犏牛、黄牛等，而以牦牛最为著名。牦牛类似水牛，力气很大，能耐寒，足趾宽厚，成为吐蕃人主要牲畜，故史书有称其为"牦牛国"者。[①] 牦牛与吐蕃人的生活息息相关，其毛可拧接编为房屋，党项人"织牦牛、羊毛覆屋，岁一易"。吐蕃王室联毳帐以居，号为大拂庐，广可容纳数百人；普通居民则处以小拂庐。牦牛肉则是吐蕃人的重要食物，尤其是招待贵宾，只能以牦牛为资。牦牛又是青藏高原上主要交通工具，至今尚有"高原之舟"的美誉。牦牛皮可以用来做航行的皮船，甚至牛粪也是人们宝贵的燃料而不能缺少。

牦牛在人们日常生活中具有如此广泛而重要的作用，就决定了它在

[①] 王忠：《新唐书吐蕃传笺证》，科学出版社，1958年，第1页。

人们观念上的特殊地位。在吐蕃人那里,牦牛也像羊一样被人们尊神祇,甚至被纳入民族起源的传说。据《敦煌本吐蕃历史文书》记述,最早的天降赞普所到的部落为"六牦牛部"①,则牦牛与吐蕃始祖相互关联。而藏史中,"上丁二王"之一的止贡赞普的王后,甚至在梦中与山神化身相合,"既觉,见枕畔有一白牦牛起身而去,因而有娠",而其所生之"血团",又在"热牛角中"培育为一男婴,后来践国为王。② 牦牛又与吐蕃先民有直接血缘关系,因而也成为他们的祖先图腾。据学者研究,"白牦牛山神——白牦牛山神的女儿——白牦牛与人类祖先婚配传出氏族部",在吐蕃人那里,形成了较为完整的牦牛型族源神话系统。③

在长期的发展过程中,又从牦牛祖先系统中分野出象征邪恶的魔牛来,这在藏族史诗《格萨尔王传》中有所分映,比如妖魔恰巴忍的命根子即为一头野牦牛;史诗还记述了格萨尔与红铜国魔牛斗争的事迹。④

此外,牦牛作为一种主要牲畜也是祭天会盟的牺牲品。

四、马

《新唐书·吐蕃传》称,"其兽:牦牛、名马、犬、羊、彘"。考稽史书,吐蕃人之养马遍于高原各地,位于葱岭之南的女国有"骏马、蜀马"。《隋书·女国传》记女国东临附国有杀马祭祖之俗,且"动至数十匹"。党项、东女国莫不产马,但最为著名者还是吐谷浑,据《隋书·吐谷浑传》记载,"青海周回千余里,中有小山,其俗至冬辄放牝马于其上,言得龙种。吐谷浑尝得波斯草马,放入海,因生骢驹,能日行千里,故时称青海骢"。吐谷浑人畜牧业以养马为主,马成为最重要的财产,其法律甚至将盗马与杀人相提并论,皆予处死。马对于居住在高原上的吐蕃人,无论是生产

---

① 班钦索南查巴著,黄颢译:《新红史》,西藏人民出版社,1984年,第134页注文。
② 索南坚赞著,王沂暖译:《西藏王统记》,商务印书馆,1955年,第16页。
③ 谢继胜:《牦牛图腾型藏族族源神话探索》,《西藏研究》1986年第3期。
④ 王沂暖、华甲译:"贵德本"《格萨尔王传》,甘肃人民出版社,1981年。

生活,还是交通运输,都是不可缺少的。

同时,马的重要地位还在传说和吐蕃人的绘画中得到反映。据说,吐蕃先祖"天赤七王"都是在他们的儿子,"长到能骑马时,父王们就沿着登天绳上天,在空中像彩虹一样消逝"①。则骑马应该是具有神人地位的"天赤七王"的基本技能之一;在大昭寺的壁画中还有"头顶着马头身体是蓝色"的魔王形象。②

马在吐蕃人的观念中,无疑占有重要的地位。此外,吐蕃人也有浓厚的杀马祭祀、盟誓的习俗,君死还要以其生前所乘之马陪葬。但是,在东女国、女国则只用人或猕猴为牺牲;党项人用牛、羊为祭物而均不用马,吐谷浑则断不会刑马为誓,这些表现了地域上的差别。

五、猪、狗

在中原,人们普遍养猪并作为主要肉食,吐蕃地区也有养猪的事例,如前引,党项人牧养牦牛、羊、猪以供食。《旧唐书·吐蕃传》所载诸"兽"中也有猪。党项人若遇丧事,"死家杀牛,亲属以猪酒相遗,其饮啖而瘞之",所谓助行葬礼。据研究,在晚近的西藏地区,猪头往往成为家神和灶神的象征,在西藏南部地区尤其是这样。③

狗也是游牧民族辅助性的动物之一,今天草原牧民尚以猎犬为助手放牧羊群。史书虽未明载,但是,游牧的吐蕃人当对此法有所掌握,故而,唐人著史将犬作为吐蕃之兽与羊并列。狗也被用于祭祀,《旧唐书·吐蕃传》称,赞普"与其臣下一年一小盟,刑羊狗猕猴,先折其足而杀之,继裂其肠而屠之,令巫者告于天地山川日月星辰之神云:'若心迁变,怀奸反覆,神明鉴之,同于羊狗'"。

---

① 萨迦·索南坚赞著,陈庆英、仁庆扎西译注:《王统世系明鉴》,辽宁人民出版社,1985 年,第 45 页。
② 同上书,第 120 页。
③ 〔法〕石泰安著,耿昇译,王尧校:《西藏的文明》,西藏社会科学院西藏学汉文编辑室印,1985 年,第 13 页。

狗作为居民的守家动物,也为人们所看重。在吐蕃史籍中还记载了哈牙木胡西库及那囊氏赞雄甲二人给"宇宙大神之神猰犬"的毛上涂以毒物,毒死了杀害止贡赞普的罗阿木达孜,从而报仇雪恨的故事①,而其中的止贡赞普也曾有一化身的母犬"宁兀那察玛",尚会侦察敌情为主人效力。②

吐蕃人崇拜的动物中尚有老虎、狮子等于人们生活无益并危害人们生命、给人以恐惧的动物。据学者研究,狮子非吐蕃土著图腾,而是传自异域——波斯人那里。③ 它之所以能在吐蕃地区扎根,是由于狮子为凶猛野兽,人力尚难以使其屈服,普通群众出于畏惧并祈求幸免遂崇拜它,而统治者则利用了这类野兽的威严和震慑力量,以期加强其统治,赞普的狮子座即是其象征。这是社会需要的产物。

以上所述吐蕃人的各种动物崇拜说明了什么呢?

首先,它反映了吐蕃先民的生存环境和经济生活。如众所知,人类曾经历了长期的采集和狩猎生活,猴子或是吐蕃人在采集及林中栖息阶段结识的动物,日后保存在人们的记忆之中;而羊、马、狗、猪等则与人们的狩猎和游牧经济密切相关,牦牛更是青藏高原上有特征性的动物,深为人们所倚重。甚至威胁人们生命安全的老虎等野兽也未曾离开过人们的生活,于是,动物崇拜在吐蕃人那里具有深厚的基础。正如费尔巴哈所说的那样:"动物是人不可缺少的、必要的东西;人之所以为人要依靠动物;而人的生命和存在所依靠的东西,对于人来说就是神。"④

第二,吐蕃人的动物崇拜反映了民族起源的内容,而吐蕃人的人种来源无疑具有多元性。检索吐蕃神话传说,大多以动物为主题,而且表现出较大的差别性,有猕猴与罗刹女所生说,有牦牛与人祖相交繁衍说,甚至还有卵生说。《雍仲本教史》认为藏族起于"六个黄色发光之卵"。

---

① 王尧、陈践译:《敦煌本吐蕃历史文书》,民族出版社,1980 年,第 123 页。
② 索南坚赞著,王沂暖译:《西藏王统记》,商务印书馆,1955 年,第 16 页。
③〔法〕石泰安著,耿昇译,王尧校:《西藏的文明》,西藏社会科学院西藏汉文编辑室印,1985 年,第 53 页。
④〔德〕费尔巴哈著,荣震华等译:《费尔巴哈哲学著作选集》下卷,生活·读书·新知三联书店,1962 年,第 438—439 页。

这应当是朗日论赞、松赞干布父子统一雪域、建立吐蕃王朝以前,西藏地区部落分立、互不相属状态的一种印证。各个大的部落均有其相对独立的神话系统和祖源传说,也就是说,他们各有自己的图腾。我们知道,青藏高原大山林立、地势多姿。处于原始状态的吐蕃先民,各地区之间经济联系单薄,没有需要也无法克服重重阻隔的地理障碍。因此,人们因地形不同、经济生活相对差异而产生出各自的神话和图腾崇拜,比如吐谷浑人对马,羌塘一带对牦牛、羊的崇拜,以及象雄地区对大象,雅隆地区对猕猴等动物的崇拜。这反映了来源上的多样性,强求统一是不符合实际的。

同时,吐蕃文化又是一个充满活力的开放型体系。在发扬自己固有文明的同时,很注意吸收周围地区发达的文化,从而丰富自己,使其呈现出错综复杂、斑斓多姿的局面。如其南方印度的佛教文化,北方突厥的蒙古草原文化,西方波斯人的斯基泰文化,东邻南诏以及中原王朝灿烂的隋唐文化,这些无不在吐蕃文化、动物崇拜上打下烙印。

第三,动物在吐蕃人那里,还直接参与了人的社会生活,与人们的生活息息相关。他们以为万物有灵,把日月山川及各种动物人格化,使之具有人的灵性、人的思维、人的感情以及人的生理特征——生育儿女。山神可娶妻,牦牛女会嫁人、养育儿女。事实上,诸如此类的动物神,无非是人欲有而不曾有的能力的实现者,是人对促成善事或恶事想象中的延长。"人的崇拜对象,包括动物在内,所表现的价值,正是人加于自己、加于自己的生命的那个价值。"[1]于是,动物既是人的价值的间接体现者,又与人们有着直系的血亲关系。人祖与动物相交的传说,在吐蕃人看来是理所当然、不足为奇的。在女国,人祭或用猕猴祭是一回事,吐蕃赞普三年一大祭,用牛用马用人,将人畜并列。甚至传说中的观世音的第二十七世化身也是一只母兔。[2] 足见吐蕃人观念中人与动物同一之普遍存在,人们事实上并没有从对动物的依赖中摆脱出来,这正是产生观念上混同的原因所在。

---

[1] 〔德〕费尔巴哈著,荣震华等译:《费尔巴哈哲学著作选集》下卷,生活・读书・新知三联书店,1962 年,第 54 页。

[2] 〔法〕石泰安著,耿昇译,王尧校:《西藏的文明》,西藏社会科学院西藏学汉文编辑室印,1985 年,第134 页。

第四,动物图腾还在一定程度上反映了吐蕃人的善恶观念和社会伦理思想。人们把勇敢、机智、善良等美德寄寓于自己所钟爱的动物,而把邪恶、怯懦、魔鬼等同于所憎恶的动物,从而表现自己的社会价值观。比如对勇士,往往褒以豹革及虎皮,或饰以虎皮褴、虎皮裙,老虎便成了勇武的象征,为人们所崇重;而对于懦夫,则冠以狐帽或以狐尾悬其头顶,以其胆怯如狐。在吐蕃法律中明确规定:当"一人陷于公牦牛、母牦牛身下,在近旁之人若不相救,其为懦夫,应挂狐皮"①,狐狸成为怯懦人的象征性动物。吐蕃人以"类父性"(猕猴)的后代为"思想敏锐、悲心广大而内心善良",以"类母种"(罗刹女)的后代为"恶业深重、秉性顽强"的观念,已如前述,带有明显的感情色彩。甚至在吐蕃的仪礼中,"天门"是由一颗羊头表示,而"地门"则以一颗狗头表示,这也应包含一定的社会意味。

此外,动物图腾的活动还是社会矛盾、社会斗争的一种侧面反映。据史载,松赞干布之父朗日论赞在位时,"从中原内地输入历法及药物。……他又从乍松顶玛海边获得垛哇骏马,他骑着骏马杀死了灰色而长有长角的野牛"。骑骏马杀死野牛,作为一个具体事件是微不足道的,游牧生活中射猎牲畜比比皆是。但在这里显然别有内容,也就是说,这些骏马、野牛应是部落图腾和代表物,它反映了朗日论赞联合以马为图腾的部落,共同击败了另一个以野牛为图腾的部落的事实。据法国著名藏学家石泰安教授研究,苏毗和吐谷浑人被征服、被同化以后(6—7世纪),他们成了吐蕃的一些部族或宗。于是,在稍为晚期的文献中,便出现了有关马匹(吐谷浑)与牦牛(吐蕃)互相仇恨的长篇民间故事。②

藏族史诗《格萨尔王传》中的格萨尔降服魔鬼凶兽事件,无疑也是这种人间斗争的曲折反映。因此,动物图腾的活动包含着人的活动的事实,其深刻根源即在于当时的社会矛盾和阶级斗争。

第五,吐蕃人的动物图腾凝聚着浓厚的宗教观念,又与人民的文化娱

① 王尧、陈践译:《敦煌吐蕃文献选》,四川民族出版社,1983年,第32页。
② 〔法〕石泰安著,耿昇译,王尧校:《西藏的文明》,西藏社会科学院西藏学汉文编辑室印,1985年,第19页。

乐活动结合起来,以人们所喜闻乐见的面具表现出来。是人们不断战胜自然、迎接胜利的象征。险恶的自然环境以及凶猛的野兽,时刻威胁着生活在高原上的吐蕃人,也考验和锻炼了他们。人们并没有屈从,而是以顽强的毅力克服了重重障碍,把自己的智慧和美好追求一代一代传接下去,动物图腾文化就部分地体现了这一切。为了再观自己征服自然的生活,为了歌颂自己获得胜利的斗争,人们用一年一度的节日庆祝活动来表达内心的喜悦。据《竺国纪游》卷四记载,"上元日,悬灯于大诏内,蠡木架数层,安设大灯万余盏,缀以五色油面为人物,龙、蛇、鸟、兽,极精巧"①。节日里,人们表演牦牛舞、狮子舞以及牧羊人驱赶狮子、牦牛等舞蹈。最著名的还要算冬季和夏季会盟,除了讨论军政大事、课收赋税之外,还要围猎牦牛,以博快乐。② 至于绘画中的动物图腾也是不胜枚举的。

综上所述,吐蕃人的动物崇拜包含着历史传说,也反映了人与动物同一的原始意识,在一定程度上表现了人们的社会伦理和善恶观念,成为了解当时社会的一个侧面聚焦点。人们还把自己与动物之间复杂的感情,寄寓于舞蹈和民间传说,使之再现自己的生产生活,达到增长知识、愉悦情绪并增强征服自然信心的目的。但是,动物崇拜有着很大的原始性和落后性,它与原始的生产力和低层次的社会组织相联系,同时又妨碍着生产发展和社会进步。比如吐蕃人的会盟祭祀,宰杀牲畜动辄数十匹、数百头。广泛存在的杀殉习俗必然阻碍和摧残着社会生产力,尤其是把人作为祭祀物,更是一种愚昧的反映。这种状况,在吐蕃赞普赤松德赞时才有所改变,赤松德赞让禁杀牲的佛教徒与主张杀牲的西藏地方原始宗教——本教教徒相互辩论,因后者失败而下令禁止本教,从而基本上结束了牲殉牲祭制度,但动物图腾通过文学艺术依然保存在人们的记忆之中,为人们所缅怀、追述和传扬。

原载《民族论坛》1987 年第 4 期

---

① 周蔼联:《竺国纪游》第 4 卷,民国二年(1913 年),第 18 页。
② 王尧、陈践译注:《敦煌本吐蕃历史文书》"编年部分",民族出版社,1992 年。

四 藏族古史传说与波斯祆教的影响

一

藏文字母系统创制于公元 7 世纪上半叶,按照藏文史书的一般说法,藏文是由松赞干布时的文臣吞弥桑布札创制的。学术界尽管有人认为藏文源于象雄文,但是目前尚无确凿证据支持此说。而藏文的相对成熟并被广泛用来纪事述史、译经勒铭,则是公元 8 世纪后半叶以后的事。目前发现的摩崖石刻、碑文,以及简牍文书等,均是赤松德赞(即汉文史书中的"乞犁悉笼纳赞""乞黎苏笼猎赞""乞黎苏笼腊赞"等,754—797 年在位)时期和赤德松赞(798—815 年在位)、赤祖德赞(即汉文中的"可黎可足",815—836 年在位)时期的遗物。

面对无文字记载而又十分漫长的西藏上古历史,除了零散的考古资料和邻边民族的一些传闻之外,对我们最能有所帮助的,也只有藏族的古史传说了。

1. 藏族的古史传说

藏族的古史传说,内容庞杂而丰富,我们可以把它分为三大类,即(1)上古民间传说;(2)本教古史传说;(3)佛教古史传说。这三者密切相关。就总体而言,上古民间传说产生最早,也最朴素,如世界形成的传说、洪水传说、猕猴变人的传说等。其次是本教古史传说,最晚的是佛教的古史传说。①

这三者自身都有一个不断充实和发展的过程,同时也相互吸收、相互影响,其一般态势是:本教吸收、篡改上古民间传说以为己用,佛教则不仅吸收、篡改上古民间传说,而且也吸收、篡改本教传说,形成自己完整的古史传说体系。就传说本身而言,三者各有其独特的文化价值;但就历史意义而言,三者地位各不相同,其中上古民间传说最有价值,其次是本教的古史传说,价值最低的是佛教的古史传说。这是问题的一个方面。另一方面,传说中包含着真实的历史成分,但却不能等同于历史。弄清传说的属性,剥除其外加成分,还传说以本来面目,有可能为藏族上古史的研究开辟一个崭新的前景。

2. 本教古史传说的特色

本教是藏族地区较古老的一个宗教。本教的古史传说较集中地体现了吐蕃先民对上古历史的认识。这种传说同样有一个不断发展的过程,既不断趋于完善,又展现不同特点。早期的传说,较多地反映了人格化的自然,内容庞杂而缺乏体系。随着藏族地区部落组织的发展、部落联盟的加强,原始本教不断增加新的社会内容,关注社会、关注人生。本教的兴盛时期,正是繁荣的吐蕃文明的酝酿时期,它为吐蕃王朝的崛起在精神文化上起到积极的促进作用。但是,吐蕃社会的进一步发展,对本教提出了更高的要求,不能适应时代要求的本教,受到佛教日益严重的威胁,教争遂也成为本教史十分重要的一个内容。本教与佛教的论争,对佛本二教均产生了深远的影响,它的结局既不是两败俱伤,也不完全是佛兴本亡。佛教吸收本教仪轨,进一步地方化,开始拥有群众基础。

---

① 张云:《佛教史观的形成与藏族古史的再塑造》,王尧主编《贤者新宴》(2),河北教育出版社,2000年。

本教对佛教理论的吸收,使自己顺利地实现从原始宗教向历史宗教的转变,也正因为这样,按照佛教的理论体系重新建立起来的本教,已非昔日容颜。因此,《本教大藏经》的内容固然相当丰富,其中也不乏代代转抄或通过口传保留下来的上古史事,但更多的是本教后弘期,或者称之为"新本教"新生成的东西。它无疑也是研究本教早期历史至为重要的史料,但对它的使用就得格外慎重一些,即必须鉴别真伪和历史年代,这项工作肯定是相当浩繁而复杂的,笔者力所不逮,不敢旁骛。本节的主旨,也只是对本教早期的几则古史传说加以分析,并从中探明它与波斯袄教的某种联系。

3. 本教古史传说与高原迤西地区的联系

在本教的形成与发展过程中,与外来文化存在着较为密切的联系。按照藏文史书中广为流行的一种说法,吐蕃本教来源于象雄本教①,后者广泛流行于今西藏自治区阿里及迤西地区,嗣后波及更广的范围,在佛教传入吐蕃并战胜本教后,本教被迫退缩到今川西北等远离卫藏的地区。② 但也有研究者认为象雄位于藏东北吐谷浑人的领地及西藏北部广大的突厥人领地附近。③ 与吐蕃本教来自象雄说法相关的另一种说法,即是象雄本教来自位于今阿里以西的古代"大食"(stag-gzig)。④

对于这个"大食",学者们还有不同的认识,我们认为,它即指波斯帝国,具体说即是萨珊波斯帝国。⑤ 本教传说和后世藏文史书如此盛称此

---

① 萨迦·索南坚赞:《西藏王统记》(藏文),民族出版社,1981年,第57页;刘立千译注本,西藏人民出版社,1985年,第35页;陈庆英、仁庆扎西译注本,辽宁人民出版社,1985年,第46页。夏察·扎西坚赞:《西藏本教源流》(藏文),民族出版社,1985年,第150—153页。

② Helmut Hoffman (in collaboration with Stanley Frye, Thubten J. Norbu, Ho-Chin Yang): *Tibet, A Handbook*, Indiana University Asian Studies Research Institute, Bloomington, pp. 104-105.

③ 参阅张琨著,玉文华译:《论象雄》,《西藏研究》1982年第1期。

④ 萨迦·索南坚赞:《西藏王统记》(藏文),第57页;夏察·扎西坚赞:《西藏本教源流》(藏文),第150—153页。

⑤ 张云:《袄、辛(gshen)和 sanavee 考释》,王尧主编《贤者新宴》(1),北京出版社,1999年,第151—161页。

事,且谓其教主辛绕米沃来自大食的魏摩隆仁,足知其并非无稽之谈,因而应予足够的重视。对此一概加以否定的做法并不可取。具体而大量的实证工作,仍是应做的头等要事。

二

本教的古史传说内容丰富,本文不便一一罗列和辨析,这里仅就时代较早、内容较重要而又具有代表性的几则传说加以论述,陈明本教的特点及其与波斯祆教的内在联系。

1. 有关聂赤赞普下凡的传说

最早记载聂赤(墀)赞普下凡传说的是敦煌藏文历史文书 P. T. 1286 号赞普世系表,其文谓:

> 天神自天空降世,在天空降神之处上面,有天父六君之子,三兄三弟,连同墀顿祉(khri-vi-bdun-tshigs,意为墀之七人之一——引者)共为七人。墀顿祉之子即墀聂墀赞普(khri-vi-nyag-khri-btsan-pov)也。
>
> 来做雅地(yul-yab)之主,降临雅域地方。
>
> 当初降临神山绛多(gyang-do)时,须弥山为之深深鞠躬致敬,树林为之奔驰迎接,泉水为之清澈迎候,石头石块均弯腰作礼,遂来做吐蕃六牦牛部(bod-ka-g:yag-drug)之主宰也。墀顿祉之子即岱·聂墀赞普(lde-nyag-khri-btsan-po),来做雅域(yul-yab)大地之主,降临雅地,天神之子做人间之王,后又为人们目睹直接返回天宫。①

从聂赤(墀)赞普来自天空的说法能在"赞普世系表"中得以记载这一点来看,它在吐蕃王朝时期应得到了官方的认可。拉萨大昭寺前唐蕃长庆会盟碑文中称:vphrul-gyi-lha-btsan-po-vo-lde-spu-rgyal/yul-byung-sa-dod-

---

① 王尧、陈践译注:《敦煌本吐蕃历史文书》(增订本),民族出版社,1992 年,第 68—69 页(藏文),第 173—174 页(汉译文)。

tshun-cad-vung-nas-myivi-rjer/bod-kyi-rgyal-po-chen-po-mdzad-pa……（幻化的圣神赞普鹘提悉补野，自天地浑成以来入主人间，做吐蕃的大王）；工布第穆萨摩崖刻石谓：thog-ma-phywa-ya-lba-bdag-drug-gi-sras-las/nya-khri-btsan-po-myi-yul-gyl-rjer/lha-ri-gyang-dor-gshegs-pa-tshun-chad/dri-gum-btsan-po-phan-chad/gdung-rabs-bdun-gyi-bar/du-phying-ba-stag-rtse-na-bzhugs-bzhugs(最初，恰氏之六主尊之子聂赤赞普来主人间，自降临绛多神山以来，至止贡赞普之间，凡历七代，居于琼瓦达孜)；赤德松赞墓碑文有：btsan-po-lha-sras/vo-de-spu-rgyal/gnam-gyi-lha-las-myivi-rjer-gshegs-pa(赞普天子鹘提悉补野，天神化现，来主人间)。①

同时，它又与本教有着密切的联系：本教拜天，赞普初祖来自天宫，天赤（墀）七王逝世后又返回天宫；本教崇拜大山，而聂赤赞普不仅先降至大山，而且此山恰恰又是本教的一座神山——绛多山。被《敦煌本吐蕃历史文书》称颂为最高神的雅拉香波（yar-lha-sham-po），同样也是雅隆河谷地区的一座本教神山。这一连串的史实，又让我们联想到藏文史书中另一条众口一词的重要记述，即传说自聂赤赞普到拉脱多聂赞（lha-tho-do-snya-brtsan）的二十七代，该王的名字，藏史中有不同写法，《西藏王统记》作"lha-tho-tho-ri-snyan-shal"（拉脱脱日年协）；第五世达赖喇嘛《西藏王臣记》作"lha-tho-tho-ri-gnyan-btsan"（拉脱脱日年赞）；②时代最早的敦煌藏文历史文书作"lho-tho-do-snya-brtsan"（拉脱多聂赞）③，均以本（bon）、仲（drung）和德乌（ldevo）三法护持国政。④ 径言聂赤用"天绳"（rmu-thag）、江绳（rkyang-thag）下凡，为本教徒们的说见。

---

① 参见王尧编著：《吐蕃金石录》，文物出版社，1982年，第30、43、95、101、143、148页。
② 萨迦·索南坚赞《西藏王统记》(藏文)，第59页。第五世达赖喇嘛《西藏王臣记》(藏文)，民族出版社，1957年，第22页。
③ 见王尧、陈践译注《敦煌本吐蕃历史文书》(增订本)，第70页(藏文)、第174页(汉译文)。
④ 布顿·仁钦竹：《布顿佛教史》(藏文)，中国藏学出版社，1988年，第181页；郭和卿汉译本：《佛教史大宝藏论》，民族出版社，1986年，第169页。《西藏王统记》(藏文)，第58页。《西藏王臣记》(藏文)，第21页；参阅郭和卿汉译本，民族出版社，1983年，第15页；刘立千译注本，西藏人民出版社，1992年，第11页。达仓宗巴·班觉桑布《汉藏史集》(藏文)，四川民族出版社，1985年，第130页；参阅陈庆英汉译本，西藏人民出版社，1986年，第85页。

由此看来,把赞普初祖来自天宫的说法看作是本教徒为神圣化赞普王室家族来历而制造的一种理论依据,也是合适的,它正是本教护持国政的一种具体表现。

赞普初祖来自天空(宫)的说法,为藏文史书作者所普遍赞同。《西藏王统记》一书援引古代史书(bod-kyi-yig-tshang)的说法谓:

> 聂赤赞普初降于拉日若波(lha-ri-rol-po)山巅,纵目四望,见雅拉香波(yar-lha-sham-po)雪山高耸,识雅隆地方妙胜,遂降至赞塘巩马(btsan-thang-gong-ma)山上,为诸牧人所见,趋至面前,问其来自何方,他以手指天。牧人们说:"此人是自天而降的神子,推举他做我们的王吧。"送以肩为座,迎之以归。故号聂赤赞普(意为肩异王——引者)。是为吐蕃最初之王。他修建了雍布朗噶(yum-bu-glang-mkbar)官。其子穆赤赞普(mu-khri-btsan-po),穆赤子丁赤赞普(ding-khri-btsan-po)。丁赤子索赤赞普(so-khri-btsan-po),索赤子梅赤赞普(me-khri-btsan-po),梅赤子达赤赞普(gdags-khri-btsan-po),达赤子斯赤赞普(srib-khri-btsan-po)。以上七位合称天赤七王。(这里与《敦煌本吐蕃历史文书》的记载略有出入,《文书》只记六王,他们是:lde-nyag-khri-btsan-Po(聂赤赞普)、mu-khri-btsan-po(穆赤赞普)、ding-khri-btsan-po(丁赤赞普)、so-khri-btsan-po(索赤赞普)、de-khri-btsan-po(德赤赞普)、khri-spe-btsan-po(赤白赞普)①。与《西藏王统记》完全相同者有四位(即前四位赞普),余皆相异。)
>
> 据说,他们在自己的儿子长到能骑马时,父王们就沿着登天绳(rmu-thag)上天,在天空中像彩虹一样消逝。天赤七王的陵墓修建在天空中,天神之身不存遗骸,像彩虹一样消逝。②

---

① 见王尧、陈践译注:《敦煌本吐蕃历史文书》(增订本),第69页(藏文),第174页(汉译文)。
② 萨迦·索南坚赞:《西藏王统记》(藏文),第55页;刘立千译注本,第9—10页;陈庆英、仁庆扎西译注本,第44—45页。

《布顿佛教史》称，聂赤赞普来到赞塘郭西(btsan-thang-sgo-bzhi)地方时，被当时的本教徒看见，说他是由天绳（光索，dmu-thag）和天梯(dmu-skas)下来的，称他是一位神人。问他是谁，他回说是"赞普"；问他从哪里来，他以手指天。由于语言不通，人们即将他置于木座，四人用肩抬着，宣称"此人是我们的至尊"，名为聂赤赞普。①

五世达赖喇嘛《西藏王臣记》也称，聂赤下至绛多(gyang-do)神山之巅，望见雅隆(yar-lung)大地如天堂般形胜，雅拉香波雪山似满月皎洁美丽。于是，他便来到若波(rol-po)神山之顶，双是之轮行至赞塘郭西(bt-san-thang-sgo-bzhi)。当时，被正在放牧的十二位有才德的本教徒看见，以肩舁之，迎之为王，即聂赤赞普。②

同时，该书又称，此与《青史》中所说的赤·赞普·沃德(khri-btsan-po-vod-lde)同为一事。聂赤修建雍布拉岗(yum-bu-gla-sgang)宫，才米辛氏之木杰(tshe-mi-gshen-gyi-rmu-rgyal)翻译本教。聂赤等天赤七王皆依天绳(rmu-thag)升空而逝，未立坟墓。③

这里值得注意的是：后二书（尤其是《布顿佛教史》，它的时代较早）不仅肯定聂赤赞普自天而降，且至本教神山的传说，而且进一步确认，发现聂赤并以肩舁之、拥戴其为王的是本教徒。甚至在聂赤赞普刚来人间时，即有本教的"译经"活动。由此我们可以肯定，聂赤赞普自天宫下凡的传说，是本教徒们精心创制的杰作。

我们知道，继佛本两教斗争而起的是两教的相互吸收与融合。佛教通过残酷的斗争取代了本教在吐蕃王朝意识形态中的主导地位，此后变得宽容起来（同时也为了自身的生存与发展），积极吸收本教中于己有用的成分，而所谓的"吸收"，在很大程度上是对本教仪轨的重新定义和改篡，本教的古史传说也未能幸免。有关聂赤赞普下凡的传

① 布顿·仁钦珠：《布顿佛教史》（藏文），第181页，郭和卿汉译本，第168页。
② 第五世达赖喇嘛：《西藏王臣记》（藏文），民族出版社，1957年，第18页；郭和卿汉译本，第13页；刘立千译注本，第9页。
③ 第五世达赖喇嘛：《西藏王臣记》（藏文），第18—19页。

说,由于早已深入人心,广为流传,且得到吐蕃王室的核准,成为官方说法,因而佛教徒们自然不便仓促行事,而是照搬了本教传说的全部内容,与此同时,却又在前面加了一段自己的、虽未明言肯定却也足以混淆视听的主张,即"有人说"是由古印度侨萨罗王"胜光"之子名"五节"者传来(一说影胜王幼子名"小力"者才是"五节");又"有人说"白萨罗王名能现,生有一子,长相奇特,被该王装入大铜盒中抛入恒河,为一农夫所救,长大知其身世,心生悲苦,遂入雪山。行至赞塘郭西时被本教徒看见,推为人主。①

或曰他是众敬王的后裔。② 总之,他们都来自印度王室后裔,且与佛教有关。其说之谬,不待多言。

聂赤赞普始降的绛多(gyang-do)神山,在工布地区;他初次望见的是雅隆(yar-klung)大地,而雅拉香波神山,在雅隆河谷最南端;若波(rol-po)神山,又称赞塘神山,在雅隆协扎山南(即今山南乃东县雅隆境内);赞塘郭西位于今山南乃东县雅隆协扎之南,玉叶拉康之东。它们都是本教神山,都在今西藏山南地区和雅鲁藏布江河谷地区。联系到猕猴变人及其与岩魔女相合传出吐蕃先民的传说,可以看出:山南乃东、琼结等地即是藏族古代文化重要发祥地和王权基业之摇篮。工布第穆萨摩崖石刻记:工布王噶布及家臣奏称,初,天神六兄弟之子聂赤赞普来主人间,自降临绛多神山以来,至止贡赞普之间,凡传七代,居于琼瓦达孜(phying-ba-stag-rtse)。③ 恰白·次旦平措《聂赤赞普是蕃人》(gnyav-khri-bt-san-po-ni-hod-rang-si-mi-zhig-yin)④由此不难得出聂赤赞普是蕃人的结论。

---

① 《布顿佛教史》(藏文),第180—181页;郭和卿汉译本,第167—168页。
② 第五世达赖喇嘛:《西藏王臣记》(藏文),第18页。
③ 弟吴贤者:《弟吴宗教源流》(藏文),西藏人民出版社,1987年,第226—227页。
④ 载《藏学论文集》(藏文),西藏人民出版社,1987年,第1—35页(敏学汉译文载《西藏研究》1987年第1期);何宗英、陶长松汉译文载《拉萨藏学讨论会文选》,西藏人民出版社,1987年,第1—18页。

通过对聂赤赞普下凡传说的讨论,我们可以获得这样几点结论:其一,该传说是本教有关吐蕃王室先祖来源的传说,业已包含本教的教理与史观。其二,由聂赤赞普白天而降的传说可知,本教虽然以崇拜自然万物为主要内容,但是,天神却无疑具有至高无上的地位,而天神崇拜的出现,反映了早期部落统一权力的产生,也表明本教业已获得长足的发展。其三,拜天拜光(即天绳)是本教最为本质的内容,其次是大山崇拜,它又与拜天有着密切的联系,这些活动主要由本教徒来进行。其四,聂赤赞普与西藏本土有着千丝万缕的联系,他应是吐蕃人,而非外来者。

2. 止贡赞普与罗阿木达孜比武被杀的传说

《敦煌本吐蕃历史文书》P. T. 1287 号卷子"赞普传记",首先并较为详细地记载了止贡赞普(dri-gum-btsan-po)的有关传说,其中反映了本教的某些内容,其文谓:

> 此王(即止贡赞普——引者)乃天神之子,虽赋具常人体形,但与常人迥乎殊异,具有飞升天界之极大变幻神通,狂躁骄慢,常强令属下与之比武试能,……奴隶皆连连应言:"不敢! 不敢!"当时,有一名叫罗阿木达孜(lo-ngam-rta-rdri)者,也说:"不敢!"然而,王不应许,强令与之比武。罗阿木于是启呈道:"若大王不许臣之所辞,则请授与大王神库中自动穷刺之戈矛,自动挥舞之长剑,自动穿着之甲胄,自动着戴之兜鍪。以上几种神通变化之灵物若能赐与臣下,臣可以与大王一试。"赞普乃将库藏中所有一切均给予他。罗阿木达孜先期来到娘若香波(myang-ro-sham-po)。随后,赞普也抵娘若香波。在娘若台瓦园(myang-ro-thal-ba-tshal)林中布阵对垒。此时,达孜又启呈:"请将径直悠长的天绳(dbuv-vbreng,即 dmu-thag)砍断,将九级天梯(dbuv-skas,即 dmu-skas)朝下放倒。"赞普也允他所请求照准了。此后,罗阿木乃以金矛二百支,拴在一百头犍牛背上,牛背

皆驮以灰囊,牛群相互搏击,灰囊崩散,烟尘迷漫,罗阿木乃趁此时机向赞普进击。止贡赞普为护身神岱拉工甲(lde-bla-gung-rgyal,又作do-bla-gung-rgyal)导引往天宫时,罗阿木自腋下取出小斧砍去,岱拉工甲被投之于第斯(ti-tse)雪山之中,死去,止贡赞普亦于彼时遇害。

　　尸骸置于有盖能启的铜箧之中,抛于藏曲(rtsang-chu)之中央,流至江河尾端赛仓(ser-tshangs)地方,鲁俄得白得仁摩(klu-vod-de-bed-de-ring-mo)之近旁。其二王子名夏歧(sha-kyi)、聂歧(nya-kyi)者,亦被流放于工布(rkong-yul)地方。①

《西藏王统记》等后世藏文史书记为夏赤(sha-khri)、聂赤(nya-khri)和恰赤(bya-khri),且谓,他们在父亡后分别逃往工布(kong-po)、娘布(nyang-po)和波沃(spo-bo)等三地(见该书第55—56页)。由于《敦煌本吐蕃历史文书》时代较早,且与工布第穆摩崖石刻所记一致,二子(即夏歧 sha-khyi、聂歧 nya-khyi)之说更为可信。

从这里可知,止贡赞普虽然不复有其先祖辈来自天宫的荣幸,却也具有飞升天界之神通。他通过天绳、天梯登上天宫,且有护身神岱拉巩甲(lde-bla-gung-rgyal)之导引。罗阿木达孜向止贡赞普所提出的几项要求,如砍断天绳,将九级天梯放倒等,则显然有悖于本教教义和有关禁忌,即违背拜天拜光的基本教理。又罗阿木以牛背驮灰囊为制胜之道,既有具体战术上的考虑,也有浓厚的宗教内容,即用烟尘迷漫太阳光芒,使止贡赞普失去神灵的护佑。拜光拜天为本教核心内涵于此再度得以体现。又从阿列杰(ngar-le-sgyes)前往工布(rkong-yul)寻找止贡赞普的二位王子夏歧和聂歧,并在工域哲那(rkong-yul-bre-sna)找到他们,以及为其父在工布的本教圣地绛多拉布(gyang-do-bla-vbubs)修造了坟墓的状况看,吐蕃先王与工布地区有着十分密切的联系,或者可以说,工布是其祖居之地。而当时王臣三人(夏歧、聂歧和阿列杰)的活动始终处在浓重的本教氛围之中,充满神秘的色彩。

---

① 王尧、陈践译注:《敦煌本吐蕃历史文书》(增订本),第34—35页(藏文),第157页(汉译文)。

3．佛教传入吐蕃的传说

按照藏文史书中的一般说法,佛教初次与吐蕃发生联系是在传说中的第二十八代赞普拉托多聂赞(lha-tho-do-snya-brtsan)时期。说此王在位时,一宝箱自空中落在王宫雍布拉岗顶上,内有《大乘庄严宝王经》、《百拜忏悔经》和一座金塔。① 其他藏文史书除《大乘庄严宝王经》、《百拜忏悔经》及黄金塔之外,还提到"六字大明心咒"、"赞特拉玛尼碗"和穆札手印等。②

同时,空中有声作授记说:"五代之后将有能解其意者出(系指松赞干布——引者)。"因无人能识其义,故名之"年波桑瓦"(g·nyan-po-gsang-ba)。其时,该王年已届八十岁,因获圣物,更延至一百二十岁。有趣的是,对于这种众口一词、是为定论的说法,也有持不同意见者,奈乌班智达即是其中之一,他在《奈巴教法史——古谭花鬘》[于伯赫(H. Uebach)德译本(慕尼黑,1987 年)]③,依文内称,时值萨迦本钦衮噶薰奴主持卫藏事务,故确定此书作于 1283 年 11 月 6 日(即藏历阴水羊年十月十五日),但是,恰白·次旦平措、诺章·吴坚、平措次仁《西藏通史》"参考书目"中,称此书成于 17 世纪。④

该书中说道:

> 依仗拉脱脱日年赞之恩泽,开始传入佛教。这段历史若详细说来是:当圣者(拉脱脱日年赞)秉政时,李天子与吐火罗的译师罗森错二人,自天竺请来班智达学者李敬,向国王讲经。由于当时吐蕃没有文字,无法领受,便将《佛说大乘庄严宝王经》(书于黄纸上)、用金粉书写六字真言(系梵文),上盖有木叉手印,一并献与国王,并

① 布顿·仁钦珠:《布顿佛教史》(藏文),第 181 页;郭和卿汉译本,第 169 页。
② 见蔡巴·贡嘎多吉:《红史》(藏文),民族出版社,1981 年,第 34 页;参阅陈庆英、周润年汉译本,西藏人民出版社,1988 年,第 31 页。
③ 札巴孟兰洛卓著,王尧、陈践译:《奈巴教法史——古谭花鬘》,《中国藏学》1990 年第 1 期。
④ 见陈庆英等汉译本,西藏古籍出版社,1996 年,第 972 页。

谓:"致礼诸圣物、转经、献供,必有所获,如冀求何等加持,均能获得,余在吐蕃久住无益。"说完径往汉土。多数附和者谓:"《诸佛菩萨名经》系以光索降落在宫殿之巅。"自天而降说,纯系本教徒伪托也。①

这一说法一反藏族传统的神秘传统,读来让人感受到一股清新而又真实可信的气息。但是,对于这样一则无文字记载时代的传说,而且是这样一条孤立的证据,我们还不便据以得出什么结论来,本文也无意对此深究。让我们感兴趣的是奈乌班智达书中所透露出来的一些信息,即:(一) 当时曾流行的一种说法是:《诸佛菩萨名经》等是系于光索降落在雍布拉岗宫顶的;(二) 依奈乌班智达的见解(也包含他对前人成说的因袭),几乎成为定论的"佛教宝物自天而降"说是本教徒的伪托。由此看来,在佛教初传吐蕃这个问题上,影响最大的很可能仍是本教的说法,也就是自天而降说。而无论是系以光索还是宝物自天而降,又都与本教的拜天拜光密切相关。

三

原始的本教是西藏地区一个古老的民间宗教,它以自然万物崇拜为特色,本身就包罗万象,极为庞杂。本教的原始性,体现为其内容的丰富多样性、被崇拜对象的复杂性和教理教义的不确定性。随着青藏高原与周边地区文化交流规模的扩大,本教获得新的发展生机,日渐成熟。在对本教史的研究中,学者们业已注意到它与印度湿婆崇拜、中国内地道教,以及后期与佛教的密切关系②,甚至也注意到它与波斯祆教二元论的

---

① 札巴孟兰洛卓著,王尧、陈践译:《奈巴教法史——古谭花鬘》,《中国藏学》1990 年第 1 期。
② 〔意〕图齐、〔西德〕海希西:《西藏和蒙古的宗教》,耿昇译、王尧校订本,天津古籍出版社,1989 年,第 266 页;图官·洛桑却吉尼玛:《宗教源流史》(藏文),甘肃民族出版社,1984 年,第 412—415 页;刘立千译注本(名《土观宗派源流》),西藏人民出版社,1984 年,第 210—211 页。

某种联系。①这些都提醒我们:在研究本教时,既要注意它的本土性,又要注意它的外来影响;在研究本教与外来宗教的关系方面,既要注意它的主导线索,又要注意它的多元性。波斯祆教在吐蕃本教古史传说中的一些反映,即是这种外来影响的一个组成部分,而且,依我们之见,它是外来宗教影响本教的一条主导线索。

首先,藏史盛称象雄本教来自大食(stag-gzig)即波斯。《西藏王统记》载:在布德巩甲(spu-lde-gung-rgral)和茹勒杰(ru-las-skyes)王臣二人时,雍仲本教(g·yung-drung-gi-bon)已传入。教主辛绕弥沃(gshen-rab-mi-bo),生于大食之魏摩隆仁(vo-m-mo-lung-rings)。该书作者萨迦·索南坚赞在文中注释说:本教史称,本教盛于聂赤赞普,衰于止贡赞普。又盛于布德巩甲,衰于赤松德赞时期。在拉脱脱日年赞以前,一直护持国政。②

这些记载可以说明三点问题:(一)本教曾广泛流行于吐蕃地区,即使是在早期历史传说中也经历了兴衰演变,且与王室的支持与利用密切相关;(二)本教在吐蕃地方有自己得以发展的社会基础,此即兴于聂赤赞普时期的“本教”,它有外来影响的因素,但本地区的民间巫教是其主要内容;(三)对吐蕃地方产生较大影响的外来本教是雍仲本教,它则来自大食。这种影响使本教真正成熟起来,增强了自身实力,巩固了护持国政的地位。因此,研究本教不能忽视对本教接受大食影响问题(包括它的可靠性和它的基本内容)的研究。至于聂赤赞普时期的传说,由于缺乏早期文献(至少是吐蕃时期历史文献)方面的详尽报导,我们采取了与对待止贡赞普以来的传说有所不同的态度,即一方面认为当时存在着本教得以滋生的土壤,即原始的民间巫教信仰,另一方面也可以把它看作是后世(即止贡赞普以后)本教徒从自己教派的立场对上古历史的一种解释。如果这样做不误,那么我们虽然不能简单地因袭这些传说,用以描述聂赤赞普时期的本教历史,却仍然可以援引这些解说,来探明它

---

① Helmut Hoffman: *Tibet, A Handbook*, pp. 101 - 115.
② 萨迦·索南坚赞:《西藏王统记》(藏文),第 58 页;第五世达赖喇嘛:《西藏王臣记》(藏文),第 21 页。

的基本观点和具体的宗教内容。

其次，拜光拜天是前引本教古史诸传说中最为核心的一个内容，这一点也恰好是本教接受波斯祆教影响的一个主要方面。拜光拜天，如众所知，是古代世界各民族几乎共有的一种现象，古代中国北方地区的萨满教如此，吐蕃本土最原始的民间信仰也如此。但是，吐蕃本土的原始的民间信仰，只是把光、天作为自然界万物中的一种加以崇拜，与对其他自然物的崇拜无所差异，是万物有灵观念的体现。而祆教的影响，使"天"成为至高无上的天，使"光"成为连接人间与天宫的天绳。本教徒把拜光拜天与祖先崇拜结合起来，按一定的仪轨予以实施，既宣扬了本教的学说，又因神化赞普初祖而赢得王室的支持。聂赤赞普沿天绳（或光索）下凡，及其后七世赞普沿天绳重返天宫的说法，即是他们的精心创作。而止贡赞普与罗阿木达孜比武的传说，至少表达了这样一层意思：即违天不祥。砍断光绳、放倒天梯导致了止贡赞普的被杀身亡。它有劝告、警诫赞普，让其继续扶持本教的寓意。因为止贡赞普是一位迫害本教的赞普，有点像后世迫害佛教而没有善终的达磨赞普。至于佛教圣物沿天绳降落到拉脱脱日年赞宫顶的说法，再一次印证了拜光拜天是本教最本质的东西，如同祆教一样。

再次，在本教传说中，包含许多与波斯祆教相类似的仪轨，证明藏史有关本教来自波斯（大食）之说之有据。据希罗多德的记述，波斯人的风俗习惯是不供养神像，不修建神殿，不设立祭坛，然而他们却习惯于到最高的山峰上去，在那里向宙斯奉献牺牲，他们把整个穹苍称为宙斯。他们同样地向太阳和月亮，向大地、向火、向水、向风奉献牺牲。[①]

早期本教大致也如此。按照波斯祆教经典，人死后，由教徒把死者放在鸟兽出没的山顶上，让狗噬鸟啄；[②]原文在《曾德——阿维斯塔经》第一部分第 3 章第 45 节。《敦煌本吐蕃历史文书》则不惜笔墨地记述了止

[①] 希罗多德著，王以铸译：《历史——希腊波斯战争史》（上册），商务印书馆，1959 年，第 68 页。

[②] *Sacred Books of the East Series*, vol. IV, The Zend-Avesta, part I, p. 72. 此见林悟殊：《火祆教的葬俗及其在古代中亚的遗痕》，《西北民族研究》1990 年第 1 期。

贡赞普死后，阿列吉遍历各地，访寻一位属于鸟家族"目如鸟目，下眼皮可以往上开合者"来赎回赞普尸体，这是否是对止贡赞普这位不信奉本教者放弃使用鸟葬(即天葬)的努力呢？按照波斯祆教的一种说法，人死后，死尸附有一种致命的尸毒(Drug-Na-su)，需用狗来驱除这种尸毒，把长有四只眼睛的黄狗或长有黄耳朵的白狗带到死者旁边，即可使尸毒飞离死尸。①

《敦煌本吐蕃历史文书》记止贡赞普死后，有哈牙木胡西库及那囊氏赞雄甲二人将宇宙大神之神獒犬，温苏牙札及江之苏则马江、温古等毛上涂以毒物，设法将其遣至罗阿木达孜近旁，达孜一见大犬喜之，以手抚犬毛，中毒毙命，②此说与前者是否有所瓜葛？又按照祆教规定，男女到七岁(在印度)或十岁(在伊朗)时要举行入门仪式，由祭司授与圣衫或圣带，作为教徒的标帜。③

《敦煌本吐蕃历史文书》称，聂赤赞普等天赤七王，均在其子能骑马时如虹飞回天宫，而《西藏王统记》等书说，大臣罗阿木达孜篡夺王位后，役使止贡王妃牧马。一日，该妃梦中与雅拉香波山神化身的一白色人交合，醒来，有一头白牦牛离枕而去，该妃八月后生一血肉团，于牛角内息养得生，此即茹拉杰(角生)。当他十岁时，询及父亲(止贡赞普)和哥哥情形，开始了寻找父尸，支持兄长恢复王位的事业。④

这里除了白色(光明)的崇拜、祆教僧人衣白衣等之外，是否与祆教的十岁(伊朗)新生礼存在某种联系呢？此外，波斯祆教中的神圣基本数字"九"，在本教古史传说中也得到较为充分的体现，如"九级天梯"及其

---

① *Sacred Books of the East Series*, vol. IV, The Zend-Avesta, part I, p. 72. 此见林悟殊：《火祆教的葬俗及其在古代中亚的遗痕》，《西北民族研究》1990 年第 1 期。原文在《曾德——阿维斯塔经》第一部分第 3 章第 45 节。

② 王尧、陈践译注：《敦煌本吐蕃历史文书》(增订本)，第 35 页(藏文)，第 157 页(汉译文)

③《中国大百科全书·宗教卷》"琐罗亚斯德教"条(黄心川撰)，中国大百科全书出版社，1988 年，第 384 页。

④ 王尧、陈践译注：《敦煌本吐蕃历史文书》(增订本)，第 35—37 页(藏文)，第 157—158 页(汉译文)

经典的"九乘"等即是。

最后,作为一种推测,本教古史传说中的聂赤赞普下凡的故事,是否受到波斯古代民间故事的影响呢?在前琐罗亚斯德时期的传说中,有所谓"卡维王朝"(即凯扬王朝),即八位名前冠有"kay"(波斯文;帕拉维文作 kai,阿维斯塔文作 kavi)的王,他们被该教徒赋予灵光,即凯扬灵光("王者之灵光")。①

而本教传说中聂赤赞普之父赤顿祉兄弟共七人,聂赤之后有所谓"天赤七王"(实则,《敦煌吐蕃历史文书》P. T. 1286 号只提到六人),与袄教的神圣基本数字"七"相合,而八王名中的"kay"(或 kavi、kal)与七王名中的"kyi"字颇为相近;又聂赤下凡传说中之拜光拜天内容已如前言。《青史》把聂赤赞普称作赤·赞普·沃德(khri-btsan-po-vod-lde),而"沃德"即"鹘提",②意为"大光天",此即王权神授的灵光崇拜之反映。

原载《中国藏学》1998 年第 4 期

---

① 参阅元文琪:《二元神论——古波斯宗教神话研究》,中国社会科学出版社,1997 年,第 219 页。元文琪:《〈阿维斯塔〉神话与琐罗亚斯德教教哲理》,《世界宗教研究》1987 年第 4 期。
② 参见 G. Tucci:*Tibetan Painted Scrolls*,VolⅡ,p. 179,Roma 1949。

五 祆、gshen 与 sanavee 考释

波斯古教琐罗亚斯德教(Zoroastrianism)通过古代沟通东西方文化的丝绸之路传入中国。汉文史书称其为祆教、火祆教或拜火教等。1923年,陈垣先生发表《火祆教入中国考》,确认"火祆教之名闻中国,自北魏南梁始,其始谓之天神,晋宋以前无闻也",中国之祀胡天神,自北魏始。[①]该书成为奠基性的力作。时间过去了70余年,学者们也为此做过多方面的探索,并进一步确定:祆教入华应早于"北魏南梁"。但是,在根本性的问题上,仍无长足的进展,例如祆教传入中国的时间,以及其流传情况依然不明,其中最核心的原因是文献的极度匮乏。由此看来,(1)祆教入华问题的研究依然是一个坚固的堡垒,短期内还难于攻克;(2)我们也许有必要关注一下其他方面的资料和信息,迂回前进。

本文即试图对汉文中"祆"字的读音和来源问题,及其与藏文中的"(gshen)"和波斯语中的"(sanavee)"字的关系问题略加考释,冀有助于祆教入华及相关问题研究的深入。

---

① 陈垣:《火祆教入中国考》,初刊《国学季刊》第 1 卷第 1 号(1923 年 1 月),见《陈垣学术论文集》第 1 集,中华书局,1980 年,第 305—307 页。

一

琐罗亚斯德教传入中国后,以它的拜火事天神仪式而闻名于载籍。《魏书》卷一〇一记:"(高昌国)俗事天神。"[①]《魏书》卷一〇二记:"(焉耆国)俗事天神。""(波斯国)俗事火神天神。神龟中(518—519年)其国王居和多遣使上书贡物。"[②]《梁书》卷五四记:"滑国自魏晋以来不通中国。天监十五年(516年),其王始遣使献方物。……其国事天神火神。"[③]陈垣先生说:"天神云者,以其拜天也;其实非拜天,不过拜日月星辰耳,日月星三光皆丽天,拜日月星无异拜天,故从中国名谓之天神;继以其兼拜火也,故又谓之火神天神。"[④]由于佛教也有天神(Deva)信仰,那么,早期汉文史书对琐罗亚斯德教的表述显然还不够准确贴切,同时也并不统一。故此,学者们对吐鲁番文书中的高昌"天神"之名产生不同解释。[⑤]

但是,自从"祆"字出现,并用来指称琐罗亚斯德教以后,情况就完全不同了,"祆"和"火祆"成为琐罗亚斯德教的专有名词,且被史家广泛采用。可见,"祆"字的来源、含义等必有内容,值得深究。

"祆"字之见于字书者,始于梁大同九年(543年)顾野王所撰《玉篇》,内有"祆,阿怜切,胡神也"之释词。陈垣先生认为:"《玉篇》之祆字,只可认为唐上元元年甲戌(674年)以后孙强等所增,实非顾野王原书所有。……《玉篇》示部凡百四十五字,据明永乐本,祆在最末之十六字中,据泽存堂本,则祆在最后八字,其为后增,固有可信;证以近年敦煌发现

---

① 《魏书》卷一〇一,又见《北史》卷九七。
② 《魏书》卷一〇二,又见《周书》卷五〇,《北史》卷九七。
③ 《梁书》卷五四,又见《南史》卷七九。
④ 陈垣:《火祆教入中国考》,北京大学《国学季刊》第1卷第1号,1923年。
⑤ 吐鲁番文书整理小组、新疆维吾尔自治区博物馆:《吐鲁番晋—唐墓葬出土文书概述》,《文物》1977年第3期。唐长孺:《新出吐鲁番文书发掘整理经过及文书简介》,《东方学报》(京都)第54册,1982年。王素:《高昌火祆教论稿》,《历史研究》1986年第3期。林悟殊:《论高昌"俗事天神"》,《历史研究》1987年第4期。陈国灿:《从葬仪看道教"天神"观在高昌同的流行》,《魏晋南北朝史资料》第9、10期,1988年等。

唐人手写陆法言《切韵》,亦可为唐以前字书无祆字之一证。"①明代方以智《通雅》卷一一说:"按此字起于唐,既通西域,因其言而造祆字。"此说为学者们所赞同②,表明"祆"字为唐人所造新字。

"祆"的读音和释义,各种字书多有差异。读音有"阿怜切"者(《玉篇》新附字);"火千切"者(宋代徐铉《说文》新附字);"呼烟反"者③;"呼烟切"(元代杨桓《六书统》卷七)和"他年切"、"馨烟切"(司马光《类篇》卷一);"呼朝反"④等。它与古已有之的"祆"(读如 yao)字断然有别。正音应读"呼烟切"即"xian"。

祆的词意,有"胡神"(《玉篇》、《说文》新附)、"胡神官名(品)"(行均《龙龛手鉴》卷一)等。司马光《类篇》卷一谓:"祆,他年切,胡谓神为祆;又馨烟切,唐官有祆正;文一,重音一。"辽希麟《续一切经音义》卷九称:"祆,呼烟反,胡神官名。方言云,本胡地多事于天,谓天为祆,因以作字。"元杨桓《六书经》卷七谓:"祆,呼烟切,胡神也。又胡谓神为祆,关中谓天为祆。"明方以智《通雅》卷一一说:"祆神,即逐称天神也。字从天,误作祆从夭,故张有、戴侗辈皆以祋、祆、妖、訞合为一字。按此字起于唐,既通西域,因其言而造祆字。汉时佛法西来,祆字未立,唐玄奘有《西域记》,始详其法,故徐铉补之。"清《康熙字典》祆字注引《说文》"关中谓天为祆",此同样为后世增补版本。

据上所引,祆字的释义,存在这样几种情况:(1) 胡神;(2) 胡神官名(品);(3) 天;(4) 胡谓神为祆;(5) 关中谓天为祆。

祆指胡神,各书大多一致认同,称"胡神官名"或"胡神官品"者,当就唐代设有"祆正"、"祆祝"(《通典·职官典》)而言。而祆教的主要内容是拜火、拜日月星辰,后者即拜天,祆指胡天神古已有之。看来,以上各书的表述尽管有细微的区别,总体上并无大的矛盾。但是,祆字是唐人新造之字,它的依据是什么? 是"胡谓神为祆"呢? 还是"关中谓天为祆"

---

①② 陈垣:《火祆教入中国考》,北京大学《国学季刊》第 1 卷第 1 号,1923 年。
③ 辽代希麟《续一切经音义》卷九。辽代行均《龙龛手鉴》卷一。
④ 清武英殿本《通典》卷四〇《祆正注》。

呢？这却大不相同。也就是说，"祆"字是外来语之读音，还是关中方言？必须明辨。

陈垣先生说："关中谓天为祆，语见于此（即杨桓《六书统》卷七的说法——引者），《康熙字典》谓其出于《说文》，谬也。今粤中天字，亦有呼烟切，如吾乡新会及西江一带各县是也。唐人以祆表西域天神，杨桓言胡谓神为祆，亦近臆断。"①唐关中语及粤中语容或读天如祆，但还难以推定此说即可成立，或者"胡谓神为祆"无据。况且，杨桓只是罗列了并存的两种说法，正确与否还有待人们举证明辨。

我们认为，"祆"字可能是一个外来语，具体说，是一个波斯语词译音。理由是：

（1）祆字的产生意义重大，诚如陈垣先生所说："未造祆字以前，诸书悉以天神二字代用，既有祆字而后，诸史西域传悉用祆字，不复称天神。其仍称天神者，必另有所指，非火祆也。如两唐书大食国传之天神是。"②说明造"祆"字以表琐罗亚斯德教，是长期认识的结果，而且是十分科学的，遂能获得广泛认同。若未得其实，则在该教建寺长安，广为传播的时候必有通人针砭其谬，以正视听，事实并非如此。新造"祆"字符合怎样的条件才称得上是科学的呢？或者说它的依据是什么呢？我们认为，只有当"祆"字的字形传达出汉字的胡天神的特征，它的读音和释义均有波斯语原词作依据，方能符合要求。如此推断不误，"祆"字很可能是一个波斯语借词（译音）。找到波斯语原词，至为关键。

（2）通过前人的记载和研究，我们知道，"祆"字创自唐初似可无疑，而且，此字之创造与唐代高僧们的西游取经密切相关。前引明方以智《通雅》卷一一谓："唐玄奘有西域记，始详其法，故徐铉补之。"虽然玄奘和弟子辨机所撰《大唐西域记》并未提到"祆"字，仍因故俗称中亚琐罗亚斯德教活动场所为"天祠"③。

_____

① ② 陈垣：《火祆教入中国考》，北京大学《国学季刊》第 1 卷第 1 号，1923 年。
③ 玄奘、辨机原著，季羡林等校注：《大唐西域记校注》，中华书局，1985 年，第 57—59 页。

但应"详其法",对"祆"字之造有所裨益。也知玄奘西行时,"祆"尚未造出,至少尚未通用。唐代僧人西行及与此同时的中亚胡商东来,对科学创造"祆"字以指称琐罗亚斯德教具有直接的影响。可以为之佐证的是,敦煌石室所出公元8世纪西行僧人慧超的《往五天竺国传》,该书称:"又从大寔国已东,并是胡国,即是安国、曹国、史国、石骡国、米国、康国等,虽各有王,并属大寔所管。……又此六国惣事火祆,不识仏(佛)法。"①通过唐代僧人西行亲历该教流行地区,完全能够对琐罗亚斯德教有更深入和明晰的了解,具体说,能够从波斯语中获得科学命名最直接的依据,从而新造出"祆",并被广泛采用。

(3)前引诸字书多有揭其渊源者,除了元代杨桓所谓"胡谓神为祆,关中谓天为祆"(此处有调和二说的意味——引者)之外,辽代希麟《续一切经音义》称:"方言云,本胡地多事于天,谓天为祆,因以作字。"此虽未明言何人谓天为祆,但据上文,当指胡地人,是胡人(波斯人)谓天为祆,唐人因以作字。方以智更明言:"按此字起于唐,既通西域,因其言而造祆字。"说明"祆"字之造,因循胡言,这里自然指波斯语。

(4)琐罗亚斯德教为波斯古教,其他民族容或会有各种不同的称谓,但是,它的科学的称谓只能来自波斯语或相关民族的语言,而非汉语文。从另一个角度来看,说关中"谓天为祆"遂造"祆"字,倒是具有更多的臆测成分。琐罗亚斯德教非关中民间信仰,即使关中谓天为祆,也只能算是偶合,据此称琐罗亚斯德教为"祆",很难称得上"科学",这和高僧西行详其教法而创造"祆"字,以及最终用"祆"来指称琐罗亚斯德教,且被普遍接受没有什么关系。

---

① 慧超原著,张毅笺释:《往五天竺国传笺释》,中华书局,1994年,第118页。

二

我们对汉文中"袄"字的读音和来源做了辨正，指出它是一个外来语，而且是一个波斯语词汇，而不是据关中语称天为袄新造的字。尚未明了"袄"的原词和本意。从目前所见到的汉文资料来看，还没有充足的资料作证据帮助我们弄清事实真相。我们不妨把眼光移向同样临接中亚、并与波斯有过较为密切的接触的西藏地区，关注一下藏文史料的相关记载，庶几能为我们提供一些有用的线索，况且波斯袄教与西藏古代文化的联系，还是一个十分迷人的新领域。我们要面对的是西藏地区的原始宗教——本教(bon)。

据藏文史书记载，本教来自"大食"(stag gzig，即波斯)；它的祖师是来自大食的辛饶弥沃(gshen rabs mi bo)，或称敦巴辛饶(ston pa gshen rabs)。[①]

我们认为这与波斯琐罗亚斯德教传入西藏地区有关，甚至可以说，本教是青藏高原地区的原始信仰在吸收并融合了琐罗亚斯德教诸多内容之后形成的，它与高原古代文化有着十分密切的关系。[②] 这里，我们最为关注的是"辛"(gshen)字。

gshen rabs mi bo(辛饶弥沃)意思是"辛氏人杰"，藏史又称其为"ston-pagshenrabs"即"祖师辛饶"，谓其创立本教，是其祖师。可见，他是一位出色的传教士，而且是"辛"氏(gshen)的杰出的布道者。史称其门人与信徒为"辛氏"(gshen)。在古代吐蕃社会中，gshen(辛)即宗教祭司，其主要职能是负责杀牲献祭，故有研究者认为，"辛"(gshen)是"献祭人"。[③]

敦煌古藏文文书对"辛"(gshen)及其活动多有记载。由此知，他们主要从事与杀牲、丧葬、祭祀等活动相关的法事。如敦煌藏文文书 P. T. 1042，P. T. 239，P. T. 1134 等卷子。据藏文文献《五部遗教》说："世间

[①] 萨迦·索南坚赞：《西藏王统记》(藏文)，民族出版社，1981年，第57页。
[②] 张云：《丝路文化·吐蕃卷》，浙江人民出版社，1995年，第52—55页。
[③] D. L. Snellgrove, H. E. Richardson, *A Culture History of Tibet*, p. 52, London, 1968.

辛有 360 种死法,4 种大的葬法。"①

旅居意大利的藏族学者南喀诺布先生,依据本教有关资料认为:"所有世间辛之本,归结起来就是死法和葬法,除此之外,别无其他。"②

可见,"辛"氏在古人最感困惑,也认为最为重大的死亡与丧葬活动中扮演着主要角色。

"辛"(gshen)往往与"本"(bon)密切联系在一起,称"辛本"(gshen bon)。《后妃三园》即提到赤松德赞时,在丧葬与祭祀活动中职责不同的"辛本"与"楚本"(khru bon)、"祈祷本"(zhu bon)、"剖割本"(bshig bon)和"坟场本"(bse bon)、计数本(grang bon)等。他们共同完成庄严而神秘的杀牲祭祀活动。③

《王统世系明鉴》(即《西藏王统记》)也记载,在布德巩甲时已有雍仲本教(gyung drung gi bon),其教主是敦巴辛饶弥沃(ston pa gshen rabs mi bo),他出生在大食的魏莫隆仁(stag gzig vol movi lung rings)地方。他将本教的天界八部等一切教法译为象雄语,使之弘传。本教可分为 9 类,即因本 4 类,果本 5 类。因本 4 类为:囊辛拜推巾(snang gshen bal thod can)、朱辛拜春巾(vphrul gshen bal tshon can)、恰辛久梯巾(phya gshen ju thig can)、都辛春恰巾(dur gshen mtshon cha can)等。囊辛拜推巾做卜卦祈福、祷神乞药、增益吉祥、兴旺人财之事;朱辛拜春巾做息灾送病、护国奠基、袚除一切久暂违缘之事;恰辛久梯巾做指示吉凶、判断是非疑惑、预测未来祸福之事;都辛春恰巾为生者消除违碍,为死者主持丧葬,为幼者驱鬼,并上观星象,下伏地魔。④

这里的囊辛(snang gsheng,光明之辛)、朱辛(vphrul gshen,幻化之辛)、恰辛(phyag shen,占卜辛?)和都辛(durg shen,坟场辛),虽然各有分

---

① 欧坚朗巴掘自雅隆石窟:《五部遗教》(藏文),民族出版社,1986 年,第 495 页。
② 南喀诺布:《南喀诺夫选集》(藏文),中国藏文出版社,1994 年,第 233—459 页。
③ H. Hoffmnnn,*Symbolik der Tibetischen ReligionenunddesSchamanismus*,p. 83,Stuttgart,1967.
④ 萨迦·索南坚赞:《西藏王统记》(藏文),民族出版社,1981 年,第 57—58 页。

别,职事不同,但都是"辛"(gshen)即祭司,都包含在"本"(bon po)的范畴之内,而且均属"因本"(rgyuvi bon po)。同时,也可以看出作为巫师和祭司的"辛"(gshen),其阵容之庞大,以及在社会生活中的地位之重要。

"辛"(gshen)以杀牲献祭、负责丧葬仪轨为主,又不以此为限,上则参预护持国政,下则为人祈福驱邪、占卜吉凶,活动在社会的各个阶层,深刻地影响着人们的日常生活和精神世界。作为祭司的"辛"的特殊职业性质,在藏文中也留下诸多痕迹。我们注意到,与"辛"(gshen)相关(同根)的词汇有:表示死亡的"gshin",如 gshin dkor(超荐财物)、gshin gyi nags(坟墓、尸林)、gshin dge(超荐法事)、gshin chog(超度仪轨)、gshin rje(死主)等;以及表示杀牲的"gshed",如 gshed ma(刽子手;索命鬼)等。前者说明"gshen"(辛氏)主死亡超荐等仪轨,后者则表示其与杀牲活动密切相关。

依据藏文史料记载,我们对"辛"(gshen)的内涵有了一个较为明确的印象:(1)辛(gshen)是本教的祭司和本教的信仰者和传播者,也是吐蕃早期"国政"的护持者,民间的巫师和精神指导者;(2)辛(gshen)祖师"辛饶弥沃"来自大食,也即波斯;(3)本教以自然崇拜为主要内容,煨桑祭天拜天敬神尤占核心位置。(4)辛(gshen)的教主和该教既然来自波斯,在波斯语中应该能找到它的痕迹。

三

古代吐蕃的"辛"(gshen)和唐朝新造的"祆"字读音相同或相近,均来自波斯,且指波斯古教琐罗亚斯德教。[①] "辛"和"祆"或"祆正"等都有该教祭司的含义,均以祭天拜天为重要活动内容,这就耐人寻味了。我们认为,它们当有一个共同的波斯语源,这就是:"sanavee""sanaviyyat"或"sanaviyye"。

---

① 张云:《波斯祆教与西藏本教的关系问题》(待刊稿)。

　　"sanavee"的汉文意思是"二元论者","sanaviyyat"意为"二元论"，"sanaviyye"意为"二元论学派"。[①] 其核心内容即是祆教的善恶二元论。对此，福·斯坦因噶斯博士的《波斯语英语词典》释义更加明确，是持有二元论教义的、穆护（祆教）的一个宗派；"sanaviyye"即穆护（祆教）或二元论的宗派。[②] 它们的第一个音节或词根读作"san"。我们认为，它应是汉文中新造字"祆"和藏文中"gshen"的真正来源。

　　此外，在波斯语中，还有两个与"祆"和"辛"（gshen）音义相近的词，一个是（sheed），意思是：(1) 光、光亮、光辉；(2) 太阳。一个是（shin 或 sheyn），意思是"明亮的"、"晴朗的"、"蔚兰色的"等，均为修饰天空、光明的形容词。[③] 可见，在与汉文"祆"、藏文"gshen"同音或音近的波斯语词汇中，存在包含"天空""光明"等释义的词汇。这些词也许与表示二元论的词汇有着相类的状况，即都与琐罗亚斯德教崇拜光明拜天祀神有关系。我们期望能在中古波斯语文献，即巴列维文献中找到更直接的相关资料，从而使本问题的研究能再深入一步。

　　最后一点补充是，我们推测：指称琐罗亚斯德教二元论，以"光明"与"天空"为特征的"祆"与古代西亚两河流域的原始神灵"辛"神（欣，sin）也许存在某种联系。两河流域的古代文明曾对以琐罗亚斯德教火、天崇拜为主要内容的波斯文明产生过重要影响。"辛"神原是游牧民崇拜的月亮神，由于生活在草原上的游牧民要通过月亮盈亏来确定时间的推移与季节的变化，通过月亮的位置来确定星辰的方位，以便占卜吉凶祸福，从而发展为对月神"辛"的崇拜，并成为苏美尔—阿卡德时代乌尔城邦的保护神，由于其突出的地位，遂能与西巴尔城邦的太阳神一起为各个城邦所普通崇拜。更为重要的是，在苏美尔—阿卡德—巴比伦社会显赫的诸神中，主管太阳，担任神的法官，统管执法、惩恶扬善、主持正义等事务的

---

① Ю. А. Рубиичик，Персидско-русский Словаръ，Издатлство "русскии Язык"，Москва，1983.
　北京大学东方语言文学系波斯语教研室编：《波斯语汉语词典》，商务印书馆，1981 年。

② F. Steingass，Ph. D. Persian-Englishdictionary.

③ Ю. А. Рубиичик，Персидско-русский Словаръ.

太阳神尤塔(utu,阿卡德人称沙马什神),还是月神"辛"(sin)的儿子。①于此知"辛"(sin)神地位之突出及影响之巨大。

在《新巴比伦诸王铭文集》中,有一段反映新巴比伦王纳波尼德修复西帕尔辛(sin)神庙经过的文字,文称:

> 我,纳波尼德,伟大的王,强有力的王,全世界的王,巴比伦王,天下四方之王,埃萨基那与埃齐达的保护者。当我还在母腹之时,辛神(sin)和宁加尔神就决定把国家赐予我,信奉诸大神的、最伟大最强有力的人。

> 关于哈兰城的辛神(sin)庙埃胡利胡利,伟大的统治者辛(sin)历来心爱的居所,(后来)他的心抛弃了这座城市和神庙,使乌曼·曼达人崛起,毁坏了这座神庙,使它变为一片废墟。在我公正的统治下,诸大神和统治者出于对我的王权的喜爱,对于这座城市和神庙特别偏爱。

> 在我绵长统治的初年,伟大的统治者马都克(巴比伦主神——引者)与辛(sin),天上的群星和地上的砥柱,一起赐梦于我。马都克对我说道:"巴比伦王纳波尼德,套上自己的马匹运砖建筑起埃胡利胡利,让伟大的统治者辛在这儿有一座自己的居所。"……②

说明"辛"神(sin)在当时巴比伦诸神中的突出地位和广泛影响。在波斯帝国建立后,巴比伦直接成为帝国的辖土,原来广泛流行"辛"神(sin)崇拜的地区及文化,皆纳入波斯文化之中,并被善于吸收外来文明的波斯人加以吸收。"辛"神(sin)崇拜是否即在这样的背景下成为琐罗亚斯德教的一部分,进而影响古代中国,也未可知。

原载王尧主编《贤者新宴》(1),北京出版社,1999 年

---

① 吕大吉:《古代巴比伦宗教》,见黄心川主编《世界十大宗教》,东方出版社,1988 年,第 17—19 页。

② M. A. Коростviews,хрестоматия По История Древнего Востока Издателъивство "Высшая Школа",часть 2,C. 17,Москва 1980;汉译文见李铁匠选译:《古代伊朗史料选辑》(上古史部分),商务印书馆,1992 年,第 23—25 页。

六　藏史中古部族谱系说略

　　研究民族来源,乃至上古历史问题,除了考古新发现之外,人们无法回避的便是本民族的族源或相关的古史传说了。这些传说历经上千年,甚至更长久的传抄与转述,不断羼入后人的理解与创作,情节也许更感人更细腻了,它的主旨却往往因此而变得飘忽不定,大大增加了人们认识上的难度。如何剥离外加成分,还传说以昔日容颜,或者使之接近它的本来面目,就显得十分重要了。

　　在上古社会里,血缘关系占据着十分重要的地位,通过血缘关系网络,无疑可以勾勒出当时社会一些重大历史事件的脉络和重要历史人物的作用,充实上古历史的具体内容。但是,血缘史观或强烈的氏族观念,也会简单化上古历史的发展进程,掩饰许多更加深刻的社会历史背景。例如,《国语·晋语》说:"昔少典娶于有蟜氏,生黄帝、炎帝,黄帝以姬水成,炎帝以姜水成,成而异德,故黄帝为姬,炎帝为姜。"宋代罗泌《路史》称:"阪泉氏蚩尤,姜姓炎帝之裔也。"这样,黄帝、炎帝既为同胞兄弟,他们与蚩尤也有血脉相连。此说容或有所依据,但主要是父系氏族家天下观念的产物。又如《后汉书·西羌传》说:"西羌之本,出自三苗,姜姓之别也。其国近南岳。及舜流四凶,徙之三危,河关之西南,羌地是也。"把西部羌人等之于南部的三苗,已有附会的因素包含其中了。显然,上述诸说,都存在用血缘关系网络图解古代部族关系的倾向。虽然这些传说并非无所凭藉，毕竟过分夸大了他们之间的血缘联系。藏族古史传说中也存在类似的情况。我们认为，从民族文化交流（也包括血缘关系内容）的角度来探索古代部落部族的关系，也许更易于抓住问题的本质，并且不会放过许多重要的历史情节。本文拟以民族文化交流问题为核心，从发展的角度，对藏族古史中的族谱传说作一辨析，期有助于本论题研究的深入。

一

藏史中有关部族和民族谱系的传说很多也很复杂，即使同一史实的传说，其内容也往往多种多样。例如，藏史中流传最广，且颇具影响力的"四人种（部）"或"六人种（部）"说即是如此。

达仓宗巴·班觉桑布完成于 1434 年的《汉藏史集》一书记载：

　　吐蕃人的族系分为六支的说法谓：最初，在玛卡秀雅许（dmav-kha-shu-g·yag-zhu）的上部，有斯巴（srid-pa）的王子亭格（thing-gi），生有三子，即汉、藏、蒙古（霍尔）三者。吐蕃人叫赤托钦波（khri-do-chen-po），他生有六子：查（dbrav）、祝（vgru）、董（ldong）三者，加上噶（lga）为四兄长，及韦（dbas）、达（bsdav）二弟共六人。当吐蕃六人在玛卡秀山种地时，三位吐蕃人想生六子。董娶了巴玛勒邦（pa-ma-le-pang）、查娶了查莫饶扎（dbra-mo-rab-bkra）、祝娶了祝莫冲冲（vbru-mo-phrom-phrom）、噶娶了噶玛麦波（lgar-ma-me-po），韦和达在汉藏交界地方娶了达塔贡玛（mdav-dar-gong-ma）。于是，长系未失尊长地位，是兄长董的子嗣。本领高、守信用的，是塞琼查（se-khyung-dbra）的后嗣。未失猛虎爪牙英勇标志的，是阿加祝（a-lcags-vbru）的后嗣。放牧牲畜，没有丢掉纺锤和油脂的，是穆擦噶（rmu-tsba-lga）的后嗣。①

---

① 达仓宗巴·班觉桑布：《汉藏史集》（藏文），四川民族出版社，1985 年，第 12—13 页；参阅陈庆英汉译本，西藏人民出版社，1986 年，第 12—13 页。

元代帕木竹巴万户长、大司徒绛曲坚赞的《朗氏家族》(即《朗氏世系史》)也记有此"原人六种",文谓:

> ……赤杰塘年(khri-rje-thang-snyan)的儿子阿涅穆斯赤多钦波(a-nye-mu-zi-khri-to-chen-po)娶年萨夏米玛(snyan-29-sha-mig-ma)为妻,生三子:长子珀曲董(spos-chu-ldong),次子塞琼查(se-khyung-dbra),幼子阿加祝(a-lcags-vgru)。阿涅穆斯赤又娶穆萨拉莫(dmu-za-lha-mo),生子穆擦噶(dmu-tsha-dgav)。再娶查森佟玛莫(brag-srin-gdong-dmar-mo),生韦(dbal)、达(zla)二子,此即原人诸族的祖宗谱系。
>
> 长子珀曲董,繁衍出董氏十八个大氏族,(内有)紫色董氏的六长系、六尊系。
>
> 次子塞琼查,查氏有黑、白、花三支,查氏有最初世系的九大支,神查紫色十昆仲,古崩(dgu-vbum)查的六昆仲。
>
> 三子阿加祝,祝生九子,有永恒解脱的八地。
>
> 四子穆擦噶,传出塔玛(dar-ma)七昆仲。
>
> 五子韦和六子达二人,住在大区的交界地方。
>
> 以上即吐蕃原人六族产生的情况。[1]

《汉藏史集》和《朗氏家族》除了对"六人种"的称谓基本相同而外,有关他们子嗣的数目及具体划分,均存较大的差异。[2]

人们很难通过上述资料获得吐蕃古代部族的真实情况。非但如此,14—15世纪的藏族史家们已无法详知吐蕃古部族演变的过程及其是非真伪,《汉藏史集》的作者就只能简单地罗列当时存在的诸种说法。文谓:

---

① 大司徒绛曲坚赞:《朗氏家族》(藏文),西藏人民出版社,1986年,第6—7页;参阅赞拉·阿旺、佘万治汉译本,西藏人民出版社,1989年,第5—6页。

② 达仓宗巴·班觉桑布:《汉藏史集》(藏文),第13—14页。大司徒绛曲坚赞:《朗氏家族》(藏文),第6—7页。

如果详细划分,赡部洲有不同的民族三百六十种,不同的语言七百二十种,不同体格的人十七种。仅随口可以说出者也不止所谓的十二根本族姓。有的说,刹帝利种姓雄强、吠舍种姓尊贵、婆罗门种姓纯洁、首陀罗种姓众多,这是外部四族姓,可将赡部洲所有的民族包括在内。还有中间四族系,即印度人源自天神,故讲桑支达天神语;汉地人源自龙,故讲那噶支达龙语;蒙古人源自非天,故讲阿速支达非天语;吐蕃人源自猕猴与岩魔女,故讲阿巴支达魔语。内部四族系,是东(stong)、董(ldong)、塞(se)、穆(rmu)等。据说,由此四族分出大部分吐蕃人,故称以上所述为十二根本族系。还有另一种说法谓:外部四族是格香汉人、金象蒙古(霍尔)人、卡勒门巴人、悉补野吐蕃人等。其中,汉人又有两系,即穆氏(rmu-rus)和格劳氏(ke-lavo),蒙古人也分为两系,即森擦(srin-tsha)和拉曹(lha-tsha-vo);门巴人生出三支,一是门巴人本身族系,还有汉藏交界处的木雅人和工布人。①

这里不仅罗列了两种完全不同的说法,而且,各说中又分为外、中、内三个族系,他们都与吐蕃人种有关联。我们必须理清它的头绪,进而找到其本质性的东西。

与此相关,东(stong)、董(ldong)、塞(se)和穆(rmu)四人种(部),或者再加上韦(dbas 或 dbal)、达(bsdav)形成六人种(部),是一母或同父异母的六兄弟,如某些汉文史书所说的炎黄二帝那样,是"天下共一家";或者存在其他情况,比如说是部落联姻或联合的曲折反映? 这些都是需要明辨的,而且已涉及对上古史的整体认识和研究方法问题。

二

详审藏文史著的纷繁记载,我们发现藏史中的古部落古部族谱系,

---

① 达仓宗巴·班觉桑布:《汉藏史集》(藏文),四川民族出版社,1985年,第11—12页。

有一个不断扩大、不断丰富与完善的过程，而且与吐蕃部落的兴起、发展、强大，以及与周边各部各族的文化交往有关，同时也与吐蕃人不断增进的认识有关联。十分有趣的是，藏史作家对古部落古部族谱系所做的完善与系统化工作并未完成，具体说，直到元明之际，他们只是罗列了各种相互关联又相互矛盾的诸多说法，并未使之成为一种无懈可击的定论。因此，也为我们保留下许多醒目的斧凿之痕，成为我们据以立论的重要证据。兹就我们的主要结论陈列如下，以就正于方家读者。

1. 将赡部洲的民族分为 360 种，语言分为 720 种，人种分为 17 种，以及有关刹帝利、吠舍、婆罗门、首陀罗的特性，由他们组成"外部四族姓"，且可以概括赡部洲所有民族的说法，直接来自印度的种姓制度和传统的世界民族划分，更直接地来自元朝帝师八思巴的《彰所知论》。因此，它不能为我们探讨藏族古部落古部族谱系提供任何有用的资料，故置而不论。

2. 藏史中有关猕猴与岩魔女相合传人的故事，是古代吐蕃人有关人类来源十分珍贵而近乎科学的传说。此说谓，众猴崽吃了不种自长的青稞、小麦、豆子、荞麦、大麦等作物，身上的毛和尾巴都变短了，又慢慢地懂得使用语言，逐渐变为人类，以谷为食，以树叶为衣，开始新的生活。当时，吐蕃地方森林遍布山野，山谷充满洪水，后来工布地方的大山裂开一条缝隙，所有的洪水都蜂拥而去，从那里流走。于是，人们在平地上垦田种植，建筑许多城邑。此后不久，有聂赤赞普出，充当吐蕃之主，始有君臣名分与尊卑贵贱。[①]

又据藏史记载，猴子变人和采食谷物为生的地方在雅隆河谷，南岸地区，今西藏自治区乃东县泽当镇，索当地方是其活动中心。[②] 说明传说中的吐蕃部落主体部分，或者说最早的部落，是以今西藏山南农业地区

---

① 萨迦·索南坚赞：《西藏王统记》（藏文），民族出版社，1981 年，第 53—54 页；陈庆英等汉译本，辽宁人民出版社，1985 年，第 43 页。

② 萨迦·索南坚赞：《西藏王统记》（藏文）第 53—54 页，又见巴卧·祖拉陈瓦：《贤者喜宴》，民族出版社，1986 年等书。

为舞台的。但是,由于从猕猴变人到人类聚族而居,形成部落,其间尚有十分漫长的历史发展过程。因此,猕猴传人的故事,在藏史中尽管接下来即是分立的四人种或六人种,事实上,同样不能为我们本问题的研究提供任何更为重要的资料。

3. 据《第吴教法史》和《贤者喜宴》等书记载,吐蕃历史上曾有一个由十种(或十二种)非人统治过的历史时期,此后才是受观世音菩萨之命的神猴与岩魔女相合传人的历史,文谓:

> (西藏)最初由黑色罗刹统治,故此地名为桑域简美(bzangs-yul-rgyan-med,无饰佳地),此时出现了弓箭等投射武器;第二由热德郭雅(re-sde-mgo-g·yag,牦牛头部落)魔统治,故此地名为魔域九峡谷,此时出现了斧头、铖等武器;第三由聂仁茶麦森(gnyav-ring-phrag-med-srin,长颈无血罗刹)统治,地名为黑色九罗刹,此时出现了叉矛、抛石器等武器;第四由叫做玛绛(dmar-vjam)的天神统治,地名神域贡塘(lha-yul-gung-thang),此时出现了三尖天杖等武器;第五由龙族(klu)统治,(地名)昂章江章(ngan-brang-cang-brang),此时出现了长矛等武器;第六由野鬼统治,(地名)朗当灵当(lang-tang-ling-tang),此时出现了勺头棍棒等武器;第七由玛桑九姓(ma-sangs-ru-dgu)统治,故地名为蕃康六福(bod-khams-g·yang-drug)之地,此时出现了箭袋、刀剑、盾牌等武器;第八由龙族(klu)统治,故此地名为蕃康岭古(bod-khams-gling-dgu,蕃康九州);第九由非人统治(《贤者喜宴》记为国王统治),地名为黑色昂域(ngam-yul-nag-po);第十由萨日六兄弟(za-rid-spun-drug,《贤者喜宴》记为贡布九兄弟,vgong-po-dbun-dgu)统治,地名为十八东岱(千人部);第十一为十二小邦统治;此后(第十二)各小邦分裂为四十小邦,故地名为桑域改(bzangs-yul-gyad,佳地力士)。①

---

① 第吴贤者:《第吴宗教源流》(即《第吴教法史》,藏文),西藏人民出版社,1987年,第223—224页。巴卧·祖拉陈瓦:《贤者喜宴》(藏文),民族出版社,1986年,第151—152页。

我们同意一些学者所说的那样,这里的黑色罗刹、牦牛头魔、神、龙、鬼、玛桑九部(姓)等,当是以某种神灵或动物为图腾或称号的部落,是信奉佛教的藏史作家将这些非佛教的氏族部落名诬称为罗刹、魔鬼等的说法,也同意有关这段记载存在颠倒历史先后顺序状况的见解。①

同时认为,这段看似离奇的传说,它所反映的历史大致是早期吐蕃人在雅隆河谷地区活动及部落分立乃至先后主政(即作为盟主)的状况。这里又不免加入后世历史的部分内容,如十八千人部(stong-sde,或作ldong-sde,即"董氏十八部")即是其中一例。

尽管那一段历史已经成为遥远而模糊的记忆,且有前人的改篡,但是,把这些支离破碎的资料与相对可靠的《敦煌本吐蕃历史文书》资料相互对证,肯定有助于提高我们对古代吐蕃部落与氏族活动状况的认识水平。如《第吴教法史》记:"玛桑九部包括玛桑八部和羊仲斯勒玛(g·yang-vbrum-si-le-ma)。玛桑八部是:年玛桑雅邦结吉(gnyan-ma-sangs-g·yav-spang-skyes-gcig)、噶尔玛桑佐噶尔结格底南才(gar-ma-sangs-gtso-gar-skyes-kyi-sdig-nam-tshad)、年玛桑恩兰藏结(g·nyan-ma-sangs-mgam-lam-rtsang-skyes)、都玛桑托噶尔结(tub-ma-sangs-tho-gar-skyes)、协玛桑推噶南仓(she-ma-sangs-thod-dkar-nam-tshang)、梅玛桑白玛结(me-ma-sangs-pad-ma-skyes)、米玛桑嘉措结格查阿古尔(mi-ma-sangs-rgya-mtsho-skyes-kyi-dra-mga-vgur)、倭玛桑顿南察(aod-ma-sangs-ston-nam-tsha)。"②其中的年(g·nyan)、噶尔(gar)、协(she)、倭玛(aod-ma)等姓,在吐蕃王朝时代仍为著名的贵姓。③ 足知其并非天方臆语。

4. 真正为我们展开广阔研究视野的是藏史中有关"四人种(部)"和"六人种(部)"的传说。藏史中的"四人种"一般是指东(stong)、董(ldong)、塞(se)、穆(rmu);"六人种"是指:查(dbrav)、祝(vgru)、董

---

① 陈庆英主编:《藏族部落制度研究》,中国藏学出版社,1995年,第12页。
② 第吴贤者:《第吴宗教源流》(藏文),第224—225页。
③ 陈庆英主编:《藏族部落制度研究》,第14页。

（ldong）、噶（lga）、韦（dbas）、达（bsdav）。且不论藏史中还存在与上述划分有所不同的四族系（四人种）的说法，这里的"四人种"和"六人种"业已存在一定的差别。董（ldong）即珀曲董（spos-chu-ldong），塞（se）即塞琼查（se-khyung-dbra），穆（rmu）即穆擦噶（dmu-tsha-dgav）。[①] 与"六人种"相比，除了缺少"韦"、"达"之外，还少一个"祝氏"，又多了一个"东氏"。由于"塞琼查"将"塞"与"查"相连，"穆擦噶"将"穆"与"噶"相连，两者似可相互对应。所以，"四人种（部）"至少已有两种说法，即东（stong）、董（ldong）、塞（se）、穆（rmu）和查（dbrav）、祝（vgru）、董（ldong）、噶（lga）。这就需要作一些辨证工作。

不仅我们面对了上述不同说法所带来的困惑，《汉藏史集》一书的作者达仓宗巴·班觉桑布本人也同样没有摆脱它的困扰。该书谓：

> （猕猴与岩魔女生下的猴崽演化为人类，数额日多，又因争夺谷物产生不和），人类分成四个部落，即塞（se）、穆（rmu）、东（stong）、董（ldong）四族姓。吐蕃人大多都由这四大族姓分化而来。宣康巴（son-khams-pa）等人说，吐蕃地方最早的姓氏是查（dbra）、祝（vb-ru）、董（ldong）三姓，加上噶（lga）四姓，再加上弟弟韦（dbas）、达（rta，应为 brdav），成为吐蕃的六个族姓。[②]

但是，仔细分析一下，我们发现两种"四人种（部）"的说法事实上是一致的。如我们上面所引《朗氏家族》一书所示，塞（se）与查（dbrav）可以相通（即塞琼查），而穆（rmu）与噶（lga）也可以相通（即穆擦噶），这样，两说中三者已可对应。剩下的只有东（stong）和祝（vgru 或 vbru）的关系问题。据石泰安（R. A. Stein）先生考证，vbru（祝氏）在藏文史料中应是Stong（东氏）的一部分。[③] 如此，两说可以相互勘同。"六人种（部）"则是

---

① 大司徒绛曲坚赞：《朗氏家族》（藏文），第6—7页。
② 达仓宗巴·班觉桑布：《汉藏史集》（藏文），第126—127页。
③〔法〕石泰安：《川甘青藏走廊古部落》，耿昇译、王尧校，四川民族出版社，1992年，第74—78页。

在其上加入韦、达二者形成的。

《贤者喜宴》等书记载,由猕猴与岩魔女繁衍而来的子子孙孙们就居住在今山南乃东泽当一带,后来分为"四人种"(四族姓)或"六人种"(六族姓),分别居住在雅隆河谷的索当(yar-lungs-zo-thang)、泽当(rtshed-thang)、沃卡久当(vo-kha-rgyug-thang)、赤当(khri-thang)等地,以采集为生,最初没有王,过着原始的社会生活。藏文史书中多有记载,如《贤者喜宴》、《松赞干布遗训》(《柱间史》)等;民间有"经书莫早于邦贡恰加,农田莫早于索当,房屋莫早于雍布拉康,国王莫早于聂赤赞普"。这一切都出现在山南的乃东和琼结一带。

藏史中把塞、穆、董、东四部族(或族姓)作为猕猴的后裔,或直接比拟为一母所生的四兄弟,或者再加上韦、达二弟形成六兄弟,似乎是顺理成章的事。但是,从猕猴(猿)到人的演变,以及部落分立的出现,是一个漫长的历史过程,二者并无直接或简单的联系。

我们认为,藏史中有关塞、穆、董、东四氏族(或部族、族姓)及该四族构成吐蕃人基本部众的说法,无疑有所依据,而且具有一定的合理性。但是,它的年代有问题,且有本末倒置的问题,即塞、穆、董、东四族的说法,是以吐蕃王朝的兴起和向外扩张为基础的,是走出雅隆河谷、吞并高原各部并建立吐蕃王朝这一重大历史事件的曲折反映,或者说是为吐蕃王朝建立而张目的理论依据,而不是遥远的、部落分立时代的遗迹。同时,塞、穆、董、东四族活动的地区不是在雅隆河谷的山南地区,而是更广阔的青藏高原地区。"四人种(部)"也不是从某一部中分立出来的——如一母四子的传说所称的那样,而是分立的各部族各邦国联合而形成的,由他们组成了吐蕃王朝的基本部众。

正如吐蕃王朝建立以前青藏高原地区各部各族业已存在密切的经济文化联系,乃至联姻关系一样,藏史中的塞、穆、董、东诸族之间,以及他们与其他氏族部落之间,均存在十分紧密的交往和联系。但是,按照藏史中的说法,塞(se)多与阿夏(va-zha)即吐谷浑密切相关(即 se-va-zha),穆(rmu)多与象雄(zhang-zhung)相关(即 rmu-zhang-zhung),董

(ldong)多与党项相关(即 ldong-mi-nyag),东(stong)多与苏毗(sum-pa)密切相关(即 stong-sum-ma)。①

如众所知,吐谷浑、象雄(羊同)、党项和苏毗诸族(部)是隋唐时期青藏高原地区人口较多、势力较强、最有影响的几个部落邦国,他们都是在吐蕃部落崛起并向外扩张时期相继被纳入治下的,而他们的归服,正是吐蕃王朝得以建立的基础。因此,"四人种(部)"或"六人种(部)"所反映的正是吐蕃王朝的主要部族谱系,它并不像藏文史书中某些传说所说的那样久远。我们自然不能以此为据来探讨吐蕃上古时代的部落起源与部落部族谱系问题。

又据石泰安(R. A. Stein)先生考证,查(dbrav 或 sbra)、祝(vgru 或 vbru)、董(ldong 或 sdong)、噶(lga 或 sga、rga、dgav)诸族均在康区,即今西藏东部、青海东南部和四川西北部地区。②

石泰安先生的考证是细密而令人信服的,尽管它并非无懈可击,诸如,用晚出的史书反映经过吐蕃王朝时期大规模迁徙之后的部落分布状况的史实,转而用来说明早期的部落史,不免有所疏漏。但是,我们把"四人种(部)"或"六人种(部)"与更为可信的《敦煌本吐蕃历史文书》等相比较,就会发现石泰安先生的结论并无大误。我们由此可以看到,吐蕃早期的古部落大多并不包括在"四人种(部)"或"六人种(部)"之中,或者可以说,"四人种"或"六人种"并非雅隆吐蕃人部落早期历史的再现。只有作为"弟弟"的韦、达二氏,较醒目地出现在 P. T. 1287 号文书即"赞普世系史"(赞普传记)之中。前者尤甚,文书作 dbavs,多人任大相。达氏似可与大相 vdavs 氏相勘同。③

作为核心的其他"四人种"则主要分布在雅隆河谷以外地区,也即更广阔的青藏高原地区,且以康区为核心。

① 〔法〕石泰安:《川甘青藏走廊古部落》,第40—94页,见耿昇汉译本。
② 〔法〕石泰安:《川甘青藏走廊古部落》,第41—70页、第77—86页。
③ 王尧、陈践译注:《敦煌本吐蕃历史文书》(增订本),民族出版社,1992年,第34—66页,汉译见第157—172页。

5. 吐蕃王朝时期是古代藏族历史上的一个鼎盛时期,这段历史在藏族史家的脑海里留下深刻的印象。当时的地理划分和民族分布也成为他们重要的历史素材,如《汉藏史集》援引觉丹热智(bcom-ldan-rab-gri)的《律仪之饰》(sdom-pa-brgyan-gyi-me-ton)谓:

> 赡部洲的东部有汉地(rgya-nag)、契丹(khri-br-tan),南部有印度(rgya-gar)、克什米尔(kha-che),西部有大第(stag-sde)和食彭(gzig-vphan),北部有仲木(khrom)和格萨尔(ge-sar),中心是雪域吐蕃地区,共有九个部分。①

同书还记载另一则说法,谓:

> 赡部洲有大小十三国,其中有固定名称者有五个,即印度为教法之国,汉地为卜算之国,大食为财宝之国,冲木格萨尔为军旅之国,吐蕃为有雪之国,共计五国。由非人统治之国有八个,即廓克拉(lkog-la)粘胸之国,贴让(the-rang)独目之国,结拉巴(skye-lba)种姓卑贱之国,索波(sog-po)猿臂之国,嘉莫(rgya-mo)狗夫之国,那卧且(rna-bo-che,大耳朵)驴国,策策(tshe-tshe)山羊头之国,祖达(tsu-ta)独脚之国,共计八国。②

引文中的前五国,即天竺(印度)、唐朝、波斯(大食)、格萨尔(此疑指回纥)和吐蕃,是唐前期影响较大的几个军事强国,是实有所指的。而由"非人"统治的八国,则是指当时青藏高原周邻的一些小的邦国,其中不免有吐蕃人臆断成分,五花八门的称谓即是其例。但是,我们认为它仍以史实为依据。在此可以确定,"索波猿臂之国"系指穿梭中亚各地,善于经商的粟特人和中亚的粟特国;而"嘉莫狗夫之国"即指立国于川西的rgyal-mo-rong(嘉莫绒)或作 rgyal-mo-tsha-ba-rong(嘉莫擦瓦绒、嘉绒),今属四川省阿坝藏族自治州,旧时又作大小金川十八家土司所在地的总

---

① 达仓宗巴·班觉桑布:《汉藏史集》(藏文),第10页。
② 同上书,第10—11页。

名。也即隋唐时期的东女国。史载：

> 东女国，西羌之别种，以西海中复有女国，故称东女焉。俗以女
> 为王。东与茂州、党项接，东南与雅州接，界隔罗女蛮及白狼夷。其
> 境东西九日行，南北二十日行。有大小八十余城。其王所居名康延
> 川，中有弱水南流，用牛皮为船以渡。①

地在川西大小金川地区。该女国在吐蕃王朝东向扩张后，为吐蕃所
吞并。这一点也证明藏史中的上述划分系指唐代吐蕃王朝时期的状况。

6. 藏史中有关内部四族系是指格香汉人(gi-shang-rgya)、金象蒙古
人(gyim-zhang-hor)、卡勒门巴人(kha-le-mon)和悉补野吐蕃(spu-rgyal-
bod)的族属谱系划分，应是元代吐蕃人的观念，是元朝西藏地方纳入中
央政府治下，藏、汉、蒙和门巴等各族密切的文化交流的产物。如果我们
注意到元明时期藏族历史著作大多列有"汉地王统"、"木雅王统"和"蒙
古王统"，并把它们与传统的"印度王统"和"吐蕃王统"相提并论的史实，
同时也注意到八思巴在其大作《彰所知论》中把蒙古王统与吐蕃王统加
以联系的史实的话，②那么，就不难理解，在藏、蒙、汉各族文化密切交往
的元代，一种新的族谱观念之所以产生的合理性与重要性了。尽管就人
种而言，藏、蒙、汉各族均属蒙古利亚人种，文化上存在十分密切的联系，
确实一如同母所生的兄弟般情深谊厚。但是，把它放在元代那个特定的
历史时期，就更多地是一种象征或者是政治需要了，在族谱上并无史实
依据。可见，这里面有一定的困难。《汉藏史集》的作者记载了此前留存
下来的一种说法，这种说法试图调和族谱新说与吐蕃旧说之间的矛盾，
该说谓：

> 吐蕃人又分为六支的说法是，最初，在玛卡秀雅许地方的上部，

---

① 《旧唐书》卷一九七《南蛮西南蛮·东女国》。
② 后一点参阅陈寅恪《彰所知论与蒙古源流》(蒙古源流研究之三)一文，原载《历史语言研究所
　集刊》1931 年第 2 本第 3 分，此见《陈寅恪史学论文选集》第 70—80 页，上海古籍出版社，
　1992 年。

有什巴之王子亭格,生有三子,即汉、吐蕃和蒙古。吐蕃人叫赤托钦波,他生有六子:查、祝、董、噶四位兄长及韦、达两弟共六人。①

这种做法显然是成功的,把三族的联系置于上古时代,同一人种的史实可以成为它的有力证据。我们之所以能够看出它的破绽,认定它是元代新说的理由不外二点:一是元以前并无此说,而且没有藏汉蒙等文献为之证据;一是作为族称的"蒙古"一词最早出现于唐代,但它当时还只是分布在东北大兴安岭北段的室韦诸部中的一部(即蒙兀室韦),真正影响中国历史发展进程,且与吐蕃人发生联系是公元 13 世纪的事了。藏、汉、蒙为一母三兄弟的说法起自元代,而且与元朝帝师八思巴的《彰所知论》有一定的关联,是时代的产物。我们由此获得一个新的启示,元朝西藏地方纳入中央政府治下,需要理论依据也产生了理论依据,此即藏、汉、蒙本是一家人,是一母所生的三兄弟。它是大一统的元朝各族人民相互交流认同的结果。有关这种联系的理论,正在替代此前笼罩在藏史学界的印度来源说。历史就是这样生动和充满魅力,但愿我们心的触须,能够企及它的真谛。

原载王尧主编《贤者新宴》(1),北京出版社,1999 年

---

① 达仓宗巴·班觉桑布:《汉藏史集》(藏文),第 12—13 页。

七　佛教史观与西藏古史的再塑造

　　研究西藏历史,不能不依赖于内容丰富的佛教史籍文献,但是,如果完全信赖这些佛教史籍文献,我们将永远也无法弄清西藏许多重大历史问题的本来面目。这就是我们必须经常面对的一个存在,一个从事藏史研究工作的人必须时刻正视的存在。超越它的道路只有一条,即切实地对藏文佛教史籍文献及相关史实进行去伪存真、抉微发覆的考辨工作,还历史以本来面目。做好这一项工作的方法很多,如将文献与考古实物相结合,将藏文材料与其他民族文字材料相对勘,等等。其中藏文中不同类型材料的互相对证(从同一文字的角度可以称做内证法)及藏文与汉文材料的互相对证(从不同文字角度可以称做互证法),占据着极为重要的地位。这一工作显然不可能一蹴而就,但是,只要我们明确目标并持之以恒,总会不断接近史实,趋向真理。

　　西藏古代史往往与传说结合在一起,佛教传说在其中更占据着绝对优势的地位,佛教传说本身有旧有新,有真有伪,不加以明辨是很难利用的。我们若要放弃这些传说,西藏古代历史上的许多重要问题就无法据实回答,会在西藏文明的产生与演进史上留下星星点点的空白,这自然是不能容忍的事。

　　本章的主旨,即在于探讨佛教史观在西藏的形成及其对西藏古史传说的影响,从而找出传统说法的谬误所在,并试图廓清其迷雾。

一、佛教史观在西藏史学中的主导地位

在西藏古代历史上,佛法既然与青藏高原这块宗教沃土结下如此之深的因缘,那么,西藏地方的大小事件与人物就难免或多或少地与佛教发生着割舍不断的联系,它必然要反映到学术方面,西藏史学自然也不能例外。历史与宗教在西藏地方能够形成这种水乳交融的局面,主要原因有两个方面:一方面是客观上佛教与政治、经济、文化和人们的社会生活存在着十分密切的联系,在这个意义上,我们无法回避西藏地方历史与文化中浓郁的宗教特色,也就是说,剔除宗教因素或文化来谈论西藏传统文化是徒劳无益的。另一方面,成为西藏地方社会主流的佛教史观,掩饰了社会客观诸多史实真相,它们否定和排斥世俗生活与文化,用佛法及其理论来记录、解释世界上的万事万物及其发展变化,乃至人们的一言一行,使诸多历史真相变得模糊不清,把西藏地方历史变成一部佛法兴衰史或佛教传播发展史。从这种意义上说,要全面了解西藏地方历史与文化的发展脉络,必须对佛教史观进行长期而彻底的清算。当我们透过佛教史观的迷雾看到客观史实的真相时,当生动的、非佛教的文化浮出水面并渐露头角时,我们就会看到重构西藏历史与文化轮廓的希望之光。在这一进程之中,透析佛教史观、破除迷信与索隐发覆、明辨是非,显然是同样重要的。

佛教史观在西藏史学中居于主导地位的状况及其形成原因是多方面的,其要者有以下几点。

第一,佛教文献占西藏古代文献的绝大多数,是藏文文献的基本部分和核心内容。众所周知,藏文文献是我国各民族文献中十分丰富的一种,现存数量仅次于汉文文献,居第二位。但是,在藏文文献中,最为宏富的则是佛教文献,其中以藏文《大藏经》之《甘珠尔》(经部)和《丹珠尔》(论部)最为有名。译自梵文、汉文的佛教经典,以及高僧大德们对这些

经典的注释和学习心得,构成一个庞大的佛学文献系列。

从藏文文献学角度来看,《西藏王统记》往往以赞普与佛教的关系为重心,以是否信奉佛教及崇抑佛教作为评价赞普业绩的标准,并刻意给西藏历史上的著名赞普贴上弘法护教者的标签,将其誉为"法王"。将"人物传"基本上变成高僧传,将"地理志"变成佛教圣迹指南,至于"教法史",则更是名门正统,其著述汗牛充栋。在这些文献之中,几乎无一例外地宣扬或充斥着佛教史观。

第二,藏文文献最初的翻译、注释及后来的著述、编订,均是由高僧大德来承担的。高僧大德们既是佛法的学习者、传播者和研究者,同时也是信奉者,不会也不可能怀疑贯穿其中的佛教史观。在长期的学习与修炼过程中培养起来的宗教信仰与感情,很自然地影响到他们的注经与创作中去。他们中的绝大多数人无法走出传统的佛教史观的藩篱,即使在最优秀的学者那里,也只是尽力地去说明佛法与科学及客观真理的相互一致,以及与史实真相的不相违背。不过是他们不会将问题简单化或使二者对立起来;尽管他们记述了大量史实,却往往又采取回旋隐蔽的笔法。他们的博学与巧言善辩确实迷惑了世人,乃至后世学者,也为某些别有用心者提供了诡辩的依据。例如,把朝廷的"赏赐"、"封授"说成是"供养",把行政上的隶属关系,说成是"檀越供施"关系等,着实让许多人莫辨东西。

第三,在古代西藏地方,寺院是惟一正规的教育场所,汇集着丰富的、以佛教经典为核心的藏文文献和大批卓有佛学知识的高僧大德,寺院教育的宗旨即在于培养有知识、守戒律的佛学人才,为弘扬和光大佛教服务。在这里,正统的思想,毋庸置疑是佛学思想;正统的史观,即是佛教史观。寺院里不乏刻苦读书者的典型范例,也不乏勇于钻研、勤于著述的榜样人物。但是,他们不遗余力地学习与探索,只在于说明佛陀的神圣性和佛性的伟大正统,只在于号召人们放弃世俗努力与追求,虔心皈依佛法僧三宝。尽管后世的论者在佛法中找到许多契合科学的论述,其中不乏智慧的光芒,但其主旨毕竟不是探求科学,自然也不能给客观世界和人类文明发展一个公正平实的解释,而是展示一个幻化了的客观存在。例如,雅隆尊者释迦·仁钦岱的《雅隆尊者教法史》(即《雅隆史》,成书于 1376 年)和萨迦·索南坚赞的《王统世系明鉴》(即《西藏王统记》,成书于 1388 年)等,依佛典《俱舍论》的说法来说明世界的形成,即是此例。①

第四,在政教合一的封建农奴制统治之下,佛教史观是一种正统的宗教史观,也是一种正统的政治史观,能够反映三大领主的意愿和利益,受到统治阶级的有力保护。佛教在主张众生平等的同时,也大力宣扬轮回业报,把一个人今世的贫穷苦难归之于前世的修行,让饱受人间苦难的普通百姓心安理得地接受所谓前世的安排,不要有非分的超越等级的想法,更不能有反抗的念头。同时,也让统治者悠然自得地享受前世善业的报应,肆无忌惮地敲诈、役使农奴。政教合一的体制将世俗贵族和僧侣贵族的根本利益十分紧密地结合起来,使身处底层的农奴既找不到一块物质世界的净土,又找不到一块精神世界的净土,从而沦为逆来顺受、甘心听从命运安排的有生命的工具,农奴制统治由此获得稳固的基础,得以长期存在与延续。

第五,在"万般皆下品,惟有学经高"的社会大背景下,佛学思想、法门智慧和理念深深地吸引着人们的注意力,同时也深深地影响着人们的日常生活与一言一行,尊僧礼佛,蔚然成风;学法习经,叹为观止;僧人即学者,经书即学问;尊重知识即是尊重佛教经典,尊重人才即是尊重习法僧人。佛教观念又通过博学多识的僧人,以榜样的力量展示给社会,在人们的心灵深处留下不可磨灭的印象。在这样的社会风气之下,异端思想(即所谓的"外道")虽然不可能完全被清除,但是,相对于佛教正统思想而言,力量总显得过于单薄,声音也不免微弱,根本无法动摇佛教史观合法与主导的地位。

---

① 释迦仁钦岱:《雅隆史》(藏文),西藏人民出版社,1988 年,第 4—9 页;汤池安汉译本,西藏人民出版社,1989 年,第 7—9 页。萨迦·索南坚赞:《西藏王统纪》(藏文),民族出版社,1981 年,第 3—4 页;陈庆英、仁庆扎西汉译本,辽宁人民出版社,1985 年,第 3—4 页。

二、佛教史观产生的时代与原因

佛教史观，就是从佛教的立场出发，用佛教的观点和方法来解释人类历史发展规律的一种社会史观。在西藏古代史学领域，除了上述基本特征之外，它还另有其独特的内容，即将佛教发源地古代印度神圣化和将西藏早期历史印度化的倾向。

佛教史观是一定历史条件下的产物，也是佛教影响西藏地方社会走向成熟阶段的一种表现。佛教史观在西藏的形成，发生在佛教后弘期，即11—12世纪，主要理由如下：

第一，这一时期佛教真正深入民间，影响到人们的社会生活与精神世界，也可以说是深入人心。9世纪中期，吐蕃王朝末世赞普达磨因崇本抑佛而被僧人刺死，吐蕃王朝走向瓦解，嗣后，青藏地区混战不已，贵族内讧、奴隶反抗如火如荼，彻底动摇了吐蕃王朝赖以存在的基础。在这种分裂与动荡之中，受苦最深的自然是普通百姓，他们在现实生活的极度困苦中渴求精神上的解脱与慰藉，佛教便如甘露雨霖适时降临，赢得人们的普遍皈依。这与前弘期虽经王室大力倡导仍主要在上层贵族及部分地区传播的情形有所不同，它已引起了广泛的共鸣。这就为佛教史观的形成奠定了深厚的社会基础。

第二，后弘期，西藏佛教（藏传佛教）各个教派的纷纷建立，为佛教史观的产生提供了必要的条件。继宁玛派之后，噶举、噶当、萨迦等派别相继产生，有力地推动了佛教思想界研究问题、探讨问题的风气，学术争鸣为深化佛学理论、探求佛教史观创造了良好的外部条件。同时，提出对世界形成、历史发展乃至重大历史事件、人物的看法，已成为佛教各派别超越自我、形成完整的学说体系所面临的重大而迫切的问题。在这一时期，西藏佛教从前弘期的拿来主义中逐渐走了出来，开始融合众说，推陈出新，渐渐形成自己的理论体系，佛教史观即是其重要内容之一。

第三，在这一时期，发掘掘藏文献及著书立说，成为十分亮丽的一道社会景观。佛教史书的写作不可能不涉及作者的佛教史观,而佛教史观的形成又极大地推动了佛教史著作走向繁荣。此时期出现的《莲花生大师本生传》《五部遗教》《玛尼宝训》等等所谓掘藏文献,虽然不排除其中包含有吐蕃时代的东西,但可以肯定地说,它们绝大多数都是伪托古人以求自重,实际上是后弘期高僧大德们的精心创作,其文献价值是不容低估的,它是后弘期西藏佛教史学迅猛发展的有力见证。

第四,在西藏史学史上,作为佛教史观形成标志的主要学术著作是11世纪的掘藏文献《柱下遗教》。该书是目前所知较早用佛教史观来说明西藏早期历史的著作之一。而对此书产生重要影响的,则是印度论师辛饶郭洽(Shes rab go Cha)的《殊胜赞释》(Lha las phul du byung bavi bstod pavi vgrel pa)。[1]

11世纪的《柱下遗教》和《玛尼宝训》等掘藏文献,接受印度论师所说,将西藏王统与印度释迦王族联系起来,为说明西藏王统来自印度张目。前书谓:

> 甘蔗族为王族(刹帝利),其种族众多。义成王时,知名之王有频毗娑罗王(影坚王),憍萨罗有波斯匿王(胜光王),莲花国有大莲花王,莲花地有光明王,光明王之子优陀夷,优陀夷之子战胜,其子被驱至羊八井(毗舍厘——广严城),从雪山下逃至绛多神山……是为聂赤赞普,吐蕃最早的赞普。[2]

此后的佛教史家基本承袭这一观点,用以叙说吐蕃王族来历,以讹传讹,遗患无穷。

西藏史学中的佛教史观,将印度圣地化和把西藏早期历史印度化的倾向,是由多方面因素促成的,以下几点显得尤为重要。

---

① 洛本·辛饶郭洽(Slob dpon Shes rab go Cha):《殊胜赞释》(Lha las phul du byung bavi bstod pavi vgrel pa),见中国藏学研究中心《大藏经》对勘局对勘《中华大藏经·丹珠尔(对勘本)》(藏文),中国藏学出版社,1994年,第122—165页。

② 《国王遗教》手抄本第9页,引自恰白·次旦平措、诺章·吴坚、平措次仁著,陈庆英、格桑益西、何宗英、许德存译:《西藏通史——松石宝串》,西藏古籍出版社,1996年,第19页。

第一,古印度是佛教的发源地,佛祖是印度释迦族的王子,崇信佛教必然要导致推崇印度历史文化,这几乎成为顺理成章的事。

第二,在前弘期,佛教最早是从尼泊尔和汉地先后传入吐蕃王室的,但在佛教的进一步弘扬与发展中,给予全面而深刻影响的则主要是印度佛教。它通过寂护、莲花生等高僧的努力战胜吐蕃原始宗教本教,取得在吐蕃王室中的正统地位;继之,又通过莲花戒等人的努力和赞普赤松德赞的支持,战胜内地禅宗。既修建了吐蕃第一个正规寺院桑耶寺,又剃度吐蕃最初出家的僧人"七试人",还大量翻译佛教经典,对佛教在吐蕃的弘传做出了积极的贡献。在吐蕃时期编订、至今犹存的《丹噶目录》之中,所收经论约七百余种(见《丹珠尔》,作于824年),其中译自印度的佛教经典就有六百七十余种,占绝大多数。日本影印西藏《大藏经》《丹喀尔目录》显示,其中译自汉文佛经者仅三十一部,是较少一部分。

第三,在后弘期佛教复兴与发展过程中,大批西藏僧人前往印度学习真经,同时又有大批印度高僧应邀来到西藏授徒传经,有力地推动了藏传佛教一些教派的产生。如印度超岩寺住持阿底峡(982—1054年)入藏传法对噶当派及后世格鲁派产生的影响;创立香巴噶举的琼波南交(1086年—?)和创立塔波噶举的玛尔巴(1012—1097年)都曾在印度留学多年,拜师学法;希解和觉域两个小的教派,则更直接来源于南印度人丹巴桑结(? —1117年),如此关系,不能没有深刻的影响。

第四,如前所述,印度论师辛饶郭洽的《殊胜赞释》即大力兜售西藏人来自印度的观点,直接影响了这些盲目崇拜印度的及门弟子,连布顿仁钦珠这样的大学者也莫能例外,从而在西藏史学界形成一种势力。

西藏的佛教史观,是在继承吐蕃时期佛教文化(包括中原佛教文化影响)的基础上,依据分裂时期西藏地方社会及佛教自身发展的需要,加上印度文化与佛教两位一体巨大影响的背景下形成的。这一史观的形成,又转而以巨大的力量促进了西藏史学,尤其是佛教史学的发展。由于佛教史观自身的局限性,它很难客观地反映或者说明西藏历史的真相,不仅如此,反而在一定的程度上掩饰或歪曲了许多重大历史的真相,给我们的研究工作增添了一定的困难。这就需要我们明辨是非,透过现象看到它的本质。

三、用佛教史观重塑西藏古代史的几个例证

佛教史观的形成是西藏佛教形成的重要标志,它又为西藏佛教在理论上走向成熟提供了有利的条件。为了解决外来宗教在说明西藏早期历史问题方面的某些先天不足,后弘期的佛教史家们即运用佛教史观这一有力武器来重新塑造西藏古代史,给西藏历史注入佛教和有关印度影响的内容,用以强化佛教及印度同西藏这块土地、人民、文化上的联系,其方法多种多样,或者改造西藏上古民间传说和本教古史传说以为己说,或者在缺乏明确成说而多有分歧的重大历史问题方面另立佛教新说。此就其重要者条列如下,予以说明。

1. 佛祖创造西藏人类说

这种说法,是佛教史家依据西藏上古民间传说改造而成的。该说谓:圣观世音菩萨对一神变示现的猕猴授以近事戒,派他前往雪域西藏地方修行。此猕猴来到一个黑山岩上,当他修习菩提慈悲之心并洞悟佛法性空大义时,有一个被业力驱使的岩魔女来到身前,用寻欢求爱的话语对他挑逗,并请求与猕猴结为夫妇。猕猴自认是观世音菩萨的受戒弟子,不能破戒与岩魔女成亲。岩魔女自然不会善罢甘休,她先以可怜状引起猕猴的同情和怜悯,声言:"你若不做我的丈夫,我的命就要完结了。"继而又威胁猕猴,说她若不能与之成亲,日后只能嫁与魔鬼,每天伤害生灵数万,每夜吞食生灵上千,还要生下无数魔崽,使魔鬼充满雪域,最终吃尽众生。在岩魔女的威逼与哀求之下,猕猴陷入进退两难之地:若是与岩魔女成亲,就会破了戒规;若加以拒绝,则引起更大的罪孽。如何是好呢? 他本人已无法解决,于是便前往普陀山面见观世音菩萨,请示方略。观世音菩萨命他与岩魔女成亲,这一决定据说也得到愤怒母和

救度母的同声赞誉。于是，在观世音的祝福声中，猕猴与岩魔女结为夫妻。据说，他们的成亲还对雪域西藏带来三种功德：未来之时能使佛教得以弘扬常在；使善知识不断出世，宝藏得以开发；利乐善业遍及十方，吉祥如意。

猕猴与岩魔女结合后生下六个猴崽，他们分别由轮回六道投胎而来，性情各不相同。猕猴把他们送到一个名为鸟集林的野果丰盛之地。三年后，猕猴来看，发现猴崽已增至五百个。此时，树上果实已被吃尽，更无其他食物为继，众猴崽啼饥号寒，情状十分悲凄。猕猴无计可施，遂再次求助于命他结亲的观世音菩萨。观世音答应由他负担抚养众猴的责任，遂从须弥山缝隙中取出青稞、小麦、豆子、荞麦和大麦苗，撒向大地，使那里长满不种自生的谷物，并吩咐众猴以之为食。由于食物结构的改变，猕猴身上的毛逐渐褪去，尾巴也变短了，慢慢地学会使用语言，最后变成人。①

这则传说，原本于西藏古代民间传说，只是增加了佛教内容而已。其刀刻斧凿之痕显而易见，其错谬之处不言自明。

2. 西藏人种来自印度说

这一说法，始自印度论师辛饶郭洽（智铠）的《殊胜赞释》。该书谓：般荼王（嘉森王，Skya Seng）的五子和释迦种的十二个极凶恶的仇敌军团交战时，汝巴底（rupati）王率领他的千人军队，乔装为妇女逃到大雪山中，逐渐繁殖起来，形成西藏地区最早的人类。②

这一说法完全没有什么史实依据。它首先假设西藏地区自古没有人类居住，而必须从印度迁入方可开启历史篇章，这一前提即是错误的。从西藏考古业已取得的成就来看，青藏地区不仅自古即有人类活动，而

① 萨迦·索南坚赞：《西藏王统记》（即《王统世系明鉴》），藏文本第 49—54 页，汉译本第 40—43 页。
② 洛本·辛饶郭洽：《殊胜赞释》，见布顿·仁钦珠著《布顿佛教史》（藏文），第 180 页。

且很可能是人类的重要发祥地之一。[①]

因此,关于西藏人类来自印度的说法显得苍白无力,它由印度法师提出,无非是要拉近印度与西藏地区的文化联系,将西藏人比附为印度释迦族后裔而已。也许因为无史可征的缘故,在藏史作家的著述中,只条列此说,并未得到大多数人的认可。最为流行的,仍然是猕猴与岩魔女相合传人说。

3. 西藏王族来自印度说

虽然说,伪造西藏人来自印度的做法并不成功,但是伪造西藏王族来自印度的做法却相当成功,并产生了一定的社会影响。

也许因为佛教的产生、传播与发展始终与王室有密切关系的缘故,佛教史家很自然地肩负起一项责任,即极力设法拉近佛教与王族之间的关系。为此目的,他们不惜伪造史实。由于这项活动包含有神圣化王族的内容,自然获得王族与官方的支持或默认。在西藏的佛教史家那里,便是将王族与印度王族联系起来。有了王室的支持,佛教的进一步发展便会有了光明的前景。佛教的真正弘扬,又必须关注广大普通百姓的命运,赢得他们的认可与拥护。在这一方面,佛教史家同样有所用心,他们采取偷梁换柱的手法,将业已深入人心的西藏上古民间传说和本教有关吐蕃王族来源的说法加以改造,使之变成自己的新说。

有关西藏王族来自印度的说法还有多种版本。

《柱下遗教》说:释迦隐士族后裔中,迦森王与百军王生于同夜。在两王不和时,百军王后旦巴生一子,下眼睑盖上眼睑,眉如翠黛,齿若列贝,手指有蹼相连。[②]

《布顿佛教史》说:至于说到西藏王的传承,有人说,最初的王嗣,是

---

① 贾兰坡:《我国西南地区在考古学和人类学研究中的重要地位》,《云南社会科学》1984 年第 3 期。

② 释迦仁钦岱:《雅隆史》(藏文),第 40—41 页;汤池安译《雅隆尊者教法》,西藏人民出版社,1989 年,第 28—29 页。

从侨萨罗（古印度国名）国王胜光的儿子名五节者传来；又有人说，影胜王最小的一个儿子名小力者，才是五节的儿子；还有人说，西藏诸魔同十二夜叉小王共同造作灾害时，白萨罗王名能现者生有一子，睫毛盖着眼睛。手指间有蹼（薄膜）连着。该王十分惊恐，将小孩装入大铜盒中，抛入恒河中，被一农夫捞起，收养起来。直到他年事渐长，听旁人议及他被捡来的故事，遂心生悲苦，逃到大雪山里，渐次越过拉日山口，来到赞塘阁西地方，被当时的本教徒看见，说他是沿天绳自天而降，视之为神人。问他是谁，他回答说是"赞普"；问他从哪里来，他以手指天，彼此语言不通。于是，人们将他安置在木座上，四人用肩抬着，向众人宣布，这是我们的救主，尊之为聂赤赞普（意为肩舁王），这即是藏地最初的王。①

依我们之见，这一传说包含两项内容：一是保存在《敦煌本吐蕃历史文书》及《雍布拉岗志》等文献之中的西藏古代民间传说，一是本教有关吐蕃王族来源的传说。佛教史家在这里只是做了一番混合加工及佛教化的涂色工作。

保存在《雍布拉岗志》和《第吾教法史》等书中的西藏上古民间传说，成为这一说法前半部分的原型。前书谓：

> 昔时，在波沃地方有一位名为恰姆增的妇女，生下饿鬼九兄弟，幼子取名乌贝若，眉清目秀，指间有蹼，能力巨大，遭到全乡人驱逐。在前往蕃地时，与寻求王者的蕃人相遇于江朗雅勒贡地方。众人问："你是何人？来自何方？"答曰："我来自波沃，前往蕃地。"众人问："你有何能力？"答曰："我法力巨大，故被乡人逐出。"众人问："你是否愿做蕃地之主？"答曰："尔等必须抬我，我有法力神变。"众人便遵其命，以肩舁之，尊其为王，上尊号为聂赤赞普。②

---

① 布顿仁钦竹（珠）：《布顿佛教史》（藏文），中国藏学出版社，1988年，第180—181页；郭和卿汉译本：《佛教史大宝藏论》，民族出版社，1986年，第167—168页。
② 《雍布拉岗志》中卷，此见恰白等著《西藏通史》，陈庆英、格桑益西、何宗英、许得存汉译本，第21—22页。

《第吾教法史》的说法与之相似,称此波沃妇女幼子"舌大覆面,指间有蹼,力量巨大",被当地教徒作为饿鬼驱逐出去,遂来蕃地,被人迎为赞普,等等。①

这一说法显然还受到《敦煌本吐蕃历史文书》P1287 号赞普传记中有关阿列吉寻找聂歧、夏歧二王子及用一"目如鸟目、下眼皮往上开合者"以赎回止贡赞普尸骨一部分的影响。②

佛教史家则把聂赤赞普的故乡从波沃变成了印度,使西藏人变成了印度人。把一个不见容于乡里的饿鬼式人物变成一位神圣家族的印度王族,并把他的故乡从西藏东部地区移到了南部境外。这种做法既美化了王族来历,赢得王室的欢迎,又不否定西藏古老的民间传说的合法性,似乎天衣无缝。但它却在根本上背离了史实,把一个西藏人变成了印度人。

保留在《雍布拉岗志》和《第吾教法史》中有关聂赤赞普来历的民间传说,在本教徒那里,变成了来自天神下凡并为十二位本教徒看见、以肩舁之拥立为蕃地之主的说法。由于本教徒在早期吐蕃历史上享有护持国政的特殊地位,其说法业已获得官方的认可和民间的一致信从,佛教史家便采取拿来主义,用以形成上引佛教相关传说的后半部分内容,这也使聂赤赞普来历的传说变得有点不伦不类:他以一位印度王族后裔的身份来到吐蕃地方,却是被本教徒拥戴为吐蕃赞普,与佛教并无什么瓜葛。

以上即是佛教有关这一问题之传说的真正来历。

4. 把西藏信佛赞普法王化、王后度母化和抑佛赞普妖魔化

在佛教史家的笔下,西藏早期历史人物大多失去了真实的面目,曾

---

① 第吾(弟吴)贤者:《第吾教法史》(即《弟吴宗教源流》),西藏人民出版社,1987 年,第 226—227 页。
② 王尧、陈践译注:《敦煌本吐蕃历史文书》(增订本),第 157—158 页。

经扶持或信仰佛教的赞普被涂上重重的色彩，使之法王化、神圣化，因此，藏史中有了将松赞干布、赤松德赞和热巴坚合称为"三大法王"的说法，其中又以松赞干布及其王妃的神圣化最为有名。

松赞干布是吐蕃王朝的建立者，在他统治时期，吐蕃人有了自己的文字，并完善了各项行政管理制度，尤其是从尼泊尔和汉地引入佛教，使吐蕃的物质文明和精神文明迈上一个崭新的历史阶段，佛教史家明白松赞干布在人们心目中的崇高地位，也明白神圣化、法王化松赞干布会对抬高佛教地位、进一步弘扬佛教产生无法估量的推动作用，遂以其引入佛教事件为契机，不惜笔墨，大肆宣扬松赞干布时期所谓的佛教事业，依照自己的需要，重新塑造了松赞干布、文成公主和赤尊公主等一系列历史人物的形象，使他们远离历史的真实。

例如，《王统世系明鉴》在记述松赞干布诞生时说道：

> 此后，圣观世音菩萨觉知教化雪域藏土有情众生的时机已到，遂从自己身上放射出四道光芒：一道从他的右眼发出，射向尼泊尔，照亮尼泊尔全境，其国王德瓦拉及柯博鲁城宫殿也被照明。然后，光芒聚集起来，射入德瓦拉王妃胎中，经过九个月零十天，王妃生下一位美妙殊胜的公主。这位公主冠绝世间，体肤洁白而红润，口吐白旃檀香气，通晓文史，此即日后嫁往吐蕃的尼泊尔王妃赤尊公主。一道光芒从观世音菩萨左眼发出，射向汉地，照亮汉地全境。唐朝太宗皇帝和京师皇宫也被照明。后来，光芒聚集起来，射入唐朝皇后胎中，经过九个月零十天，皇后生下一位美丽绝伦的公主，她同样冠绝人世，体肤青蓝而红润，口吐青莲花香，通晓文史，此即后来嫁往吐蕃的文成公主。……一道光芒从观世音菩萨心间发出，射向雪域西藏，照遍全境，照亮亚伦扎多园、强巴米居洲王官和朗日伦赞国王。后来聚集在一起，射向王后没庐妃脱噶玛胎中。此时，四面八方呈现祥瑞。过了九个月零十天，于阴火牛年，王妃在强巴米居洲宫生下殊胜的王子。他头上有阿弥陀佛相，手上和脚上有法轮相，

头发为青蓝色。他出生时诸佛为他加持,诸菩萨为他赞颂吉祥,诸天神为他降洒花雨,大地呈现六种震动……①

关于松赞干布及其后妃的去世,该书称:

（嗣后,国王入于弥勒禅定之中)片刻之后,国王又说:"我的内外大臣及蕃土民众,将来要是有人想见我,可以在圣观世音菩萨像前祈请发愿,就如同见到我一样。"尼泊尔王妃赤尊也回头说道:"各位亲爱的蕃土民众,你们中若有人想见我,可向愤怒度母像祈请发愿,就如同见到我一样。"汉妃公主也回头说道:"那些怀念并喜爱我的蕃土民众,若想见我,可向尊胜度母像祈请发愿,就如同见到我本人。"这时,大臣噶尔问道:"大王如此训示,将与二位王后前往何处?"国王说:"我们三人并不远行。"说完,国王起立,用右手触摸尼泊尔妃赤尊,赤尊化为白莲花,融入国王右肩,用左手触汉妃公主,公主即化为青莲花,融入国王左肩。然后,国王到自现的十一面观世音像前……赞颂圣观世音菩萨……(最后因诚信之力使国王化为光芒,融入自现的十一面观世音像胸中。)②

《王统世系明鉴》《汉藏史集》等众多史书,还大肆宣称松赞干布时的诸多佛教盛事,如建立佛教神殿、翻译佛经,甚至他本人还亲自为王孙、大臣们讲解佛经,等等,其实这些均有悖于史实。更属无稽的是,该书称,松赞干布还详细预言了嗣后诸位赞普如何兴佛灭法及佛教后弘等情形。众所周知,吐蕃王朝时期最早的寺院是桑耶寺,最早的僧人是所谓"七试人"或"七觉士",这些均出现在赤松德赞时期,而并不是在松赞干布时期,两者之间有一百多年的差距。佛教史家有关松赞干布时期佛法弘扬及赞普、王妃兴法崇佛的记载绝大部分是缺乏史实依据的伪造。

佛教史家用妙笔生花如此用心地修饰松赞干布及其王后的崇佛事

---

① 萨迦·索南坚赞:《西藏王统记》(《王统世系明鉴》),藏文本第 62—65 页,汉译本第 50—51 页。
② 同上书,藏文本第 183—184 页,汉泽本第 147—148 页。

迹,确实生动感人,只可惜是新编的神话故事,其目的也不在于恢复松赞干布等历史人物的真相,而在于为佛教后弘及进一步发展张目,其漏洞也就不免处处可见了。如《敦煌本吐蕃历史文书》及新旧《唐书·吐蕃传》等信史记载,松赞干布逝于 650 年,文成公主逝于 680 年,二者有三十年的差距,这些并未影响佛教史家信手杜撰的热情。

在法王化信佛赞普、度母化信佛王妃的同时,佛教史家也将抑佛赞普妖魔化,吐蕃最后一位赞普的遭遇,即是突出的事例。

吐蕃王朝的灭亡,是以军事征服为核心的吐蕃奴隶制走向衰亡的必然产物,是由吐蕃的社会经济、政治、宗教和各种社会矛盾促成的,作为末代赞普的达磨,自然不可能没有责任,但是,却不能完全归结于他个人的行为,更不能仅仅归咎于他的兴本灭佛。在后世佛教史家的笔下,情况并非如此,他们以佛教的是非为是非,把这位赞普变成一个妖魔和非人性的牲畜,肆意加以诋毁。因此,要了解这位末世赞普真实的历史及其生平事迹,如果不加分辨地依靠佛教史家的论述,显然会走入误区。

综上所述,我们揭示了佛教史观的产生及其对西藏古代历史所产生的影响,旨在说明明辨史实真伪的重要性,尤其是佛教史家有关西藏人类、民族、王族等来自印度说法的谬误所在及其成因。藏文佛教史籍无疑是十分珍贵的历史文化遗产,是研究西藏历史无法替代的重要文献资料,但是,在用以研究历史时,必须既做去伪存真的考证工作,又做理论上的甄别辨析工作,这样才能揭去面纱,看到历史的真相。

原载王尧主编《贤者新宴》(2),河北教育出版社,2000 年

八　吐蕃的起源及其与中原的文化联系

　　青藏高原与祖国内地的文化联系因唐蕃之间频繁和密切的交流而昭彰当世、彪炳史册,但是,它的源头却可以上溯到很久远的上古时代。汉藏文史书,以及考古资料直接或间接地向我们证实了这一切。

一、汉文史书中的吐蕃人

　　"吐蕃",是唐代汉文史书对当时青藏高原上以雅隆吐蕃人为核心而建立的统一政权的称呼,"吐蕃人"有广义和狭义上的差别,广义上的吐蕃人包括吐蕃王朝治下的各部各族人民,而狭义上的吐蕃人,则以雅隆地区吐蕃人为其基本内容,包括较早融入吐蕃人中的其他部落人民,但是又与同属吐蕃政权辖下的象雄人、苏毗人、党项人、吐谷浑人等相对不同。关于"吐蕃"一名的来源和含义,汉文史书中说法不一。唐人已不明其本义,只能列举出一些倾向性的传说或推测。杜佑撰《通典》,后晋刘昫等撰《旧唐书》,均在肯定"不知有国之所由"(或"其种落莫知所出也")的事实之后,列上一种当时的传说,即"或云南凉秃发利鹿孤之后也"。[1]

---

[1] 杜佑:《通典》卷一九〇《边防·六西戎二·吐蕃》。刘昫等撰:《旧唐书》卷一九六上《吐蕃上》。

两书又有所不同:《通典》还列举了另一种说法,即"或云始祖赞普自言天神所生,号鹘堤悉补野,因以为姓"。《旧唐书》撰者则只列一说,谓樊尼率众西奔,济黄河,逾积石,于羌中建国,"遂改姓为窣勃野,以秃发为国号,语讹谓之吐蕃"。从上述引文可以看到两点:(一) 唐人已不明"吐蕃"的来源与含义,他们的记载,也只是当时的一种传说,不能作为证据,用以证史,倒是需要学者们进一步予以论证;(二) 唐时,关于"吐蕃"二字的语源和它所指称民族的来源之说法甚多,而且都是推测性的,都不是确定性的结论。因而,在没有充足材料与坚实证据的情况下,取其一端攻击其余的做法,没有任何学术价值。

欧阳修、宋祁撰《新唐书》也列举了两种说法:一是樊尼率兵西济河,逾积石,遂抚有群羌说;一是吐蕃本西羌属,为发羌部落所建政权说,"蕃、发声近,故其子孙曰吐蕃,而姓勃窣(sū)野"①。只是与《旧唐书》作者相反,该书不是倾向鲜卑拓跋部建政说,而是倾向于发羌建政说。这样,唐宋史家为我们留下的倾向性说法,至少有两种,即鲜卑拓跋衍为吐蕃说和发羌为吐蕃先祖部落说。

研究吐蕃史不能穷其名称与族源,这对于研究者们来说,这个问题好像有骨鲠在喉,不吐不快。于是,近代中外研究者发表了不少议论。但是,完全依赖汉文史料的研究者们,所获得的主要结论,仍是鲜卑拓跋部说和发羌说,只是比唐宋史家们增加了更肯定的语气,问题却并没有因此而获得解决。

发羌说认为"发"(音 bo)与"蕃"音近,是正确的,它也可以与古代藏族人自称 bod 相互对应。但令人们困惑的是,bod 与"吐蕃"不能勘同。多数学者认为"吐蕃"为"大蕃"之译音。"大"字固然可以读为"duo",这在今关中方音中仍可找到证据。但这不能解释,与汉族同时,甚至比汉族更早接触到吐蕃人的突厥(称吐蕃为 Tuput 或 Topot)、大食(Tobbat 或 Tibbat)等民族也称吐蕃为"大蕃",而这一称呼只能有一个来源,却不

---

① 欧阳修、宋祁:《新唐书》卷二一六上《吐蕃传》上。

大可能是来自汉语的"大蕃"。可见,"发羌"说,就对音而言,还有许多工作要做。

鲜卑说的依据有两条:一是从对音上讲,汉文中的"吐蕃"由"拓跋"音转而来,甚至在北朝人崔鸿的《十六国春秋·西秦录》中找到了乞伏炽磐僭即秦王位,"立妻吐蕃氏为王后"的材料,在《十六国春秋辑补》卷五一《后秦录》中找到"吐蕃傉檀据西平,沮渠蒙逊据张掖,李暠(hào)据敦煌,各制方域,共相侵伐"的证据。这对于"吐蕃"二字的汉文上源之追溯工作来说,确实进了一步。但是这与"吐蕃"二字的本源的最后弄清还有一段距离,因为藏文中没有"吐蕃"二字的相应对音。而且上述材料,在我们看来也只是唐代时期流行的一种说法,即鲜卑拓跋说之所以存在的诸多材料中极少的一部分,博学、并为撰写《通典》拥有大量材料,又生当一千余年前,与吐蕃多所联系的杜佑已只能说"不知有国之所由",何况依据以上几条材料的今人? 鲜卑拓跋说的另一个主要论据即是樊尼西徙至羌中建国,"以秃发为国号,语讹谓之吐蕃"。诚如唐宋史家所记述的那样,它只是一种可能性的推测,拓跋樊尼西徙"济黄河、逾积石,于羌中建国"。"积石"即"积石山",当指令阿尼玛卿山,所至羌中是白兰、党项、多弥等羌部居地,它与发源于今西藏山南乃东琼结的吐蕃王族祖先居地,不只是数千里之遥和中隔崇山峻岭的问题。退一步说,如果汉文中的"吐蕃"来自"秃发"或"拓跋",而且它是突厥波斯等语言该词的共同来源,那也只是解决了"吐蕃"的读音问题,与族源问题还有很大的距离。

鲜卑拓跋部说的主要问题在于这样几点:其一,它忽视或无视被研究对象,即吐蕃民族的语言和材料。汉文材料在研究吐蕃历史中具有十分重要的意义,这是无疑的,它对于解决汉文中"吐蕃"二字的来源同样很重要,但是,"吐蕃"二字的最后解释,以及吐蕃族源问题得以弄清楚的最后论据,必须与藏文史料结合起来,这是最基本的条件。其二,藏文的创制年代按传统的说法,也即较保守的说法在公元 7 世纪上半,而作为语言和传说资料,则更悠久,它最有权力说明本族王族的来源问题。同时,拓跋樊尼于羌中建国的传说假定是事实的话,应该在公元 5 世纪上半,他如何开地千里,以及如何越过唐古拉山,把今青海地区的一个邦国拓展到今西藏,甚至到达山南地区,史书并未置一词。而这样伟烈的业绩,吐蕃人自当应引以为荣,世世口传,至少也应该有所说明或有所记载;况且从樊尼建国到藏文创制只有二百年左右时间(这还包括如何迁徙,用了多少时间的问题),藏文史书完全有理由,也应当首先记载下这段辉煌的历史。其三,藏文史书中没有关于吐蕃王族与拓跋鲜卑有什么联系的说法,甚至没有王族来自北方的说法,无论在文献记载中,还是祖源传说中均如此。其四,吐蕃王族祖先的历史和传说史,远比拓跋樊尼济黄河,逾积石,于羌中建国的时间(公元 5 世纪上半)要早,更不要说他们后来南迁了。若以一代人年岁段为 25 年(岁)计。则松赞干布以前有32 代,800 年左右,那么吐蕃传说时代的第一代赞普聂赤赞普的生活时代约在公元前 180 年前后。他与拓跋鲜卑略无瓜连,于此可见。

对于吐蕃王族来源问题,我们的态度是消极的,主要有三点:(一) 从唐宋史家的论述中,我们已经可以看出,只依据汉文资料不可能解决"吐蕃"二字的对音问题,更不可能解决吐蕃的族源问题,因此,这里已偏离解决问题的正道。它是重要手段,但不是最根本的或主要手段。其二,吐蕃王族起源的说法远不只是"拓跋鲜卑说"和"发羌说"两种,还有更具说服力的吐蕃本土说,以及附国说等,这种争论不能急于求成,不能指望简单的对音来加以解决,还需要全面深入地研究,更充分地占有资料,才会有所收获。但争论仍然会持续下去,直到趋近真相。其三,"吐蕃"的对音与王族族源问题的解决,必须从藏语文古代语言材料和历史传说入手,结合汉文、突厥文,以及波斯文、梵文等相关史料,认真勘比,深入研究,才有望获得解决方案。把"吐蕃"对应为"Stod bod"的做法,可以算作是这一方面很初级的尝试,尽管从目前来看,它还不是一个正确的结论,因为藏文文献中没有吐蕃自称"上蕃"或"西蕃"的证据,而且对于波斯和突厥等族而言,吐蕃并非是"西部"或"上部"之蕃。

吐蕃王族祖先问题,不能从汉文史籍中简单地求得解决,但是,汉文史书有关吐蕃民族的记载,却值得人们注意,这就是藏与羌的大致近似,或者说基本相同。唐宋史家几乎一致地承认,吐蕃是在汉代西羌之地兴起的,如倾向于鲜卑拓跋说的《旧唐书》作者后晋刘昫在《吐蕃传》中说:"吐蕃,在长安之西八千里,本汉西羌之地也。"倾向于西羌说的《新唐书》作者欧阳修、宋祁则径言:"吐蕃本西羌属,盖百有五十种,散处河、湟、江、岷间,有发羌、唐旄等,然未始与中国通,居析支水西,祖曰鹘提勃悉野,健武多智,稍并诸羌,据其地。"鹘提勃悉野,正字应作"鹘提悉勃(补)野",是藏文 Vo Lde Spu rgyal 音译,省称 Spu rgyal(悉勃野),意为"天神所生"。可见,唐宋汉史中所载吐蕃为"天神所生"的说法,倒是来自吐蕃赞普的自道,尽管它并不是真实的。

不独吐蕃与羌人有极密切的关系[1],作为吐蕃王朝辖下部落并先后融入吐蕃民族的青藏高原地区各邦国人民,皆是"羌人"或者是"羌之别种"。《通典》所记羌部有:宕昌、邓至、党项、白兰、章求(或揭)拔等。[2] 而吐谷浑政权的基本部众也是羌人。《旧唐书》所记有东女国、党项、春桑、迷桑、白狗、白兰等。[3]《新唐书》所记有:羊同、党项、东女、章求拔国、苏毗、多弥等。[4] 这还不包括哥邻、逋租、南水、弱水、悉董、靖远、咄霸等散居西山地区的羌部。[5] 又据《隋书》记载,附国西有女国,"其东北连山,绵亘数千里,接于党项,往往有羌:大、小左封,昔卫,葛延,白狗,向人,望族,林台,春桑,利豆,迷桑,婢药,大硖,白兰,叱利摸徒,那鄂,当迷,渠步,桑悟,千碉,并在深山穷谷,无大君长。其风俗略同于党项,或役属吐谷浑,或附附国。"[6]羌部是其基本部众。

青藏高原人的诸部羌人在文化上有其共同特色,其核心的两点是:自称弥猴种和事猲羝为大神;他们都与古羌人在血缘上和民族上存在十

① 张云:《党项名义及族源考证》,《中国藏学》1996 年第 1 期。
②《通典》卷一九〇《边防六·西戎二》。
③《旧唐书》卷一九七《南蛮西南蛮·东女国》;卷一九八《西戎·党项羌》等。
④《新唐书》卷二二一《西域传》。
⑤《旧唐书》卷一九七。《新唐书》卷二二一。
⑥《隋书》卷八三附国。《北史》卷九六附国。

分密切的关系。[①]

古羌人则是华夏文化的主要创造者,古羌文化是华夏文化的重要源头之一。传说时代以治理洪水而闻名的共工氏,据汉代经学家贾逵考证,为"羌姓"之人(《周语注》);发明农业的"神农氏"炎帝,也是羌(姜)姓。《国语·晋语》载:"昔少典娶于有蟜(jiǎo)氏,生黄帝、炎帝。黄帝以姬水成,炎帝以姜水成,成而异德,故黄帝为姬,炎帝为姜。"与炎帝、黄帝部落长期作战的蚩尤,据宋代罗泌《路史》后记载称,为"姜姓炎帝之裔也"。建立中国历史上第一个奴隶制国家——夏的启,其父大禹也"兴于西羌"(《史记·六国年表》)。殷商与羌人往来更加密切,《诗·商颂》说,"昔有成汤,自彼氐羌,莫敢不来享,莫敢不来王"。周人先祖母是姜嫄,与羌有关。古公亶父时,又与姜女结婚,更加强了血缘与政治上联系。

从上述记载看,所谓炎黄文化即包括古羌文化,华夏文明则融入了古羌文明,因此,追根溯源,形成吐蕃人的主体民族——西羌,在血缘上、民族上和文化上与汉族的祖先是密切相关的。

法国著名藏学家石泰安(R. A. Stein)教授,在对西藏古文献中的古部落做了系统深入地研究之后,获得结论:"由此看来。西藏传说中认为六个'原始部落'都位于中部藏区之外,在东部藏区的边缘地区,我们在那里发现了许多地名、民族名或其他与这些神话传说中的部落有关系的名词。其中有些名称或名词是由于杂居的背景所造成的,尤其是在羌族人中更为明显,他们与西藏中部的古老藏人有着近缘关系,但又具有明显的不同之处。因此,汉族人在把中藏的吐蕃人与东藏的羌人联系起来的作法并没有错。这两个人种集团并不完全一致,但后者曾是形成前一个民族的重要组成部分"。[②]

石泰安先生使用大量的藏文文献资料和古代传说,雄辩地证明:汉

---

① 张云:《党项名义及族源考证》,《中国藏学》1996 年第 1 期。
② 〔法〕石泰安(R. A. Stein):《汉藏走廊古部族》(*Les Tribus Anciennes des Marches Sino-tibe-taines Legendes*, Classificaltions et Histoire, Presses Universiaires de France, 1961, Paris.);耿昇汉译本《川甘青藏走廊古部族》,四川民族出版社,1992 年,第 181 页。

文史书中有关吐蕃族源与西羌关系密切的说法之可靠有据,这对于我们讨论吐蕃名义与族源问题,既有推动作用,也有启迪意义。

二、藏史传说中的吐蕃人和汉人

研究吐蕃王族和民族族源问题,绝对不能忽视或无视藏文文献的记载,以及藏民族自己的古老的族源传说。这恰恰是许多研究藏族族源或王族来源的学者常犯的毛病。事实上,在这个问题上最具说服力的,不是南来(即印度)说,也不是天神说(被本教徒神化)、鲜卑说,甚至不明确是西羌说,而是本地说或波密说,虽然藏史中的说法也并不一致,甚至还存在一些矛盾。

《汉藏史集》说,在吐蕃有三大块地方,即上部为阿里三围(stod-mn-gav-ris-skor-gsum),中部乌斯藏四茹(dbus-gtsang-ru-bzhi)和下部六岗(mdo-khams-sgang drug),这三处最初被称为有雪吐蕃之国,中间被神魔统治,称赭面之区,后称悉补野吐蕃之国,其得名"是因为吐蕃之王止贡赞普的第二个儿子甲赤到了波窝扎托(spuvo-brag-thog),做了波窝的首领,后来他又被迎请回吐蕃地方,上尊号为布带巩夹(spu-de-gung-rgyal),被委做吐蕃王,波窝地方也因此归入吐蕃管辖,悉补野吐蕃之国的称呼即由此而来"。[①]

同时另一处更详细地讲述了吐蕃人的来历与王族的产生过程,大意谓:吐蕃人是由猕猴与岩魔女结合而产生的,后来形成塞、穆、董、东四个族姓或部落,据说统治吐蕃地方的依次为玛桑九兄弟、二十五小邦、十二小邦、四十小邦。此后有天神下降,来做人间主宰,他又是印度的一位王子,来到贡布神山,被十二名少年牧者看见,问其何人,对曰"赞普",再问其来自何方,王子以手指天,人以为神,以肩昇之,名为聂赤赞普(又称肩昇王)。经穆赤、丁赤、索赤、达赤、德赤、塞赤六代(合称"天赤七王")而

---

① 达仓宗巴·班觉桑布:《汉藏史集》,陈庆英汉译本,西藏人民出版社,1986 年,第 14 页。

至止贡赞普,砍断登天的穆绳,又在与大臣罗昂达孜比武中身死。其子茹拉杰找回父尸修陵安葬,是为最早的陵墓。"然后,茹拉杰去迎请三位兄长。当时,长兄夏赤住在工布则那地方,被尊称为工布小王噶尔波(rkong-rje-dkar-po),当了工布的王;三弟尼雅赤被尊称为尼雅尊王,当了达布地方的小王,他们二人没有接受邀请。二哥甲赤在波窝札托地方被尊称为波德贡甲,当了波窝地方的王,他接受了茹拉杰的邀请,当了吐蕃之王。此后,有了悉补野吐蕃国的称号。"①

把一个天神下凡来做人间主人的传说附会为印度王子莅临,这显然是佛教徒精心的伪造。但吐蕃人种不是外来者,而是土著,却是可以肯定的。至于第一位赞普聂赤赞普的来历,因为传说色彩过于浓厚,而且在他之后的六代赞普都攀穆绳而"登天",那么要立时解决他的身世问题,还有许多困难。不过,吐蕃被悉补野统治,或者说"悉补野吐蕃"的最早出现时间,却可以大致确定,这就是布德贡甲时期,也即传说的吐蕃第九代赞普时期。若以每代 25 年计算,约在公元初期,也即西汉末东汉初之际。悉补野吐蕃王来自波窝,也即今西藏波密地区。

《汉藏史集》完成于公元 1434 年,它并不是这一说法的最早记载,较之早数世纪的《第吴教法史》、《雍布拉岗目录》等史书,均已记载了"悉补野吐蕃"先祖如何在波窝称王,又如何来到雅隆河谷为主的情况。② 该文主要依据《第吴教法史》等资料,具有一定的可靠性。中国藏族学者恰白·次旦平措还对布德贡甲赞普从波窝抵达雅隆的路线和站程进行了考证,肯定了吐蕃王族来自波窝的古代传说与记载。

我们可以看到的,与上述传说相关的最早记载,却是敦煌发现的《吐蕃历史文书》,即 P. T. 1287 号"赞普传记",较详细地描述了止贡赞普之得名、他与罗阿(昂)木达孜比武、最后身死及二子夏歧(sha-khyi)和聂歧(nya-khyi)被流放到工布地区(rkong-yul)等史事。据载,札氏之子茹拉

---

① 达仓宗巴·班觉桑布:《汉藏史集》,陈庆英汉译本,西藏人民出版社,1986 年,第 84 页。
② 恰白·次旦平措:《聂尺赞普本是蕃人》,敏学译文见《西藏研究》1987 年第 1 期。

杰在与哈牙氏部交战中败亡,被族灭,其妻逃回父兄部落,生遗腹子悉补氏阿列吉(ngar-le-skyes),此人长大找到止贡赞普尸骸、从工布地区迎回夏歧、聂歧二王子,夏歧击败罗阿木所部,夺回琼瓦达孜宫,并重登赞普之位,称布德贡甲①,王统得以恢复。

藏史中的这一传说存在较多的歧异,其中最突出的有两点:一是吐蕃早期王统的第一位赞普和"悉补野"一名的产生时间问题。按照《红史》的说法,吐蕃的最早的国王即是聂赤赞普,也即藏史中所普遍记述的传说中的第一代赞普。② 这是藏史中最为流行的一种说法。按《汉藏史集》中的一种记载,"悉补野吐蕃"之名始于吐蕃赞普止贡赞普的儿子、曾任波窝地区之王并被人们上尊号为"布德贡甲"的夏赤(sha-khri)。③《红史》与之不同作涅赤);《敦煌本吐蕃历史文书》之赞普传说(P. T. 1287)则称札氏之子茹拉杰的遗腹子阿列吉为"悉补氏之子"。④ 如果加上聂赤赞布来自波窝被称为波王(即悉补野)的说法,悉补野已包括三层意思,即指聂赤赞普、指止贡赞普之子夏赤(一说涅赤)、指札氏茹拉杰,而且前者与后二者分属不同时代,相距七代人。另一个问题是,止贡赞普有几个儿子和是否包括茹拉杰的问题。《红史》和《汉藏史集》均记止贡赞普有四子:夏赤、涅赤、甲赤和遗腹子茹拉杰(其母与白牦牛相合所生),而且是茹拉杰迎请其一位兄长做了吐蕃王,这位王被尊为布德贡甲,如上述,《红史》认为是涅赤,而《汉藏史集》则认为是甲赤。这种做法,看来主要是为了弥合《敦煌本吐蕃历史文书》中存在的"吐蕃王统"与"悉补野氏"并不一致所产生的矛盾,但是,这种做法并不成功,因为它没有文献依据,甚至还与更古老的记载存在矛盾。据《敦煌本吐蕃历史文书》记载,止贡赞普只有两个儿子即夏歧和聂歧(也即夏赤和涅赤),茹拉杰是札氏,或悉补野氏,而重新获取赞普王位的是夏赤⑤,(这里与《汉藏

---

① 王尧、陈践译注:《敦煌本吐蕃历史文书》(增订本),民族出版社,1992年,第157—158页。

② 蔡巴·贡噶多吉:《红史》,陈庆英等汉译本,西藏人民出版社,1988年,第30页。

③④ 王尧、陈践译注:《敦煌本吐蕃历史文书》(增订本),民族出版社,1992年,第157页。

⑤ 王尧、陈践译注:《敦煌本吐蕃历史文书》(增订本),民族出版社,1992年,第158页。

史集》的说法一致），他被人们称为布德贡甲。这一说法还得到工布地区发现的第穆摩崖石刻文献的印证。该石刻的年代大约在公元 796—815年之间。文称："当初，原始之神恰亚拉达楚之子聂赤赞普来做人世之主，降至强脱神山。自那时起至止贡赞普之时，其历七世，全都驻跸于青（琼）瓦达孜。止贡赞普之长子为涅赤，次子为夏赤。兄弟二人中的弟弟夏赤成为全吐蕃的赞布，兄长涅赤成为工嘎布王。"①

从以上引证与论列看，吐蕃王族来源的问题还不可能在短期内获得解决，但是从最早的吐蕃文献和石刻来看，吐蕃王族的来源地与工布和波窝地区有关。工布在今西藏自治区工布江达县和朗县一带地区。波窝约当今波密县境，它们都处在雅鲁藏布江中下游地区，都在乌斯藏或今拉萨市的东部和东北部地区。

这样，吐蕃的王族起源问题所涉及的地区，就不是南部（印度）、北部（拓跋鲜卑，甚至发羌），或者雅隆河谷（藏史中有王子被流放到外地，然后又被迎回的说法，但不十分流行），而是它的东部和东北部。

在隋朝时期，位于吐蕃本部东北的是附国。附字古音"并候"切，即piwo，与藏文中的民族自称 bod 相近，故有学者认为"附国"即吐蕃。② 也有学者反对，认为附国是雅砻江一带康区之国，地域、风俗文化与吐蕃有异。

我们认为：（一）附国非吐蕃，如同任乃强等先生所言③，方位不同，生活习俗有异；（二）隋书中的吐蕃即宝髻（bod 之音译）和薄缘夷（bodyul 之音译）；（三）吐蕃的民族，就藏史记载看，应是活动于山南及雅隆河谷土地区的土著，至于这些人的来源那是十分悠久的，主要有两部分，一为本地人，一为外来者，其中经民族走廊南下，由康区而来的古羌人占据十分重要的位置；（四）吐蕃的王族与民族存在来源上的不一致

---

① 恰白·次旦平措：《论工布地区第穆摩崖文字》，何宗英译，《中国藏学》1988 年第 3 期。
② 岑仲勉：《随书之吐蕃——附国》，《民族学集刊》第 5 期。
③ 任乃强：《附国非吐蕃——与岑仲勉先生商榷》，原载《康藏研究月刊》第 4 期，后收入《任乃强民族研究文集》，民族出版社，1990 年。

性,王族始祖依藏史传说,来自吐蕃东部,更可能是东北部,这就是波窝地区。《隋书》中的附国,我们认为就包括了波窝地区,附古音 piwo(并候),古不是藏文 Bod yul 的对音,而是 spo yul 的对音。作为地名,它当然不是始自附国,而是更久远的古代,这就是藏文中的"悉补氏之地"。换句话说,吐蕃的王族"悉补氏",诚如藏文所说,是来自波窝,也即来自隋代被称作附国的这一地区。

附国南有薄缘夷即吐蕃,东为嘉良夷,西有女国,东北连山绵亘数千里连于党项。核心大约在今西藏自治区昌都一带,是古代民族走廊与乌斯藏地区文化联系的重要中介点。

吐蕃王族可能来自吐蕃本土东北,以及其与古代羌人存在的可能性联系,还可以从吐蕃文献中所记载的古部落的起源中得到证实。[1]

在藏文史书中,也有关于汉人以及汉藏人关系的传说,还涉及族源问题。

《汉藏史集》在讲述"赡部洲"之地域、民族类别及吐蕃古代民族时说:赡部洲共有十三个国家,其中五个有固定名称,这就是:印度为教法之国,汉地为卜算之国,大食为财宝之国,冲木格萨尔为军旅之国,吐蕃为有雪之国。此外,族系有内外中三分法,外族系指印度四大种姓,内部四族系指东、董、塞、穆,即吐蕃的四个古部落。中间四族系是指:印度之人源自天神,汉地之人源自龙,蒙古人源自非天,吐蕃人源自猴与岩魔女。另有一种划分即人兽区分说,谓外部四族系是草山沟里鼠、有皮膜保护的青蛙、猿、猴;内部四族系是克尚汉人、金向蒙古人、卡勒门巴人、悉补野吐蕃人。其中克尚汉人又分为两支,即穆和盖拉;金向蒙古人又分为森察和拉察;卡勒门巴人分为三支,一是门巴本部族,一是汉藏交界的弭药(木雅)人,一是工布人。"吐蕃人的族系又分为六支的说法是:最初,在玛卡香雅秀地方之上部,有什巴之王子名叫丁格,生有三子,分为

---

① 〔法〕石泰安:《川甘青藏走廊古部族》,耿昇译、王尧校本,四川民族出版社,1992 年,第 147 页。

汉、吐蕃、蒙古。吐蕃人名叫赤多钦波,他生有六个儿子,即查、祝、董、噶四位兄弟及韦、达两位弟弟,共计六人。"各娶妻室,繁衍后代,其中韦和达两位小弟在汉藏交界地方,娶了当地的达岱贡玛。①

这些记载不仅包含汉蕃同源的内容,也包含汉藏联姻的成分。

在与吐蕃有十分密切的族源关系的党项人那里,这一点表述得更加明确。在聂历山翻译刊布的西夏人追述先祖事迹的诗歌中,提到西夏(党项)皇族鼻祖"剌都",而他的妻子是一位吐蕃姑娘,诗谓:"母亲阿妈起族源,银白肚子金乳房,取姓嵬名俊裔传。繁裔崛出'弥瑟逢',出生就有两颗牙,长大簇立十次功,七骑护送当国王。"西夏文《颂师典》称:"蕃汉弥人同母亲,地域相隔语始异,蕃地高高遥西隅,边陲蕃区有蕃字。"②这里的"蕃"明言指吐蕃,而"弥人"则指党项人自己。是汉羌或汉藏同源的一个重要例证。当然,我们不能机械地或简单地理解这种十分复杂的民族与文化上的关系,而应当从交流的角度出发,探索两者间的来龙去脉。

三、悠久的文化联系

文献和古老的传说,还不是唯一的证据,考古材料对于说明上古时代的历史,具有同等的,甚至更为重要的意义。

甘肃、青海地区,是中国新石器文化较为发达的一个地区,其中较知名的古代文化类型有:(一)马家窑文化。主要分布在甘肃洮河、大夏河和青海的湟水流域。年代约在公元前3000—前2000年,生产以农业为主,陶器多有黑色花纹。因1923年初发现于甘肃临洮马家窑而得名。(二)半山—马厂文化。1923年分别发现于甘肃和政半山和青海民和马

① 达仓宗巴·班觉桑布:《汉藏史集》,四川民族出版社,1985年;陈庆英汉译本,西藏人民出版社,1986年,第11—13页。
② 聂历山:《西夏语文学》,莫斯科,1960年。陈炳应:《西夏文物研究》,宁夏人民出版社,1985年,第346页。

厂塬。主要分布地区与马家窑文化相同,但是彩陶与之有别:半山的彩陶用红黑两色绘成,且有锯齿形镶边;马厂多用红色绘成,造型、花纹与半山相类。年代约在公元前 2500—前 2000 年。以上两种文化类型属于新石器时代晚期,是黄河流域仰韶文化的地方形式和进一步发展,从时间上讲,晚于中原地区;从路线上看,表现出由东向西的传播脉络。故马家窑文化也被学者称作"甘肃仰韶文化"。(三)齐家文化。是铜石并用时代的一种文化,年代约在公元前 2000 年。1924 年初见于甘肃和政齐家坪。分布地区同前,东及渭河上游。石器为主,已有红铜器,陶器以细泥红陶与夹砂红陶为主,最具代表性的器物是双耳罐。接下来就是原始社会晚期的青铜文化,有两种:(四)辛店文化。初见于甘肃临洮辛店,主要分布地区也为甘肃洮河中下游、大夏河和青海湟水流域,陶器以夹砂红陶为主,纹饰多为雷纹、宽条曲折纹、羊角形纹等。年代约在公元前 1000 年,约当周代。(五)寺洼文化。初见于甘肃临洮寺洼山。主要分布在甘肃洮河上游一带。以马鞍形口陶罐为主要特点,已有铜器,约当周代,与氐羌有极密切关系。甘青地区的彩陶文化虽多以农业为主,但都存在着游牧文化的成分,而且愈往西色彩愈浓,双耳罐、动物纹饰等。①

在新石器时代,黄河流域的古老文化向甘青地区传播的痕迹是鲜明的。而另一个同样鲜明的文化传播脉络,则是甘青地区古羌人南下,与西南地区土著形成了"西南夷",他们所经由的地区被学者们称作"民族走廊"。②

甘青地区古代文化沿民族走廊南下有这样几个方面的内容:其一,是甘青彩陶文化传入西南地区。中国考古学者在岷江上游及其支流杂谷脑河流域两侧的黄土台地上,发现不少新石器时代的文化遗址,以石斧、石锛、石凿等为主,在汶川县姜维城及理县薛城区等地,还发现完整

---

① 参阅《中国大百科全书·考古卷》。

② 张云:《丝路文化·吐蕃卷》中《吐蕃与中原交往的通途——民族走廊》一章所引所论,浙江人民出版社,1995 年,第 87—126 页。

的彩陶容器和彩陶残片、泥质红陶、夹砂灰陶等,为手工制作。陶质细、火候高。据学者研究,基本属于甘青地区的马家窑陶器类型,而且陇西、陇南与四川理县、汶川的同类陶器,从器型到纹饰均表现出极大的相似性。[①]

其二,氏羌人南下所产生的巨大影响。古代甘青地区的氏羌等族由于自身发展的需要,或者受到中原王朝向西移拓土扩疆的影响,曾有一大部分沿青甘川滇藏民族走廊南下,进入今川西、滇西北、藏东等地区。以此之故西南地区的许多民族都把自己的历史追溯到遥远的甘青地方。学者们甚至把古代云南的"滇人"视作汉晋时代的"叟人",并归之于由北方南下的氏羌系统。[②]

当然,在这个问题上最为直接的自然是羌族了。他们还有文献记载先祖从世居的赐支河曲(今青海海南)迁往岷江上游的历史,这就是羌族的《太平经》(即《车经》),内称羌人先祖车几葛布生来好战,在十三岁时从赐支南下,一路作战,来到岷江上游地区。[③]

而成为他们作战对手的,很可能正是与他们命运紧密相关的氏人,两者生活方式不同,羌人以游牧为主,而氏人以农业为主,大约同期沿民族走廊南下,双方为争夺良好的生存环境,而发生武装争斗。这段经历也保存在他们《羌戈大战》的故事之中。

由民族走廊南下的古羌文化直接传入今西藏地区。昌都地区的卡若文化即是最有代表性的例证,卡若文化遗址占地面积约 1 万平方米,两次发掘总面积约 1 800 平方米,包括房屋、道路、灶台、灰坑等。发掘打制石器 6 000 余件、磨制石器 511 件、细石器 366 件、陶片 2 万余、骨器 400 多件。大型打制石器、细石器、磨制石器与陶器并存,陶器均为小平底器,以罐、钵、盆为基本组合,纹饰以刻划纹为主,三角折线纹为母体花

---

① 童恩正等:《西藏昌都卡若新石器时代遗址的发掘及其相关问题》,《民族研究》1983 年第 1 期。

② 尤中:《魏晋时期的"西南夷"》,《历史研究》1957 年第 12 期。

③ 马长寿:《氏与羌》,上海人民出版社,1984 年,第 167—169 页。

纹,以石块为建筑材料,有大量谷灰和粟粒出土。其年代分二期三段:早期前段距今 4955±100 年(树轮校正 5555±125 年);早期后段距今 4280±100 年(树轮校正 4750±145 年);晚期距今 3930±80 年(树轮校正 4315±135 年)。据中国社会科学院考古研究所实验室对该遗址放射性碳素标本的测定结果,它属于新石器时代。[①]

卡若文化与民族走廊地区的古代文化存在十分密切的联系,如与大渡河流域汉源狮子山遗址、澜沧江流域云南福贡、云县的石斧器物,安宁河流域西昌礼州遗址和云南龙川江流域元谋大墩子遗址等均具共同文化特征:石器工具(斧、锛、刀)、夹砂陶器、器形纹饰等。同时,它还与甘青地区的马家窑、半山、马厂文化等保持密切的联系,诸如打制盘状敲砸器、有肩石斧、切割器和细石器中的锥状石核、柱状石核,磨制条形斧、锛等,均与甘青新石器遗物相近,双方的陶器,无论从质地、纹饰,还是色泽均可相互认同。建筑方面也明显受到甘青古文化的影响。至于卡若遗址中的粟类谷物,则是明显来自黄河流域,是中原文化西传南传的产物。[②]

卡若文化作为西藏地区新石器时代的一种文化类型,既包括有黄河流域古文明,尤其是甘青地区古文化影响,又表现出地区特点,与西藏地区的古老文化联系紧密,是中原文化经甘青地区以及民族走廊西上高原的重要中介地或桥梁之一,发挥着积极的纽带作用。

中原文化与西藏地区的古老文化之间的联系是悠久而绵长的,我们可以从以下几点事实中得到更进一步的说明:

其一,同属蒙古利亚人种,而且都与古羌人存在民族、血缘和文化上的密切联系。通过卡若遗址的发掘,考古工作者认为:"如果我们综合考古和传说两方面的资料进行分析,似乎可以推测西藏的原始居民中有两种因素,一种是土著民族,其定居在西藏的时代目前至少可以推到旧石

---

① 西藏自治区文管会、四川大学历史系编:《昌都卡若》,文物出版社,1985 年。霍巍:《论卡若遗址经济文化类型的发展演变》,《中国藏学》1993 年第 3 期。

② 西藏自治区文管会、四川大学历史系编:《昌都卡若》,文物出版社,1985 年。

器时代的后期，他们是一种游牧和狩猎的部族；另一种是从北方南下的氐羌系统的民族，他们可能是经营农业的。以后西藏的种族和文化，有可能就是以这两者为主体，再接受其他的因素综合成的。"①

1958 年在西藏林芝发现了古代人类头骨，1975 年又在同一地区发现古人类头骨、石器和陶器，经考古学家科学测试与鉴定，其为蒙古人种。西藏藏族的形成是以新石器时代的当地古代居民为主体发展而来的，中国北方地区的蒙古利亚人种的渐次南迁西迁，并与当地居民融合，对于古代藏族人们共同体的形成，产生了十分重大的影响。而且，从血液中的免疫球蛋白同种异型因子分析结果表明，藏族与西北、东北和华北的居民同属于一个类型。②

当然要证明两者之间的直接联系，还不能仅仅依靠此来做出判断，而是需要多方面的大量证据。不过，说明两者之间存在某种联系却是十分有力的。

其二，汉藏语同源问题。19 世纪丹麦语言学家拉斯克说："在没有书面文献以前，我们要找出任何民族的历史，语言就是一个最主要的工具。因为这个民族的宗教、风俗、法律和制度尽管起变化。而它的语言却常保存下来，虽然不是没改变。可是甚至在几千年后还可以辨认出来。"③也就是说，语言的这种保守性使它有资格说明更早时代的历史或文化的存在与联系。如众所说，汉语和藏语共同构成一个语系即汉藏语系，有许多共同特点：在语音上，除少数语言外，每个音节有固定的声调；在语法上，均以词序和虚词为表达语法意义的重要手段，词序比较固定；在词汇上，二者主要由单音节的单纯词和多音节的复合词组成。④ 共同的语言系属说明汉藏两族皆有过共同的历史命运或紧密的文化联系。

汉藏同源问题一直是学者们感兴趣的论题，有学者从古代传说入手

① 西藏自治区文管会、四川大学历史系编：《昌都卡若》，文物出版社，1985 年。
② 李希光：《山顶洞人是藏族、汉族的共同祖先》，《人民日报》1989 年 4 月 18 日第 4 版。
③ 见岑麒祥：《语言学史概要》，科学出版社，1958 年，第 103 页。
④ 马学良主编：《汉藏语概论》上册，北京大学出版社，1991 年，第 4—13 页。

探讨汉藏两族在民族上和语言上的联系,认为炎帝和黄帝是从一个母系民族中分出来的两个部族,他们分别从今陕西、宁夏等地东迁形成华夏族,留在西北未东迁的姜部族即是羌,依然过着游牧生活,因而羌人在唐朝所建立的吐蕃王国是与"原始羌-华夏族"密切相关的。[①]

人们认为,古代汉藏两族的语言文化联系,一方面是十分密切的,它既包括古羌是汉族藏族重要来源(藏族尤甚)的内容,又包括后世羌人与中原地区连绵不断的迁徙和文化联系,另一方面汉藏(羌)古代文化的联系又是分层次的。

关于古代汉语的形成,以及它与藏语的关系学术界尚有不同看法,但是说周朝是汉语发展的重要阶段,或者说是汉藏语系的一个重要发展时期,大致是可以的,本尼迪克特认为:"汉-藏语的成分只构成汉语的表层,而底层另有不同的来源。……周朝人可能操某种汉-藏语言,后来这种语言融合或渗入到商朝人所操的非汉-藏语言之中。"[②]桥本万太郎则认为,汉语是周代开始从西向东发展的。[③]

前者否认商人语言为汉藏语,后者则承认商人语言是周人语言的东向发展之产物。但两者都承认周人所操语言为汉藏语,这自然本之于周人与"羌"的无所不在的血缘与文化联系。但是,从目前所见考古材料来看,青藏高原在新石器时代,以至旧石器时代即有人类居住,尤其是作为吐蕃人本部的今西藏山南地区的人类,他们是否与古羌人在语言与民族上完全相同? 或者存在某种差异? 这就包括着青藏高原地区内部的文化交流问题。

汉藏语言与民族同源问题,并不像某些学者所说的那样是一种大汉族主义的表现,它确实是一个学术问题,因为肯定或否定它,都必须拿出充实有力的证据来,而不能信口判定是非。同样,论证古代藏族先民独

---

① 俞敏:《汉藏两族人和话同源探索》,《北京师范大学学报》1980 年第 1 期。
② 〔美〕P. K. 本尼迪克特:《汉藏语言概论》,乐赛月、罗美珍译,中国社会科学院民族研究所语言室印,1984 年,第 181 页。
③ 桥本万太郎:《语言地理类型学》,北京大学出版社,1985 年,第 15 页。

自发展，也不能只凭感情用事，甚至不能仅从旧石器时代即有人类居住史实中简单得出，因为民族语言、文化的发展与演变毕竟历时长久，而且极其复杂。西汉扬雄《方言》中的许多"关西话"语词，即包含了诸多的藏缅语词，"汉语中的藏缅语除了春秋时代的表层词外，往上推应当还有夏、商和西周三个时代的底层词、表层词和其他方式来的借词。"①

联系到昌都卡若文化中的中原文化因素，也许汉藏语言文化之间的联系还可以继续上溯数百年、上千年。至于后世，由于秦汉及隋唐王朝均定都西北，接受或与西羌文化交流的机会是很多的，被吸收的羌文化又以"官方"文化的身份影响及于全国。《广韵》说："爹，羌人呼父也"，这一称谓早已为汉族所接受，它可以说是汉藏语言与文化上关系十分密切的一点说明。古代汉藏语言、民族和文化关系的研究还有许多工作要做，也必将会有更丰硕的成果。②

四、高原文明的抉择趋势

古代青藏高原地区的羌人或者吐蕃先民，尽管与中原地区的华夏族及汉族发生过十分密切的联系，但是毕竟有着自己的发展道路，走过了独具特色的历史进程。青藏高原的地理环境、生活方式，以及同时接受南亚、中亚和西亚等地区的外来影响，更兼之以高原人先民聪明的创造，使高原文明独具魅力。是以吐蕃人及藏族为主的高原各族人民创造出了青藏高原的古代文明，也是这种文明促成并维系了吐蕃这个勤劳而智慧的民族。

吐蕃文明的抉择趋向，是一个令人饶有兴趣的问题，学术界已有专文探讨它的东向发展问题。③我们在这里略加申述。

---

① 吴安其：《汉藏语同源问题研究》，《民族语文》1996 年第 2 期。
② 关于汉藏同源词研究，参阅〔美〕包拟古《原始汉语与汉藏语》一书，潘悟云等译，中华书局，1995 年。
③ 石硕：《西藏文明东向发展史》，四川人民出版社，1994 年。

吐蕃王朝时期,吐蕃人的目光是投向四方的,这包括南亚印度、尼泊尔的佛教文明,中亚、西亚的波斯文明和突厥文明,以及东、北部的大唐文明。但是,吐蕃文明后来东向发展,最终成为中华文明的一个组成部分,这确实有各种因素,值得深思。今择其要者论述如下:

其一,青藏高原地区古代先民,以及古代文化与中原地区传统联系的影响。我们上文已谈到了上古时代青藏高原地区与黄河流域地区存在人种、民族和文化上的直接联系,这种联系不仅没有断绝,而且随着时间的推移而加强,我们可以说,这种联系是全方位的和千丝万缕的,很难割舍。吐蕃王朝的建立和强大得益于这种联系,也扩大了这种联系。它自然会影响到吐蕃文明东向发展的趋势。

其二,青藏高原地理环境的影响。在人类文明的产生与发展过程中,地理环境起到十分重要的作用。在古代社会,生产力水平低下,技术手段落后,人类对自然的依赖性很强,地理环境直接影响到文明发展的程度、规模、趋向和风格。青藏高原是一个巨大的地理单元。高山大川的环抱,使它独有一块相对封闭的天地,具有能够形成一个高原风格的文化氛围。而青藏高原的地势特征则在一定意义上决定了文明的发展趋向,这就是南部、西南部高耸入云的喜马拉雅山系,和与之相连的西部、北部喀喇昆仑山、昆仑山脉,阻隔了与外界通畅交流的道路,西南高峻、东北部相对低缓,使高原文明能够向中原地区敞开心扉。

其三,青藏高原地区的游牧经济和中原地区的农业经济之间的差别,以及由这种差别而引起的经济文化的密切交流,促成了高原文明的东向内倾。关于农牧经济的互补性,以及游牧经济与农业经济之间贸易的重要性,或者说是前者对后者的依赖性,学术界已有诸多论述,这种情况既适合于中原与北方蒙古高原地区之间,也适合于中原与青藏高原之间。经济上的联系或依赖性,推动了高原文明对中原文明的内倾。

其四,高原文明与中原文明的非排斥性,以及中原文明广阔的包容性,使高原文明易于内倾,而中原文明也易于容纳高原文明。中国古代文化是以儒家思想为核心的,儒家讲求"中庸",讲求"仁",宽待他人,这与某些排他性极强的宗教有所不同;除了儒家之外,中国传统文化中还包括本土的道教文化和外来的佛教文化,它们与儒家文化能够相对平和地相处、相容。同时,中国古代传统文化既是在不断吸收各兄弟民族文化中形成和发展起来的,其本身又包括各兄弟民族的古代文化,因此它的胸襟之广阔,使高原文明的东向发展有宾至如归的感觉。

其五,青藏高原周围的环境,以及在与周边古文明比较中中原文明所具有的优越性,促成了高原文明的东向内倾。诚如笔者所指出的那样,青藏高原周边三大文明对青藏高原的影响力度都是大小不同的:"两河流域的影响较印度文明为小。而黄河流域古文明及中原地区的汉族文明的影响又远大于印度文明。"①

波斯文明作为古代中亚西亚地区的灿烂文明之一,曾深刻地影响过吐蕃的早期文明,尤其是象雄文明。但中亚地区频繁易主,使这一地区的文明传统时断时续各不相同;印度的佛教也全面地影响了吐蕃佛教的前弘与后弘,但是,当阿拉伯人的伊斯兰教军队占据中亚和南亚西北部时,波斯文明和印度文明都改换了颜色,古印度闻名于世的佛教文化甚至丧失了传统。对于南、西、北三面包围着伊斯兰教文化的吐蕃佛教文化而言,东向发展是其唯一的出路。而中原文明持续不断地存在与发展着,也持续不断地影响着青藏高原地区的物质与精神文明。② 它同样影响到高原文明的东向内倾。

综上可见,青藏高原古代文明的发展趋势带有一定的必然性,它是由多重因素促成的,它在很大程度上反映了中华民族所具有的巨大凝聚力。

在高原文明抉择发展走向方面,中国境内的其他兄弟民族发生过积极的影响作用,诸如吐谷浑、党项、突厥、回鹘、南诏,以及后来影响更为巨大的蒙古、满族等,在复杂的民族文化交往中,我们可以看到一些十分

---

① 张云:《丝路文化·吐蕃卷》,浙江人民出版社,1995 年,第 20 页。
② 同上书,第 21 页。

有趣的现象:吐蕃是由许多民族共同体成分组成的。这一点正像汉族一样,而其在唐蕃之间的许多民族,他们是两属的,即有一部分属于吐蕃,有一部分属于唐,或者既属于唐,又属于蕃。最典型的例子要算吐谷浑、党项和民族走廊地区的诸部羌人了(唐人因其两属称之为"两面羌"),他们在唐蕃民族间的经济文化交往中像润滑剂,发挥推动作用。这种交流是充满活力的,这就使唐蕃之间在军事对抗时有密切的联系,而不是简单的对立或断绝联系。

在唐蕃文化交往中,河西走廊与民族走廊地区发挥了重大的作用,作为吐蕃文明东向发展的前沿地带,前者是东、西方文化联系纽带——丝绸之路上的一段要关,后者则是中国古代民族南北迁徙及相互融合的坦途,吸引着吐蕃文明的介入,并调节着吐蕃文明的色调,进而推动其加入中华文明这个大熔炉。

由于吐蕃文明的形成与发展是与中原文明密切相关的,因此,它的东向发展并不是始自唐代或一蹴而就,而是由来已久。尽管在这一历史进程中,在不同时间里幅度有大小,速度有快慢,但一直持续着。就青藏高原地区而言,这应该归功于吐蕃先民——高原上的各个部落。汉武帝天汉四年(公元前 97 年),中央王朝即在民族走廊地区"置两都尉,一居旄牛,主徼外夷;一居青衣,主汉人"[1]。已把政治影响施加于高原地区。至隋炀帝时期,丝路畅通,据裴矩说,"发自敦煌,至于西海,凡为三道,各有襟带。……其三道诸国,亦各自有路,南北交通。其东女国、南婆罗门国等,并随其所往,诸处得达"[2]。这里赫然提到青藏高原上的东女国和"随其所往,诸处得达"的交通状况。这些都为吐蕃文明迅速发展及内倾中原做好了必要的准备。

原载《甘肃民族研究》1996 年第 3 期、第 4 期

---

① 《后汉书》卷八六《南蛮西南夷传》,中华书局,1965 年。
② 《隋书》卷六七《裴矩传》。

九 吐蕃丝路的贸易问题

公元 6 世纪后半,发祥于西藏山南,活动在藏河(今雅鲁藏布江)流域广大地区的吐蕃部落逐渐强大,相继吞并邻近部落,呈现王者气概。7 世纪初,吐蕃名主松赞干布(《唐书》称弄赞)继承父业,将反叛的苏毗、羊同等高原邦国重新纳入治下,建立起强盛一时的吐蕃王朝。吐蕃王朝的建立,是藏族形成与发展史,以及青藏高原地区开发史上最为重大的事件,对中世纪中国历史和内陆亚洲历史的发展,产生了巨大的影响。

吐蕃的迅速崛起,给人们留下极为深刻的印象,但也带来许多难以彻底解决的问题,诸如吐蕃早期历史模糊不清、王族祖先来历不明,等等。于是,人们自然要关心:吐蕃为什么能如此迅速发展的问题。我们认为,除了吐蕃部落本身的因素之外,还有三个方面的原因:其一,吐蕃崛起时所处的时代及其独特的地理环境,即当吐蕃初兴时已是7 世纪,人类文明史正以前所未有的速度发展,相互的交流与影响大大增强,通过学习借鉴外来先进文化有可能缩短赶超前列的进程。吐蕃处在南亚印度河流域文明、中原黄河流域文明和西亚(波及中亚)两河流域文明之间,长期的耳濡目染与潜移默化,使之获得不菲的营养。其二,群星般灿烂的高原邦国文明,为吐蕃的崛起奠定了较为雄厚的基础。① 其三,参与国际丝绸之路贸易,则为吐蕃提供了发展的契机与重要的物质条件。本文拟就后者略作探讨。

一、吐蕃丝路的贸易物品

1. 丝绸贸易

贞观十五年(641)唐蕃联姻,弄赞(松赞干布)见唐使,"叹大国服饰礼仪之美,俯仰有愧沮之色。""公主恶其人赭面,弄赞令国中权且罢之,自亦释毡裘,袭纨绮,渐慕华风。"②从此,揭开了唐朝中国内地与青藏高原地区丝绸贸易的新纪元。松赞干布"释毡裘,袭纨绮",达官贵人、王室贵族遂也效法,相继穿上丝绸锦缎。藏语称"丝"为"sil",绸子为"gru tsi"均系借自汉语。阎立本所绘《太宗步辇图》内禄东赞所着即为唐朝服饰、丝绸布料、敦煌壁画也有类似情况。

黄金、方物送往长安,绫罗绸缎运回拉萨,丝绸贸易由此转盛。

唐蕃之间的贸易以朝贡为主要方式,吐蕃使者带至内地的是黄金器皿及其他珍品方物,唐朝赐给来使的主要是丝绸锦缎。开元七年(719)六月,吐蕃遣使请和,玄宗大享其使,因赐其束帛,用修前好,"以杂彩二千段赐赞普,五百段赐赞普祖母,四百段赐赞普母,二百段赐可敦,一百五十段赐坌达延,一百三十段赐论乞力徐,一百段赐尚赞咄,及大将军大首领各有差。皇后亦以杂彩一千段赐赞普,七百段赐赞普祖母,五百段赐赞普母,二百段赐可敦。"③

二十一年(733)正月,玄宗又命工部尚书李暠持节使吐蕃,"以国信物一万,私觌物二千匹,皆杂以五彩遣之"④。与此同时,民间的丝绸贸易

---

① 张云:《丝路文化·吐蕃卷》,浙江人民出版社,1995年,第37—86页。
②《旧唐书》卷一九六《吐蕃传》。
③《册府元龟》卷九八〇《外臣部·通好》,又见同书卷九七四《外臣部·褒异一》。
④《册府元龟》卷九八〇《外臣部·通好》。

也十分积极活跃,吐蕃使人素知长安物情,尤其羡慕这里华美的绫锦,①逻些(拉萨)城里,也有专门的丝绸市场,且有克什米尔商人从事转口贸易。②

吐蕃丝绸贸易,以唐蕃官方往来之通道和青藏道为主道。同时,在吐蕃征服川西地区诸羌部落(有西山八国之谓)后,"岁督丝絮",使川藏道的丝绸贸易也活跃起来。吐蕃与南诏之间也存在以丝绸为重要内容的贸易往来③,此即滇藏道。

2. 茶叶贸易

茶叶是藏区农牧民不可缺少的物品,奶茶、酥油茶更是人们十分喜爱的上等饮料,民间尚有"宁可三日无粮,不可一日无茶"的说法,可知茶在高原人生活中的地位。茶即是通过吐蕃丝路在唐代从内地传入吐蕃的,藏语中的"ja"(茶),系借自汉语。

藏文史书《汉藏史集》(1434 年成书)说,茶叶是都松芒布支(Vdu Srong mang po rje,676—704 在位)时由汉地传入吐蕃的,并用一则优美的鸟衔茶枝的故事来加以说明。④

从该传说中可以看出,茶叶起初是作为药材传入吐蕃的,并且医好了赞普不思饮食的重病(大约是消化不良)。为时未久,吐蕃人对茶叶的性能、内地茶叶的种类已经了如指掌。李肇《唐国史补》记:"常鲁公使西蕃,烹茶帐中。赞普问曰:'此为何物?'鲁公曰:'涤烦疗渴,所谓茶也。'赞普曰:'我此亦有。'遂命出之,以指曰:'此寿州者,此舒州者,此顾渚

---

① [清]董诰等编《金唐文》卷一七二,上海古籍出版社,1990 年版,第一册,第 774 页。

② Sa skya bsod nams rgyal mtshan(萨迦·索南坚赞):rgyal rabs gsal bavi me long(《王统世系明鉴》),民族出版社,1981 年,第 203 页;陈庆英、仁庆扎西译注本,辽宁人民出版社,1985年,第164 页。

③ 〔唐〕樊绰著,赵吕甫校释:《云南志校释》,中国社会科学出版社,1985 年,第 68 页、第 258—259 页、第 284 页。

④ dpal vbyor bzang po(班觉桑布):rgya bod yig tshang chen mo(《汉藏史集》),四川民族出版社,1985 年,第 172—176 页;参阅陈庆英汉译本,西藏人民出版社,1986 年。

者,此薪门者,此昌明者,此邕湖者。'"①茶叶入蕃,主要由青藏道和川藏道,嗣后以后者为尤。

3. 麝香贸易

6世纪的波斯文献《科斯洛埃斯二世及其侍从官》,在叙述各地知名香料时,提到了吐蕃的麝香。② 阿拉伯古代地理文献《世界境域志》称:"巴达克山(Badhakhshan)是一个很令人喜爱的国家和商人常至之地。其地有银、金、石榴石、青金石诸矿。其麝香是从吐蕃输入的。"③青藏高原盛产麝香已为众所周知,汉文史书也有明确记载,如巂州越巂郡、黎州洪源郡、茂州通化郡、冀州临冀郡、维州维川郡、松州交川郡等均出产麝香。④ 青藏高原地区的麝香,主要通过川藏道等,中经今克什米尔输往阿富汗及中亚、西亚,乃至欧洲地区。

4. 瓷器贸易

吐蕃的瓷器也来自唐朝中国内地。据《汉藏史集》记载,瓷器用具,是为了饮茶而专门从内地引进的,首先是一种茶具。其事在都松芒布支赞普之时。据说,唐朝直接派去汉族工匠,为吐蕃传播瓷器制作技术。他们还利用当地原料,制造出品质各异的瓷碗:上等碗上绘有鸟衔树枝图案,中等碗上绘鱼戏水中图案,下等上绘鹿在草山图案。工匠们用不同原料制做出六种瓷器,其中按赞普命令制作的有夏布瓷(shabtshe)、兰瓷(lantshe)、祥瓷(zhangtshe)三种;⑤普通瓷有:泰克瓷(theg tshe)、额

---

① 李肇:《唐国史补》,上海古籍出版社,1979年,第66页。

② 阿里·玛札海里著,耿昇译:《丝绸之路——中国波斯文化交流史》,中华书局,1993年,第523页。

③ E. J. W. Gibb, *Memorial Series, New Sezies XIa-"Alam, the Regions Of the World" A Persian Geography 372 A. H. 982 A. D.*, Translated and Explained by V. Minorsky, London 1970, P. 112.

④ 《新唐书》卷四二《地理六·剑南道》。

⑤ dpal vbyor bzang po(班觉桑布):rgya bod yig tshang chen mo(《汉藏史集》),四川民族出版社,1985年,第175—176页;参阅陈庆英汉译本,西藏人民出版社,1986年。

瓷(nges tshe)、朵瓷(brdo tshe)三种。显然,藏文中的"tshe"系借自汉语中的"瓷",是随瓷器及制瓷技术一同传入吐蕃的。

5. 玉石贸易

玉石贸易主要通过青藏道。《汉藏史集》记载,在热巴坚(ral pa can,815—836 年在位)时,从突厥(dru gu)地方运来了十八头骡子驮载的玉石,奉献给国王。在吐蕃,以这一批真正的突厥玉石为最好。①

藏文中的玉石也称"g·yu",与汉语"玉"音义相同,应属同源。

6. 食盐贸易

《隋书》记:"女国,在葱岭之南,其国代以女为王。……气候多寒,以射猎为业。出输石、朱砂、麝香、牦牛、骏马、蜀马。尤多盐,恒将盐向天竺兴贩,其利数倍。亦数与天竺及党项战争。"该女国位于青藏高原西北部,即今阿里地区。据中国科学院青藏高原综合科学考察队调查,藏北北部湖区,以盐湖为主,约占区内湖泊总数的 70%。大多数是卤水盐湖,有的湖水矿化度高达 300 克/升以上,湖水呈过饱和状态,湖底结有坚硬的白色盐晶,蕴藏着丰富的盐矿资源,典型的有玛尔果茶卡(东经87°01′,北纬 33°53′,面积 71 平方公里)、马尔盖茶卡(东经 86°45′,北纬 35°07′,面积 76 平方公里)等。②

这便是对"女国尤多盐"最合理的解释。女国西接天竺,东邻党项,得食盐之利,与天竺贸易,获数倍之利。同时,也因此引起纠纷,发生战争。这样,在藏北地区,就存在着一条东西向的"天竺—女国—党项"食盐贸易之路。

又据《弟吴宗教源流》记载,在松赞干布时业已形成八大市场(kheb.

---

① dpal vbyor bzang po(班觉桑布):rgya bod yig tshang chen mo(《汉藏史集》),四川民族出版社,1985 年,第 205 页;参阅陈庆英汉译本,西藏人民出版社,1986 年。
② 中国科学院青藏高原综合科学考察队:《西藏河流与湖泊》,科学出版社,1984 年,第 120 页。

rgyad），上部大集市三个：勃律王土（dru zhavi rgyal khams）、突厥（dru gu）和泥婆罗（bal po）；下部大集市三个：葛逻禄（garlog）、绒绒（rongrong）和邓麻（ldan ma）；中部集市两个：东东（stong stong，疑此有误，当为 stongsdong，即东董，stong 指多弥，sdong 指党项，市场约在两族之间某地——引者）。也许由于集市位于山口或关隘地带的缘故，八大市也被解释为八大山口。其中管理四大山口的是：没庐王赤松杰达囊（Vbro rje khrig sum rje rtags snang）分管东方丝帛山口；桂赤登帕玛（mgos khri sten pal ma）分管南方米和糜子山口；没庐穷萨沃玛（vbro-chunggzavvorma）分管西部蔗糖和染料山口；琼波布当（Khyung po spu stangs）分管北方盐和犏牛之山口。[①] 四大山口又各设四小山口，合为八个山口。于此可见吐蕃丝路交通之发达，商品贸易之兴隆繁盛。

二、吐蕃丝路的贸易形成

吐蕃与周边地区的贸易，既有吐蕃使者和商人参与的直接贸易，也有周边地区商人操纵的间接贸易。《贤者喜宴》记吐蕃王朝时期有所谓"五商"，即汉地茶商、突厥玉商、粟特刀商、邓麻帛商、兰地盐商。[②]

此外，泥婆罗（尼泊尔）商人、克什米尔商人、于阗商人等，均参与了吐蕃的对外贸易活动。吐蕃丝路的贸易形式，主要有两种。

1. 以物易物

在青藏高原地区内部，自古以来最为主要的贸易形式即是以物易物。牧民将牲畜及畜产品运往农区，换回粮食和生活日用品，是无所不在的、经常性的以物易物贸易。吐蕃与周边地区的贸易，也多采取以物易物形式。

---

① mkhas pa ldevu（弟吴贤者）：Ldevu chos vbyung rgyas pa（《广本弟吴宗教源流》），西藏人民出版社，1987 年，第 164 页。

② dpav bog tsug lag phreng ba（巴卧·祖拉陈瓦）：mkhas pavi dgav ston（《智者喜宴》），民族出版社，1986 年，第 189 页。

唐蕃之间的"朝贡"贸易即是如此,吐蕃使者多以"方物"进献,而唐朝皇帝也多以丝绸锦缎相赠,如唐高宗永徽五年(654)八月辛未,"吐蕃使人献马百匹及大拂庐,可高五丈,广袤各二十七步。"[①]唐玄宗开元七年(729)六月厚赐吐蕃君臣丝帛事已如前述。当然,最为知名的还是嗣后日渐兴盛的以马易茶的"茶马贸易",它实质上也是以物易物。

吐蕃与南部地区的大米糜子贸易,也多取以物易物方式,直到清朝末年,以盐易米的贸易仍在进行。在西部地区,输出羊毛、皮张,以换取所需蔗糖、染料的贸易,也是民间贸易的主流方式。

2. 货币问题

吐蕃王朝时期是否存在货币,以什么作为货币单位,是我们所要关心的问题。有研究者认为,吐蕃主要应该划入以银币为货币的区域,吐蕃在东境,以及同中亚、哈里发帝国东部和印度的贸易,主要用银子来进行。沙金只用于大宗贸易。[②]

但是,从我们所接触的藏汉文资料来看,这种说法并不准确。事实恰恰相反,吐蕃时期最主要的货币应是黄金,应属黄金货币区域,白银则是辅助性的货币。

据《王统世系明鉴》记载,吐蕃字母体系的创立者吞米桑布札前往天竺(印度)求学时,所携及献给天竺婆罗门的唯一货币是黄金;噶尔·东赞域宋(即禄东赞)前往泥婆罗迎娶泥妃赤尊公主(即布里库蒂,bhuriku-ti)时,所携的聘礼,除了上嵌朱砂宝珠的琉璃宝铠之外,即是五枚金币;噶尔·东赞域宋迎娶唐文成公主时,所携聘礼,也是朱砂宝石镶嵌的铠甲一付,另有七枚金币、一升金沙;赤松德赞时,派巴赛囊迎来天竺堪布菩提萨埵(即静命大师寂护),赞普赠给该堪布的礼物是一升金沙;吐蕃

---

① 《旧唐书》卷四《高宗上》。

② Beckwith, Christopher I. Tibet and the Early Medieval Florissance in Eurasia. A Preliminary Note on the Economic History of the Tibetan Empire. *Central Asiatic Journal*, 21(1977), pp. 89–104.

王朝瓦解后,逃往阿里地区的王室后裔拉喇嘛益西沃,在前往天竺迎请班智达入蕃传法时,不幸为外道(一说是葛逻禄)军抓去,阿里人以黄金赎之,因未筹足"等身重"的黄金,拉喇嘛遇害,所筹黄金即被用于迎请天竺高僧,来者即是大名鼎鼎的阿底峡。①

由以上史实来看,黄金不仅充当货币,而且几乎是唯一的货币形式。由此不难看出,吐蕃王朝是金本位而非银本位。

时代稍晚的《汉藏史集》也涉及上述史实,谓:迎娶泥婆罗公主的使者所携为一百枚金币、七个金盘、一支以黄金璎珞和天界珍宝装饰的大象、半升金沙等。数目与前述有异,但皆为黄金礼物却相同。而迎娶唐文成公主的蕃使,据说携有一百枚银币、半升金沙等。与前书所载略异。哪个正确呢?汉文史书可以给我们一个更为有力的佐证,据《旧唐书·吐蕃传》记载:"弄赞乃遣其相禄东赞致礼,献金五千两,自余宝玩数百事。"由此知前书所载更为可靠,聘礼也为黄金。又从吐蕃向唐朝赠送物品来看,黄金制品占据绝大多数,如多次进贡的金鹅,以及金胡瓶、金盘、金碗等等。前面提到的五千两黄金,更是黄金为货的直接证据。

吐蕃王朝时期的法律文书,对上自王室贵族、朝命大臣,下至平民百姓的命价都作了具体规定。出自敦煌莫高窟的藏文文书 P. T. 1071 号"狩猎伤人赔偿律"和 P. T. 1075 号"盗窃追赔律残卷"即是这一方面具有代表性的法律文献。前者中还明确提到其所依据的是《对仇敌之律例》和《对复仇人起诉之处置律例》两部律典。让我们感兴趣的是赔偿金的货币单位。从文中看,原文并未给出命价的货币单位是金还是银,只是提到"一万两""五千两或""三两""二两"等等。②

第五世达赖喇嘛时的第悉·桑结嘉措,在所订《法典十三条》中说:"古时,对于上等的贵族人士,除了战乱时期以外,平时很少有被杀害的

---

① Sa skya bsod nams rgyal mtshan(萨迦·索南坚赞):rgyal rabs gsal bavi me long(《王统世系明鉴》),民族出版社,1981 年,第 203 页;陈庆英、仁庆扎西译注本,辽宁人民出版社,1985 年第 66—77 页、第 85—130 页、第 202—222 页、第 243—245 页等。
② 王尧、陈践译注:《敦煌吐蕃文献选》,四川民族出版社,1983 年,第 7—39 页。

事例,即使被杀,也有地方判决,赔偿碎金的规定。"①据此,吐蕃时赔偿命价所使用的货币单位是黄金,而不是白银。

综上所论,说吐蕃王朝时期为银子货币区域是缺乏有力依据的,虽然并不排除同时和少量使用银币的可能,但吐蕃的货币是黄金本位,可以无疑。以银为主要货币单位是后来的事,而非吐蕃王朝时期。

吐蕃王朝以黄金为基本货币单位的主要原因有两条:一是青藏地区盛产黄金;一是以物易物的贸易方式是黄金货币得以维持的重要支柱。无论是古希腊历史学家希罗多德笔下蚂蚁掘金的故事②,还是中国古代著名旅行家玄奘笔下"以女称国"的苏伐剌拏呾罗国(金氏)③,均指吐蕃地区,均明言其地盛产黄金。以黄金为货币,对吐蕃王朝来说是顺理成章的事。

三、从商业贸易到军事掠夺

在中国历史上,中原农业地区与边疆游牧地区之间互补性的经济贸易,占据十分重要的位置,贸易渠道的畅通与否,直接影响到双方是和平相处还是刀兵相向。同时,由于传统农业经济具有自给自足的特点,缺乏强烈的从事商业活动的动力,而游牧经济却对农业经济存在一定的依赖性,因此,当二者之间的贸易渠道阻塞时,燃起战争烽火的往往首先是边疆的游牧民族。这样,贸易活动很直接地与军事活动结合起来。就贸易活动本身而言,商队的安全有赖于武装保护,这种武装既可以维护商业的正常进行,也可能具有进攻性,转而从事掠夺活动。

吐蕃王朝是以雅隆河谷地区的吐蕃部落为核心、通过武力征服活动建立起来的,被征服部落的财富构成吐蕃王朝较为雄厚的经济基础。要

---

① 恰白·次旦平措、诺章·吴坚、平措次仁著,陈庆英、格桑益西、何宗英、许德存译:《西藏译史》,西藏古籍出版社,1996年,第128—129页。
② 希罗多德著,王以铸译:《历史》上册,商务印书馆,1959年,第240—241页。
③〔唐〕玄奘、辩机原著,季羡林等校注:《大唐西域记》,中华书局,1985年,第408页。

维持这一帝国的存在,乃至庞大的军事势力,除了正常的商业贸易之外,即是非正常的军事掠夺。因此,商业贸易与军事掠夺有着不解之缘。史书记吐蕃"其兵法严,而师无馈粮,以卤获为资"①。连军备物资也依靠掠夺来补给。

吐蕃与周边地区的商业贸易,为其军事扩张提供了重要的物质基础和有利条件,主要三个方面的内容:其一,通过商贸活动吸收了周边地区先进的科技与文化,促进了吐蕃自身的全面发展。藏文史书记载,达日年塞(Stag ri gnyan gzigs)的儿子南日松赞(gnam ri srong btsan)时,从汉地传入了医药和历算。征服了汉人和突厥,从北方得到了食盐。②

汉文史书记载,唐高宗时,弄赞(松赞干布)遣使致书、贡献珍宝方物,高宗嘉之,进封其为赍王。吐蕃使者"因请蚕种及造酒、碾、硙、纸、墨之匠,并许焉"。其二,通过丝绸、麝香、食盐等物品贸易,直接增加了物质财富。其三,商贸活动为吐蕃军事活动提供了可靠的军事情报和行军路线。《全唐文》卷六四五李绛《延英论边事》说:"今戎狄继来婚嫁,于国情实,巨细必知,边寨空虚、有无咸悉。"正是这方面情况的一些反映。

吐蕃的军事扩张也具有鲜明的商业目的。首先,吐蕃的军事扩张大多与控制国际商贸通道有关。史称,小勃律"国迫吐蕃,数为所因,吐蕃曰:'我非谋尔国,假道攻四镇尔'"③。吐蕃争夺唐朝安西四镇,即有控制东西方丝绸之路主干道的目的。而吐蕃对西域及河西的控制对唐后期走向衰落也当有一定的影响。吐蕃对南诏地区的扩张,同样也与控制滇缅道国际贸易有一定的关系。其次,吐蕃把丝绸等重要国际贸易物品作为自己掠夺的主要对象,也有着进一步参与国际贸易,获取巨额商业利益的目的。《新唐书》卷二二一《东女》记,唐朝自失河、陇,西山部落"悉

---

① 《新唐书》卷二一六《吐蕃传》。

② Sa skya bsod nams rgyal mtshan(萨迦·索南坚赞):rgyal rabs gsal bavi me long(《王统世系明鉴》)民族出版社,1981 年,第 203 页;陈庆英、仁庆扎西译注本,辽宁人民出版社,1985 年,第 61 页等。

③ 《旧唐书》卷一九六《吐蕃传》。

为吐蕃羁属,部数千户,辄置令,岁督丝絮。"同书卷二二二《南诏传》记,时附吐蕃的南诏主异牟寻,与吐蕃并力,悉其众二十万人掠唐边,令其下曰:"为我取蜀为东府,工伎悉送逻娑城,岁赋一缣。"敦煌古藏文文书 P.T. 1287 号赞普传记也称,赤德祖赞(Khri lde gtsug btsan,704—754 年在位)时,吐蕃军攻陷唐朝财宝存贮地瓜州,"赞普得以获取大量财物,民庶、黔首,普遍均能穿着唐人上好绢帛矣。"①知其获得丝绸的兴奋之情。

吐蕃丝路上的商业活动,显然被吐蕃军事扩张的盛名掩盖了。但是,只要我们认真分析,却总能从吐蕃王朝辉煌的武功中看到商业贸易发挥作用的踪影,离开吐蕃丝路上的商业贸易,以及由此而增强的经济基础,吐蕃王朝肯定会黯然失色的。

原载周伟洲主编《周秦汉唐研究》(2),《国际丝绸之路学术研讨会论文集》,三秦出版社,1999 年

---

① 王尧、陈践译注:《敦煌本吐蕃历史文书》(增订本),民族出版社,1992 年,第 166 页。

十 吐蕃"七贤臣"考论

在藏族古代史上有所谓"七贤臣"（blon-po-mdzangs-pa-mi-bdun），即：如莱杰（ru-las-skyes）、拉布果噶（lha-bu-mgo-dkar）、赤多日朗察（khri-do-rivi-snang-tshab）、吞米·桑布札（thon-mi-sam-bho-dra）、赤桑扬敦（Khri-bzang-yab-don）、赤桑雅拉（Khri-bzang-yab-lhag）和达察东色（stag-tshab-ldong-gzigs）。他们为藏族社会生产的发展、人民生活的改善及文化事业的繁荣做出了卓越的贡献，深得人民爱戴与怀念。然藏史诸书对其事迹的记载并不一致。本文拟就此略加考论。

一、生平与事迹

关于"七贤臣"的生平事迹，《汉藏史集》专列"吐蕃七贤臣事迹"一章；《贤者喜宴》则以时代先后为序，在西藏王统史记中分别叙述之。本文即以该二书为主，参以《敦煌本吐蕃历史文书》（下称《敦煌文书》）、《西藏王臣记》、《王统世系明鉴》等，加以讨论。

第一位贤臣如来杰出现在吐蕃早期王统之第九代赞普布德贡甲当政时期。《汉藏史集》称他为章氏之子。《王统世系明鉴》等书以之为止贡赞普的妃子与雅拉香保山神化身的白牦牛相合所生。

关于他的业绩,《汉藏史集》谓:"在如莱杰和他的儿子拉如果噶当大臣的时期,驯化了野牛,将河水引入渠,将平地开垦为农田,又以木炭冶炼矿石,得到金、银、铜、铁等金属,在河上架桥。"同书"吐蕃七贤臣的事迹"一章与此不同,称"他的贤明事迹为:驯养了黄牛、牦牛、山羊、绵羊,在夏天将草割下成捆收藏以备冬天饲养牲畜,将草滩开垦为农田,在山上设置守卫。在这以前吐蕃没有采集草籽、收割庄稼之事,从这时开始有了畜牲和农事"。①

相比之下:(一)后者没有烧炭提炼诸金属矿物事;(二)后者无河上架桥事;(三)前者未提采集草籽,初创牲畜饲养业;(四)前者无设置守卫事。其共同点是,都谈到了农业的产生。

另据《贤者喜宴》记载,"吐蕃之地有智勇谋臣七人,为首者即如莱杰,其聪睿之业绩是:烧木为炭,炼矿石而为金、银、铜、铁,钻木为孔,制做犁及牛轭;开垦土地,引溪水灌溉,犁地耦耕;垦草原平滩而为田亩"及建桥,发明农业。② 此处未谈畜牧业的发展。《西藏王臣记》第二章的记载与此相近。③

在《王统世系明鉴》中有与前不同的说法,即将诸种事业未归于如莱杰或其父子,而是归于他所生活的时代。文称当时"烧木为炭,熬皮作胶,开发铁、铜,银三矿,以炭炼此三种矿质,提取银、铜与铁。钻木为孔,制犁与轭,……农事实始于此时"④。此处未谈畜牧业与架桥事,新增"熬皮作胶"一项。

综上,如莱杰(或及其子)的功绩有:(一)驯养野牛、山羊等为家畜;(二)垦辟农田,引水灌溉,改进农具,发明农业;(三)烧木为炭,冶炼矿石,提取银、铜、铁诸金属;(四)在河上架桥。因于此,他被列为"七贤臣"之首。

① 达仓宗巴·班觉桑布著,陈庆英译:《汉藏史集》,西藏人民出版社,1986年,第84、136页。
② 巴卧·祖拉陈哇著,黄颢译:《贤者喜宴》,《西藏民院学报》1980年第4期。
③ 第五世达赖喇嘛著,郭和卿译:《西藏王臣记》,民族出版社,1983年,第14页。
④ 索南坚赞著,王沂暖译:《西藏王统记》,西北民院民族研究所印本,1983年,第18页。

第二位贤臣是拉布果噶或称拉如果噶。据《汉藏史集》载,他生活在赤年松赞在位时期,他是大臣库氏之子。其功业是:"制定了统计牲畜数量和测量土地的单位,蓄集湖水使水流入渠中,将溪涧之水引入池塘,使水源得到利用。在此之前,吐蕃没有用水浇地的,从这时开始有了水浇地。"①《王统世系明鉴》、《西藏王臣记》等没有关于赤年松赞之大臣拉布果噶作为吐蕃七贤臣之第二人的记载。《贤者喜宴》称:"布代贡杰与其妃翁塘缅措之子为'六列',为首者是埃肖列,其大臣名拉布果嘎,彼系沽沽如莱杰之子,他是'七智勇谋臣'中之第二人,其聪睿之业绩是:他以双牛一日所耕土地面积作为计算耕地面积;以'突'作计算单位;引溪头流水而成灌溉沟渠;在低处种植水田行于此时。"②与《汉藏史集》相比,该贤臣事迹相近,而时代不同。《贤者喜宴》以之为如莱杰之子,生活在"六列王"之首的埃肖列时期,而《汉藏史集》"吐蕃七贤臣的事迹"一章则系之于赤年松赞时,其间相差 19 代赞普,当有一误。

第三位贤臣,据《汉藏史集》载,是赤多日朗察,他是大臣孟氏之子,生活在达日年塞执政时期。其业绩是"以木炭炼矿石得到金、银、铜、铁等,在木头上钻孔做成犁耙和轭具,使用牦牛、黄牛实行耦耕,使平川地都得到开垦。在此之前吐蕃没有驮畜和运价,从这时开始有了驮运"。

《西藏王臣记》、《王统世系明鉴》等对该贤臣均无记载。《贤者喜宴》记其事迹而未载其姓名,只言"其时,赤多尔朗赞蒙之子制造升、斗及秤,以量谷物及酥油。此外还出现了双方按照意愿进行交易的商业,此前吐蕃尚无交易及升、斗和秤。故此遂称赤多尔朗赞蒙之子为'七智勇谋臣'中之等三者"。③两书所载皆为达日年塞时人,其事迹相类。《贤者喜宴》虽未记其名字,却称之为"赤多尔朗赞蒙"之子,赤托、赤多皆译自 Khri-do,其本一也,应为一人。

《敦煌文书》记吐蕃大相有"蒙·赤多日芒策布,与赤多日朗察相较,

---

① 王尧、陈践译注:《敦煌本吐蕃历史文书》"赞普传记"部分,民族出版社,1980 年。
②③ 巴卧·祖拉陈哇著,黄颢译:《贤者喜宴》,《西藏民院学报》1980 年第 4 期。

皆姓蒙氏，名字略同，生活时代也大体一致，赤多日芒策布活动在朗日松赞稍前时代，即为达日年塞时期，故二者应为一人"①。知赤多日朗察作为贤臣之一，不仅于吐蕃社会生产生活有所贡献，其政治上的业绩也突出。

第四位贤臣是吐蕃王朝的建立者松赞干布的著名文臣吞米·桑布札。他是吞米阿努之子。吞米·布桑札创制藏文，在西藏地区妇孺皆知，藏史记载也不胜枚举。《贤者喜宴》记其事为：松赞干布降旨，授予吞米·桑布札黄金、财物等，遣其前往天竺。吞米拜大婆罗门李瑾为师学习文字。随后又从拉日桑格等众班智达学习声明，并学就各类大乘经典。吞米学成后，返回吐蕃模仿纳卡热及迦什弥罗等文字，在玛莱宫创制文字，仿照神字连察体作楷体字，以瓦都龙字作草书。吞米又著《声明学》、《藏文三十颂论及相转论》等。《松赞干布遗训》及《王统世系明鉴》第十章专列大臣吞米依印度文创制藏文一节，详为记述。

吞米的另一重要事迹即译经，《贤者喜宴》记："译师吞米桑布札及其弟子达磨郭霞，以及拉垅多吉贝翻译了《集宝顶经陀罗尼》、《月灯经》、《宝云经》等。据谓还译有《十万般若经》。"②因此，创制文字、编订文法及译经，是吞米桑布札的主要功绩。在藏族文化史上，他无疑是最杰出的人物之一。

第五位贤臣是赤桑扬敦。《贤者喜宴》称其为尼雅之子，其业绩是"将山上居民迁往河谷；于高山顶兴建堡塞，从此改造城镇。而往昔之吐蕃家舍均在山上。因此，赤桑扬敦成为吐蕃第五位聪慧者"。③

与此不同，《汉藏史集》记赤桑扬敦事迹为"以秤、斗计量收支，调剂农牧业区的食物，倡行双方满意的买卖和换工合作。在此之前，吐蕃没有秤、斗和买卖，从这时起有了度量衡和买卖贸易"④。在时代方面，两书记载也不尽一致，《贤者喜宴》以之为松赞干布的大臣，而《汉藏史集》又

---

① 王尧、陈践译注：《敦煌本吐蕃历史文书》"赞普传记"部分，民族出版社，1980 年。
②③ 巴卧·祖拉陈哇著，黄颢译：《贤者喜宴》，《西藏民族学院学报》1981 年第 1 期。
④ 达仓宗巴·班觉桑著，陈庆英译：《藏汉史集》，第 137 页。

以为是赤德祖赞时人,尚须考究。

第六位贤臣是赤松德赞时的赤桑雅拉。据《汉藏史集》载,他的事迹是将山上居民全部迁到河谷平地,使农民在田地边盖房定居,开垦平地为农田并引水浇灌,而此前吐蕃人是在山上居于石头城堡中。这些事迹恰是《贤者喜宴》所记之吐蕃第五位贤臣赤桑扬敦的事迹。至于赤桑雅拉,《贤者喜宴》称,他是赤松德赞的大臣老桂氏之子。"他针对昔日未制订赔偿医疗费标准及赔偿命价标准,从而制订了这方面的法律规定;……故此举对后世诸大臣颇有恩德,因之,随即称桂·赤桑雅拉为吐蕃聪慧七少年中之第六者"。①《贤者喜宴》、《王统世系明鉴》等书记桑耶寺建成开光盛事时,皆称赤桑雅拉参预其事,并唱《慧书幻化之钥》一歌。② 则赤桑雅拉应为赤松德赞时大臣。

第七位贤臣是达赞东色。《汉藏史集》称他是涅氏之子,他的业绩是:制定了守卫四方边境的制度,派遣武士千户部落守卫边哨以防御外敌,用法律公平处理内部事件,杀人者赔偿命价等。其中制定法律事显然与《贤者喜宴》所记第六位贤臣事相符。而《贤者喜宴》记达赞东色事迹为:令每户属民饲养马一匹、犏牛一头、公黄牛一头以及将夏季青草贮于冬季等。故被称为第七位贤臣。③ 两书所载其生活时代也不相同。《汉藏史集》以之为赤德松赞时人,而《贤者喜宴》《红史》则以之为赤松德赞时人。

以上,我们搜罗藏文诸史,罗列七贤臣事迹与生平,并略加甄别。从中我们可知七贤臣事迹之大概。但是,这些人以及他们的事迹,在史籍中已存在不少出入,与历史事实相符合的程度又怎样,更是我们应关注的问题,若不加辨析,自然难明其根底。

---

① 巴卧·祖拉陈哇著,黄颢译:《贤者喜宴》,《西藏民族学院学报》1983 年第 1 期。
② 巴卧·祖拉陈哇著,黄颢译:《贤者喜宴》,《西藏民族学院学报》1983 年第 3 期。
③ 萨迦·索南坚赞著,陈庆英、仁庆扎西译:《王统世系明鉴》,辽宁人民出版社,1986 年,第 176、61 页。

二、七贤臣事迹之辨正

在七位贤臣中，前三位属于吐蕃早期历史中的人物，尤其是前两位，与神话时代相衔接，大有难辨真伪之嫌。后四位则生活在吐蕃王朝时期，也即有文字记载的历史时期，其可信程度要高得多。兹予分别辨析。

第一位贤臣如莱杰的事迹中夹杂有较多的传说成分与神话内容。他之诞生、成长莫不如此。但是，据《敦煌文书》记载，如莱杰是札氏之子，名天子如莱杰。其父率领父系子弟与哈牙氏之父系子弟交战，被族灭。札氏之妻逃亡，返回其父兄部落，身怀遗腹子，此儿即如莱杰。待其长大，杀死仇人，迎回兄长，成为著名大臣。并无与白牦牛相合而生及牛角孕育的内容。《贤者喜宴》、《汉藏史集》等皆以其为札氏之子。因其贡献巨大而得赐姓库氏。牦牛神话反映了他所生活的那时代的畜牧业生产之重要，它又与民族起源的传说密切相关。因而，否定这些神话成分与肯定他是历史人物应当是一致的。

至于他与他的所谓"业绩"之间的关系，我们认为，即使他的业绩与历史事实相符，也只能是那个时代社会生产发展的结果，完全归于他个人的独创的做法是不妥当的，如众所知，烧炭炼金及辟田灌溉皆非个人所能凭心创造而成。《新红史》的作者班钦·索南查巴就未将发明农业之功归于如莱杰个人，[1]这是较为公允的。

藏史关于如莱杰业绩所包含的内容，说法并不一致。《汉藏史集》"吐蕃七贤臣事迹"一章记其事迹在于促进牧业，发明农业，并无烧炭炼金属事。然而，《贤者喜宴》、《西藏王统记》、《西藏王臣记》及《汉藏史集》"吐蕃王统"一章等皆记诸项功绩。出现利用金属应是事实，可称之为冶炼业的萌芽，其时作战已有刀剑即是其证，但不可估计过高。如莱杰为大臣时，畜牧业的发展、农业的发明及冶炼业的萌芽当是社会进步的主

---

① 班钦·索南查巴著，黄颢译：《新红史》，西藏人民出版社，1984年，第16、26页。

要成绩。

关于第二位贤臣拉布果噶,史书记载中分歧较大。首先是他所生活的时代问题。《汉藏史集》"七贤臣事迹"称他是赤年桑赞时的大臣。而《贤者喜宴》、《西藏王臣记》等则认为,他是"埃肖列"时的大臣,并认为他是如莱杰的儿子。《汉藏史集》"吐蕃王统"一章也称,拉布果噶是如莱杰的儿子。此与他是"库氏"之子的记载恰好一致,因为如莱杰因功被赐姓"库氏",故拉布果噶应即如莱杰的儿子。

其次,拉布果噶的业绩,《汉藏史集》"吐蕃七贤臣事迹"及《贤者喜宴》等书的记载基本一致,即以双牛一日所耕土地面积作为计算单位,以"突"(thul)为计畜单位,在低处种植水田等。史书又往往把烧炭提炼金属及架桥事业归于拉布果噶;《西藏王臣记》及《汉藏史集》"吐蕃王统"中还将如莱杰与拉布果噶父子的功绩混在一起,而未加分别,这是容易理解的,时代相及而已。

第三位贤臣是赤多日朗察。《王统世系明鉴》《西藏王臣记》《新红史》各书对此氏均无记载。《汉藏史集》"吐蕃王统"一章只言在达日年塞时的诸大臣中有"门·赤多日朗赞",记其名而未称其事。而《贤者喜宴》则载其事而未记其名,称他是"赤多尔朗赞蒙"之子。其时代也在达日年塞时,应为一人无疑。但其事迹,在史书中有很大差异。《汉藏史集》"七贤臣事迹"以其功绩在提炼诸金属,制作犁耙与轭具,推行耦耕及垦辟平川等方面。《贤者喜宴》则记之为制造升、斗、秤等度量衡器,并出现按双方意愿进行的商业。

据藏史载,在松赞干布当政初期,吐蕃已有贵金属"金"并用作货币,也有了计算单位。① 中有"一升金粉",既有"金"作货币,又有"升"这一计量单位。

因此,《贤者喜宴》的记载应是可信的。《汉藏史集》所载诸内容,多与第一位贤臣如莱杰事迹相合,称其为初创是不妥当的。赤多日朗察为

----

① 巴卧·祖拉陈瓦:《贤者喜宴》(藏文),民族出版社,1986 年,第 178 页。

大臣时，吐蕃的冶炼业也有了长足的进步，农具有所更新，农田被广泛开垦，无疑是可能的，却非首创。《敦煌文书》还记载了"蒙·赤多日芒察"征服藏蕃之小王马尔门的事迹。

第四位贤臣吞米·桑布札是松赞干布时的著名文臣。藏史各书均记载了他去印度学习梵文与声明，从而创制藏文的史实。但是，正如人们所熟知的那样，任何文字都是适应人们的生产生活及社会需要而由集体创造出来的，而不是由某人在某时凭灵感而产生。本教著作以为吐蕃早有文字，而有的学者的探讨也说明吞米"创制"藏文以前，在吐蕃可能存在某种原始文字，这些小范围的原始文字正是完备藏文产生的基本依据。吞米借用外来字母改进藏文，使之系统化、规范化，这是可以接受的，他对藏文的完善所做的贡献，即是藏史及民间对其颂赞的主因。但要说藏文是吞米个人通过学习并凭藉智慧独创出来的，不免又增加了杜撰成分。《敦煌文书》未提吞米创制藏文之事，可为之佐证。这样说，与肯定吞米对完善藏文所作出的重要贡献是不相矛盾的。

第五位贤臣赤桑扬敦是涅氏之子，亦名桑阳顿涅。《汉藏史集》"七贤臣事迹"称他是赤德祖赞时的大臣，而《贤者喜宴》、《王统世系明鉴》则系其事于松赞干布时，且称他是当时不可缺少的四大臣之一。

至于其业绩，《汉藏史集》的记载恰与《贤者喜宴》所载第三位贤臣赤多日朗察的事迹相同。《贤者喜宴》记赤桑扬敦将居民从山上迁到河谷，在高山建堡塞等，又基本上是《汉藏史集》所记第六位贤臣赤桑雅拉的事迹。

依《敦煌文书》载，吐蕃人"农田耦耕一天之亩数，牧场一件皮褐所需之皮张，食货之均衡流通，乃至升、合、斤等一切量度，举凡吐蕃之一切纯良风俗，贤明政事，均为此赤松赞王者之时出现也"。[①]《王统世系明鉴》也载，其时"规定升两等度量器具，划分土地田亩，教民学习文字"等。[②]

---

① 王尧、陈践译注：《敦煌本吐蕃历史文书》，第 150、127、122 页。

② 萨迦·索南坚赞著，陈庆英、仁庆扎西译：《王统世系明鉴》，辽宁人民出版社，1986 年，第 176、61 页。

知诸项事业此时已完成,它的建立者应属松赞干布时人。

《汉藏史集》、《雅隆觉卧佛教史》、《西藏王臣记》等记赤德祖赞时有大臣赤桑扬敦,因未娶其女为王妃而杀死王子姜擦拉文。[①]《贤者喜宴》也载,涅·赤桑扬敦曾受赤德祖赞之命,前往唐朝迎娶金城公主。此人与前者相距 60 余年,且有年幼女儿,当非一人;因女儿婚事而残害王子,难称良臣;又《贤者喜宴》记其名为 gnyags khri bzang yang ston,《汉藏史集》"七贤臣事迹"所记人名并不完全一样,疑二人不同,贤者当系前者。

第六位贤臣赤桑雅拉,《贤者喜宴》与《汉藏史集》均称之为赤松德赞时大臣,此可无疑。其业绩两书所载迥然相异。前书称他,确立了赔偿医疗费及命价的标准,减少了后世大臣的差事。在制订法律准则方面贡献最大。[②] 而后书"七贤臣事迹"记其将山上居民迁到平川,使其在田边盖房定居,垦辟荒田、引水灌溉等。

如上所论,迁民于平川等事为松赞干布时的成就,应为赤桑扬敦之为贤臣的功绩。置此事于社会生产极大进步的赤松德赞时,与当时情形不合。应以《贤者喜宴》之说为是。

《贤者喜宴》《王统世系明鉴》等书还记赤桑雅拉参预桑耶寺开光仪式,并唱歌助兴。《新红史》记赤桑雅拉与祥·娘桑等信教大臣参预佛本之争,将破坏佛法的大臣玛祥处死,将达札路恭驱逐到北方地区事。[③] 知其在当时政治活动中起到举足轻重的作用。《敦煌文书》将其置于吐蕃"大相"之列也是其证。[④]

吐蕃第七位贤臣达察东色,《汉藏史集》"七贤臣事迹"以之为赤德松赞时大臣。《贤者喜宴》则以之为赤松德赞时大臣,略有差别。但据前书"吐蕃王统"记载,达察东色应是赤松德赞的大臣。由于两位赞普在位时间大体衔接,达察东色活到赤德松赞时,也很自然。那又是另一回事了。

---

① 《西藏王臣记》,第 47 页,《汉藏史集》也有记载。

② 巴卧·祖拉陈哇著,黄颢译:《贤者喜宴》,《西藏民族学院学报》1983 年第 1 期。

③ 班钦·索南查巴著,黄颢译:《新红史》,西藏人民出版社,1984 年,第 16、26 页。

④ 王尧、陈践译注:《敦煌本吐蕃历史文书》,第 150、127、122 页。

其业绩,《贤者喜宴》记为,制定牧业措施,全民饲养牲畜。《汉藏史集》"七贤臣事迹"则称其制定守卫四方边境的制度,以及用法律公平处理内部事件,规定杀人者赔偿命价等。

两者所载虽然不同,但结合当时历史背景,又知其本质无异。发展牧业,向居民征收马牛等以及制定守卫四方边境制度,皆是与唐朝战争的直接后果。唯制订法律条文与赔偿命价事为赤桑雅拉业绩的误移,前已有之,无需创制。

三、七贤臣与吐蕃历史之进程

在七位贤臣中,如莱杰与其子拉布果噶是生活在早期王统的第九、第十代赞普当政时期。赤多日朗察则是吐蕃王朝建立前夕的达日年塞时人。吞米·桑布札与赤桑扬敦为松赞干布的大臣。赤桑雅拉与达察东色则是赤松德赞时的著名大臣。很自然划分为三个时期。结合藏族古代历史,我们发现,这三个时期恰是古代藏族社会发展的重要转折时期:前两位贤臣生活在藏族由母系氏族制开始向父系制过渡时期;中间三位贤臣大体处在吐蕃由氏族制走向阶级社会转变奴隶制度初步确立时期,后两位贤臣则生活在吐蕃奴隶制高度发展时期。

史籍关于如莱杰与拉布果噶为大臣时的历史记载,多具双重性,即历史披着神话传说的外衣,神话又装点着甚至说明着真实的历史。简单地对他们予以肯定或否定,都会歪曲历史的本来面目。

在止贡赞普以前的吐蕃七位赞普,都是神话人物。他们死后多无尸骸,而是凭借天绳升入天宫的记载,反映了母系社会的一些特点;至于这些赞普皆从母姓,更是母权制遗俗的重要证据。穆赤之母朗穆穆,丁赤之母萨丁丁,索赤之母索塘塘,梅赤之母托梅梅,达赤之母达拉嘎莫(或达吉拉姆),瑟赤之母瑟拉支莫。[1]

---

[1] 见《贤者喜宴》《敦煌本吐蕃历史文书》等。

而止贡、布德巩甲及埃肖列等赞普之后,母权制向父权制转变的过程就开始了。

据《敦煌文书》、《贤者喜宴》及《汉藏史集》等书记载,其时,社会矛盾与斗争已相当剧烈。止贡赞普的老祖母为其取名时,将"岩已坍塌,草场焚毁,湖水干涸"误听为"将死于刀下水中"的故事,在今天看来,正是因于社会斗争的客观现实。止贡成年时,"与父王之属民,所谓'父部九臣',母后之属民,所谓'母部三支'者,皆成仇敌",后终为臣下罗昂所杀。其子又继父志,讨还孽债,杀死仇人。[①] 部落间争夺属民、牧场与财富的掠夺战争日趋激烈。

从武器装备上看,已有长剑、戈矛、甲胄、兜鍪等。在战斗中,既懂得借助有刀矛的群牛冲刺,也懂得施放毒药,利用巫术暗害,手法多样。原始宗教——本教也已产生,分九大类,有因本四,果本五类,并在人们的生活中起到重要的作用,诸如卜卦祈福、祷神乞药、兴旺人财、息灾送病,以至护国奠基。

吐蕃社会的上述变化,应该是以生产力的发展为其依据的。史书关于如莱杰父子的成就之记述,恰好反映出这一点。首先是家畜饲养业的出现,即驯养野牛、山羊等。这是原始畜牧业发展的重要环节之一。其次是农业的发明。史书记如莱杰为大臣时,吐蕃始有农事活动。拉布果噶为大臣时,更制定出统计牲畜数量与测量土地的单位。再次是冶炼业的萌芽。《敦煌文书》等多次提到"金""紫铜"等,但关于"铁",史书记载较少。说明当时的冶炼业不像史书中所说的那样,能从矿石中提取银、铜、铁,而只是对天然"金"、"铜"等的加工利用。尽管如此,这也会在生产生活中发挥巨大的作用。正是这些生产上的成就,使吐蕃的原始社会由母系逐渐迈向父系氏族社会,接近文明制度的门槛。

赤多日朗察、吞米·桑布札及赤桑扬敦三位贤臣所处的时代则是吐蕃古代史上又一个重要转折时期。生产力的发展及社会财富的增加,激

①王尧、陈践译注:《敦煌本吐蕃历史文书》,第150、127、122页。

化了社会的各种矛盾，终于导致了奴隶制代替原始部落组织，吐蕃开始进入有阶级社会。三位贤臣的业绩，与这一巨大变化是相辅相成的。

达日年塞执政时，军事上该王征服了本巴王、吐谷浑王、昌格王、森巴王及香雄王等等。娘、贝、嫩等氏族也被纳为属民。[①]　其时出现了七贤臣之一的赤多日朗察。这位杰出的大臣主持并改进了农业生产工具，引水灌田，发展农业生产，并广开矿藏、冶炼诸金属，使社会生产出现新的局面。同时，他又制定度量衡，发展商业贸易，为古代藏族由无阶级社会进入奴隶制阶级社会做出了卓越的贡献。生产工具的改进、生产技术的提高，是社会变革的主要依据和基础，因此，藏族奴隶制社会的端倪，应该说是由此时期开启的。

至朗日松赞时，藏族社会生产进一步发展，势力也大力增强，开始进入阶级社会。藏史记载，此王以前的 31 位赞普之葬制皆无供物陪葬，说明少数人对大众的奴役、对财富的占有，还是极其有限的。而自朗日松赞时开始，部落联盟首领的身份发生了显著变化，既可拥有奴隶，又可有特殊的葬制。《贤者喜宴》记，吐蕃建四方形陵墓即始于此王，而且，首次出现了"广陈供物"的陪葬制。到其子松赞干布时，就完全明朗化了。

松赞干布是藏族历史上一位杰出人物，他征服邻近各部，统一青藏高原，建立了强大的奴隶制王朝。他在确立新的社会秩序、行政制度及文化事业等方面，多有建树。可以说，由此开始了青藏高原地区历史的新时代。正因为这样，吐蕃七贤臣中就有两位属于此时。

吞米·桑布札改进并使藏文规范化，既是藏族文化事业上的杰出成果，又以巨大的力量推动了文化事业的进一步发展。把藏文的出现比作是藏族古代文化史上的一盏明灯，是不为过分的。

另一位贤臣赤桑雅拉迁民于平川，让居民盖房定居并垦田灌溉，则是解决人民的生产生活矛盾。迁居使农业的精耕细作有了良好的条件，同时也适合于统治者加强管理与实施统治的需要。

---

① 巴卧·祖拉陈哇著，黄颢译：《贤者喜宴》，《西藏民族学院学报》1980 年第 4 期。

这两位贤臣与前几位相比,功绩有细微不同,即主要体现在文化事业与人民居住方面。说明吐蕃人征服自然已取得了初步的胜利,开始改善生活条件、发展文化事业,从而迈进文明社会的大门。

属于第三个阶段的两位贤臣是赤松德赞的两位大臣。赤松德赞据说是唐金城公主所生,也是吐蕃历史上的著名赞普。他创建桑耶寺,首倡吐蕃僧人出家制度,大力弘扬佛教事业。军事上,吐蕃的扩张与征服达到极盛时期,蕃军一度还攻入唐都长安,拥立承宏为帝。其事载于《恩兰·达札路恭纪功碑》。① 《汉藏史集》称:"国王赤松德赞的大臣由桂·赤桑雅拉,韦·杰多日、赤松杰达那、涅·达赞东色等人担任,为政贤良。"②

桂·赤桑雅拉的功绩是制订法律。早在吐蕃王朝建立时期,松赞干布已颁布过法律条文,但那毕竟太简单,随着社会的发展,已不能适应新的要求。赤松德赞当政时,社会生产力达到较高水平,社会进入繁荣时期,但各种矛盾也愈演愈烈,统治阶级迫切需要维护自己的利益,旧的简单条文及习惯法随着社会进步,逐渐丧失其作用。赤桑雅拉制订法律正是顺应了这一历史潮流。这些条文主要属民法范畴。其突出特点是维护贵族官僚的特权与利益,以及奴隶制的等级制度。这是法律的阶级性与虚伪性一面。但另一方面,法律又代表着一定的社会秩序,即使对统治者,也是有限的约束,应是进步现象。据《贤者喜宴》载,同时期,赤松德赞的王妃没卢氏绛秋也制订"小法律",即教导男人行男性礼节,女人行女性礼节。足知当时法律制度已涉及整个社会生活领域。

涅·达察东色的牧业措施,主要是满足当时不断扩大的军备需要,客观上也发展了畜牧业生产。由于吐蕃军队主要是骑兵,而且多远涉千里作战,对马牛等作战与驮运军需工具的依赖也就极为严重。

赤松德赞当政时期,吐蕃王朝在政治、经济、军事及文化等方面达到

---

① 王尧编著:《吐蕃金石录》,文物出版社,1982 年,第 84 页。
② 达仓宗巴·班觉桑布著,陈庆英译:《汉藏史集》,第 119 页。

全盛时期,出现两位贤臣亦不难理解。

以上,我们对吐蕃七贤臣的生平事迹进行了论述与辨正,并结合各贤臣所处社会的历史状况,论及他们及其业绩的社会意义,从而可知:

(一)七贤臣的事迹,基本上是与藏族人民生产生活及文化事业有关的内容,反映了古代藏族人民与自然界作斗争所取得的胜利成果,是劳动人民智慧的结晶,同时也体现出藏族古代历史发展的主要进程。七贤臣是藏族人民的杰出人物,也是千千万万劳动人民智慧的代表者。

(二)"七贤臣"只能是一个概数,远不能穷尽藏族古代史上的杰出人物,而且,他们都是些大臣,故不免有其局限性。史书对其事迹及生平记载不同,我们虽然作了辨正,但并不意味着完全弄清了七贤臣生平事迹的真相。

(三)"七贤臣"有规律的属于三个时期,基本上代表了藏族古代历史进步的三个重要转折阶段。后两个时期的人物与事迹虽有错讹,但基本上是可信的,前一个时期的两位贤臣,多杂有传说成分,后人附会与夸大地方在所难免,不可尽信。

(四)史书关于"七贤臣"事迹的记载虽不太多,但在藏文史书中却显得极其重要。藏史多为僧人记述,充满佛教内容,述及生产与文化生活者相对较少,而对"七贤臣"事迹的记述,为我们提供了研究藏族古代科学家、发明家活动的重要资料,由此又反映出社会进步与生产发展之脉络,难能可贵。

原载《西藏民族学院学报》1992 年第 1 期

十一　论古代藏族妇女的地位

古代藏族妇女的地位问题，是研究藏族妇女生活史一个十分重要的方面。在目前虽然已取得了一定的成果，但仍是一个薄弱环节，主要表现在：国内的研究论著或论文尚属少见，而国外的研究往往深入不够，确切些说，大都缺乏历史考察与深入分析。当然，这里有一系列客观上的障碍需要克服，正如研究藏族古代史、藏族文化史及藏传佛教等问题一样，需要廓清迷雾、正本清源，才能看到事实的真相。在这里拟从历史发展的角度，对藏族妇女的地位作一系统地考察。

一、青藏高原上的"女国"与女权

妇女的地位问题，是相对男子的地位而言的。在美国人类学家莫尔根(Lewis H. Morgan)《古代社会》一书出版以前，人类对妇女及相关的婚姻家庭问题有与今不同的看法，即大多认为一夫一妻制是自古已有、一成不变的，并竭力否认古代曾广泛存在过的母系氏族社会。现在，这个问题似乎已经不存在了，学过社会发展史常识的人，都知道母系氏族社会的基本状况。我们所接触到的青藏高原上的女国，除具备母系氏族社会的一些特点而外，还有女权"国家"的性质。对于探讨居于青藏高原的古代藏族妇女的地位问题，很有说服力。

据《隋书》卷八三《西域·女国传》记载："女国，在葱岭之南，其国代以女为王。王姓苏毗，字末羯，在位二十年。女王之夫，号曰金聚，不知政事。国内丈夫唯以征伐为务。山上为城，方五六里，人有万家。王居九层之楼，侍女数百人，五日一听朝。复有小女王，共知国政。其俗贵妇人，轻丈夫，而性不妒忌。……课税无常。气候多寒，以射猎为业。……尤多盐，恒将盐向天竺兴贩，其利数倍。亦数与天竺及党项战争。其女王死，国中则厚敛金钱，求死者族中之贤女二人，一为女王，次为小王。"①因该女王姓苏毗，《新唐书》卷二二一《西域传》又称其国为苏毗，为之立传，称："苏毗，本西羌族，为吐蕃所并，号孙波，在诸部最大。"由此可见，女国的概况：（一）以女子为王，实行王位终身制，并被家族所垄断。（二）大女王与小女王共知国政。（三）有五日一听朝的议政制度。（四）男子唯以征伐为务，不予政事。（五）其俗贵妇人而轻丈夫。（六）经济上以射猎为主，且有农业、商业。（七）有不固定的课税。显然，女王已不仅仅是一位母系氏族的大家长，她身居九层之楼，侍女数百人，并垄断王权，完全成了一个女君主。与居于六层之楼、交纳课税的普通社会成员自然不可同日而语。同时，女国以性别划分，在社会政治生活中，男子处于被统治地位，没有什么权利；而妇女却高高在上，享有特权。

隋末唐初，青藏高原上有东女国，其国有八十城。以女子为君，户有四万，胜兵万人。"王号宾就，官曰高霸黎，犹言宰相也。官在外者，率男子为之。凡号令，女官自内传，男官受而行。王侍女数百，五日一听政。王死，国人以金钱数万纳王族，求淑女二立之，次为小王，王死，因以为嗣，或姑死妇继，无篡夺。……俗轻男子，女贵者咸有侍男，被发，以青涂面，惟务战与耕而已。子从母姓。"②与前述女国的情况相比，有同不异：

（一）政权完全由妇女把持的局面略有改变，男子已有参政的权力。

---

① 又见《北史》卷九七《西域·女国传》。
② 《新唐书》卷二二一《西域·东女传》。

（二）国政大事仍由妇女主持,男子只为外官,即执行女王之命。（三）王位继续为家族所垄断,采取选淑女任事或姑死妇继制。（四）子从母姓。（五）一妻多夫。（六）女国已有独立的军事力量,即胜兵万人,平均四户一兵。男子的地位相对提高,这无疑与他们在耕作与战斗中的主导作用相关联。

虽然如此,女权仍然不可动摇。女国的风俗仍轻男子而重妇女。女贵者皆有侍男而男贵者不能有侍女。《册府元龟》称:"其地五男三女。俗贵女子,贱丈夫。妇人为吏职,男子为士。女子贵者则多有侍男,男子不得有侍女,虽贱庶之女,尽为家长,犹有数夫焉。生子皆从母姓。"[①]

有这样一个地域辽阔的女权国家,要说明上古时代藏族妇女的地位,应该说,是不须多费口舌的。藏族的古老传说,也从侧面反映出古代曾有过的母系氏族社会,及妇女在社会生活中的统治地位,这就是女神的普遍存在及人们对女神的崇拜。如传说中的"长寿五仙女",即是喜马拉雅山上以珠穆朗玛峰为首的五座山峰,其中翠颜仙女是珠穆朗玛峰的主神,她掌管人间的"先知"神通;吉寿仙女掌管人间的福寿;贞惠仙女执掌农田耕作;施仁仙女执掌畜牧生产;冠咏仙女掌管人间财宝。姐妹五人,亭亭玉立,长年在世界屋脊上战风傲雪,俯视人间众生,关心黎民疾苦,深受敬仰与爱戴。[②]

青藏高原上最伟大的山神全是女神,她们所管理的内容包括了农业、牧业及人的福寿、财宝等。至于与人们生活密切相关的土地之神,据记载,也是女神,即"十二丹玛"。藏文史书《贤者喜宴》记载,她们是在北方纳木措的多吉衮查玛,在南部藏地拉日山的多吉雅玛琼,在定日拉齐雪山的多吉衮桑,在羊卓雪山湖的多吉凯杰佐,在拉甫雪山的多吉简吉玛,在卫藏交界文穆卡拉的多吉贝吉雍,在羌兑色钦当玛湖的多吉陆莫,在大积石山的多吉察木杰,在工布芝纳山的多吉贝莫且,在聂地洛若区的多吉缅吉玛,在藏堆文莫纳杰的多吉雅莫斯,以及在多康悠日山的多吉玉准玛。[③]

---

① 《册府元龟》卷九六一《外臣部土风三》;〔唐〕玄奘、辩机著,季羡林等校:《大唐西域记校注》,中华书局,1985年,第408页。

② 中央民族学院编:《藏族文学史》,四川民族出版社,1985年,第14页。

③ 《隆多喇嘛全集》,转见黄颢译《贤者喜宴》注文,《西藏民族学院学报》1981年第4期。

十二位女神分布在今西藏、青海及四川等地藏区,影响自然广泛。

藏族的本教文献还记载,"东方大门的守护女神是春天的金女王,北方大门的守护女神是夏季绿玉女王,西方大门的守护女神是秋季铜女王;南方大门的守护女神是冬季海螺女王"。① 则藏族古代的季节神也是女性神。由此可见,藏族古代的地方神灵,基本上都是女神,这是女权或母系氏族社会在神话中最直接的例证。

至于吐蕃王朝建立以前传说时期的王族史,也为我们提供了母权社会的一些侧面资料。据藏史《贤者喜宴》、《西藏王臣记》、《西藏王统记》及《敦煌本吐蕃历史文书》等记载,吐蕃天赤七王:聂赤、穆赤、丁赤、索赤、梅赤、达赤、塞赤的王妃分别为:南穆穆、萨丁丁、索它它、多梅梅、达拉嘎姆(或作"达拉吉拉姆嘎姆")、塞拉温波(或作"塞吉拉姆")、萨尊鲁吉(或作"萨尊如吉"),聂赤以下六王的名字,第一个字如"穆"、"丁"、"索"、"梅"、"达"、"塞"字,都是母氏之姓。传说中的各王,在他们的儿子会骑马时,都一一从屋顶向高空如彩虹般消失,诸王之灵建于虚空界,没有留下尸骸。②

正如黄奋生先生所言,这是与母系氏族社会的亚血族群婚制相关联,儿子只知其母不知其父,只能从母系方面判定自己的出身,故后人编出了父亲飞向天空、缥缈无踪的神话。③ 子从母姓是母系社会遗制,传说中的天赤七王时代应属母系,而非父权。其时,妇女的地位也与同时期存在于青藏高原的女国相类,是居于男子之上的。

在吐蕃早期王统中,从止贡赞普到第 23 代赞普德珍赞以前,男子的地位有一定的提高,但母权仍处于较为重要的地位。首先,止贡赞普年幼时所上的王号,是由其老祖母决定的。④ 反映了老年妇女的权威。其次,藏文史书《西藏王统记》记载,止贡赞普与罗阿木达则作战身死,其妻

① 谢继胜:《藏族土地神的变迁与方位神的形成》,《青海社会科学》1989 年第 1 期。
② 索南坚赞:《西藏王统记》,王沂暖译本,商务印书馆,1955 年,第 15—16 页。
③ 黄奋生:《藏族史略》,民族出版社,1985 年,第 41 页。
④ 王尧、陈践译注本:《敦煌本吐蕃历史文书》"赞普传记"藏文见第 42 页,译文见第 122 页,民族出版社,1980 年。

被迫牧马,"在牧场,于梦寐中,与亚拉香保山神化身为一白人者交。既觉,见枕畔有一白牦牛起身而去,因而有娠。历时八月后,产血团约如拳大,略知蠕动。……因置一热牛角中,以裤脚包裹,历时数日,前往视之,出一男孩",故名之如拉杰(意为"角生")。① 又其兄布德巩甲之为杰出赞普,据称,是其母向天诅咒,得到天空中应声的结果。"角生"与"天空回音"与知母不知父的遗俗有关。再次,藏史称,从早期王统中的"中累六王"到德珍赞王为止,他们都是与神女或龙女结合的。② 神与龙是古代吐蕃本教所崇拜并敬信的对象,神女、龙女自然是妇女在社会生活中具有较高地位的产物。相反,史籍中所出现的男性赞普除了与充满神秘的战争有关外,其活动大多不很具体,且与母亲的活动联在一起。

依据藏史记载,男子在政治生活中权力的增长、或者说父权制的真正确立,大约始于"五赞王"之一的结多日隆赞前后。首先,藏文史书称,自结多日隆赞开始,赞普不再与神女、龙女结婚而与民女通婚,说明妇女地位的相对下降,历史已有摆脱传说的迹象。其次,男权的增长,具体表现为舅权的扩大,据载,结多日隆赞时出现了"尚论",即舅氏官。《贤者喜宴》略有不同,文称,拉托托日年赞时,赞普王子赤聂松赞称其母后饶氏妃芒木杰几的家里人为"尚"(意为"舅"),而此前则称舅父为"觉卧"(意为"尊者"或"兄长")。③

我们知道,男子权力的增长,在母系氏族社会末期,是以其在生产及对外作战中的主导作用为依据的。但是,具体过程却往往不是以男子作为该妇女的丈夫(因为他不是唯一的),而是作为自己姊妹的兄弟而发挥作用的。舅权是母权的遗迹,同时,又是父权的起点。它影响到妇女在社会生活中的地位。

---

① 索南坚赞:《西藏王统记》,王沂暖译本,商务印书馆,1955 年,第 15—16 页。
②③ 巴卧·祖拉陈哇:《贤者喜宴》,黄颢译文载《西藏民院学报》1980 年第 4 期。

二、奴隶制与妇女的地位

母系氏族社会要转变为父系氏族社会,父权制又必然为阶级社会所取代,这是人类发展不可避免的几个阶段,藏族的发展也没有例外。因此,藏族妇女的地位也就经历了不断下降的变更过程,且有一些新的特点,即妇女地位的降低与佛教有关;降低并非一落千丈,或者说,男性对女性的奴役要比其他农业民族微弱得多。

1. "岩魔女"与神猴相合的祖源传说

藏史传说谓,古代藏族是由神猴与岩魔女结合传裔下来的,而且神猴是被观世音菩萨授了具足戒的修法僧人。后来,女魔胁迫神猴与她结合,声言,若不从命,则与妖魔结婚,生出魔子无数,要"日杀万有情,夜食千生类",为祸人间。具有菩萨心肠的神猴,为众生利益着想,才不得已与之结婚(或称,神猴经不住诱惑而破戒),遂生下子女。"因猕猴父与女魔母,而分二类。父猴菩萨所成之类,天性温顺,具大净信与大悲悯,精进亦大,乐善巧言,出语和柔,此父遗种。母罗刹女所成之类,贪嗔俱重,经商牟利,喜争好笑,身强而勇,行无恒颜,动作敏捷,五毒炽盛,喜闻人过,愤怒暴急,此母遗种也。"[1]

这是藏史中关于民族起源的主要传说之一,但有这样几点需注意:(一)古代传说几乎被佛教徒修改得面目全非。(二)妇女的形象被严重的歪曲了,这与佛教对妇女的歧视有关。(三)反映了藏族妇女从事生产劳动与商业贸易的实践活动。把藏族先民的慈悲善良等优良品德归于男性祖先——神猴,而把邪恶与暴急等不良习俗归之于女性祖先——岩魔女。这显然是对上古时代女性居于统治地位的历史的篡改,女性祖先不是岩魔女,而是确确实实的女性大家长。由于后世佛教流行,勿近女

---

[1] 索南坚赞著,王沂暖译:《西藏王统记》,第10—13页。

色的戒律就具体化为对妇女的诬蔑。同时,这则传说之被加工,也反映了母权制度衰落以后,妇女在社会生产生活中地位的相对下降,并由此而产生的对妇女的歧视。

2."女神"地位的下降

藏族的地方神,如山神、土地神及季节神都是女性神灵,也都是西藏原始宗教——本教所崇拜的对象。因此,妇女的地位,在某种意义上,是与本教的地位相联系的。随着藏族进入阶级社会,男权取代女权;随着佛教在藏族地区传播的不断扩大,并逐渐代替本教,妇女地位在传说中的象征物——女神的地位,也明显下降了。或者为男性神所取代,或者由善良神变为邪恶神,或者为佛教法师所"收服",成为佛教的护法神。《隋书》卷八三"附国传"称,附国人"立其祖父神而事之",即是男权代替女权在风俗方面的反映。藏文史书《青史》记载,当莲花生大师进入吐蕃时,"首先和西藏的十二女神较量,运用威力慑伏诸女神,令受灌顶而许誓守护正法,渐次前来北道,使塘拉(山神——引者)等神立誓护法。"①

3.贵族妇女的地位

进入阶级社会以后,妇女的地位首先与其所属阶级在社会中的地位相适应。贵族妇女自然具有普通妇女无法比拟的特权,然而,作为妇女,她们又有与其同一阶层的男性不太相同的特征。

(1)妇女与政治活动

有少数贵族妇女利用其教育王子,侍奉赞普的有利地位,直接或间接地参预了政治活动。据《敦煌本吐蕃历史文书》记载,当朗日松赞率精兵万人启程远征时,他的母亲东宗与弟弟即留其本土牧守。②芒松芒赞的王妃赤玛类(汉文作"没庐氏"或"可敦")则以其出色的才能影响了都

---

① 廓诺·迅鲁伯著,郭和卿译:《青史》,西藏人民出版社,1985年,第29页。
②《敦煌本吐蕃历史文书》"赞普传记"藏文见第54页,译文见第131页。

松芒布结与赤德祖赞两代赞普的政治生活。《敦煌历史文书》还记载,赞蒙赤玛类于公元675年举行盛大庆宴;"赞蒙赤娟顿亲赴'达布'之境主政"等。有的贵族妇女还介入军事活动中,调兵遣将,如上书"大事年记"载,公元696年,"赞蒙芒末支调集青壮兵丁多人"。因此,妇女之参政是有迹可寻的。尤其是赞蒙赤玛类,在《敦煌本吐蕃历史文书》"大事记年"中,她的驻地及主持会议等情况均有详细的记载,从公元700年到公元712年逝世的13年中,一年未缺,甚至夏季、冬季的住地皆有记载。① 对于贵族妇女活动如此详尽的记载,在该历史文书中是绝无仅有的。不肯定她在吐蕃王朝政治生活中的巨大作用,是不能解释清楚这一点的。

此外,由于贵族妇女大多利用自己身为小赞普生母的特殊身份而介入政治生活,所以,对赞普的控制就成为关键的问题。唯其如此,母权的膨胀也就影响了王权,甚至与王权发生矛盾。如吐蕃王朝第七代赞普牟尼赞普与母后蔡绷氏的矛盾即是这样。蔡绷氏不仅杀死牟尼之爱妃波雍妃,而且还以牟尼救护其妃之故,毒杀牟尼赞普。吐蕃王朝最后一位赞普朗达玛的王妃,也是一个专权弄势的人物②影响了当时的政治活动。

(2) 妇女与佛教

佛教是阶级社会的产物,它的教义和戒律,包含着阶级社会的一些特点,其中包括对妇女的歧视。公元6世纪前后,佛教由中原地区及尼泊尔、印度等地传入吐蕃,并与吐蕃原始宗教——本教相互斗争、吸收,以至融合,形成了藏传佛教。在佛教及受佛教影响而制定的王朝法律中,妇女的地位被忽视了。藏史传说称,西藏地区是一个"仰卧的女魔",拉萨则是女魔的心脏,欲制服女魔,须建寺镇压。因而,噶蔡寺、昌珠寺、臧赞寺及仲巴江寺等,即是为压"女魔"的四肢而建的。该传说与佛、本两教斗争有关,又含有对妇女的歧视。在吐蕃的法律中有否认妇女参政的内容,《六大法律》之一是"不与女议";《人法十六净法》有"莫听妇人

---

① 《敦煌本吐蕃历史文书》"大事纪年",藏文见第23—27页,译文见第108—111页。
② 索南坚赞著,王沂暖译:《王统世系明鉴》(也即《西藏王统记》),第90页。

言"的规定①,说明妇女在社会生活中的参政权几乎被完全剥夺了。妇女地位的下降,既是父系社会以后男权不断加强的结果,在吐蕃王朝时期,又与佛教思想对妇女的偏见有关。

其次,贵族妇女对佛教的信仰,在当时为一大风气。松赞干布的汉族王妃文成公主及尼泊尔王妃赤尊公主皆崇信佛教,她们的活动为佛教传入吐蕃产生了极其重要的影响。同时,她们的信佛又开启了贵族妇女崇尚佛教的先河。藏文史书《贤者喜宴》、《西藏王统记》、《西藏王臣记》等均记载,文成公主与赤尊公主来藏时,皆带有身量不同的金佛像,并分别修建小昭寺、大昭寺。文成公主还亲自推算设计,为建筑两寺做出了贡献。正因为这样,千百年来,藏族人民以各种不同方式怀念这位远嫁吐蕃的汉族公主(如藏族八大戏之一的《文成公主》即是),甚至以她为天女的化身。《西藏王统记》称,两位公主仙逝时,松赞干布"右手触尼泊尔后尺尊,尺尊即变白优婆罗花,融入王之右肩。左手触汉后公主,公主即变为青优婆罗花。融入王之左肩。王遂至自现之十一面本尊前,化光融入自现十一面大悲尊之胸中"②。体现了两位公主在政治及佛教传播方面杰出的辅佐之功。

公元8世纪初,唐金城公主与吐蕃赞普赤德祖赞结婚,公主也敬信佛教。《西藏王统记》称,金城公主一抵吐蕃,即着手恢复被本教徒破坏的佛事活动,将文成公主所带去的觉卧佛像,置于大昭寺内,并始建谒之供。

赤松德赞(754—797年在位)时,吐蕃佛教有了新的发展,赞普延请汉僧摩诃衍入藏传法,赤松德赞的王妃没庐氏及赞普姨母悉囊南氏、诸大臣夫人,皆一时出家。《敦煌本顿悟大乘正理诀》称,"于大唐国请汉僧大禅师摩诃衍等三人同会净城,乐说真宗。我大师密授禅门,明标法印。皇后没庐氏一自虔诚,划然开悟。剃除绀发,披挂缁衣。朗戒珠于情田,洞禅宗于定水,……常为赞普姨母悉囊南氏及诸大臣夫人三十余人说大

---

① 巴卧·祖拉陈瓦:《贤者喜宴》,民族出版社,1986年,第192页。东嘎·洛桑赤烈:《论西藏的政教合一制度》,郭冠忠、王玉平译本,西藏人民出版社,1985年,第13页。
② 索南坚赞著,王沂暖译:《西藏王统记》,第57页。

乘法,皆一时出家矣。"①

其中,王妃没庐氏出家后改名菩提主,曾参加佛教辩论大会。她十分敬信佛教,桑耶寺与昌珠寺钟即为其所贡献。桑耶钟铭文称,"王妃甲茂赞母子二人,为供奉十方三宝之故,铸造此钟,以此福德之力,祈愿天神赞普赤松德赞父子、眷属,具六十种妙音,证无上之菩提!"②

又据《贤者喜宴》记载,没庐氏还制定了男女不同的礼节,及富人放债取利等制度。

赤松德赞时,兴佛证盟,盟书中还有三位王妃署名立誓兴佛。佛教在宫廷中的影响可谓大矣,其形式也多种多样,建立寺院是王妃们的重要佛事活动之一,从松赞干布的几位王妃开始,历代王妃多广建寺庙。藏文史书《汉藏史集》载,赤松德赞的王妃迦嘉措梅朵尊修建了三界铜殿,没庐妃绛曲尊修建格杰且玛殿,颇容妃杰莫尊修建了布蔡黄金殿,母后金城公主修建了九顶丹巴大殿。③ 此后,有久若王妃贝吉昂促建赞塘玉寺,娘妃秋格拉莫建门卓达才寺,朗达玛之妃建雅隆巴桑群兴寺及普波且寺等等。由此足知王室贵妇在佛教事业中所产生的作用不可低估。

(3) 贵族妇女的婚姻

贵族妇女的婚姻基本上取决于政治上的需要,是政治活动不可分割的一部分。王室与臣属联姻,旨在促成内部团结,增加稳定力量,与邻部外族联姻,密切了政治与文化方面的联系。松赞干布的王妃,有来自唐朝的文成公主,有来自尼婆罗(今尼泊尔)的赤尊公主,还有象雄妃、木雅妃。赞普之女、妹又下嫁各部首领,如松赞干布妹嫁与象雄的李迷夏王为妻,赤德祖赞时,有赞蒙墀邦嫁与吐谷浑王为妻。④ 可见,吐蕃贵族妇女的婚姻有这样两个特点:一是局限于统治阶层内部,无论是与臣下,还

① 〔法〕戴密微著,耿昇译:《拉萨僧净记》,甘肃人民出版社,1984 年,第 3—20 页。
② 王尧编著:《吐蕃金石录》,文物出版社,1982 年,第 185—193 页。
③ 达仓宗巴·班觉桑布著,陈庆英译:《汉藏史集》,西藏人民出版社,1986 年,第 110 页。
④ 王尧、陈践译注:《敦煌本吐蕃历史文书》,汉文见第 106 页,藏文见第 21 页,民族出版社,1992 年。

是与邻部通婚,莫不如此;二是典型的政治色彩,妇女在婚姻中处于无权或被动地位,她们的婚姻状况完全服从于赞普或贵族阶级的利益。

从吐蕃进入阶级社会后的一般状况看,妇女的地位虽不像佛教观点所贬斥的那样低下,却明显地处于被忽视,甚至被奴役的地位。如前所述,吐蕃法律中有"不与女议""莫听妇人言"等,应是社会现实的直接反映。在吐蕃法律中,还有关于犯罪人家属的处理问题,往往谓"绝嗣之家,其妻室有父归父,无父归其兄弟近亲",或者"无父,则将其女人与另一半牲畜、库物给其兄弟近亲中之一人","狩猎伤人赔偿律"①等,将妇女与牲畜并列,作为财产的一部分定其归属。日常生活中,某人"若从牦牛身下救人,被救者则以女儿赏之,无女则给妹,无女、无妹则给银二百两"等等,把妇女作为感恩的礼品馈赠给别人。赠品多少又依被救者身份高低而定,说明贵族妇女与普通妇女身价地位不同。但就馈赠这一点而言,她们皆属于无权自宰的受害者。

在藏史记载中,还有把妇女作为礼品随意赠人的。赤松德赞即把自己的王妃卡茜萨措杰作为灌顶的报酬,献给了密宗大师莲花生。②

此外,遗留在吐蕃风俗中的收继婚制,也是把妇女作为财产加以继承的例证,总之,奴隶制下的古代藏族妇女,其社会地位明显下降了。

敦煌发现的古藏文文书《礼仪问答》写卷,即伯字第 1283 及 2111号,是一份关于吐蕃社会生活与礼仪的文献,其中包括有吐蕃妇女的一些问题,如"妻子无论怎样美貌可以买来、找到。父母兄弟如何丑陋,不能另外找寻,故对父母兄弟应比对妻室儿女更为珍视",谈到了妇女被买卖及在家族中地位低下的情况。作者还告诫人们,"要消除女人因无止境偷藏财物而造成不愉快之事"。另一方面,又劝告儿女,对"生母和庶母要同样亲热,平等对待,……大妻小妾合于当地风俗,表面要相等而不

---

① 王尧、陈践编:《敦煌吐蕃文献选》,四川民族出版社,1983 年。
② 巴卧·祖拉陈哇著,黄颢译:《贤者喜宴》,《西藏民院学报》1982 年第 2 期。

应有特殊"云云①,是男子多妻的证明。

汉文史书对吐蕃妇女地位的下降也有描述。《旧唐书·吐蕃传》称,吐蕃人"重壮贱老,母拜于子,子倨于父,出入皆少者在前,老者居其后"。②《册府元龟》也载,其国"女子无敢干政……贵壮贱老,倨父傲母"。③ "贵壮贱老"与《礼仪问答》要尊敬父母及师长的内容不合,这可能反映了地区差别或风俗之演变。然"女子无敢干政"则意义明确,是歧视妇女的表现。

但是,在吐蕃的法律中,又包含有承认男权也承认女权的内容。《王朝准则之法》中规定,"如果虐待妻室,则内外家务及农事势必尽行废弃",劝告男子不可过分虐待妇女。同时,在财产继承方面,妇女也与男子一样有权继承。她们可以用自己母家陪嫁的财产去交纳赎罪金,也可以在亲人遭伤害时获得一定的赔偿费。④ 当然,这些权利是以男子的优先权为前提的。

青藏高原上妇女地位的变化,还反映在"女国"性质的改变,已经名不副实,难称"女国"了。男子的专制已完全取代了女子专制。《册府元龟》称,天宝元年(742),唐朝封其王赵曳夫为归昌王。"是后以男子为王"⑤则在此之前,东女国的女王继位制已被废除。早在唐高宗显庆(656—661)初年,东女国所遣使臣高霸黎文与"王子三卢"皆为男性,而且后者为王子,于此可知继王位的不再是"小女王",而是王之子。

青藏高原地域广阔,部落纷繁,其进入阶级社会的时间有先有后,难免参差,但在吐蕃王朝存在时期及覆灭以后,它们相继摆脱母系或母权时代,进入阶级社会,至少已确立了父权或男子在社会生活中的主导权。祖母神、女神的衰落,祖父神的上升已为时势之所趋。残留的母系氏族

---

① 王尧、陈践:《敦煌藏文(礼仪问答写卷)译解》,见中央民族学院藏族研究所编《藏族研究文集》第二集,1984 年。

②《旧唐书》卷一九六《吐蕃传》上。

③《册府元龟》卷九六一《外臣部土风三》。

④ 巴卧·祖拉陈哇著,黄颢译:《贤者喜宴》,《西藏民院学报》1981 年第 2 期。

⑤《册府元龟》卷九六六《外臣部·继袭一》。

社会或父系氏族社会的遗制,也大多包含有对妇女轻视的内容。《册府元龟》卷九六一记附国人"妻其群母及嫂,儿、弟死,父兄亦纳其妻","立其祖父神而事之"。白兰人的婚姻,是"富家厚出聘财,窃女而去。父卒,妻其群母;兄亡,妻其诸嫂"①,忽视了她们的独立人格与权利。因此,母权制的衰落及奴隶制的兴起,决定了妇女不幸的社会地位与命运。

三、封建农奴制下的妇女地位

农奴制取代奴隶制与佛教在西藏的再次复兴是密切相关的两件事。宗喀巴大师整饬宗教,建立格鲁派以后,西藏佛教更以巨大的力量影响了藏族人民的精神生活,也影响到藏族妇女在社会生活中的地位。

农奴制社会的妇女地位所受到的影响,主要来自两途:一是西藏佛教,一是农奴制的剥削,尤其是赋税与差役负担。在后来,此二者相互结合并形成"政教合一"的局面。"政教合一"制度就成为影响藏族妇女地位的主要因素。

西藏佛教进入"后宏期"以后,相继出现了宁玛、噶当、萨迦、噶举等派别,面目为之一新。遁入寺院者日趋增多,寺院遂依持某一有实力的封建主,在经济上取得坚实后盾。僧人们也因封建主的倡导与扶持,更紧密地依赖于寺院,并成为特殊的社会阶层。僧人们既有生活保障,又有接受教育的权利,在社会上地位颇高,入寺为僧就成为普通人改善家庭生活状况、贵族子弟进入仕途的良好出路。在家庭生活方面,格鲁派出现以前,僧人大多拥有妻室,八妻十妾不限其数,既可成佛又无须禁欲。于是,出家为僧遂蔚然成风并经久不衰。

格鲁派出现后,因戒律严明,深孚众望且得地方政权支持,发展迅速。据史书记载,乾隆二年(1737),达赖喇嘛辖下的寺庙三千一百五十座,喇嘛三十万二千五百六十人。班禅额尔德尼辖下寺庙三百二十七

---

① 《册府元龟》卷九六一《外臣部·土风三》。

座,喇嘛一万三千六百七十一人。这样,仅格鲁派僧人就有三十一万五千二百三十一人。① 其中男僧人占绝大多数,远远多于女尼。

藏族普遍信教及男子纷纷入寺的情况,对妇女的社会生活产生了极重要的影响:第一,社会的生产劳动完全转嫁到妇女的头上。关于这一点,汉文史籍记载甚多,《西藏新志》称:"西藏男子怠惰,女子强健。普通男子所操之业,在藏中大抵为妇女之职务,或耕作田野,或登山采樵,或负重致远,或修缮墙壁,建造房屋。凡普通男子所为概为之。贸易亦多属妇人。"②

由于大批男子入寺为僧,或者想修行成佛,或者为改换门庭,或者为生活所迫,尽管目的各异,但都过上了寄生生活,维持社会生产持续的只有妇女。西藏地方政府的差役随之落在妇女身上,《西藏图考》记载,"土民之服役者,名乌拉,凡有业之人,勿论男女,皆与其选","其俗女强男弱,遇差徭辄派及妇人"。③

《西藏记》也称,乌拉差役"凡有生业之人,毋论男女皆派。即他处来者,或仅妇女,但能置立烟灶租房居住者亦派"④。生产之破弊,妇女生活状况之悲惨是不言而喻的。

第二,在家庭生活方面,因男子入寺院为僧,妇女成为一家之中的劳动主干,操持家务,各项繁重的劳动均不得推诿。"在家自庖厨纺织裁缝,以及老幼之梳发等事亦为之,……男子间亦耕作,不过为妇女之辅助。使牛马负载货物,非得女子之助不能。"⑤从生育、抚养子女到担水、砍柴,以至筑墙、放牧,皆由妇女承担。即使不出家的男子,也只是从事缝纫、打猎之类的劳动,只是妇女的帮手。

第三,由于男子入寺并恪守戒律,影响了妇女正常的家庭生活。大批男子不娶妻,实际上已引起性比例的严重失调,使众多的女子不能满

①《西藏志》(撰者不详),西藏人民出版社,1982年,第47页。
② 许光世、蔡晋成编:《西藏新志》,上海自治编辑社印,宣统三年七月版,第48页。
③ 黄沛翘:《西藏图考》卷六,西藏人民出版社,1982年,第188页、第193页。
④《西藏记》,商务印书馆,中华民国二十五年六月印,第13页。
⑤ 许光世、蔡晋成编:《西藏新志》,上海自治编辑社印,宣统三年七月版,第48页。

足生理需要,因此也危及她们的健康与精神生活。藏族地区大批的不完全家庭(即只有母亲与子女)及许多有性生活而无固定丈夫的浮游女子现象,即与此有关。养育子女的责任又全部落在妇女身上。可以说,妇女已成为社会与家庭重负下的奴隶。

藏族妇女在社会上的地位,却并不像她们在生产劳动中的地位那样重要,这是很不公正的。其原因主要有三:(一)佛教在社会政治与精神生活中占有至高无上的地位,而佛教对妇女则是极为歧视的,自然影响到妇女的地位。佛教认为,妇女是不洁之物,不能参与宗教活动。史书称,"凡妇女见喇嘛,俱用红糖或儿茶涂其腮,否则谓呈妍迷惑僧人,罚不宥。其家居亦习用之。"①这虽然是宗教戒律中的规定,却也反映出佛教对妇女的歧视。而且,按照教规,寺院除重大节日可让妇女参观而外,一般情况下,是不许妇女进入的,唯恐她们"玷污圣地"。这也相沿为俗,"大凡女子、妇人一概忌入人家,以为不祥也。庙宇内更严忌之。"②政教合一,既然妇女在宗教中受歧视,其在政治生活中的地位之低下,也可以想见。(二)繁重的劳动已耗尽了妇女的全部精力,她们没有、也不可能抽出时间去参预政治活动。(三)旧的教育妨碍了妇女才智的成长与发挥。在旧西藏,教育为僧人所垄断,寺院即是学校,家庭妇女自然无法受到正规的教育,以增加见识。在仅有的家庭教育中,人们往往对男孩教以识字、书算或习一技之长,而对女孩,则只教其识戥称、习贸易、纺毛线等。选婿嫁女也以此为标准。③ 无形中扼杀了妇女的聪明智慧。

在古老的本教习俗中,甚至佛教活动中,还有某些残害妇女生命的东西,如用少女的头骨或关节骨做法器;用许多少女作"助缘"进行修行,从而达到玩弄女性的目的。据称,有一位叫惹达纳西的喇嘛,在去"乌仗那"之前,曾寻找三十名年龄在16—22岁的妙龄少女为修法助缘,④即是一例。

---

① 黄沛翘:《西藏图考》,第 192 页。
②《西藏志 卫藏通志》,西藏人民出版社,1982 年,第 23 页。
③ 黄沛翘:《西藏图考》第 194 页,《西藏新志》第 53 页。
④ 廓诺·迅鲁伯著,郭和卿译:《青史》,西藏人民出版社,1985 年,第 152、149、504 页。

但是，由于藏族妇女在社会与家庭生产中，有着极为重要的作用，她们是社会生产的主要承担者；在经济生活中的地位也无法取代，因而，也就没有沦落为男子的奴隶。夫权，相对而言，并不十分突出。

首先，表现在妇女对财产的继承权，虽然男子继承财产更为普遍。在藏族的家庭中，有所谓"从夫居"和"从妇居"两类，前者主要指娶妇为妻，后者则指招婿入赘。"从夫居"以夫为主，财产权多在男子方面，而"从妇居"则与之相反，产权多归妇女掌握。即使前者，嫁妇也有自己的一部分财产（主要是嫁妆），如金银首饰以至土地耕畜。这些财产可随再嫁或离婚带走。妇女在生产及商业贸易、主持家政方面的活动决定了她们的经济地位与财产继承权。

其次，妇女在社会交往中，虽有不及男子的方面，但大致上男女平等，《西藏新志》称，"民间宴筵，男女相集而坐，彼此相敬，歌唱酬答，终日始散，散时，男女团聚，携手趺坐而歌，至于门外，歌唱于街中而散"，并无歧视的内容。

再次，在恋爱婚姻方面，青年男女也是平等自由的，女子并不受制于男子，也不会考虑经济的原因或家庭的压力。在生儿育女方面，也没有重男轻女之习俗，相反，重女的风气倒较为浓厚，《西藏新志》称，"藏人以生育女子为幸，不尚男子"。《西藏记》也称，藏族妇女"不习针工，不拘女诫，而生育以女为喜"，即为其证。家庭之内的大事，妇女不仅可以参与，而且能亲自主持，在一妻多夫的家庭中，妇女的地位更为突出。

从社会职业上看，妇女不仅在世俗活动领域举足轻重，从事宗教事业的妇女，也有出色人物。藏文史书记载，12世纪前后有位女尼叫玛季，她精通《甘珠尔》（经藏）和《丹珠尔》（论藏），威望甚高。她的近身侍女也能在辩论中，胜过当时著名的领诵师廓库巴·拉哲。① 有的妇女还成为本教巫师，为人祈雨祷福，如有一位达麦侠惹的女子叫觉绷，童年时受其母亲策动，学会了诅咒术，并摧毁了许多敌手。后来，她精修《瑜伽六

---

① 廓诺·迅鲁伯著，郭和卿译：《青史》，西藏人民出版社，1985年，第152、149、504页。

支》,遂成圣母。① 故职业方面,未有歧视妇女的现象。

然而,藏族妇女生产劳动过于沉重的情况却长期未获得改变,直到近现代,民国时期及解放以后的民族地区调查材料都证实了这一点。《川西边事辑览》载,其时"男子以耕种牧畜打猎剜药及经商为职业,女子性质类多恭顺,既执吸水负薪炊爨各役,复助男子经理农事及一切家政,且随时手执牛羊毛,捻线备织毪之需,虽无重男轻女之恶习,但考其工作状况,恒男逸而女劳,似不平等"。② 青海省黄南地区的藏族人,农业区的背土、送粪,春耕夏耘、秋获,多由妇女操作,牧区的许多劳动,如挤奶、打酥油、捻毛线、擀毡、织褐子、挖蕨麻,以及打圈、看管牛群、家务劳动皆由妇女承担,男子则管白天放羊、晚上守护牲畜及迁移帐房、支差役等。③

妇女在生产中的主导地位及拥有财产、财产继承权的状况,依然未变,甚至她们的私生子,也拥有继承家业的权利。至于有的世俗贵族妇女成为地方土官,女僧人成为活佛,均不乏记载。但是,妇女在有限的社会活动中及家庭中的地位,较之以前,不仅没有得到改善,反而还有下降的趋势。《草地藏族调查材料》表明,藏族妇女地位的低下,主要表现在法律上和宗教上,即男子的命价等于妇女命价的两倍;妇女不能随意进入宗教场所。当然,情况因地区之差异而表现出地方特点。如1950年下阿坝处理一起谋杀丈夫的案件,将奸夫处死,而只将该妇割去一只耳朵。谚云:"前鞍不高,后鞍高。男人不高,女人高。"④是惩男宥女的例证,也只是地区性的例外。

在藏族有些地区的某些礼俗中,也含有男女不平等的东西,如排坐位时,男上女下,不可逾越,不准妇女在正房而只能在牛圈生产小孩等,均不合理。财产继承方面,女子虽有权力,但仍以男子为先。在嘉绒藏族中,还流传有产妇不能坐火塘,女人不能犁地等习俗。男子出门,妻子必须送到门口,回家时,则要远处迎接。甚至有"同妇女商量事情说妥也

---

① 廓诺·迅鲁伯著,郭和卿译:《青史》,西藏人民出版社,1985年,第152、149、504页。

② 谢培筠编:《川西边事辑览》,中华民国二十四年2月印本。

③《黄南藏族自治州概况》,青海人民出版社,1985年。西南民族学院民族研究所印《草地藏族调查材料》也有反映,见该本第47页,1984年。

④《草地藏族调查材料》,1984年,第118页。

不算","女人家做的事不算事"等谚语①,明显地包含着对妇女的歧视。这与妇女们在生产活动中的主导地位极不相称。

四、简短的结论

通过对藏族妇女地位的历史考察,可以得出以下几点:(一)在藏族历史上,曾经存在过母系氏族社会及母权制度。它为我们认识人类历史发展进程提供了民族学方面的可贵资料,也为后代藏族妇女的社会地位,产生了一定的影响。(二)藏族妇女地位的降低,虽然与奴隶制度及财产私有制有关,但严格讲,不存在男子对女子的奴役,妇女并未因其社会政治地位的丧失而失去经济上、尤其是经济活动中的地位。因此,男子没有也不可能实现其对妇女的奴役与歧视。(三)藏族妇女地位的降低,主要与佛教的广泛传播以及佛教思想、道德作为社会思想与准则有关。在格鲁派兴起以后,政教合一,这种偏见又加强了。(四)佛教对藏族妇女的整个生产生活及社会地位都产生了深刻的影响。主要内容是,大批男子入寺为僧,把社会生产任务转嫁给妇女,从而使妇女成为封建主赋税差役的承担者;加上各项繁重的家务劳动,妇女进行社会交往及接受文化教育的权利被完全剥夺了,生产活动严重超过她们的承受能力,处境十分艰难。同时,又因此而奠定了妇女在家庭经济活动中不可取代的地位。她们有权拥有或继承财产,并不受制于夫权的控遏。(五)大批的男子入寺为僧,严重地影响了妇女的生理活动与精神生活。(六)男子在社会中的地位,尤其是在政治上的地位,较妇女要高一些,这与妇女在生产生活中的主导地位极不相称。(七)藏族妇女地位的提高,是与男性僧侣的多少、生产力的提高,以及文化素质的提高密切相关的,不摆脱超负荷的生产劳动,就无从谈妇女的解放。

原载《西藏研究》1992 年第 2 期

---

① 西南民族学院民研所编印:《嘉绒藏族调查资料》,1984 年。

十二　两唐书《吐蕃传》及其史料价值

两唐书《吐蕃传》,是研究唐代吐蕃史及唐蕃关系十分重要的历史资料。弄清它们的基本特点,有助于我们认识其价值,更好地利用这些资料来研究历史,且在文献学上给它们一个恰当的位置。

《旧唐书》共 200 卷,后晋刘昫等修撰。后晋开运二年(945 年)六月,修成奏上。前人对《旧唐书》颇多微辞,赵翼《廿二史札记》卷一六《旧唐书前半全用实录国史旧本》说《旧唐书》:代宗以前,多抄实录、国史原文,武宗会昌(841—846 年)以后,则杂取朝报、吏牍,补缀成之,详略不均,缺乏体例。也正是基于对《旧唐书》的诸多不满,宋祁、欧阳修等才另撰新史,此即《新唐书》。但是,随着时间的流逝,《旧唐书》撰者们所能看到的资料,后人愈来愈难觅得,而《旧唐书》的照录原文的特点,反而为后人保存了大量弥足珍贵的史料,人们又重新看到了《旧唐书》的价值。

"吐蕃传"在《旧唐书》卷一九六,文分上下篇,约 2.75 万字。文中先述吐蕃族源,次述制度,再述物产、衣食居住与风俗,最后,也最主要的是讲述唐蕃关系史,涉及通婚、通使、问聘、战争、会盟、划界等方方面面。

文章一开头即言:"吐蕃在长安之西八千里,本汉西羌之地也。其种落莫知所出也,或云南凉秃发利鹿孤之后也。"开门见山,陈明吐蕃的居地方位和族源。同时也向人们表明了两个重要史实:其一,后晋时的人们并不明了吐蕃的族源，征之唐人杜佑《通典》卷一九〇边防六所谓"吐蕃在吐谷浑西南，不知有国之所由"，更知唐人也不明了吐蕃之族源。其二，本书作者虽明言吐蕃位于汉代西羌之地，却和《通典》作者一样，倾向于支持"南凉秃发利鹿孤之后"一说。下文还进一步说明赞同该说的具体理由。

在史实叙述中，《旧唐书》大量转录原始文献，如唐中宗景龙四年（710年）正月的制诰，唐玄宗开元十七年（729年）吐蕃大臣名悉猎所奉表，开元十八年（730年）正字于休烈的上疏，唐德宗建中四年（783年）唐蕃清水会盟碑文，贞元三年（787年）诏敕和唐穆宗长庆元年（821年）唐蕃会盟盟文，合计2400字。作为一部史书，不加裁剪地罗列诏敕表疏，实在不能说是它的优点，但是，从保存资料，尤其是吐蕃使臣上表，以及唐蕃盟文来看，还是十分可贵的。现在可以说它是一个长处。

《旧唐书·吐蕃传》对某些史实的表述，有优于《新唐书·吐蕃传》的地方，如记述唐高宗时吐蕃遣使请求各种专业技术人员、引进唐朝先进技术这一重要事件即是其例。《新唐书·吐蕃传》的记载是："又请蚕种、酒人与碾硙等诸工，诏许。"《旧唐书》则谓："因请蚕种及造酒、碾、硙、纸、墨之匠，并许焉。"后者即涉及极其重要的造纸术传入青藏高原地区，乃至传入南亚的问题，却被《新唐书·吐蕃传》给省略了。又如有关贞元三年（787年）唐蕃关系史记事，显然《旧唐书·吐蕃传》详于《新唐书·吐蕃传》，为人们提供了更为丰富和具体的史实内容。

此外，对于某些史实细节，《旧唐书·吐蕃传》与《新唐书·吐蕃传》的记载并不一致，可以成为人们进一步弄清史实真相的重要依据，如长庆元年参加唐蕃会盟的官员的名单，以及他们的官衔，两书记载有异，且与唐蕃会盟碑石文[①]有所不同，可以相互对勘，考证史实。

但是，《旧唐书·吐蕃传》相对于《新唐书·吐蕃传》来说，事少文繁，多有取舍不精的地方，在文字的表达方面，也颇多纰漏，如记松赞干布

---

① 参见王尧编著：《吐蕃金石录》，文物出版社，1982年。

（即弄赞）率兵 20 余万顿于松州西境，遣使贡金帛，云来迎公主，又谓其属曰：“若大国不嫁公主与我，即当入寇。”即很不恰当。与之不同，同一段话，《新唐书·吐蕃传》谓“公主不至，我且深入”，就显得较为得体。一“深入”，一“入寇”，所差者也许并不仅仅是这两个字。如此等等，不一而足。《新唐书》共 225 卷，宋仁宗不满《唐书》（即《旧唐书》）行文，下令设立书局，抽调文人学士，重撰唐史，由宋祁、欧阳修主其事，历时 17 年，于嘉祐五年（1060 年）编完。《进新修唐书表》称新书“其事则增于前，其文则省于旧”，实非虚誉之辞。

“吐蕃传”在《新唐书》卷二一六，文分上下篇，约 2.1 万字。与《旧唐书·吐蕃传》一样，该书讲述了吐蕃的族源、居地、风俗、制度、物产，以及吐蕃的发展、鼎盛与衰落，尤重唐蕃交往史，是研究唐代吐蕃史的基本史料。

与《旧唐书·吐蕃传》相比，它有一些特点，如文中增补了吐蕃赞普世系、官职名称等，这都是利用第一手材料即藏文文献的结果，对于吐蕃制度史的研究，价值很大。该书作者还提出了自己对某些重大问题的看法，最突出者如族源问题，与《旧唐书·吐蕃传》倾向于吐蕃来自拓跋鲜卑说不同，《新唐书·吐蕃传》主张吐蕃源于西羌说。在材料取舍上，省去了诏旨表疏等原始文献资料，增补了许多重要史事及材料。

就“其事则增于前”而言，《新唐书·吐蕃传》文首有关吐蕃族源、赞普世系，以及衣食、风俗和典章制度等方面，以及文末许多重大史事即是例证。前者以藏文史料补充了吐蕃大相、内大相、整事大相三大系统、九大尚论的职官系统；吐蕃章饰制度；金银锡铜等宝藏；“其举兵，以七寸金箭为契。百里一驿，有急兵，驿人臆（膊）前加银鹘，甚急，鹘益多”的驿传制度；“饮酒不得及乱，妇人无及政”的风俗习惯；吐蕃先王名字世系传承等等。后者则增补了刘元鼎出使吐蕃行记；吐蕃鄯州节度使尚婢婢和落门川讨击使尚恐热等人的个人传记资料，以及他们在河湟与河西地区的混战状况；吐蕃奴部浑末人的活动情况；唐朝凤翔、泾原、灵武等节度使收复失地，尤其是张议潮收复瓜、沙等十一州来归的史实。从时间上说，

《旧唐书·吐蕃传》记事止于唐宣宗大中三年(849 年),而且唐穆宗长庆三年(823 年)以后记事,十分简略。《新唐书·吐蕃传》记事则止于唐懿宗咸通十三年(872 年),多出 24 年,而且记事内容远较前者丰富。

就"其文则省于旧"而言,《新唐书·吐蕃传》除删去约 2400 字的诏敕表疏之外,在行文上力求简洁明了,有胜于《旧唐书·吐蕃传》者。对于某些重要史事的发生,也能增补必要的理由,如有关松赞干布率军进攻松州失利退兵一事,旧书只言"(牛)进达先锋自松州夜袭其营,斩千余级。弄赞大惧,引兵而退,遣使谢罪,因复请婚,太宗许之"。而新书不仅记述了上述史事之外,同时也指出:"初东寇也,连岁不解,其大臣请返国,不听,自杀者八人。至是弄赞始惧,引而去,以使者来谢罪,因请婚,许之。"较前者更丰满、更充分。但是如我们上文所说,新书的某些省略,也存在缺失。因此,研究唐代吐蕃史,新旧两唐书"吐蕃传"不能偏废,而应参校阅读。若进一步与敦煌吐蕃历史文书(古藏文)资料对勘研读,收获当更为丰硕。

原载《中国西藏》1998 年第 3 期

十三 《通典·吐蕃传》的史料价值

　　《通典》是中国历史上第一部专门论述历代典章制度的史书,也是第一部为吐蕃设立专传的史书。《通典·吐蕃传》的价值应该引起人们的足够重视。

　　《通典》一书的作者杜佑(735—812),唐京兆万年(今陕西西安市)人,字君卿,自玄宗朝入仕,历肃宗、代宗、德宗、顺宗、宪宗数朝,官至岭南节度使、淮南节度使、检校司徒、同平章事等,宪宗元和二年(807)封岐国公,阅历丰富,博古通今。"开元末,刘秩采经史百家之言,取《周礼·六官》所职,撰分门书三十五卷,号曰《政典》,大为时贤称赏,……佑得其书,寻味厥旨,以为条目未尽,因而广之,加以开元礼、乐,书成二百卷,号曰《通典》。贞元十七年(801),自淮南节度使人诣阙献之"①,得以流布于天下。

　　该书纪事始自传说中的唐虞,止于唐肃宗、代宗时,自大历元年(766年)始撰,至贞元十七年完成,历时 36 年。唐代典章制度部分记载最为详备,且多取当代诏诰文书、臣僚奏议、帐册和公私著述等第一手资料,史料价值甚高。《通典》200 卷,内分食货、选举、职官、礼、乐、兵、刑、州

---

① 《旧唐书》卷一四七《杜佑传》。

郡、边防九门，每门又分若干子目，计 1 500 余条。"吐蕃"部分在卷一九
○边防六，约 3 300 余字。①

《通典·吐蕃传》大致包括三个方面的内容：第一，吐蕃的族源风俗
与典章制度；第二，吐蕃大事记及唐蕃关系大事纪年；第三，吐蕃大相论
钦陵与唐朝使者郭元振的长篇对话及郭元振上疏文。

关于吐蕃的族源问题，《通典·吐蕃传》在文首即做了交代，谓："吐
蕃在吐谷浑西南，不知有国之所由。或云，秃发利鹿孤有子樊尼，其主傉
檀为乞伏炽盘所灭，樊尼率余种依沮渠蒙逊，其后子孙，西魏时为临松郡
丞（原注：今张掖郡张掖县界），与主簿皆得众心。因魏末中华扰乱，招抚
群羌，日以强大，遂改姓为窣敦野，故其人至今号其主曰赞府，贵臣曰主
簿。又或云，始祖赞普自言天神所生，号鹘堤悉补野，因以为姓。"

这段文字告诉我们两点史实：其一，唐人对吐蕃的来源和早期历史
缺乏基本的知识，也就是说，吐蕃的族源问题在当时已经是难以解决的
一个问题。其二，唐朝时期，有关吐蕃族源问题流传着多种说法，影响较
大的，或者说在作者杜佑看来最值得一提的说法有两个，即一是鲜卑拓
跋部首领（秃发利鹿孤之子樊尼）率余种南徙羌中，改姓悉补野形成说；
一是始祖赞普自言为天神所生，号鹘堤悉补野，因以为姓，形成吐蕃说。
显然，前者是在唐代学者中流行的一种说法，而后者是吐蕃人自己的官
方说法。文中的"窣敦野"或"悉补野"即藏文的"spu rgyal"之音译；"赞
府"即"赞普"，是藏文"btsan po"的音译；"主簿"疑为藏文"阐布"，即藏文
"chen po"的音译。吐蕃源自鲜卑拓跋部的说法，由于缺乏藏文史书或藏
族古老传说方面的有力证明，而且与藏族古代传说中始祖赞普出现的年
代、方位不相吻合，显得软弱无力。"拓跋"与"吐蕃"的对音，至多只能解
决汉文史书中的"吐蕃"这一称谓的来历问题，与真正的藏族族源问题的
探讨还有一定的距离。而始祖赞普"自言天神所生"的说法，很可能是西

---

① 参见杜佑：《通典》，浙江古籍出版社，1988 年影印本。

藏地方原始宗教本教徒们的一种附会。①

如此看来,《通典·吐蕃传》所记载的两种说法均有可以商榷的地方,难为不易之论。但是,它的价值却也不能漠视,即它为我们保留了唐代时期存在着的有关吐蕃族源的两种说法,有助于我们认识它在当时的状况。

关于吐蕃的风俗与典章制度,《通典·吐蕃传》的诸多记载成为后世修撰新旧两唐书《吐蕃传》的重要依据,而两唐书《吐蕃传》作者对《通典·吐蕃传》诸多史事的采用,也反映了他们对该书记载可靠性的认同。关于这一方面的史实,我们可以看到的很多,例如,记吐蕃赞普居地和居室状况,称"其君长或在跋布川,或居逻婆(拉萨——引者)川,有小城而不居,坐大毡帐,张大拂庐,其下可容数百人,兵卫极严,而衙府甚狭"。记吐蕃官制和习俗,谓:"置大论以统理国事。无文字,刻木结绳为约。征兵用金箭,寇至举燧。与臣下一年一小盟,用羊马猕猴;三年一大盟,用人马牛驴。以麦熟为岁首。""重壮贱老,母拜于子,重兵死,恶疾终,以累代战没者为甲门,临阵奔北者悬狐尾于其首,表其似狐之怯。"此外,对禄东赞本人的介绍,对他的家族和赞普王室之间产生矛盾,直至论钦陵被杀,赞婆内附唐朝的描述等,莫不如此。

《新唐书·吐蕃传》的纪事部分较《旧唐书·吐蕃传》增加了不少内容,而《通典·吐蕃传》也是其史料来源之一,也就是说,《新唐书·吐蕃传》进一步选用了被《旧唐书·吐蕃传》编者遗漏的重要资料,这些资料的可靠性得到了藏文资料的有力证明。②

《通典·吐蕃传》记吐蕃告身制度时,称:"其官章饰有五等:一谓瑟瑟,二谓金,三谓金饰银上,四谓银,五谓熟铜,各以方圆三十(寸),褐上装之,安膊前,以辨贵贱。"对此,《旧唐书·吐蕃传》没有记载;《新唐书·吐蕃传》则选择采用,记之曰:"其官之章饰,最上为瑟瑟,金次之,金涂银

---

① 参见 G. Tucci: *Tibetan Painted Scrolls*, vol II p. 179。
② 参见王尧、陈践译注:《敦煌本吐蕃历史文书》(增订本),民族出版社,1992 年。

又次之，银次之，最下至铜，差大小，缀臂前以辨贵贱。"叙述略异，而其实无差。又如，《通典·吐蕃传》记吐蕃军队"人马俱披锁子甲，其制甚精，周体皆遍，唯开两眼，非劲弓利刃之所能伤也"。这一重要材料，《旧唐书·吐蕃传》同样没有记载，而《新唐书·吐蕃传》则因袭了《通典·吐蕃传》的说法，记之为："其铠甲精良，衣之周身，窍两目，劲弓利刃不能甚伤。"文字确实精练多了，但是，人们从这里也很难看到"人马俱披锁子甲"这一重要细节了，不能不说是一个遗憾。

《通典·吐蕃传》在记载吐蕃风俗和制度方面的价值还远不限于以上几点，比这些更为重要的是，它保存了不少为后世两唐书《吐蕃传》编者所忽略的珍贵资料。如《通典·吐蕃传》记载吐蕃葬俗："人死，杀牛马以殉，取牛马积累于墓上，其墓正方，累石为之，状若平头屋。其臣与君自为友，号曰'共命人'，其数不过五人，君死之日，共命人皆日夜纵酒，葬日，于脚下针，血尽乃死，便以殉葬。又有亲信人用刀当脑缝锯。亦有将四尺木大如指刺两肋下，死者十有四五，亦殉葬焉。"如此重要的葬俗材料，在两唐书《吐蕃传》中被省略了。《新唐书·吐蕃传》竟以"其死，葬为冢，墍涂之"来概括，使诸多史实由此丧失本来面目，或者失去光彩。又如《通典·吐蕃传》记，吐蕃人"重汉缯而贵瑟瑟，男女用为首饰"的习俗；"不食驴马肉"的禁忌；"设官，父死子代，绝嗣，即近亲袭焉，非其种类辄不相服"，"其战，必下马列行而阵，死则递收之，终不肯退"的细节描写，都是两唐书《吐蕃传》所没有。还有，吐蕃的军事能力很强而且十分有名，但是吐蕃的兵器究竟有哪些？两唐书《吐蕃传》也没有交代，而《通典·吐蕃传》则有确切地记述，称吐蕃"兵器有弓、刀、楯、矟、甲胄"，"枪细而长于中国（唐朝——引者）者，弓矢弱而甲坚。人皆用剑，不战亦负剑而行"等等。

《通典·吐蕃传》对吐蕃赞普继立大事及唐蕃关系大事也有简明记载，记事始于唐太宗贞观十五年（641），终于唐宣宗天宝十四年（755），共计 115 年，同时还追忆及隋唐之际吐蕃的一些情况。兹条列如下：

1. 隋开皇中（581—600），其主论赞率弄赞都䟽呵西亟播城已五十年矣。

按:"论赞"即藏文"slon btshan"之音译,即"gnam ri srong btsan"(囊日松赞),《新唐书·吐蕃传》作"论赞索",松赞干布的父亲。"弄赞"即藏文"srong btsan sgam po",是松赞干布的音译,两唐书《吐蕃传》又译作"弃宗弄赞"等。牂牁(zāng-kē),隋朝时期的郡名,治所在今贵州黄平县西北。与西藏山南相去甚远,疑为"牂河"之误,也即"臧河",藏语 gtsang chu 之谓疋播城,即藏文"bal po"音译,今地在西藏山南琼结县境内。

2. 大唐初,高祖武德间(618—626),已有胜兵数十万,号为强国。

3. 贞观十五年正月,以宗室女封文成公主,降于吐蕃赞普,命礼部尚书江夏王道宗送之,赞普亲迎于河源。

4. 高宗初(永徽元年,650)封赍王,苏农死,其子早卒,以孙代立,号为乞黎拔布,幼小,大相禄东赞摄知国事。

按:"苏农"即"khri srong btsan"译音,即弃宗弄赞,也就是松赞干布。乞黎拔布,系指芒松芒赞(khri mang srong mang btsan)。禄东赞,即吐蕃名相噶尔·东赞域宋(mgar stong btsan yul srong)。

5. 总章中(668—670),以兵临吐谷浑,吐谷浑告急。

6. 咸亨中(670—674),高宗令将军薛仁贵、郭待封等率众十万伐之,至大非川,为大论钦陵所败,因遂灭吐谷浑。

按:大论钦陵即"khri vbing"。

7. 上元中(674—676)进攻鄯、廓等州。

按:鄯州,治所在今青海乐都一带;廓州,辖今青海化隆西黄河两岸地。

8. 仪凤三年(678),工部尚书刘审礼为洮河军总管,率兵十八万以讨之,战于青海,军败,没于阵。

9. 调露二年(680),中书令李敬元战于大非川,又败绩,续遣黑齿常之,破之。

按:李敬元,本名李敬玄,唐人避讳唐玄宗讳,改"玄"为"元"。

10. 武太后如意初(692),武威军总管王孝杰大破吐蕃,复龟兹、于阗、疏勒、碎叶四镇。

11. 万岁通天初(696),吐蕃又攻凉州,执都督许钦明。

12. 万岁通天二年(697),吐蕃大相论钦陵遣使请和,武太后遣前梓州通泉县尉郭元振往至野狐河与钦陵相遇对话。

13. 神龙初(705),赞府死,其子立,乞梨弩悉笼时年七岁,祖母禄没氏摄位。

按:这里记载有误,去世的赞府(赞普)不是乞梨拔布,而是他的儿子乞梨弩悉弄,藏文作"khri vdus srong"(赤都松),时间不是 705 年,而是 704 年;所立者也非乞梨弩悉笼,而是"khri lde gtsug brtsan"(赤德祖赞),两唐书《吐蕃传》作"乞隶蹜赞"。征之《敦煌本吐蕃历史文书》(P. T. 1288 号),该赞普诞生于龙儿年,即公元 704 年,又称其为"野祖茹"。705 年时为 1 岁,则此所谓"时年七岁"或者有误。祖母"禄没氏",即"khri ma lod"(墀玛类)。"禄没"为"没禄"之误,是藏文"vbro"的译音。藏史记:"蛇儿年,赞普王子野祖茹与祖母墀玛类驻于'准'(dron)地。"①

14. 中宗神龙三年(707)四月,以所养嗣雍王守礼女封金城公主,出降吐蕃赞普。

15. 景龙四年(710)正月,幸始平县,送金城公主,以左骁卫大将军杨矩为使。二月,改始平县为金城县,又改其地为凤台乡怆别里。

16. 玄宗天宝十四年(755),(赞普死)其子立,号乞黎悉笼纳赞。

按:此载与藏史所记有一年之差,死者为弃隶缩赞。依照藏史所记,事在天宝十三载,即 754 年。乞黎悉笼纳赞即藏文"khri srong lde btsan"(赤松德赞),《旧唐书·吐蕃传》作"乞黎苏笼猎赞";《新唐书·吐蕃传》作"乞黎苏笼腊赞"。

以上资料基本包括在后来的两唐书《吐蕃传》之中了,尽管两唐书《吐蕃传》所引用的资料十分丰富,绝不限于《通典》一部,但是作为专列吐蕃传,记载吐蕃历史的史籍,《通典》自然也是前两书借鉴的重要史料

---

① 王尧、陈践译注:《敦煌本吐蕃历史文书》(增订本),第 20、49 页。

来源之一,受到直接或者间接的影响。

《通典·吐蕃传》的另外一项内容,即是照录了唐朝使者郭元振与吐蕃大相论钦陵二人在武则天万岁通天二年于野狐河的对话,以及郭元振本人的"上疏"。字数达到 1800 余,超过全文的半数。这种做法,就史书写作来说很难说是得体的,但是就保存文献资料而言,却也值得称道。郭元振的上疏文字,两唐书均有收录,[1]人们不难觅得,但是,要寻找郭元振与论钦陵二人对话的原始材料,那么还得求助于《通典·吐蕃传》的有关记载。两唐书《郭元振传》都提到了"吐蕃大将论钦陵去四镇兵,分十姓之地"的议论,而其详细内容却并未明言,《通典·吐蕃传》恰好弥补了这一缺失。

郭元振与论钦陵对话的立足点是双方都想和平友好的共同愿望,论钦陵由此提出了自己"请去四镇兵,分十姓地"的建议和理由,论钦陵称:"……今天恩既许和好,其两国戍守咸请罢置,以便万姓各守本境,靡有交争,岂不休哉!然以西十姓突厥四镇诸国,或时附蕃,或时归汉,斯皆类翻覆,伏乞圣恩含弘,拔去镇守,分离属国,各建王侯,使其国君人自为守,既不款汉,又不属蕃,岂不人免忧虞,荒陬幸甚。"郭元振告诉论钦陵:"十姓四镇,本将镇静戎落,以抚宁西土,通诸大邦,非有他求。"请他不要有此顾虑。论钦陵称自己忧在边将好功名,见利而动。显然双方存在着较大的分歧。

在回答郭元振针对吐蕃要求"分离数部,得非昧弱苟利"的责难时,论钦陵十分得体地道出了自己的见解和理由:"陵若爱汉土地,贪汉财币,则青海湟川实迩汉地,其去中州盖三四千里,必有窥羡,何不争利于此中,而突厥诸部悬在万里之外,碛漠广莽,殊异中国,安有争地于万里之外而能为汉边患哉?舍近务远,计岂然也。……而十姓中五咄六(一作陆——引者)部诸落,僻近安西,是与吐蕃颇为辽远;俟斤诸部,密近蕃境,其所限者,唯界一碛,骑士腾突,旬日即可蹂践蕃庭,为吐蕃之巨蠹

---

[1] 参见《旧唐书》卷九七;《新唐书》卷一二二《郭元振传》。

者,唯斯一隅,且乌海黄河关源阻深,风土疫疠,纵有谋夫猛将,亦不能为蕃患矣。……若实有谋汉地之怀,有伺隙之意,则甘凉右地暨于积石,此道绵细几二千里,其广者不过二三百里,狭者才百里,陵若遣兵出张掖,或出玉门,使大国春不遑种,秋无所获,五六岁中或可断汉右界矣,又何以弃所易而窥所难乎? 此足明陵心矣……”

十姓部落即西突厥部落之概称,贞观十二年(638 年)沙钵罗腟利失可汗分西突厥为十部(十设,或十箭),其中左五咄陆(一作六)部设五大啜,居碎叶东;右五弩失毕部置五大俟斤,居碎叶西。当时对吐蕃的威胁自然以后者为大,可以说是吐蕃向中亚地区扩张的心腹之患,故欲分而弱之,以遏其志。

论钦陵精彩的论辩,显然对郭元振产生了很大的影响。嗣后,郭元振上疏,提出了回答钦陵问题的方案,谓:“国家非吝四镇,本置此以扼蕃国之要,分蕃国之力,使不得并兵东侵。今委之吐蕃,力强易为东扰。必实无东侵意,则还汉吐浑诸部及青海故地,即俟斤部落亦还吐蕃。”即满足论钦陵提出的分十姓之地的要求,条件是吐蕃归还原来属于唐朝的吐谷浑诸部和青海故地。武则天采纳了郭元振的建议。虽然后来的历史发展并未遵循双方达成的协议,但是,有关这次交涉的报告却大增加了人们对当时唐朝和吐蕃、突厥在中亚地区关系的认识。在《通典·吐蕃传》之后,两唐书的编者们相继为吐蕃立传,并在资料上、体例上借鉴《通典·吐蕃传》的做法,使之更加完善,从而为吐蕃史研究保留了最为重要的汉文文献资料,它们的史料价值更高,但是,有两点却不能被忽视:其一,《通典·吐蕃传》为唐代人所著唐代吐蕃史,可靠性更高,而该书作为两唐书《吐蕃传》的史料来源之一,其作用也不能被低估。其二,《通典·吐蕃传》保存了不少为两唐书《吐蕃传》所忽略了的珍贵史料,值得人们给予新的重视。这是本文最后想要补充的两点认识。

原载《中国边疆史地研究》2002 年第 3 期

中编
吐蕃与西北民族关系史研究

中编　题记

　　探讨民族关系是把握古代民族文化交流,乃至中华民族多元一体格局形成的一把钥匙。唐代时期是中华民族发展史上一个特别重要的历史时期。这一时期各个民族之间的政治、经济联系大大加强,文化交流的规模空前扩大,民族之间的相互联系方式错综复杂,民族社会形态呈现斑斓多姿的景象。对此加以探索,有助于把握民族关系发展的一些本质性的特征,乃至探询到民族关系发展的一般规律。

　　本编的核心内容有两个方面,其一是探讨唐朝时期吐蕃与党项,以及以党项人为主、联合其他民族所建立的西夏政权之间的关系。其二是探讨吐蕃统治西域时期,其与西域即今新疆地区诸民族之间的关系。

　　吐蕃与党项的关系涉及民族族源、双方的政治、军事、经济、宗教和文化交流等方面的内容,也涉及西夏民族政权的统治民族的来源、文化特征和早期历史。在这一时期西部民族的关系中,吐蕃和党项两个民族的关系占据着十分重要的地位,对于探讨古代中国的民族形成与发展规律、民族文化关系,乃至中华民族多元一体形成的历史进程,具有典型意义。

　　在前一部分中,我们主要利用汉文、藏文、西夏文文献资料,对双方的政治关系,诸如吐蕃王朝对党项人的征服与统治、吐蕃与内迁党项的关系、夏州政权对河西吐蕃的征服、西夏与河湟吐蕃的关系、西夏对其境内吐蕃人的统治等,吐蕃文化对西夏的影响,诸如宗教文化、语言文字、风俗习惯等,以及双方的民族融合等问题做了比较细致和深入的探讨。

　　吐蕃与西域的关系是本编探讨的另一方面内容,从公元 7 世纪吐蕃军事和政治势力进入西域地区以后,在长达近 200 年的时间里,吐蕃与居住在这一地区的诸多民族发生了密切的关系。特别是"安史之乱"以后,吐蕃逐渐控制这一地区,实施直接的统治,使吐蕃与这一地区的关系进入一个全新的阶段。对于本问题的研究,英国人托玛斯(F. W. Thomas)整理编辑的《关于新疆藏文文书》、我国学者王尧、陈践《吐蕃简牍综录》是我们从事本问题研究极为重要的基础。学术界对这一领域的研究还相对比较薄弱,有些问题还期待着新的探索。

在本编的后一部分中,我们依靠新疆出土的藏文简牍文书资料,对吐蕃与西域诸族的关系,吐蕃统治西域时期的部落组织制度、职官制度和其他各项制度做了比较系统和深入的探讨,对新疆简牍文书中所记载的吐蕃职官作了辨析与考证,同时对吐蕃与西域的文化交流关系也做了一定程度的发掘。使吐蕃与青藏高原北部和西北部地区民族关系的一个侧面清晰起来,从而为认识唐代时期中国的民族关系变化规律与实质产生积极的影响。

一 吐蕃与党项政治关系初探

　　藏族是我国境内历史悠久、文明发达的少数民族之一,它的形成,与唐朝时期崛起于青藏高原的吐蕃王朝密切相关。公元 7 世纪初,吐蕃赞普松赞干布继承父祖大业,内订制度、外拓疆土,消除了青藏高原长期以来的部落邦国分立状态,使附国及苏毗、羊同、白兰、吐谷浑、党项等诸氐羌部落众多人口归其治下,建立了吐蕃王朝。

　　吐蕃王朝的建立加速了吐蕃民族共同语言、共同地域以及共同经济与文化心理状态的形成;而新的吐蕃民族的出现,又在吐蕃政权中起到凝聚与稳定的作用。二者相辅相成,构成了吐蕃影响我国历史发展的基本要素。因此,吐蕃王朝与吐蕃民族的出现,不仅是今日藏族历史上的大事件,而且也是中国民族关系史、各民族文化交流史中的崭新篇章。

　　与吐蕃相似并密切相连的党项羌,也曾建立过地方政权,对我国唐宋时期的历史产生巨大的影响。党项是汉魏以来西羌的一支,北周灭宕昌、邓至等羌,党项始强;其地"东距松州,西叶护,南春桑、迷桑等羌,北吐谷浑"①。俟吐蕃王朝兴起,党项畏惧,纷纷内迁。永泰元年(765 年)前,已相继定居于灵、庆、夏、绥、银、宥诸州。唐末五代,中原内乱,以拓

---

①《新唐书》卷二二一《党项传》。

跋部为核心的夏州党项割据势力不断发展,终至建立西夏政权(1038—1227 年)。在西夏政权辖区内,活动着党项人、汉人、吐蕃人、回鹘人、鲜卑人、契丹人及其他各族人民。西夏政权前期与北宋、辽对立,后期同南宋、金鼎峙,直接影响了 10—13 世纪的中国历史和民族关系发展。

吐蕃与党项都曾建立过政权,两族联系十分密切,若从公元 7 世纪初年初次交往算起,到公元 13 世纪初西夏亡国为止,即有 600 余年的历史。其间你来我往,水乳交融,为中国民族关系史上所少见。可惜史料缺乏,至今未见系统论述,笔者仅就学习所得,陈管见于兹。

一、吐蕃王朝对党项人的征服与统治

吐蕃王朝是在开疆拓土、征服诸部落的基础上建立起来的,它的发展必然导致对邻近各族征服的扩大。党项地处吐蕃王朝东北部,阻遏着吐蕃通往唐朝的道路,故也是吐蕃军事力量掠夺的目标之一,吐蕃与党项的正式交往即发生在吐蕃初次交通唐朝的贞观年间。

据《新唐书·吐蕃传》记,贞观八年(634 年),弄赞(即松赞干布)遣使入朝,唐太宗以行人冯德遐为使下书临抚。弄赞闻突厥、吐谷浑皆得尚公主,乃遣使送币求婚唐朝,太宗未许。"弄赞怒,率羊同共击吐谷浑,吐谷浑不能亢,走青海之阴,(吐蕃)尽取其赀畜。又攻党项、白兰羌,破之。勒兵二十万入寇松州。"[1]则吐蕃攻掠党项在吐谷浑向唐朝请婚之后。据《新唐书·太宗纪》记载,吐谷浑王诺曷钵请婚在贞观十年(636 年)十二月。吐蕃使者请婚未果,归咎于吐谷浑使者的"离间",遂有出兵攻打吐谷浑之举,事在贞观十一年(637 年)。贞观十二年(638 年)七月,吐蕃已破党项、白兰,并进掠唐朝弘州。八月,率兵二十万屯松州(今四川省松潘)西境,原属唐的党项部落首领阔州刺史别丛卧施、诺州刺史把利步利,皆以所统羁縻州叛归吐蕃。[2] 原文作"阎州"误,应为"阔州"。

---

① 《新唐书》卷二一六《吐蕃传》。
② 《资治通鉴》卷一九五。

贞观十一年至十二年吐蕃对党项的军事掠夺,是见于汉文史籍记载的两族最初的接触。但吐蕃的目标却不在于实现其对党项人的统治,而是为了打通进围松州的道路,威胁唐朝。因此,当贞观十五年(641 年)唐朝答应与吐蕃通使并嫁女文成公主给松赞干布之后,唐蕃关系复归于好,吐蕃大军退离唐境,党项、吐谷浑诸部的危急也随之消失。

在松赞干布(? —650 年)在位期间,吐蕃与党项的关系基本上是友好的。据藏文史书记载,文成公主进藏后,帮助尼泊尔赤尊(khri btsun)公主建造大昭寺,其中建于康地(khmas)"压女魔右手掌"的隆塘准玛寺(klong thang sgron ma)是以弭药人(mi nyag pa)为工头的。[1] 弭药,即吐蕃对党项的称呼。吐蕃赞普还娶党项部落首领之女为妻,与党项人建立和亲关系,据藏文史籍载,松赞干布的五王妃中,即有弭药王之女茹雍妃洁莫尊(ru yongs bzav rgyal mo btsun)。这是双方政治关系中的重大事件。

吐蕃开始征服党项诸部的战争并统治一部分党项人,发生在松赞干布逝世之后,是时,芒松芒赞(mang su mang btsan 650—676 年在位)幼年继位,军政大权掌握在贵族噶尔(mgar)家族手中。在噶尔一族当政长达半个世纪的时间里,吐蕃积极向外扩张,先后发动了抄略唐朝及青藏高原诸部的战争。唐高宗显庆元年(656 年),禄东赞(即噶尔·东赞域宋,mgar tong btsan yul sum)率兵十二万出击白兰,激战三日,"吐蕃初败后胜,杀白兰千余人,屯军境上,以侵掠之"[2]。咸亨元年(670),吐蕃攻陷唐朝西域十八州,占据龟兹、于阗、焉耆、疏勒四镇,调露二年(680),吐蕃"尽收羊同、党项及诸羌之地",疆域空前扩大,东与凉、松、茂、巂等州相接。[3] 党项拓跋、野利等部被迫内迁于今宁夏、甘肃东部及陕西北部一带,故地皆陷于吐蕃,"其处者皆为吐蕃役属,更号弭药"。[4]

---

[1] 巴卧·祖拉陈哇著,黄颢译:《贤者喜宴》,《西藏民族学院学服》1981 年第 2 期。

[2]《册府元龟》卷九九五《外臣部·交侵》。

[3]《旧唐书·吐蕃传》;并见《册府元龟》卷九五八等。

[4]《新唐书·党项传》。

"弭药",藏文作"(mi nyag)"。原是党项人自称,党项人自称"弥人"或"弭药"。西夏文字书《文海》将"番族"释为"弥药也,番人之谓",并非仅限于对未迁徙党项人的称呼。汉文史籍对"弭药"一词有多种译法,如"弥娥"、"弥娘"、"木纳"、"木内(读如"纳")"、"密纳克"、"木雅"、"缅药"、"觅诺"等。《续资治通鉴长编》作"缅药家"、"缅药"、"觅诺"、"觅诺尔"等;张鉴《西夏纪事本末》有"木内"等。

藏族甚至将党项人所建立的西夏政权也称为"密纳克",如藏文史书中的"弭药王统(mi nyag rgyal rab)"即指西夏王统。蔡巴·衮嘎多吉著《红史》、班钦·索南查巴著《新红史》及《汉藏史集》均有关于西夏的记载,皆作"mi nyag"。

可以肯定地说,"弭药"与党项是含义相同的称谓,只是藏族与汉族对其称呼不同罢了。

吐蕃占领党项人居地,既扩大了领土范围,又增加了新的民族成分,这对吐蕃民族的发展意义重大。据藏文史籍《贤者喜宴》记:松赞干布时,"东方之咱米兴米(rtsa mi shing mi)、南方之洛(klo)、与门(mon)、西方之香雄(zhsng zhung)及突厥(gru gu)、北方之霍尔(hor)及回鹘(yu gur)等均被收为属民。遂统治半个世界。"[1]原文作松赞干布时事,参以汉文史籍知其有误,应为芒松芒赞时事,因吐蕃占领西域及攻掠突厥等在龙朔以后。

"咱米"(rtsami)据学者研究,即是弭药(党项)的异称,藏史《玛尼宝训》中就有关于"弭药咱米王"的记载。[2]依我们分析,"咱米"与"弭药"之相通不是因语音近或一族二名。"rtsa mi",最初可能是弭药王的名字,前文中的"弭药咱米王"即是如此。后来因以王名代替族称,从而弭药(党项)也被称为"咱米"。但"弭药"依然是族称或地域的主要称谓,这一点,我们还可以从《松赞干布遗训》中的噶尔颂悼松赞干布的歌词里得到

---

① 巴卧·祖拉陈哇著,黄颢译:《贤者喜宴》ja 函,《西藏民院学报》1981 年第 2 期。
② 黄颢:《藏文史书中的弭药(西夏)》,《青海民族学院学服》1985 年第 4 期。

证明,词有"西夏国王名杂米,听说英名远顶礼,奖赏称道英明人"等句。[1]

《遗训》虽非松赞干布时作品,系后世伪造,但也是公元 12 世纪前后的文献,其事也多发生在 11 世纪以前。[2]

吐蕃政权瓦解于 9 世纪中期,西夏王国建立在 11 世纪前期,称"西夏国王"顶礼松赞干布实属不合史实,因而,名中的"西夏国王"(原文似为"mi nyag rgyal po")应译为"弭药王"。即使如此,也可知"杂米"(rtsa mi)是弭药王的名字。在"rtsa mi"由人名转义为民族称谓以后,就可以把生于下多康之弭药地区的高僧桑杰查巴称为"咱米桑杰查巴(rtsan mi sangs rgyas grags pa)"[3],此义与党项、弭药同。

被吐蕃征服的党项人分布范围是十分广阔的,但也随吐蕃势力的强弱略有变化。唐高宗永隆元年(680 年),吐蕃尽收羊同及诸羌之地,党项人聚居的懿、嵯、麟、可、诺、阔、奉、岩、远等州均为所据;从河首大碛石山(即今青海湖东南大积石山)以东所置党项州府多归吐蕃辖下。吐蕃占有今四川木里、康定、理县、松潘以西,及甘肃迭部、夏河以西、以南,青海湖东南部广大地区的党项部落居地后,就基本确定了对被征服党项的统治区域。[4]

安史之乱爆发后,吐蕃内侵加剧,河西陇右相继被攻占,原在陇右、归静边州都督府管辖的党项羁縻州府除北迁外,多为吐蕃控制。《汉藏史集》记,赤松德赞(755—797 年在位)时,"唐蕃之间的边界在木雅地方为贺兰山,吐蕃所辖境土边界"。则贺兰山以南广大地区党项人无疑归属吐蕃统治。公元 9 世纪初,吐蕃赞普热巴巾(815—838 年)曾率兵十万扎营攻打东方宗喀(今青海湟中)下部地区,据称,此时毗沙门天王化现为一个八岁的白色小儿,自言木雅人是他的奴仆,请热巴巾不要驱杀他们,赞普从其请,木雅人遂免遭一场兵灾。[5] 这显然是吐蕃与辖下党项人

---

①② 中央民族学院编:《藏族文学史》,四川人民出版社,1985 年,第 221 页。

③《贤者喜宴》ta 函,转引自黄颢先生前揭文。

④《新唐书》之《吐蕃传》《地理志》;谭其骧主编:《中国历史地图集》第 5 期"隋唐五代十国"。

⑤ 达仓宗巴·班觉桑布著:《汉藏史集》(藏文),四川民族出版社,1985 年,第 204—205 页。

关系的一个投影。

吐蕃政权如何统治被征服的党项人呢？我们从零散的资料可以看到：第一，有一部分党项人成为吐蕃的军事奴隶，被编入军事组织，作为战斗的主力之一。《旧唐书·党项传》称"又有雪山党项，姓破丑氏，居于雪山之下，及白狗、春桑、白兰等诸羌，自龙朔已后，并为吐蕃所破而臣属焉"，吐蕃"籍其兵为前驱"。此与"出师必发豪室，皆以奴从"的记载相吻合。第二，吐蕃在党项人居住地区设有军事机构，并驻军把守。《王者遗教》称，吐蕃在接近唐境的弭药地区设置东岱（stomg sde），"命令发到弥人部落（mi sde）之后，就将在弭药地区防守哨卡地界"①。其中"（mi sde）"，注文作"苏毗部落"，我按藏文字义译作"弥人部落"。其目的既是为了防备唐军的进攻，也是为了防范弭药人逃亡和反抗。第三，吐蕃对党项部落居民征收赋税，进行经济剥削。据《旧唐书·东女国传》记，活动在今西藏昌都一带的哥邻国、弱水国、悉董国等"旧皆分隶边郡，祖父例授将军、中郎、果毅等官；自中原多故，皆为吐蕃所役属。其部落，大者不过三二千户，各置县令十数人理之。土有丝絮，岁输于吐蕃"②。是吐蕃征取西山诸羌贡赋的例证。另据《敦煌本吐蕃历史文书》记载，吐蕃对被统治的吐谷浑部也征取赋税。③党项与西山羌、吐谷浑关系极为密切，居地相连或相合，同时为吐蕃所奴役，其命运略无二致，则吐蕃取党项居民赋税自在情理之中。

由于吐蕃施行奴役党项诸部的政策，不堪忍受的党项部落便背离吐蕃而投归唐朝。武则天长寿元年（692年）二月己亥，吐蕃辖下的党项部落万余人内附，唐朝分置十州以处之。

同年五月，吐蕃部落大首领曷苏率领贵川部与党项种三十万人内附唐朝，"六月，军至大渡水西，曷苏事泄，为国人所擒。别部酋长昝捶帅羌

---

① 《王者遗教》，引自黄颢译：《贤者喜宴》ja 函，《西藏民院学服》1981 年第 1 期，第 26 页注文。
② 《旧唐书》卷一九七《东女国传》。
③ 王尧、陈践译注：《敦煌本吐蕃历史文书》，民族出版社，1980 年，第 103 页。

蛮八千余人内附",唐朝处之莱川州。[1]

在吐蕃统治下的党项诸部,也有因各种原因迁徙到河陇地区者。安史之乱后,吐蕃据有河陇,派遣大批军队驻守各地,这些军队往往带有大量奴仆,吐蕃称之为"嗢末"。《资治通鉴》卷二五〇载,"嗢末者,吐蕃之奴号也。吐蕃每发兵,其富室多以奴从,往往一家至十数人,由是吐蕃之众多。及恐热作乱,奴多无主,遂相纠合为部落,散在甘、肃、瓜、沙、河、渭、岷、廓、叠、宕之间,吐蕃微弱者反依附之"。因此,所谓"嗢末",应是吐蕃所役使的苏毗、白兰、河陇汉族,也包括大批党项人,有的学者甚至认为,"嗢末"就是"mi myag"或者是西夏王族拓跋氏。[2]

吐蕃对被征服党项人的统治,一方面吸收了新的民族成分,使分散的党项人得以参预吐蕃民族的发展事业,有利于青藏高原地区的开发;另一方面,由于吐蕃奴役而引起的党项人不断掀起反抗斗争,又在一定程度上削弱了吐蕃的军事实力。嗣后,包括党项等族在内的吐蕃奴部——嗢末起义,更沉重地打击了吐蕃在河陇地区的统治,加速了吐蕃王朝瓦解的进程。

二、吐蕃与内迁党项的关系

党项内迁由来已久,隋文帝开皇四年(584)即有千余家投归隋朝。唐朝初年,太宗采取"招抚"措施,党项归唐人口急剧增加,仅贞观五年(631年)一年,党项内附者三十万口。[3] 唐朝列地置州以处其众,西部疆域遂之开阔,如《唐会要》卷九八所记,贞观五年拓跋赤辞归附后,"从河首大碛石山已东,并为中国境"。然而,这种状况未能持续多久,就被吐蕃的东北部扩张所改变了。吐蕃占领大片党项人居地后,趁势东进,攻

---

[1] 《资治通鉴》卷二〇五。

[2] 西田龙雄:《西夏文字》(玉川大学出版部,1980年)认为,"嗢末"即为"mi nyag"。王忠:《论西夏的兴起》以之为"嵬名氏"。

[3] 《册府元龟》卷九六六记"会昌四年(844)十月诏"。

击唐朝,抄略党项,加剧了党项的内迁活动。

永隆元年(680年),吐蕃尽据羊同、党项及诸羌之地,原属松州都督府的党项羁縻州相继迁至关内道所属的银州、灵州都督府,其中最大的是静边州都督府,辖25州。嗣后还有党项部落的零散迁徙,他们按姓氏、按部落陆续向北、向东,散居于陇右北部诸州及关内道的庆、灵、银、夏、胜等州。唐朝依其所居设立羁縻州,寄治庆、灵、秦等州以统之。①

天宝十三载(755年)安史之乱爆发,唐军东调平叛,吐蕃趁机侵逼,党项各部开始又一次较大规模的迁徙,原在陇右北部诸州的党项向东进入关内道的庆、夏、灵等州,而原在庆、灵及夏州西的党项更向东迁至绥、银等州,甚至渡过黄河,向河东地区迁徙。

由于唐朝无力保护党项,就使党项的内徙不仅伴随着对唐朝州县的骚扰,而且往往与吐蕃的东侵活动相结合。唐代宗宝应元年(762年),吐蕃陷洮州(今甘肃临潭),取秦(甘肃天水)、成(甘肃成县)、渭(甘肃平凉)等州,二年破西山合水城。广德元年(763年),吐蕃以吐谷浑、党项兵二十万略武功、周至,泾州刺史高晖导引诸部入据长安城十五日,立广武王承宏为帝,改元,署官吏。② 吐蕃退出长安以后,仍据有原(宁夏固原)、会(宁夏中卫)、成(甘肃成县)、渭(甘肃陇西县)等地。广德二年(即永泰元年,764年)吐蕃入大震关,取兰(甘肃兰州)、河(甘肃临夏)、鄯(青海乐都)、洮等州,陇右尽为吐蕃所有。内徙党项迫于形势,归吐蕃者益众。

永泰元年,仆固怀恩叛唐,再引吐蕃、回纥、党项、吐谷浑、奴刺等部二十万人入掠凤翔、周至、同州、澄城等地,为唐军击退。至此,局势稍为安定,党项诸部的迁徙也基本停止,聚居于夏、绥、银、宥等州,归唐朝管辖;吐蕃则据有凤翔以西、邠州以北地区。吐蕃统治的一部分党项人,又同唐朝治下的党项人多有联系。

① 参见《新唐书·地理志·党项》"五十一州"条。
② 《新唐书·吐蕃传》。

吐蕃与党项相互交通侵扰唐朝,是较为突出的问题,《新唐书·党项传》载,"先是,庆州有破丑氏族三,野利氏族五,把利氏族一,与吐蕃姻援,赞普悉王之,因是扰边凡十年"。破丑氏即雪山党项,破丑乃部落姓氏;野利氏为党项八大部落之一,势力颇强;而把利氏与吐蕃联合更是由来已久。对此,唐朝不得不采取新的对策。

永泰元年,仆固怀恩病死于灵武,回鹘降唐,郭子仪"以党项、吐谷浑部落散处盐、庆等州,其地与吐蕃滨近,易相协,即表徙静边州都督、夏州、乐容等六府党项于银州(陕西米脂)之北、夏州之东,宁朔州吐谷浑往夏西,以离沮之"①。在此同时,郭子仪还上表代宗皇帝,请以工部尚书路嗣恭为朔方留后,将作少监梁进用为押党项部落使,置行庆州,防止党项阴结吐蕃为变,并"严逻以绝吐蕃往来道""芟其反谋"。嗣后又表置静边、芳池、相兴三州都督、长史,永平、旭定、清宁、宁保、忠顺、静塞、万吉等七州都府,加强阻绝吐蕃与党项交结的力量。"于是,破丑、野利、把利三部及思乐州拓跋乞梅等皆入朝,宜定州刺史折磨布落、芳池州野利部并徙绥、延州。"②大历末(769年),野利秃罗与吐蕃联合寇唐,招余族不应,郭子仪击之,斩秃罗都,而野利景庭、野利刚等率其部数千人入附鸡子川,归属唐朝。

党项联结吐蕃侵唐,既与其掠夺经济有关,也与唐朝边将的暴虐有关,如唐右卫大将军、夏州节度使田缙即是最突出的代表。据《册府元龟》卷五二〇记载:"缙为夏州节度,性贪虐,多隐没军赐;羌、浑种落苦其渔扰,遂引西蕃入寇。"《旧唐书·宪宗纪》也称"缙前镇夏州,私用军粮四万石,强取党项羊马,致党项引吐蕃入寇"。元和十四年(819年)八月,吐蕃以十五万众围盐州,党项首领发兵驱羊马以助。次年十月,"党项复引吐蕃寇泾州,连营五十里"。吐蕃还通过"谍者"与党项保持联系。穆宗长庆二年(822年)六月,盐州奏:"擒得与党项送书信吐蕃一百五

---

① 《新唐书·党项传》;并见同书卷一三七《郭子仪传》。
② 《新唐书·党项传》。

十人。"①

吐蕃在对归属唐朝的党项进行招诱、拉拢的同时,也发动了多次抄略战争。如贞元二年(786年),吐蕃攻盐、夏,"刺史杜彦光、拓拔乾晖不能守,悉其众南奔,虏遂有其地"。盐夏为党项人聚居地,乾晖又是拓跋部首领,党项人之被掳不言自明。贞元十七年(801年)七月,吐蕃再寇盐州、鄜州,杀刺史郭锋,"掠党项诸部"。②

军事上的角逐或联合无疑是吐蕃与党项政治关系的主要内容,但同时也存在着贸易往来,见于汉文史籍记载的有绢马贸易和奴隶买卖两端,据载,"永泰初(765年),丰州烽子暮出,为党项缚入西蕃易马,蕃将令穴肩骨,贯以皮索,以马百蹄配之,经半岁,马息一倍,蕃将赏得羊革数百"③。另据《旧唐书·德宗纪》载,德宗曾在贞元三年(787年)下诏"禁商人不得以口马兵械市于党项",口,即人口,是知先前有卖人口给党项的事实,党项人或者把这些人口又转卖给吐蕃或其部落民族,以为牧奴。在绢马贸易中,党项也扮演了相同的角色。当时,唐将李泌为解决军粮西运之困难,建议德宗皇帝利用党项同吐蕃的密切关系以绢易畜、资给屯田。奏称:"……今吐蕃久居原、会之间,以牛运粮,粮尽,牛无所用,请发左藏恶缯染为彩缬,因党项以市之,每头不过二三匹,计十八万匹,可致六万余头。"德宗称善,即命行之。④

唐武宗会昌二年(842年),吐蕃政权内部矛盾激化,佛都僧侣拉垅贝吉多杰(lha lung dpal gyi rdo rje)刺杀赞普朗达玛(glang dar ma),吐蕃无主,河陇诸将接连内讧,兼之以嗢末起义,使吐蕃在河陇的统治陷于风雨飘摇之中。唐宣宗大中元年(847年)吐蕃洛门川讨击使论恐热乘唐武宗新丧之机,诱党项及回鹘余众抄掠河西,被河东节度使王宰击败。⑤ 此

---

① 俱见《旧唐书·吐蕃传》与《资治通鉴》卷二四一。
② 《新唐书·吐蕃传》下;《资治通鉴》卷二二五载,大历十三年(778)八月"吐蕃二万寇银、麟州,略党项杂畜"。
③ 段成式《酉阳杂俎》续集卷七"金刚经鸠异"条。
④ 《资治通鉴》卷二三二。
⑤ 《资治通鉴》卷二四八;《新唐书·王智兴附子宴宰传》。

乃吐蕃诏诱党项寇唐活动之余音。次年,沙州人张议潮趁势起兵收复河陇,吐蕃大军溃遁叠、宕以西。

在此同时,党项平夏部却从混乱中发展起来。懿宗咸通末(874 年),拓跋思恭占据宥州,自称刺史;僖宗中和元年(881 年),因参预镇压黄巢起义被任为夏绥银节度使;三年,唐封拓跋思恭为夏国公,赐姓李。于是夏州政权出现了。① 但其统辖区还未及于河陇,散居河陇的吐蕃余部仍在唐朝治下。在唐昭宗乾宁二年(895 年)前后,“河西州县多为(李)茂贞所据”。

“至五代时,吐蕃已微弱。回鹘、党项诸羌夷分侵其地”。② 于是,在河陇至泾原等州,吐蕃与党项相互杂居十分突出。吐蕃“种族分散,大者数千家,小者百十家,无复统一矣。自仪、渭、泾、原、环、庆及镇戎、秦州,暨于灵、夏皆有之,各有首领”③。而“党项界东自河西银、夏,西至灵、盐,南距鄜、延,北连丰、会,幅员千里”④。两族所处州镇多有相同。

综上可见,吐蕃王朝时期及其灭亡后的数十年里,吐蕃与党项的政治关系是以吐蕃对党项的征服与统治、党项大规模内迁以及其后的两族杂居为主要内容的。吐蕃对党项的征服,一方面迫使党项人离开故地,开始百余年、数千里的大迁徙,引起频繁的战争和生产的破坏。另一方面,也改变了青藏高原的闭塞落后状态,使分散的各部落民族得以参与吐蕃民族的建设,参与我国各族人民的相互交流。吐蕃对党项及其他民族的直接统治,对民族文化的交往、民族融合以及藏民族的形成,意义尤为巨大。而党项族更大的发展也是在吐蕃逼迫与部众内迁之后才出现的。内迁使党项摆脱落后状态,走上崭新的道路,并与汉族及西北各少数民族的关系日趋紧密,为创造西夏文化奠定了基础。

但是,吐蕃王朝瓦解以后,情况发生了变化,吐蕃余部除远遁者外,

---

① 《新唐书·党项传》;吴天墀:《西夏史稿》(增订本),四川人民出版社,1983 年。
② 《旧五代史·吐蕃传》。
③ 《宋史》卷四九二《外国八·吐蕃》。
④ 《宋史》卷二六四《宋琪传》。

大多散居各地;而党项却剧烈发展起来,并迅速改变了吐蕃与党项政治关系的基本格局,开始把征服的矛头指向河西、河湟吐蕃诸部。

三、夏州政权及其对河西吐蕃的征服

夏州党项拓跋部在唐末的混乱中发展为一支割据势力。五代时期,中原多故,党项族李氏据守夏州,同北方的梁、唐、晋、汉、周各政权在名义上均保持"臣属"关系,基本上不介入各割据政权之间的斗争,而着力发展实力。直到北宋太宗太平兴国年间,情况才发生了变化。太平兴国七年(982 年),党项族首领、夏州节度使李继捧率族人亲朝宋太宗,自愿献出夏、绥、银、宥四州之地,引起了族弟李继迁的不满。继迁率部分帐族逃往夏州东北三百里的地斤泽(今内蒙古伊克昭盟巴彦诺尔),举起反宋旗帜。嗣后,他逐渐联合党项各部,结姻辽朝,势力不断壮大。

宋太宗至道二年(996 年)前后,李继迁把征服的目标移向地理位置极为重要的灵州。灵州位于夏州西侧,倚负贺兰山,带引黄河,是唐、宋时代西部边疆上的著名重镇,其西有回鹘,西南有吐蕃诸部,据之可倚为后盾,与宋朝争锋。宋真宗咸平五年(1002 年)三月,李继迁大集蕃部,攻陷灵州,以为西平府。次年,定都灵州。① 从此,李继迁开始攻略河西地区,与吐蕃诸部展开激烈的争夺。

凉州是吐蕃人聚居地区之一,凉州城外除汉民陷没者耕作于野而外,其余主要是吐蕃人。后汉乾祐初年(948 年),州人推土人折逋嘉施权知留后。后周广顺三年(953 年),申师厚任河西节度,奏请授吐蕃首领折逋支等官;显德中,师厚撤离凉州,吐蕃据而有之。② 凉州吐蕃仍依本部旧制,首领例"结布"即 rgyal-po,亦即古之赞普(btsan po)。"折逋"亦"结布"(rgyal po)之音转,以官号(已非王号)为姓氏。

---

① 《宋史》卷四八五《夏国传》。
② 《宋史·吐蕃传》;〔日〕前田正名:《河西历史地理学研究》,吉川弘文馆,1946 年,第 234 页,将六谷蕃部与嗢末等同。

北宋建立以后,河西吐蕃归附宋朝。咸平元年(998 年),河西军右厢副使、归德将军结布伊朗布(即游龙钵)遣使朝贡,宋朝赐其安远大将军。宋朝的支持成了党项吞并凉州吐蕃的重要阻力,而党项对吐蕃的征服也就意味着削弱宋朝在河西的势力。

早在宋太祖开宝元年(968 年),党项结唐族首领多尔济等引北汉兵入寇府州(陕西府谷)时,宋朝即以内附吐蕃十六府大首领吹裕勒与十二府大首领罗阿率领所部诛剿多尔济,迫其归宋。① 咸平四年(1001 年),被党项劫掠的吐蕃首领威布等转归宋朝;而李继迁也往来侵掠镇戎军界的蕃族,并在萧关屯聚万实、密补、四舒等族,以胁迫原、渭、灵、环诸州熟户。② 足见,宋朝与吐蕃联合遏止党项扩张的活动由来已久。

党项进攻并夺取灵州以后,与河西吐蕃的矛盾也遂之加剧。至道二年(996 年),吐蕃首领喻龙钵前来奏称:"蕃部频为继迁侵略。"③党项不仅发动军事侵略,而且也采用拉拢措施,用官告、印信引诱吐蕃部落。咸平五年(1002 年)十月,西凉府六谷部首领博罗齐(即潘罗支)遣使上言:"李继迁送铁箭诱臣部族,已戮一人,絷一人,以听朝旨。"④以潘罗支出自松潘(潘州),是"rlans(郎氏)"家族后裔,意为"潘州王"。

次年二月,李继迁驻守鳌子山,复以铁箭诱潘罗支,罗支不答。⑤ 党项的招抚措施基本上是失败的,吐蕃各部反抗党项征服的立场始终未变,甚至一些归附党项,接受"官牒文告"的部落也转而向宋朝"屡告贼中机事"⑥。

咸平六年(1003 年),党项与凉州六谷部吐蕃的战争进入白热化。这

---

① 《续资治通鉴长编》卷九。
② 《续资治通鉴长编》卷五〇。
③ 《宋史·吐蕃传》。
④ 《续资治通鉴长编》卷五三;〔日〕岩崎力《西凉府潘罗支政权始末考》,《东方学》47 号,1974 年;〔日〕山口一凤:《白兰和 Sum pa(松潘)的 rlans 氏》,《东洋学报》第 52 卷第 1 号,1969 年,第 33 页。
⑤ 吴广成:《西夏书事》卷七。
⑥ 《续资治通鉴长编》卷五四。

一年,李继迁"尽籍五州丁壮,大会诸族于盐州",声言将攻环、庆二州,"不复进取"六谷部。① 可是,暗地里却调兵遣将,迅速攻陷西凉府,劫夺了宋朝赐给潘罗支的印牌、官告、衣服与器械。潘罗支伪降党项,继迁受之不疑。后潘罗支趁机招诱六谷部诸豪及者龙族,集兵数万合击党项于三十九井(距灵州三十里)。继迁大败,中流矢身死,党项部落损失惨重。②

战争并没有因继迁的败亡而结束,原属继迁统辖的敏楚克巴及日布结罗丹二族,在党项部众溃散时归降吐蕃咱隆族。咱隆是六谷吐蕃诸部联盟的成员。实际上,党项二部的归附只是权宜之计。景德元年(1004年)六月,继迁子德明率部为父报仇,进攻咱隆族。潘罗支率百余骑急赴救援,将谋合击时,党项二部反戈一击,杀潘罗支于帐下。六谷部乱,敏楚克巴及日布结罗丹二部再煽动吐蕃诸部叛附夏州党项,"西凉府既闻啰齐(即潘罗支)遇害,乃率唐古(一作康古,即龛谷)、兰州、总噶尔(宗哥)、觅诺尔族攻咱隆六族。六族悉窜山谷,诸豪乃共议立罗齐弟斯多特(即厮铎督)为首"③。潘罗支副首领折逋喻龙钵等"尽归德明部下"。④又据《续资治通鉴长编》卷六八张齐贤上书称:"赵德明依前攻劫六谷,兼闻曾破却西凉府,所有节度使并副仪,结布伊朗布及在府户民,并录在部下。"西凉吐蕃遂亡。

大中祥符元年(1008年)三月,德明遣万赍等四军主领族兵再攻西凉府。既至,见六谷蕃部强盛,转攻甘州回鹘,又未得势。⑤ 四年(1011年)九月,"赵德明遣军校苏守信领兵攻西凉策丹族,其首领斯多特会诸族御之,大败其众"⑥。苏守信退据凉州,覆灭的吐蕃六谷部被党项役属者外,大多归附河湟吐蕃唃厮啰部,继续与党项对抗。大中祥符八年(1015

① 陈守忠:《公元八世纪后期至十一世纪前期河西历史述论》,《西北师院学报》1984年第4期。
②《宋会要辑稿·蕃夷》六之18。
③《续资治通鉴长编》卷五六。
④ 吴广成:《西夏书事》卷一一。
⑤《续资治通鉴长编》卷六八。
⑥《续资治通鉴长编》卷七六。

年),唃厮啰还遣西凉斯多特部兵十万掩杀党项,获得了重大胜利。《续资治通鉴长编》卷八五载曹玮言:"嘉勒斯赉所遣刘旺诺尔遣账下泌巴结来告,近遣西凉斯多特部兵十万掩杀北界部落,胜捷入献首级数。"

于是,史书有称斯多特为"总噶尔(即宗哥)斯多特"者。《续资治通鉴长编》卷八五"十月己酉"条称:"秦州总噶尔蕃部斯多特遣使来贡。"李焘注曰:"斯多特本西凉首领,今此忽系之秦州总噶尔,未晓其故,当考。"我认为,斯多特此时已归宗哥吐蕃,故称总噶尔(即宗哥)斯多特,而前系秦州以示地望者,误也,当脱遗"言"字,即应为:秦州言:"总噶尔蕃部斯多特遣使来贡。"如同书卷九五"天禧四年三月壬申"条谓,"秦州言:'蕃部阿锡达纳质归顺'",及"环州言"、"庆州言"等,类同。

党项对西凉六谷部的征服,并未实现其长久统治的愿望,据《续资治通鉴长编》卷八八载,乾兴元年(1022年)苏守信死,其子继任,回鹘趁机赶走党项驻军,据有凉州,达十年之久。宋天圣十年(1032年),元昊再次出兵河西,才夺回了对凉州的统治权。

四、西夏与河湟吐蕃的关系

灭亡西凉六谷吐蕃后,夏州党项得陇望蜀,把矛头转向居于今青海西宁等地区的河湟吐蕃唃厮啰政权。唃厮啰(996—1065年),河湟吐蕃首领,系吐蕃王朝赞普后裔。[①] 本名齐襄凌充沁布,沁布即赞普之谓。据称,他出生在高昌,十二岁时,被客居高昌的河州羌人哈喇额森挈至多僧城,豪族松察克斯戬又以其居叶公城(甘肃临夏)西南,欲于河州(临夏)建政。河州人谓佛为"嘉勒",谓儿子为"斯赉",嘉勒斯赉即唃厮啰异写,意为佛子。[②]

嗣后,宗哥僧人李立尊与邈川首领温布且将唃厮啰劫往廓州(青州

---

① 范文澜《中国通史简编》第3编第2册,谓,唃厮啰属亚陇党卧王系的子孙;黄奋生《藏族史略》第159页称之为吐蕃赞普哦松后裔,雅隆党阿王赤德之后。
②《续资治通鉴长编》卷八二。

尖扎北)立为赞普,部族渐盛,李立尊为伦布(blon po 即大臣)。后失和,唃厮啰转居邈川(青海乐都),以温布且为伦布。温布且叛乱被杀,唃厮啰迁居青唐(青海西宁市),此为基地,成为割据一方的强部,据有"汉陇西、南安、金城三郡之地,东西二千余里"①。"正北及东北至夏国界,西过青海,……南至…阶、成州界"②。西凉府六谷部灭亡、余众投归河湟以后,夏州党项与河湟吐蕃的战争便立即展开了。

《宋史·吐蕃传》记,其时,唃厮啰"聚众数十万,请讨平夏以自效",夏州党项也大动干戈,企图吞并河湟吐蕃。景祐二年(1035 年)十一月,德明子元昊分兵两路进攻河湟:一路由索诺尔(即苏奴儿)将兵二万五千直向唃厮啰本部,结果死亡略尽,索诺尔本人也成为俘虏。元昊自率另一路大军攻牦牛城,经一月未能克获。再攻青唐、阿尔、宗哥、带星岭诸城,抄掠吐蕃居民。唃厮啰部将阿萨尔(即"安子罗"),以兵十万堵绝其退路。元昊见势不妙,率部昼夜角斗二百余日才夺得归路,但当"(夏)众至宗哥河,半渡,子罗使人决水淹之,(夏兵)大溃还"③。十二月,元昊再攻河湟,唃厮啰知寡不敌众,遂避鄯州城(青海乐都)不与交战,暗地里派人探其军情之虚实,将元昊兵所插表示河水深浅的标志移向深水区。当元昊战败逃归时,其士兵十之八九溺死水中,余者多被吐蕃俘获。④ 元昊对唃厮啰部的军事进攻基本上是失败的。

景祐三年(1036 年)十二月,元昊举兵攻略甘州回鹘,先后陷瓜、沙、肃三州,尽有河西之地。然后进攻兰州诸羌,南侵马衔山,筑城瓦蹀凡川会,留兵镇守,以绝河湟吐蕃与北宋相通之路,把唃厮啰部孤立于一隅。同时在战略上改变单纯的军事进攻,而采取恩威兼施、分化瓦解。唃厮啰诸子之争便成为元昊离间的大好时机。

唃厮啰有三妻,二妻为李立尊之女,生辖戬(瞎毡)、默戬觉(磨毡)。

① 沈括:《梦溪笔谈》卷二五《杂志》二。
② 杨仲良:《续资治通鉴长编纪事本末》卷一四〇。
③ 吴广成:《西夏书事》卷一二。
④《续资治通鉴长编》卷一一七。

后,李氏宠衰,被斥为尼。唃厮啰宠乔氏,其所生董毡也受器重。辖戬据河州,默戬觉据邈川,各抚其众,唃厮啰不能制。元昊知二子怨父,因以重贿间之,又引诱吐蕃诸豪酋大族。因叛乱被杀的温布且之子伊实洛鲁拥众万余在暗地里投归元昊。内部分裂使唃厮啰深感力不从心,遂率亲信部属从宗哥西徙哩沁城。① 元昊分化吐蕃的策略初见成效。

宋仁宗景祐五年(1038 年),元昊在兴庆府(宁夏银川市)南筑台即皇帝位,国号大夏,改元天授礼法延祚元年,揭开党项族发展史上崭新的一页。为加强防御力量,元昊设十二监军司,其中在右厢甘州路驻兵三万人"以备西蕃(即吐蕃)、回纥"②。这一年,唃厮啰曾奉宋朝之命出击西夏,因西夏有备而未得其逞。此后,西夏逐渐强大,而唃厮啰部日益衰弱。宋仁宗庆历元年(1042 年),元昊筑城阿干,城河旁距龛谷十七里,瞎毡欲图之,元昊恶其逼,遣将攻龛谷,大破之,唃厮啰不能救助。③

公元 11 世纪中叶,河湟吐蕃采取联辽制夏的方略,取得了一定的成效。公元 1048 年、1051 年、1054 年几年间,吐蕃均遣使通好于辽。《辽史》卷二〇《兴宗纪》称吐蕃为"铁不得国"。其时,西夏主元昊已卒,其子谅祚幼年即位,母党讹庞氏专权,岁获宋朝赐遣,因思专制吐蕃。嘉祐三年(1058 年),唃厮啰部下捺罗部阿作率属众投奔西夏,讹庞纳之,授以取官,使居边防要塞,准备进攻吐蕃。④ 据《续资治通鉴长编》卷一八八载,同时叛归西夏的还有纳克垒、阿布尔等族,但文中却将唃厮啰部属的探罗部阿作误为唃厮啰本人。

不久,谅祚用其入掠河湟,唃厮啰率众迎敌,打败西夏军队,获酋豪六人,收囊驼、战马颇众,因降隆博、哩恭、玛颇克三族。⑤

---

① 高永年:《元符陇右录》载,哩沁城去渭州西约 15 里。
② 《宋史·夏国传》。
③ 吴广成:《西夏书事》卷一五。
④ 《西夏书事》卷二〇。
⑤ 《续资治通鉴长编》卷一八八;《宋史·唃厮啰》将三族写作"陇逋、公立、马颇",音译略异,但"公立"应"立公",从《续资治通鉴长编》。

　　恰值辽嫁女于董毡，唃厮啰才罢兵归还到本部。显然，河湟吐蕃此战胜利与辽的牵制有关。《续资治通鉴长编》卷一八八称："契丹既与嘉勒斯赉通姻，数遣使由回鹘路至河湟间，与嘉勒斯赉约兵取河西（即西夏）。"嘉祐七年（1062年），契丹与唃厮啰部反目，谅祚乘机屯兵于古渭州（甘肃陇西）西击董毡，被吐蕃打败。

　　宋英宗治平二年（1065年）十月，唃厮啰卒，其子董毡袭位，瞎毡、磨毡拥众各据城邑。于是，河湟吐蕃分裂为三，部众多有亡走西夏者。① 而河湟吐蕃与西夏的关系也开始发生变化，单纯的敌对、战争关系结束，代之以相互结盟的友好关系。双方虽然仍有战争，但已不是主流。这种关系的转变，首先是西夏对河湟吐蕃施行笼络方针的结果。西夏对归附的吐蕃首领厚加慰抚，甚至嫁女给禹藏花麻，封之为驸马，示以优宠。其后，谅祚又遣人以爱女许嫁董毡之子蔺逋比，董毡也欣然接受。熙宁五年（1072年）五月，董毡子与夏主秉常妹（即谅祚女）为婚，十二月，"夏国与董毡结亲"②。而吐蕃的部落首领，也因宋朝兴"熙河之役"而纷纷背宋归夏，西夏均赐以薪俸、授以职官。如《西夏书事》卷二四所载，"（温）溪心，温纳支弟，同居邈川，为蕃部都巡检，向受夏国俸给"。

　　从宋仁宗熙宁十年到哲宗元祐二年（1077—1087年）的十年间，董毡等部吐蕃与宋朝言归于好，而与西夏再次发生战争。神宗元丰三年（1080年），秉常以吐蕃复臣宋朝，受西平节度使职，遣众袭邈川。次年，秉常母梁氏又以国中内乱，恐吐蕃窥其隙，令三头项人直抵西罗谷，劫制蕃部。西平节度使董毡使养子阿里骨率兵击之，斩三百级，降二百二十三人。③

　　董毡养子阿里骨（即鄂特凌古）掌权后，吐蕃与西夏关系又一度改变。元祐二年（1087年），阿里骨与西夏大相梁叶普通约、划定疆界，以熙、河、岷三州归吐蕃，以兰州、定西城归西夏，双方结成攻守同盟。阿里

① 李埴：《皇宋十朝纲要》卷六，司马光《稽古录》卷二〇。
② 分见于《续资治通鉴长编》卷二三三、二四一。
③ 吴广成：《西夏书事》卷二四、二五。

骨还导引夏人数十万攻略西城,击败宋军。① 至绍圣三年(1096 年),阿里骨卒,青唐吐蕃无主,蕃夏联盟随之瓦解,吐蕃诸部投归西夏与宋朝者甚众。

元符二年(1099 年)七月,宋将王赡占据邈川城,邈川为一方重镇,东北控夏国右厢甘、凉一带,西接宗哥青唐政权,形势险要,王赡据此,击败西夏大军,进而占领青唐。②

此行遭到青唐吐蕃的反抗,他们遣使夏国,乞兵抗宋。崇宁三年(1104 年),西夏兵万余列于临宗乳酪河之东,援助吐蕃,但当得知吐蕃首领谿撽罗撒在宗哥反抗失败后,又撤兵而退。③ 溪(谿)撽罗撒走投夏国,西夏纳之。自是“时时寇边,兵不解严而馈运极艰”。④

总之,在河湟吐蕃与西夏的关系中,由于宋朝联合吐蕃对抗西夏,使西夏征服河湟吐蕃的梦想始终无法实现,从整体上看,唃厮啰在世时的蕃夏关系基本上是战争为主;唃厮啰卒后,河湟吐蕃势力分化,西夏也改变一味进攻的策略,采用离间、拉拢的措施,使吐蕃诸部开始时隐时显地倾向西夏,宋朝改变既定的联蕃制夏方针,用王韶“经营”熙河的策略,可以说是断送了宋与河湟吐蕃的友谊,把吐蕃推向西夏的怀抱。

北宋灭亡后,金朝统治北方地区,河湟吐蕃归金节制,唃厮啰后裔结什角再度复兴,并与西夏发生密切交往。据载,金世宗大定四年(1164年),宋人破洮州,结什角与其母走入乔家族以避其患,乔家族首领播通与邻族木波陇逋、庞拜、丙离四族耆老大僧等立结什角为木波四族长,号曰王子。于是,结什角以四部族为基础割据一方。其地北接洮州、积石军,南为陇逋族,限大山,八百里不通人行。东南与叠州羌相接,西为丙离族,与卢甘羌相接,北庞拜族,与西夏容鲁族相接。疆域共“八千里,合

---

①《续资治通鉴长编》卷四〇〇。

② 汪藻《青唐录》;《皇宋十朝纲要》卷一四载,“元符二年八月丁酉,夏人入寇厮归丁南堡”。

③《续资治通鉴长编纪事本末》卷一四〇。

④《宋史》卷一九〇《兵》四“赵挺之言”。

四万余户"。① 宋孝宗乾道二年(1166 年),西夏破灭吐蕃吹折、密臧二门,其陇逋、庞拜二门因与乔家族相邻,遂归结什角。

吐蕃结什角部与西夏的关系主要也是战争,这与西夏的征服政策有关。乾道五年(1169 年),结什角至庄浪族看望其母,西夏派兵围劫。结什角与诸部并力作战,溃围出,被西夏人砍断一臂,其母被掳掠而去,部众或死或逃所剩无几。不久,结什角死去。西夏多次抄略河湟吐蕃,吐蕃诸部也积极抵抗,投归金朝的吐蕃人乌古论长寿的抗夏事迹尤为昭著。②

终西夏之世,党项抄略河湟吐蕃的战争没有停止,河湟吐蕃的抵御斗争也未止息。嗣后,西夏内有权力纷争,外有蒙古大军威逼,逐渐衰弱,对河湟吐蕃的战争也相对减少,终为蒙古所灭。河湟吐蕃除一部分进入宋朝或融入西夏者外,其余仍活动在河湟地区。

五、西夏对其境内吐蕃人的统治

西夏是一个多民族政权,除了党项人之外,还有大量的汉族、吐蕃、回鹘及其他各族人民共同生息、活动。西夏境内的吐蕃人的来源有以下几种:第一,唐代以来,从吐蕃本土迁往河西等地的吐蕃人。吐蕃王朝瓦解以后,大部分军队撤出河陇,远遁迭、宕以西,但留下的人仍然为数众多,他们或融入汉族之中,或归于党项治下。党项拓跋氏崛起后,这些"族种分散,大者数千家,小者百十家,无复统一"的吐蕃部落,先后归其统治,这正如《西夏记》卷二所载,"西界蕃部不下数十万帐,始犹互相捍拒,及继迁兵势寝盛,自灵州北河外镇戎军、环州至镞子山、贺兰山西、陇山内外,黄河以东诸族,无不帖服",这些蕃部中有党项也有吐蕃。

第二,五代末至西夏建立时期,西凉吐蕃六谷部及河湟吐蕃先后被西夏征服,或自愿投归西夏者,人数颇多。《西夏书事》卷一一记,潘罗支

---

① 《金史》卷九一《结什角传》。
② 《金史》卷一〇三《乌古论长寿传》。

被杀后,其副首领折逋喻龙钵等"尽归德明部下"。河湟吐蕃在唃厮啰死之后纷纷归属西夏,已如前述。

第三,西夏占领吐蕃人居住的河陇地区,是获得吐蕃属民最直接的途径。"凉州廓外数十里。尚有汉民陷没者耕种,余皆吐蕃。"①瓜、沙、甘诸州曾为吐蕃久居之地,在西夏兴起后,均归其统治。故而,元昊称"吐蕃、塔塔(即鞑靼)、张掖(即甘州回鹘)、交河(西州回鹘)莫不从伏"。② 将吐蕃列于诸部之首,知吐蕃应是西夏境内主要民族之一。

西夏如何统治吐蕃诸部呢? 未建立政权以前,可以用党项首领李继棒的一句话来概括,即"羌人鸷悍,但羁縻而已,非能制也"。③ 羌,泛指党项、吐蕃等民族。这种统治策略适合于游牧经济的特点。

在元昊称帝,建立西夏并占领河西地区以后,对吐蕃部落的统治就有了新的变化。首先,西夏在河西吐蕃、回鹘诸族聚居地区设有军事和行政机构。河西属右厢,元昊称帝时即沿袭旧制,置有甘、凉、瓜、沙、肃五州,称甘州路,驻兵三万人,外御诸部侵盗,内防吐蕃、回鹘反抗;在西夏的十二监军司中,河西就有三个,即甘州甘肃军司(驻甘州)、瓜州西平军司(驻瓜州)、黑水镇燕军司(驻肃州境)。④ 足见西夏对河西的重视。据《续资治通鉴长编》卷四六六载,西夏的边地"有吐蕃守御之人,每处众不满百",维护地方安全。平常"种落散居,衣食自给,忽尔点集,并攻一路,故(夏)众动号十万"。⑤ 西夏是全民皆兵,吐蕃诸部居民也不会例外。

河西地区吐蕃仍以畜牧业经济为主,归"群牧司"管辖,由于河西战争不息,他们的生活是比较艰辛的。宋人称,五代北宋时期,"河陇为西夏所据,元昊倔强构逆,兵势甚锐,竭天下之力不能稍挫其锋;然至绝其岁赐、互市,则不免衣皮食酪,几不能以为国,是以亟亟屈服。盖河西之地,自唐中

①《宋史·吐蕃传》。
②③《宋史·夏国传》上。
④《宋史·夏中传》;参阅吴天墀《西夏史稿》(增订本),第208—209页。
⑤ 戴锡章《西夏记》卷一〇。

叶以后，一沦异域，顿为龙荒沙漠之区，无复昔之殷富繁华矣。"①在一定程度上反映了河西经济的凋敝。对此，西夏统治者也采取了一些补救措施，据《西夏记》卷二二载，夏崇宗乾顺贞观九年(1110)，"瓜、沙诸州，素鲜耕稼，专以畜牧为生，自三月不雨，至于是月(9月)，水草乏绝，赤地数百里，牛羊无所食，蕃民流之者甚众，监军司以闻，乾顺命发灵夏诸州粟赈之"。

西夏对河西吐蕃的统治是以武力为基础的，而对河湟吐蕃的战争又在持续进行，因此，吐蕃部落反抗西夏的斗争也就不可避免。现存于苏联的西夏文献中，有一份记载夏仁宗天盛年间(1149——1169年)吐蕃人奋起反抗的事实，据称有145户、2790人，他们逃匿于森林之中，与官军周旋。②

前文所述的吐蕃部落有背夏归宋，或再还旧地，都是这种反抗活动的一部分。

但是，从总的方面看，河西地区的吐蕃已作为西夏境内的一个民族，与回鹘、党项、汉族等各族人民共同生活，开发建设河西地区，据苏联著名西夏学家克恰诺夫研究，"在唐克特国(即西夏)中，藏人享有公正的平等权利。唐克特法令没有异民族人承受不平等对待的规定。对同类罪行的不同人量刑时，是依据他们的社会地位(有没有人身自由，上层或是隶属的，有无官阶等)并依其在血亲制度中个人地位(长辈或晚辈亲属)，而不是依据罪犯的族别。"③由于西夏是多民族联合政权，党项族大量吸收汉、吐蕃、回鹘等各族文化，各族间的地位基本上是平等的，这有利于

---

① 马端临：《文献通考》卷三二二《古雍州》后案语。
② 原件藏苏联东方学研究所，列宁格勒分所特藏西夏文文献，第44189号，转见克恰诺夫：《唐古特西夏国的藏族与藏文化》，杨元芳、陈宗祥译文，《甘肃民族研究》1985年第2期。
③ 〔俄〕克恰诺夫：《唐古特西夏国的藏族与藏文化》，参阅杨元芳、陈宗祥译文，《甘肃民族研究》1985年第2期。

西夏社会的进步、文化的发展,以及各民族的相互融合。①

六、简短的结语

通过上以论述可以看到:

(一)吐蕃与党项两族关系极为密切。从 7 世纪初吐蕃王朝建立不久两族的初次交往,到 13 世纪前期西夏亡国,时密时疏、未尝断绝,这是研究中国民族发展史及唐宋中国历史不能忽视的。

(二)两族交往涉及地区十分广泛,影响也极为深远。吐蕃与党项都曾建立过政权,既统治过其他民族,也相互统治过,这对于民族融合及民族文化交流影响很大。同时,吐蕃与党项都有一部分从青藏高原内徙甘、青、宁等地区,不仅影响到西南、西北其他各民族的分布与发展,而且影响到今日甘、青地区藏族的形成。

(三)吐蕃与党项的关系一刻也没有离开唐宋时期中国历史发展的总趋势,始终与中原王朝保持密切的联系,应该说,它是中国历史不可分割的一部分。

(四)吐蕃与党项的关系,是在矛盾斗争中不断发展的,虽然免不了残酷的战争,但这些战争打破了民族间地理上的、心理上的壁垒,客观上造成了民族发展、民族融合的条件。由此可领悟到中华民族形成过程之曲折复杂!

原载《甘肃民族研究》1988 年第 3—4 期

---

① 现在甘肃张掖的《黑水桥建桥敕碑》,叶昌炽《语石》卷一;藏文部分,王尧:《西夏黑水桥碑考补》有译文,《中央民族学院学报》1978 年第 1 期。记述了西夏在河西甘州建桥的缘起、经过与目的。碑文一为汉文,一为藏文。体现了汉、藏两族聚居及其在甘州的影响,文意不外宣扬西夏统治者敬信释氏、爱怜众生的大德懿行,反映了西夏统治者在吐蕃人居住区宣扬佛教,实施精神统治的内容。吐蕃人信佛,因势利导,益于社会安定。同时,黑水河年年暴涨,造成人畜伤亡,西夏统治者建桥有利民生,体现其对吐蕃地区公共事业的重视与支持。

二　论吐蕃文化对西夏的影响

　　吐蕃和党项是我国境内的两个古老民族,唐宋时期,他们先后建立政权,对我国历史的发展,尤其是西北地区历史的发展产生过重要的影响。吐蕃与党项两族之间的关系也十分密切,从唐太宗贞观初年的正式交往到西夏后裔南迁,历时达 600 余年之久,其间你来我往,水乳交融,是中国历史上较为少见的现象之一。唐朝时期,吐蕃奴隶主对党项诸部发动了一系列征服战争,大批的党项人归属吐蕃王朝治下,两族混居者众多;五代时期,吐蕃王朝不存,党项统一政权未兴,东迁河陇、河湟的吐蕃人与内徙的党项部落杂居、融合者又十分普遍;西夏建立以后,更有一部分吐蕃人被收归治下,成为西夏的"编户齐民";俟蒙古灭西夏,西夏遗民又有南人康藏者复与吐蕃及诸羌族杂居相处,两族往来还未尝稍绝。

　　吐蕃与党项的统治者相互军事掠夺及两族人民之间的相互往来,构成了政治上的统治与被统治,民族上的杂居与融合,同时,也产生了与之相关的文化交流。吐蕃与党项的文化交流,特别突出地反映在党项所建的西夏政权上层建筑和意识形态之中。因此,我们以吐蕃文化对西夏的影响为线索来探讨吐蕃与党项的文化关系。

　　众所周知,历史上的西夏有着自己鲜明的民族特点,而西夏文化的形成主要是吸收了汉族、吐蕃(藏族)、回鹘(维吾尔族)以及北方各族的优秀成果。其中汉、蕃(即藏)文化的影响尤为突出。关于汉族文化对西夏的影响,史籍多有记载,学术界也有较深入的研究,无须赘议。吐蕃(藏族)文化对西夏的影响,国内外学术界虽有涉及,但深度和广度均不够。本文在吸收前人成果的基础上作进一步探讨。

一、宗教文化

宗教文化的交流是吐蕃与西夏文化关系的主要内容之一。它包括两方面:一是佛教文化的相互影响;一是吐蕃的原始宗教——本教(bon)在党项人地区的传播及党项人对本教的贡献。

首先讨论佛教方面的交流。吐蕃接受佛教远在党项人之先,对佛教理论的学习、佛经的翻译与佛说的传播也很早,吐蕃对西夏的影响就无疑成为主要的方面。

1. 西夏建立以前,吐蕃佛教对党项人的影响

唐朝初年,由于吐蕃王朝向东北部扩展,将大批党项人收归治下,吐蕃佛教文化也随之传入。早在松赞干布执政时,就在康区建造压女魔右手掌的隆塘准玛寺(Klong thang sgron ma),又在弭药热甫岗(mi nyag rab sgang)建造雍佐热甫嘎神殿(yong rdsogs rab dgavi lha khang)。[①]从此,党项地区的佛教既有来自中原唐朝(通过吐谷浑)的影响,也有了吐蕃的影响。在吐蕃地区很早就活跃着来自党项地区的求学僧人和学问僧,其名前多冠有"木雅巴"(mi nyag pa)、"木雅(mi nyag)"或"咱米(rtsa mi)"等,如生于下多康之弭药地区的高僧"咱米桑杰查巴(rtsa mi sangs rgyas grags pa)"[②],以及吐蕃政权瓦解后,随约松(vod srungs)王

---

① 巴卧·祖拉陈哇(dpav bo gtsug lag phreng ba):《贤者喜宴》(mkhas pavi dgav ston)ja 函,黄颢译文载《西藏民院学报》1981 年第 2 期。
② 见黄颢:《藏文史书中的弭药(西夏)》,《青海民族学院学报》1985 年第 4 期。

子吉德尼玛衮前往阿里的木雅巴阿格咱拉(mi nyag pa a vkab dsu?)。[①]
"弭药"即党项,"咱米",据学者研究也是党项的一种称呼,与弭药同。[②]
这些党项人至吐蕃本部学习,成为藏传佛教不断传入的良好途径。

　　在西藏佛教后宏期,生于宗喀德康(今青海循化北)的大喇嘛公巴饶赛,受比丘戒以后即北去甘州(今甘肃张掖,时归西夏)学习并传授佛法,弘扬藏传佛教于党项人统治地区。在此前后,因吐蕃本部朗达玛(glang-darma)灭佛而遭迫害的僧众纷纷逃亡,有的定居于河西地区,有的先至于阗,再东转河西地区,他们为党项地区佛教的发展产生过重要影响。其中以逃往康区的释迦牟尼、约格郡与章饶色三位最有名,他们带有重要的佛教经典[③],既促成了后宏期"下路宏传"的产生,又有力地推动了党项地区佛教事业的发展。

2. 西夏建立以后,藏传佛教的广泛传播

　　西夏(1038—1227 年)是在战乱和分裂割据的形势下建立起来的。现实的痛苦深深地浸入人们的心灵,获得安宁与摆脱痛苦成为广大群众的普遍愿望。在失望与挣扎中,佛教成了人们的精神食粮。统治者因势利导,用以掩盖社会矛盾,维护现存政权。西夏统治者积极从北宋与吐蕃地区引进佛教,并发扬光大。

　　吐蕃对西夏佛教的影响有三:第一,吐蕃僧人在西夏境内从事了建立寺院及修建佛塔的活动。西夏统治者信崇佛教始于德明(即阿伊克,1004—1031 年在位),《宋史·夏国传》载,宋景德四年(1007 年)德明以母丧,请修供五台山十寺;天圣八年(1030)又向宋朝献马请赐佛经。其子元昊也"晓浮图学"。时西夏同吐蕃佛教的联系,主要在与河西、河湟吐蕃的交往之中。河西凉州城内,早在五代后汉时期即有一座七级木浮

[①]《贤者喜宴》ja 函,《西藏民族学院学报》1985 年第 1 期注文,引自《拉达克王王统记》。

[②] 见黄颢:《藏文史书中的弭药(西夏)》,《青海民族学院学报》1985 年第 4 期。

[③] 廓诺·讯鲁伯(vgos log zhon nu dpal):《青史》(deb ther sngom po),参见郭和卿汉译文第
　　44—68 页,西藏人民出版社,1985 年。

图,每当州帅稍失民情,吐蕃民众啸聚反抗,"其帅急登之,绐其众曰:'尔若迫我,我即焚于此矣。'众惜浮图,乃盟而舍之"①。其信佛如此。

以后的河湟吐蕃,其信佛又远出凉州吐蕃之上。赞普被称作佛子(唃厮啰,rgyal sras),大相(李立尊)为佛门信徒,僧众如云。因此,西夏人说"吐蕃人信佛"。克恰诺夫《手掌中一块金子》所载西夏文第一部经卷中,仿汉族《千字文》格式所写的一段韵文"西夏人勇健,契丹人迟缓,吐蕃人信佛,汉人受俗文,回鹘饮酸乳"来概括其民族特征。

藏传佛教影响西夏,不仅仅因于西夏曾掠夺或征服了许多信教的吐蕃人,以及双方曾有过友好联合的交往,而且,据藏文史书记载,吐蕃高僧还在西夏地区建立寺院、寺塔。如活跃在河西地区的大喇嘛公巴饶赛,为破除邪见,修建了许多寺庙、佛塔,其所用彩色油漆均出自西夏本地,塔型、庙舍则是他亲自设计建造②,为西夏佛教事业的发展做出了贡献。

夏主李晛主政二年(1227年),蒙古大军攻灭西夏,但吐蕃高僧在西夏人居地仍有建立寺院的活动。这是吐蕃佛教与西夏长期交往的延续,其中以噶玛拔希(1204—1283年)的活动较为著名,他在蒙古、西夏等地区兴建寺院、佛塔,如位于凉州(今甘肃武威)地区的处囊朱必拉康(也称幻化寺)即为其所建。他还前往灵州、甘州传法布道。③ 幻化寺遗址犹存,当地人称作"白塔寺"。嗣后做了蒙哥皇帝的上师,"在甘州、西夏和蒙古的边界地带""求雨、求雪、禳灾、祈福、诵经"的活动。④ 今宁夏青铜峡口所余108塔遗物,同心韦州旧城的喇嘛塔,都有藏传佛教的痕迹。⑤

对西夏人居地佛寺建设有所贡献的还有乳必多吉(游戏金刚)。他先从吐蕃来到嘎曲(sga chu),再转道察昌纳波地方,抵达木雅热岗,调解

---

① 《宋史》卷四九二《吐蕃传》。
② 廓诺·迅鲁伯著,郭和卿译:《青史》,第45页。
③ 王森:《关于西藏佛教史的十篇资料》,中国社会科学出版社,1987年。
④ 巴卧·祖拉陈哇:《贤者喜宴》Pa函,引自黄颢《藏文史书中的弭药(西夏)》,《青海民族学院学报》1985年第4期。
⑤ 钟侃:《宁夏文物述略》,宁夏人民出版社,1980年,第94—96页。

了阁栋的内乱,使之二十五年无乱事。又至萨班住地粗比德,与木雅、汉、回鹘、蒙古等族译师高僧聚会。嗣后,修建雪贡谟伽惹大寺,积极弘扬藏传佛教。① 寺院是佛教徒活动的主要场所,吐番高僧建造寺院促进了藏传佛教在西夏地区的发展。

第二,藏传佛经翻译成西夏文,是吐蕃佛教影响西夏的又一个重要内容。据日本学者西田龙雄研究,来自吐蕃的译本有:《佛母大孔雀明王经》、《圣摩利天母总持》、《无量寿宗要经》、《圣大乘胜意菩萨经》、《莲花顶冠根续》、《圣大王国土经》卷上、《大寒林经》、《圣慧到彼岸功德宝集经》23、《正理一滴论现量品第》等。在译本中也有一些典型特征,如梵文经题与藏文译的经题并列,译为西夏文后,则为梵文与西夏文经题并列;皆为小字体卷子本;在语句上也有符合汉语与符合藏语的差别等等。②

据苏联学者克恰诺夫(E. N. Kычанов)等人研究,译自吐蕃的佛经,在装帧上多为"梵夹装",即直接继承了梵文经籍的原状,"西夏刊本的装订,是仿照当时的汉文书籍装订形式。大多数世俗内容的书籍都是'蝴蝶装'。多数佛经则是经卷或'折叠装'。很多西夏文佛经的装潢像几百年来藏文古版经籍那样(即所谓'梵夹装',那是西藏人从印度传入的)"③。翻译藏文佛经是仅次于汉文佛经的另一项重要内容。汉传佛教与藏传佛教主要是通过经典翻译来影响西夏社会与佛教发展的。

第三,吐蕃僧人在西夏境内传法布道及西夏僧侣前往吐蕃寺院学习,成为吐蕃佛教影响西夏的又一个因素。

吐蕃僧人在西夏境内有较突出的地位。在现存的《重修凉州护国寺感通塔碑》的碑铭末署名有"感应塔下,羌汉二众提举,赐绯衣和尚,臣工

---

① 廓诺·迅鲁伯著,郭和卿译:《青史》,第 327—328 页。
② 〔日〕西田龙雄著,潘守民译,黄润华修订:《关于西夏文佛经》,《西北史地》1983 年第 1 期。另外还有《五部经》《八千颂般若经》也是译自藏文佛经。石滨纯太郎:《西夏文八千颂般若经合璧考释》,《西夏文专号》第 247 页。
③ 〔俄〕戈尔巴切娃和克恰诺夫:《西夏的手写本和木刻本》,东方文献出版社,莫斯科,1963 年。参见白滨译,黄振华校(文载《民族史译文集》1978 年第 3 期)。

那尼征遇"等句。① 羌即西羌或吐蕃,西夏称吐蕃为羌或西羌。蕃汉二众提举,反映了凉州的吐蕃与汉人的地位。在西夏文法律典籍《天盛年改定新律》的附录中,尚有一份记录有关"唐古特人群体""藏人群体以及唐古特-汉人的融合群体"的材料②,是河西吐蕃僧众活动的又一例证。

个别吐蕃高僧,还因精通佛典与翻译佛经深得人们敬仰,被推为国师。藏文史书称,木雅(即西夏)司乌王的后代木雅多杰,即师事扎巴绛称大师,与萨迦派建立了联系。③ 西夏主泰呼执政时,遣人迎请居于粗布寺的噶玛噶举派法王都松钦巴。法王未至,以其弟子藏索瓦代行,泰呼奉藏索瓦为上师,十分礼重,嗣后还向粗布寺的具吉祥聚米塔奉献了纯金塔衣和华盖。④ 被奉为上师的吐蕃高僧,还有蔡巴派的通古哇·旺久扎西等。萨迦五祖的第三祖扎巴坚赞的弟子中,有名叫迥巴哇国师觉本的弟子,也做了西夏国王的上师。

吐蕃僧人在西夏境内还有充当邮使者。《西夏记》卷一一载,元昊曾遣蕃僧佶外吉法正等至宋,报谢景祐中所赐佛经。西夏光定四年(1214年),其右枢密使兼吐蕃路招讨使万庆义勇遣吐蕃僧人减波、把波等以蜡书至西和州容石寨约南宋共攻金朝。⑤《谈苑》也称"熙河羌人(即吐蕃人)最重佛法,故西夏以蕃僧为寄书邮也",是其明证。

成吉思汗攻灭西夏时,还向在西夏活动的吐蕃僧人藏巴东库哇旺秋扎喜问法,并颁布《优礼僧人诏》。⑥ 西夏灭亡后,吐蕃高僧乳必多杰与得银协巴等在西夏故地活动也很有影响。河北保定城北韩庄发现的西夏文石幢中,"无论是经卷、发愿文中的人名,还是石幢题款中的人名都有

---

① 陈炳应:《西夏文物研究》第 113 页有《重修凉州护国寺感通塔碑》译文,宁夏人民出版社,1985 年。
②《天盛年改定新律》第 9 章,引自〔俄〕克恰诺夫《唐古特西夏国的藏族与藏文化》。
③ 第五世达赖喇嘛著,郭和卿译:《西藏王臣记》,民族出版社,1983 年,第 110—111 页。
④ 巴卧·祖拉陈哇:《贤者喜宴》ma 函,引自黄颢《藏文史书中的弭药(西夏)》。
⑤ 李心传:《建炎以来朝野杂记》乙集卷二〇。
⑥ 东嘎·洛桑赤烈著,郭冠忠、王玉平译:《论西藏的政教合一制度》,中国社会科学院民族研究所印,1983 年。

用藏语译音的。"其中的"'西天梵师'四字说明了藏族僧人的地位以及藏族对党项族在佛教上的影响"①。另据王静如先生《西夏文木活字版佛经与铜版》(载《文物》1972 年第 11 期)称,"管主八"即吐蕃所称"经学大师"(Bkah hgyur-pa)的音译。其地位仅次于蒙古贵族,属"色目人"。他能从事吐蕃佛教,亦能董理西夏佛经。

党项及西夏学者前往吐蕃地区学法习经也扩大了藏传佛教对西夏的影响。据《木雅五学者传》载,热德玛桑格大师等五位学者,早期都无一例外地去过吐蕃地区,在桑普寺求师学经,还到过夏鲁、萨迦、奈塘及觉木隆等地寺院,学有所成。②《清波杂志》卷一〇载,"蕃方唯人所过,不被拘留,资给饮食",对西夏及其他各族僧人采取欢迎态度。

西藏密宗在西夏佛教中的突出地位,是藏传佛教影响西夏最直接的表现。如众所知,西藏佛教是印度佛教与中原佛教经过融合并吐蕃化以后的产物,特点是与原始本教相互结合,带有浓郁的地方色彩,这在西夏所接受的佛教影响中还是可以辨别出来的。

首先,在敦煌莫高窟与安西榆林窟西夏雕塑与壁画中,有藏密的内容。有些学者认为:"西夏晚期洞窟已受密教影响,故洞窟中绘密宗曼荼罗,……"③榆林第 2、第 3、第 29 窟的部分壁画、雕塑,显然是受到西藏密宗艺术影响的;佛教画的题材,在西夏时期有所增加,新出现的在洞窟中央设圆形佛坛即曼荼罗,即是来自西藏密宗,金刚手、释迦降魔塔等也与藏传佛教存在一定的关系。在西夏时期的其他遗址与石窟中,或多或少地存在着藏密痕迹。甘肃炳灵寺石窟中,有一张藏文咒语和刻画在墙壁上的"唵嘛呢叭咪吽"六字真言,④且有西夏文字残片,当为西夏统治时期的遗物。另据《西夏书事》卷三一载,夏崇宗贞观三年(1103 年)春二月,乾顺(1086—1139 年在位)供佛为其母梁氏祈福甘州,僧法净于故张掖县

① 史金波、白滨:《明代西夏文经卷和石幢初探》,《考古学报》1977 年第 1 期。
② 高景茂译:《木雅五贤者传》。
③ 白滨、史金波:《莫高窟、榆林窟西夏资料概述》,《兰州大学学报》1980 年第 2 期。
④ 陈炳应:《西夏文物研究》,宁夏人民出版社,1985 年,第 56—57 页。

西南甘浚山下建卧佛寺,至今犹存。在大佛的颈部刻有藏文"aom"字,此即六字真言的第一字"唵",代称藏传佛教中的六字真言。[①] 有"乾祐乙巳十六年(1186)季秋八月十五日比丘智通施"造的有关"六字大明王陀罗尼",文末有六字真言梵汉两体文,汉文作"唵麻祢钵捺铭二合吽"。

其次,吐蕃的佛教艺术也深刻地影响了西夏佛教艺术。如西夏的宗教画,就具有西藏唐卡(thang ga)的形式和内容,其题材多属藏密范畴。克恰诺夫在《唐古特西夏国的藏族与藏文化》一文中提到,"藏人对西夏佛教绘画法的影响,令人有深刻的印象,如对黑城发现的神像的专门研究表明,他们的艺术风格的特点与广泛流行于东印度、尼泊尔和西藏金刚乘(vajrayana)派的画法密切相关";[②]不仅如此,其所表现的宗教内容也属藏密。沙俄军官柯兹洛夫(Козлов)在黑城(Харахот)所得西夏文物K. Ⅱ0238a号即画作曼荼罗,深受藏密影响。[③] 现存于苏联艾尔米塔什博物馆尚未公开的西夏唐卡画,为数不少,画风类于西藏唐卡,主题也为藏密内容。[④]

此外,西夏僧人娶妻之风尚,主要也来自藏传佛教,佛教戒律讲不杀生、不食荤、不娶妻传嗣,而在藏传佛教中却不严格遵守。吐蕃王朝时期至黄教领袖宗喀巴大师改革以前,吐蕃僧人多妻者比比皆是,八妻、十五妻不乏举例。某些僧人还以修法为名,用女人作"明妃""受用身""助缘"等。赤松德赞王(khi srong lde btsan)还将自己的王妃卡茜萨措杰(btsun mo mkhar chen bzav vtsor gyal)作为灌顶的报酬赠给密宗大师莲花生。[⑤] 我们在西夏佛教中看到了同样的记载,据《黑鞑事略》称:"西

① 俄藏文书中也有类似发现,苏联人缅什科夫《黑域特藏中汉文写本文书》,1984 年莫斯科,第499 页。
② 〔俄〕克恰诺夫:《唐古特西夏国的藏族和藏族女化》,杨元芳、陈宗祥译文,《甘肃民族研究》1985 年第 2 期。
③ 向达:《斯坦因黑水获古纪略》,载民国 21 年《国立北平图书馆馆刊》第 4 卷第 3 号《西夏文专号》。
④《俄藏敦煌黑水城文献》,第 1—11 册,上海古籍出版社,1996—2001 年。
⑤ 巴卧·祖拉陈哇,黄颢译:《贤者喜宴》ja 函,《西藏民族学院学报》1981 年第 2 期。

夏国俗,自其主以下皆敬事国师,凡有女子必先荐国师,而后敢适人。"①
元人马祖常《河西歌》中记:"贺兰山下河西地(西夏故地),女郎十八梳高
髻,茜草染衣光如霞,却召瞿昙作夫婿。"都在一定程度上反映山西夏僧
人娶妻的情况。西夏僧人娶妻之源自藏传佛教是毋庸置疑的。

　　依据西夏文典籍《天盛年改定新律》第十章《司次行文门》记载,西夏
还设有佛教与僧众的管理机构,如"僧众功德司"、"出家功德司"以及"护
法功德刊"等。② 这可能与吐蕃占领河陇后的僧官制度是一脉相承的。

　　党项人对吐蕃地区佛教事业的发展也做过重要的贡献,这是研究佛
教交流不可忽视的另一个方面。如上所述,早在吐蕃王朝初期,居于迭、
宕与康区的木雅人(mi nyag pa),就为吐蕃压魔避邪建造丁隆塘准玛寺
(klong thang sgron ma),是党项人协助吐蕃发展佛教事业的较早记载。
此后不久,赞普松赞干布的木雅王妃茹雍妃洁莫尊在查拉路甫(brag lha
klu phug)刻大梵天等佛像,不惜耗费巨资,在崖上雕成转经堂,并主持修
建了米芒才神殿(mig mang tsal gyi lha khang)。③ 这更直接地推动了吐
蕃地区佛教事业的发展。

　　佛教从唐朝和尼婆罗(今尼泊尔)分路传入吐蕃以后,吐蕃辖下的党
项人中也出现了自己的僧人乃至著名学者。赤松德赞(754—797 年在
位)为发展佛教事业,派遣巴色朗(即巴赛囊)和桑喜到汉地迎请高僧,同
时也请来"木雅和尚",他们成了赞普的上师,为统治者讲授大乘教规的
密宗理论。此后,这一派传承在雅卓岗(yar vbrog sgang)出现了木雅·
迅鲁岭波,其子迅鲁生格,迅鲁生格之子仁珍岭波等名僧。④ 另据《贤者
喜宴》载,"咱米桑杰查巴"还是一位杰出的佛经翻译家。他生于下多康
之弭药(mi nyag)地区,曾在印度获得学识,并在印度中部伽耶做了他导

---

① 彭大雅著,徐霆校:《黑鞑事略》。
② 白滨:《西夏文献及其史料价值》,《中国史研究动态》1981 年第 7 期。
③ 巴卧·祖拉陈哇,黄颢译:《贤者喜宴》ja 函,《西藏民族学院学报》1981 年第 1 期。
④ 廓诺·迅鲁伯著,郭和卿译:《青史》第 517—518 页。

师的继承人。[1]

如果说上述影响所代表的是吐蕃辖区党项人在佛教方面的成就,那么,迁往北方夏州的党项人,同样也有自己杰出的僧侣,并影响过吐蕃佛教事业的发展。早在吐蕃修建桑耶寺时,为了镇压恶魔,"曾从东部木雅这个多闻之地延请号称多闻子活佛的夏州人多吉迅鲁,到吐蕃来念经、作法事。这段史实在罗卓仁青森格所写的《嘉洋曲吉传记》一书中早有记载"[2]。反映了北迁党项人对佛教的信仰,以及对吐蕃的影响。

党项人对吐蕃佛教事业的卓越贡献,还体现在为推动佛教后弘期出现所发挥的积极作用。康区(khmas)是党项人聚居地之一。吐蕃王朝末年,赞普朗达玛(即达磨,公元 836—842 年在位)灭佛,"九十八年间,佛教在卫藏地区连名义也不存在"[3]。僧人有的逃往康区,携带经典,使部分佛经得以保存下来。

公元 10 世纪后期,吐蕃从上部阿里与下部多康掀起了复兴佛教的浪潮,康区的党项僧人也起到推波助澜的作用。据记载,朗达玛灭佛时,有玉堆吉玛(gyor stod byi dmar)的僧人释迦牟尼、昌穷垛的僧人约格郡和嘉饶巴的章饶色等三人携带噶玛侠底(羯摩法事)等所需用的经籍《阿毗毗奈耶》,逃往上部阿里,昼伏夜行,转至霍尔地区(藏北),依霍尔居士释迦喜饶,最后来到张掖尖城(chang ain rtse mkhar),木雅嘎地方。当时木雅地方有一位精通四种律典及律沦的高僧廓绒生格查(go rong seng ge grags),他向来者传授经论,其弟子公巴饶赛(即大喇嘛)为佛教在多康复兴打下了基础。他还给来自吐蕃的鲁麦等 10 人传授了近园

---

① 巴卧·祖拉陈哇,黄颢译:《贤者喜宴》ta 函,《藏文史书中的弭药(西夏)》,《青海民族学院学报》1985 年第 4 期。

② 智观巴·贡却乎丹巴绕吉:《安多政教史》,甘肃民族出版社,1989 年。参见上官剑璧《四川的木雅人与西夏》,1981 年,银川西夏史讨论会论文。

③ 萨迦·索南坚赞著,陈庆英、仁庆扎西译:《王统世系明鉴》(一名《西藏王统记》),辽宁人民出版社,1985 年,第 29 章。

戒①，并培养了大批名僧。廓绒生格查或是党项人，或是吐蕃人，其居地属党项辖区，当与党项佛教事业密切相关。

吐蕃地方的原始宗教——本教(bon)对党项及西夏所产生的影响，是两族宗教交往的另一个方面。

本教是一种原始的自然崇拜，它以日月山川星辰动物等为崇拜对象，通过血祭、牲殉等仪式来告慰神灵，从而达到祈福、攘灾、驱邪、除患的目的。在吐蕃王朝建立以前，本教在人们生活中占有重要地位，并"护持国政"。佛教传入以后，它一方面与佛教对抗，力求保持其统治地位，另一方面，又吸收佛教的一些理论，用以充实自己，逐渐形成一套较为完整的体系，有祖师(名辛饶弥沃)、派别及固定的仪规、典籍。② 赤松德赞时，本教虽因与佛教辩论失败而遭禁止，但其主要内容或被佛教吸收、或继续在民间流传。

吐蕃王朝的会盟活动即沿袭本教习俗。赞普"与其臣下一年一小盟，刑羊狗猕猴，先折其足而杀之，继裂其肠而屠之，令巫者告于天地山川日月星辰之神……三年一大盟，夜于坛埠之上与众陈设肴馔，杀犬马羊牛驴以为牲……"③。相似的记载还见于党项人的信仰活动，"三年一聚会，杀牛羊以祭天"④。原始宗教的一些仪规，在各地区、各民族中有一定的相似性，不能用简单等同的方式来对待，这是毫无疑义的。但是，吐蕃与党项在本教上的相互影响(尤其是前者对后者的影响)却是客观存在的。

很早以前，本教流传于象雄(羊同)一带。相传本教祖师辛饶弥沃神通广大，收伏了世间神道山灵，传出雍仲法蕴中的四门、五库。在他的嗣承表中有波斯、天竺、汉地、藏地与象雄智者，同时也有木雅智者吉查噶

① vgos log zhon nu dpal(廓洛·迅奴贝)：《deb ther sngon po》(青史)，四川民族出版牡(藏文版)，第89—90页。
② 善慧法日著，刘立千译，王沂暖校：《宗教流派镜史》，西北民族学院印，1980年，第185—191页。
③《旧唐书·党项传》上。
④《隋书·党项传》；《旧唐书·党项传》等。

古(lce tsa gar gu)。① 可见,在吐蕃统治党项人地区以前,党项人已与本教发生联系,且有直接师事本教祖师者。据《四论宗教起源》载,在本教具有超自然力的十位僧侣中,就有党项人介察喀尔布。② 这些人多能力非凡,如党项人介察喀尔穷和岱本金察玛穷,传说他们二人受教于象雄本波顿迥徒钦,以路萨亭尊与玛尊穷木为伴侣,在芒喀尔铁环山洞里实践教法,达到了殊境,"介察把自己变成了一个金人,骑马渡过金河和玛河。金察坐在一块岩石上漫游,他使野兽驮载东西。他们的奇迹超过了人的想象"。死后又飞到空中,未留下遗骸。③

本教经典翻译家中也有木雅(党项)人,木雅著名本波介察喀尔布的老师即是吐蕃人色本夏日伍钦与木雅人岱本金察玛穷。④ 因此,独立活动时期的党项人,已与本教及吐蕃本师交往较密,他们的成就对本教的发展与传播无疑产生影响。在本教的三个护法神(玛、都、穆)中,都即代表顿都坚巴察果。关于他,"记载礼拜仪式的经文含糊地说明他是来自木雅地区和那巴东国"⑤,它包含着木雅本波对本教事业的贡献。

吐蕃王朝建立以后,本教的作用仍然不减。佛教要在吐蕃得以传播,必须要同本教作斗争并在斗争中改变自己,吸收本教成分,逐渐地方化。本教徒在种种压力之下,转移到边远地区,伺机反扑,党项人居地便是他们良好的避难所(佛教徒亦然)。赤松德赞时,曾召开佛、本两教徒辩论会,本教徒词尽而被禁止传教。据《雍仲本教目录》记载,有一位木雅人名琼塞,他将贝林让巴及贝林旺千等一些本教经典驮在青狼背上,逃到吐蕃下部,故使本教经典未遭毁灭。⑥ 本教经籍流传于后,木雅人有保护之功。

---

① 善慧法日著,刘立千译,王沂暖校:《宗教流派镜史》,第 186 页。
② 卡尔梅著,陈观胜、王尧译:《本教历史概论》,《国外藏学研究译文集》第 1 辑,第 298 页。
③ 同上书,第 303—304 页。
④ 同上书,第 308—309 页。
⑤ 卡尔梅著,向红笳、陈庆英译:《本教历史及教义概论》,中央民院藏族研究所《藏族研究文集》1983 年第 1 集。
⑥《雍仲本教目录》上册,手抄本第 52 页,引自黄颢前揭文。

对本教徒的迫害平息以后，木雅本波介察喀布对众人宣称，本教旨在为众生造福，必须回到吐蕃本土。于是，所有的本僧都来到桑耶寺，重新为恢复本教而努力。据藏文文献记载，朗达玛执政时，所雇用的卫士即是木雅本教徒甲松拜来和赛本益希拜。这些人"曾使泥塑偶像说话，念咒召来了超自然的精灵"①。木雅本教徒对吐蕃本教事业乃至吐蕃社会政治生活所起到的重要作用是显而易见的。

党项人北迁并占据夏州等地以后，本教也随之传入。元昊称帝，建立西夏，其境内吐蕃与党项人杂居相处十分普遍。本教不仅流播于党项人之中，也在吐蕃居民中广为传播。甘州《黑水河建桥敕碑》汉文部分称，"敕镇夷郡境内，黑水河上下所有隐显一切水土之主山神、水神、龙神、树神、土地诸神等咸听朕命……"碑阴藏文为"啼哂地镇夷郡之境额济纳上下住的显否山水之神及龙灵神及土地神等朕之旨听！"此碑文为清黎士宏《仁恕堂笔记》、叶昌炽《语石》卷一及罗振玉《西陲石刻录》所收录。② 体现出帝王（夏主仁孝）与释教高高在上的统治地位，也反映出本教的一些内容，以及自然神、本教神灵与人们生活的密切关系。

卡尔梅《本教历史概论》一书称："在国王朗达玛（836—842 年）时期，木雅王国是在西藏、汉地和蒙古之间。木雅国王在位期间，本教由重新发现了'戒教之规'而开始传播，……继木雅诸王（应为西夏诸王——引者）之后出现了蒙古的成吉（思汗）的十三位王室后裔。"③朗达玛时期，本教在吐蕃本土得势，相应地在木雅（党项）地区复兴，并影响到日后的西夏政权，是亦不难理解。

西夏居民崇信自然神灵，史书多有记载。《宋史·夏国传》称，其人"笃信机鬼""病者不用医药，召巫送鬼"；战争中"若获人马，射之，号曰：杀鬼招魂"。④ 甚至在家里也留有鬼神之位，《梦溪笔谈》卷一八记，"西戎

---

① 卡尔梅著，王尧、陈观胜译：《本教历史概论》，《国外藏学研究译文集》第 1 辑，第 342—355 页。
② 王尧：《西夏黑水桥碑考补》，《中央民族学院学报》1978 年第 1 期。
③ 王尧、陈观胜译：《本教历史概论》，同注①书第 342—355 页。
④《辽史》卷一一五《西夏外纪》。

(即西夏)之俗,所居正寝,常留中一间,以奉鬼神,不敢居之,谓之'神明'"。鬼是无处不在的。同时,这些鬼不再是前期那样既为善又行恶,喜则善、怒则恶,而是一味作恶、残害众生,这是原始宗教衰落的表现。

由于藏传佛教与汉传佛教的结合、西藏本教与北方萨满教的交融,使西夏文化带有浓厚的宗教色彩,这从现存的西夏文文献中主要是佛经的情况就可以得到说明。藏传佛教既是禁欲的宗教,又是享乐的宗教,很适合西夏统治者的口味;对于普通百姓则具有很大的麻醉和镇静作用。至于本教,则与北方的原始宗教联为一体,流行民间,影响下层群众的精神生活。此外,藏传佛教传入西夏,日后又传至我国北方广大地区。西夏崇信藏传佛教,无疑直接或间接地影响了蒙古及元朝对西藏佛教的信仰。这是研究蒙古及北方地区佛教史中不可忽视的一点。

二、语言文学

语言文学是吐蕃文化影响党项与西夏的又一个大的方面。

藏文典籍大多以松赞干布时的著名文臣吞弥·桑布扎为藏文字的创造者。第五世达赖喇嘛所著《西藏王臣记》即称,吞弥前往印度学习返回西藏,从梵文 18 个字母中取出 4 个母音字,再从 34 个子音中去掉 5 个反体字和 5 个重叠字、1 个反书字,制定出 4 个母音字及 30 个子音字的藏文,并创制了楷书、草书等字体。①

第一,西夏文字的创造,史书记载略有分歧,《隆平集》以为元昊"自为蕃书十二卷,文类符篆"②。《辽史》亦称,元昊"尝观《太一金鉴诀》《野战歌》,制蕃书十二卷"③。《宋史·夏国传》记,"元昊自制蕃书,命野利仁荣演绎之,成十二卷"。夏仁宗天盛十四年(1162 年),"始封制蕃字师野

---

① 第五世达赖喇嘛著,郭和卿译:《西藏王臣记》,民族出版社,1983 年,第 21—22 页。
② 曾巩:《隆平集》卷二〇《夷狄传·夏国赵保吉传》。
③《辽史·西夏外纪》。

利仁荣为广惠王"，以此看，野利仁荣整理、制造西夏文字更为可信。① 但是，在西夏文字创立以前的四百年间（公元7—11世纪初），吐蕃与党项人的交际语言与文字是什么？卡尔梅所著《本教历史及教义概述》一文，在谈到本教经典传播时指出："苏毗的太明、西藏的夏日伍钦和木雅（西夏）的介察，他们将经文翻译成自己的语言。"②将木雅译为"西夏"似不妥，时代不相及。即是说，在本教流传初期（至少佛教传入以前）已存在一种木雅文字。此说不知何据？从汉文史籍记载来看，这并不正确。《新唐书·党项传》明载，党项人"无文字，候草木记岁"。如果党项早已有文字，西夏建立后就无须再作创制文字之举了。然而，党项人中确有一部分曾使用文字，他们是名僧和学者。根据党项僧人密切交往的对象及活动地区范围推断，当为吐蕃文字（即藏文）。在经典是藏文、导师是吐蕃人的情况下，木雅（党项）弟子则不得不学习、使用藏文。而且，吐蕃王朝治下有大批的党项人，他们除了使用本族语言以外，在文字交际方面也使用藏文。

在吐蕃军事压力之下，被迫内迁到今宁夏、甘肃、陕西等地区的党项人，他们除与吐蕃发生战争外，也有联合侵唐的历史。其联络的语言即主要是藏语（其中也包含古羌语、乃至汉语）、藏文。吐蕃对党项部落首领往往"授以官告"，赐以"王号"，并与之结姻。这些官告与印信当然是藏文。不仅如此，双方还常有书信往还，唐穆宗长庆二年（822年）六月，盐州守军"擒得与党项送书信吐蕃一百五十人"③，则相应地会存在党项向吐蕃遣使送书信之事，其时党项无文字，书信应为藏文。

《宋史·夏国传》称，元昊"晓浮图学，通蕃汉文字"。这恰好可以概括西夏初期，在文字乃至文化上主要是接受汉文化与吐蕃文化影响的情况。元昊称帝，"尽更先世所为居室、衣冠、文字……"④，所更者自然包括

① 参见史金波：《西夏文化》，吉林教育出版社，1986年，第11—15页。
② 卡尔梅英译，陈观胜、王尧汉译：《本教史》，《国外藏学研究译文集》第1辑，第279页。
③《旧唐书·吐蕃传》。
④ 王禹称：《东都事略》卷一二七、一二八《附录》五、六《西夏传》。

藏文以及汉文。

第二，西夏文字的创立吸收了藏文的许多内容。西夏语，学术界一般认为属于汉藏语系藏缅语族，这是历史环境与西夏语产生的社会背景所造成的。西夏字字形与汉字极为相似，字体繁复又远在汉字之上，二者同属表意文字。西夏字中的会意合成字、音义合成字占总数的百分之八十，也有楷、行、草、篆等书法，深受汉字影响。[①] 但是，它又吸收了吐蕃文字的一些内容，首先是在语音方面。我们可以从西夏人骨勒茂材所著《番汉合时掌中珠》及其他书中西夏文汉语注音与藏文的对比中看到这一点，试举几例如下。[②]

西夏文汉音	汉意	藏文	西夏文汉音	汉意	藏文
没	火	(me)	宁	听	(nyan)
六	身	(lus)	抽	六	(drug)
腊巴	手	(lagpa)	鄂领	背心	(mgullen)
尅	万	(khri)	则	节	(tshigs)
格	九	(dgu)	桑	三	(gsum)
阿妈	妈妈	(ama)	都	千	(stong)
阿拶	姐姐	(alcag)	耶	八	(brgyad)

这只是西夏语中的极少部分藏语语音例证，其中有读音完全相同者，如"手""身""六""三""妈妈"及"节"等，也有轻重略别者，如"八""九"等字。

西夏语中的词汇，在读音方面来自藏语的为数甚多。随着西夏学学者们对西夏语音韵构拟方案的进一步研究，这一点将会得到证明。我国西夏学专家黄振华先生说："西夏语的韵母有一套比较对称的体系，某些方面似与藏语韵母更接近。如藏语韵母就有 er、ar、or、ar(拉萨方言)，ir、

---

① 史金波：《西夏文化》，吉林教育出版社，1986 年，第 26—27 页。
② 参见李范文：《西夏研究论集》，宁夏人民出版社，1983 年，第 300—303 页。

er、ur、or、ar（日喀则方言），ur、or（昌都方言）。"①值得注意的是：其一，西夏语词汇的读音将不限于汉、藏两语，还有北方各族语言的影响，这正如西夏境内的民族十分复杂一样；其二，《番汉合时掌中珠》所用汉语注音，既因存在方言语音之间的差别，用汉语并不能完全准确地标注出来；也存在着古音与现代读音之间的差异；骨勒茂材等所用的或是夏州一带汉语方言，或是流行于北宋汴梁地方的"官话"，均与元代《中原音韵》公布以后逐渐定型的当今普通话有所不同。

西夏文的语法结构也与藏语存在相似或相同的地方，据学者研究，西夏语"句子中一般主语在前，谓语在后，宾语在动词之前。如'我修造屋舍'一句，西夏语中词序是'我—屋舍—修造'"。② 此与汉语不同，而与藏语语序基本相同。在汉藏语的影响中，西夏语语法结构直接吸收了藏语的一些特点，如形容词在被修饰的名词之后，有较丰富的助词表示语法关系等。

第三，西夏境内有不少吐蕃人，他们主要使用藏语，这是西夏境内存在藏语文字的重要原因之一。匈牙利藏学家乌瑞教授在研究 318 份敦煌卷子之后发现：在吐蕃的统治力量退出河西敦煌和于阗一线后，藏语文到公元 10 世纪仍被作为官方语文而普遍使用着。③ 这既是吐蕃长期统治的结果，也是吐蕃后裔大量存在的明证。河西地区由于吐蕃人聚居，西夏统治者在此立碑刻石甚至也不能使用已被广泛推行的国字——西夏字，而采用了汉字与藏文。

在西夏故地发现的遗物中，尚有许多吐蕃文文书，如英人斯坦因（A. Stein）从黑水城所获的文物中，即有藏文残本三页，汉文而用藏文注释者一页；西夏文藏文合璧二页。另外，还有大梵夹本吐蕃文书，俱扎成小

---

① 黄振华：《西夏文字典〈文海〉〈文海杂类〉及其研究——兼谈从西夏文文献看西夏社会概况》，《中亚学刊》1983 年第 1 辑。
② 史金波：《西夏文化》，吉林教育出版社，1986 年，第 51 页。
③ 乌瑞：《吐蕃统治结束之后甘州和于阗官府中使用藏语的情况》，原载 1981 年《亚细亚学报》269 卷第 1—2 期，国内有译文。

束,杂置尘沙堕砖中。此中完好的西夏文约存一百余页,藏文占其一半,残片不计其数。① 可见,西夏境内使用藏文是较为普遍的事。甘肃武威天梯山西夏石窟的发掘,也证明了这一点,遗物中有藏文佛经的印本和刊本,还有"尼塔婆模印"一枚,在塔婆的顶部和最下部尚有梵文与藏文。②

第四,藏语文在西夏境内,还是诵读佛经的必备文字之一。科兹洛夫(Козлов)在黑城所获《观弥勒上生兜率天经》后有施经发愿文,称:"谨于乾祐乙酉二十年(1189 年)九月十五日恭请宗律国师、净戒国师、大乘玄密国师、禅法师、僧等众,就大度民寺作求生兜率内宫弥勒广大法会,烧结坛,作广大供养,奉广大施食并念佛诵咒,读西番、番、汉藏经。"科氏将此文刊于 1911 年《通报》上,向达《斯坦因黑水获古纪略》附记有录文将吐蕃(即西番)佛经放在首位,足见藏语在西夏佛教活动中的地位,克恰诺夫认为,"在西夏国内,佛教徒学习藏语文知识是强制性的"。他还以法典条文为证,说明藏语的重要性。据统计,要求用藏文诵读的佛经有:《文殊师利名经》《毗奈耶决定伏波离所问经》《大方广佛华严经》《般若波罗蜜多心经》《一切恶道消除佛顶尊胜陀罗尼经》《无垢净光明摩诃陀罗尼经》《金刚能断般若波罗蜜多经》等。而且,"高僧职位的候补者要经过特别学术机构的教师和合适的藏语专家的考核"③,这就为藏文的学习和传播提供了良好的条件。尤其是僧人要取得较高的职位和学术成就,必须要研习藏文。藏文与藏传佛教在这里相辅相成,共同影响西夏的佛教与语言文化。

据称,今存敦煌写本《嵬名王传》即是民间用藏文字母代替西夏国书拼写而成的。④ 这为我们透露出一点信息,即在元昊下令推行"新国书"

---

① 向达:《斯坦因黑水获古纪略》,载民国 21 年《西夏文专号》。
② 甘肃省博物馆:《甘肃武威发现一批西夏遗物》,《考古学报》1977 年第 1 期。
③ 〔俄〕克恰诺夫(E. U. Kычанов):《唐古特西夏国的藏族与藏文化》,国内有杨元芳、陈宗祥译文,《甘肃民族研究》1985 年第 2 期。
④ 见李范文:《西夏陵墓出土残碑考释》,《西夏研究论集》,宁夏人民出版社,1983 年,第 115 页。

(西夏字)时及以后,这些难写难认的方块字曾被译作藏文及其他民族文字,作为多民族政权文字交流的一个补充。因此,元昊既制蕃书,尊为国字,凡国中艺文诰牒尽易蕃书的命令便未遇到较大的阻力。[1] 为了掌管藏语文及回鹘等其他民族文字、书信往来,西夏还与汉学并存设立了蕃字院,这也是语言文字交往方面不应忽视的一点。

在文学方面,西夏有诗歌、谚语、佛经与翻译史传文学等,是为西夏文化宝库中的珍贵财富。西夏文字创立后仅百余年,能取得这样巨大的成就是难能可贵的。但从另一方面来看,它包含着来自灿烂的汉族文化及吐蕃文化的影响。以谚语为例,即吸收了吐蕃文化的许多内容。如西夏文类书《圣立义海》中有"拥有牲畜不富,拥有智慧才富"[2]之句;敦煌古藏文写卷《礼仪问答》中同样有强调智慧胜过财富的内容。[3] 西夏谚语有:"富人的牲畜即使没有损耗,当败家的儿子长大时也不难耗尽;穷苦的百姓即使没有积聚,当幸运的儿子生下时,离财富已近。"吐蕃《松巴谚语》也有:"儿子比父亲精明,家道兴旺如火在草原燃烧;儿子比父亲愚笨,家道破败如血被水冲刷掉。"[4]西夏谚语有"不尊敬父母,会增加灾难和不幸;不尊敬学者,会缩小成就和知识。""没有比父亲和母亲更亲密的人"等。敦煌古藏文《礼仪问答》写卷也把父母与上师作为最受敬重的对象,认为"没有比父母更亲近者","不孝敬父母、上师,即如同畜牲,徒有'人'名而已"等。

虽然以上所引仅是只麟片爪,难以展现全貌,却也反映了吐蕃文学确与西夏存在一定的联系。在此,我们不仅是因语句或内容的某些相似性来作为论断的依据的,而更重要的还是吐蕃与西夏(党项)数百年的政治关系、宗教交流,尤其是语言影响,后者更直接。吐蕃统治下的党项人及党项治下的吐蕃人(两族长期杂居)是文化交流最重要的承担者。当

---

[1] 吴广成:《西夏书事》卷一二。
[2] 引自陈炳应:《西夏文物研究》"西夏谚语",宁夏人民出版社,1985年,第350—352页。
[3] 王尧、陈践:《敦煌古藏文〈礼仪问答写卷〉译解》,中央民族学院《藏族研究文集》(二)第109—131页。
[4] 《松巴谚语》为敦煌古藏文写卷,本文引自中央民族学院编《藏族文学史》,四川人民出版社,1985年,第48—49页。

然,西夏谚语文学中还有本民族以及来自汉文化的东西,儒家文化的影响无疑也不可忽视。

三、风俗习惯

吐蕃与党项在风俗习惯方面相似处较多,这与他们所处的地理位置相近、民族来源密切相关。他们与北方草原游牧民族一样,都曾崇拜过山川日月星辰与自然神灵,又经受过古羌族文化的洗礼。因此,在吐蕃与党项两族风俗习惯的形成过程中,始终伴随着相互影响与借鉴,但要探讨其渊源脉络却并非易事。吐蕃的风俗文化毕竟与党项有所不同;在党项人迁往夏绥银宥诸州、建立西夏以后,这种差距更为显明。其时,党项的风俗中已羼入许多北方民族的文化成分。吐蕃风俗文化影响党项与西夏本身的成分,在同北方文化的比较中更能显示出来。可以肯定地说,西夏建立以后的相当长时期内,吐蕃风俗的影响依然存在。

首先,反映在卜辞与占卜之术方面。吐蕃和党项人笃信神鬼,通过占卜来预知未来。其占卜之术,在某种程度上均受到汉族影响。但是,吐蕃与党项之间,又存在一定的借鉴关系,即吐蕃的占卜术曾经影响了党项人的巫术活动。在甘肃武威张义村下西沟岘出土有两张西夏文卜辞,皆为草书。根据王静如先生翻译,第一张汉文意思是:"寅后尅日甲时安。巳后尅日丑时安。申后尅日庚时安。亥后尅日壬时安。五月(头后)(猛犬),土……""丑"为误写,余者"安"用天干,此忽用十二支之"丑",当为"丙"字,此言甚是。第二张汉文大意是:"卯日遇仇人,辰日买卖吉。巳日……。午日求财顺,未日逼行恶。申后万事吉,酉日与贼值。戌日有倍利,亥日心来喜。德□□□吉日。"[①]不过,"遇仇人"却与整个卜辞内容一致,而"遇亲人"则否。此卜辞是单日吉利,双日凶。卯日是双

---

① 王静如:《甘肃武威发现的西夏文考释》,《考古》1974 年第 3 期。其中第二张"卯日遇仇人"一句,史金波:《〈甘肃武威发现的西夏文考释〉质疑》认为应译作"遇亲人",何者为是? 还有待西夏文专家们进一步研究。

日,当非吉祥之日。又如第一张称"寅后尅日甲时安","寅后"即是卯日,其为凶日,此以王静如先生译文为是。如果我们按字面分析,则第一张天干之"安日"有:甲、丙、戊、庚、壬几个,相应地,尅日为乙、丁、己、辛、癸。若以数目代之,则"安日"为:1、3、5、7、9;尅日为:2、4、6、8、10;单日是吉日双日是凶日自明。再征之第二张,也是卯日凶、辰日吉、午日吉、未日凶、申日吉、酉日凶、戌日吉、亥日吉。基本上是单吉双凶。如此,则西夏人占卜以单日为吉,双日为凶。这正是西夏"出战率用支日,避晦日"①的道理。

无独有偶,吐蕃人的占卜具有同样的特征。《斯坦因劫经录》S68782号卷子有两幅占卜出门日期的吉凶图,我们取其中之一即可说明。②

〔说明文字〕:"天门之日,宜远行,吉利。天节之日,出门遇耗损,大凶。天友之日,出门逢友,诸事顺遂,大吉。天宫之日,出门逢友,获厚利,大吉。天财之日,出门逢友,诸事顺遂,大吉。天盗之日,出门遇匪盗,大凶。"

图中之天相一门缺"20 日";天宫一门误加"20 日",又少"29 日",天盗一门"19日"当作"16 日"。如果将图中所示与说明文字加以对证,就会发现:单日为吉日,双日为凶日的规律。西夏的占卜辞出自吐蕃人长期统治过,而后又有大量吐蕃人居住的凉州(今甘肃武威,时归西夏管辖),并不是一种巧合,而是包含着必然的因素。同

样的道理,西夏也正是在凉州等地接受了吐蕃人的一些文化遗产的。同在武威出土的西夏历书(7—12 月)残卷,以 12 生肖称年,将天庆元年甲

---

① 《宋史·夏国传》。
② 转见陈庆英:《〈斯坦因劫经录〉、〈伯希和劫经录〉所收汉文写卷中夹存的藏文写卷情况调查》,《敦煌学辑刊》第 2 期。

寅(1194 年)称为"天庆虎年",显然受到藏历的影响,可为如上之佐证。此外,吐蕃的鸟卜即鸦鸣卜辞(伯字 1045 号)是否与西夏人骨勒仁慧所著《五星秘集》中的乌鸦叫声卜辞存在内在联系?[①] 其中有"咙咙(之声)表吉祥。嗒嗒(之声)表无恙。呯呯(之声)表事急。踔踔(之声)表财旺。依乌依乌(之声)危难降",也值得我们注意。

又《宋史·夏国传》较详细地记载了西夏的占卜之术,其卜有四:一是用艾灼羊胛骨以求兆,名曰"炙勃焦";二为擗竹于地,若揲蓍以求数,谓之"擗算";三为夜里用羊焚香祝之,又焚谷火布静处,晨屠羊,视其肠胃,通则兵无阻,心有血则不利;四以矢击弓弦,审其声,知敌至之期与交兵之胜负,及六畜之灾祥、五谷之凶稔。《辽史·西夏外纪》有相似的记载。这较青藏高原上古老的女国部落及吐蕃的占卜,既有继承又有新的变通与发展,同时还说明西夏的占卜术也受到了北方民族的一些影响。

吐蕃送鬼禳病的习惯,在党项人那里也很流行。《宋史·吐蕃传》载,吐蕃人"不知医药,疾病召巫觋视之,焚柴声鼓,谓之'逐鬼'"[②]。送鬼禳病是古代民族没有医疗条件下的除病方法,也是原始自然崇拜、万物有灵思想的直接产物。

佛教兴起以后,巫师的职责往往由僧人来执行,药师佛作为专职神灵也更加突出了。党项曾为青藏高原上一古老民族,与吐蕃有共同的生活环境。迁入夏州以后,并未因居地变化而消除疾病所带来的灾难。《辽史》记,西夏人"病者不用医药,召巫者送鬼,西夏语以巫为'厮'也;或迁他室,谓之'闪病'"[③],在敦煌莫高窟及安西榆林窟的西夏雕塑与绘画中即有药师佛。[④] 这些很可能是伴随着藏传佛教进入西夏人生活的。我们从民主改革以前长期流行在藏族人民中的"闪病"习俗,还能看到昔日的轮廓。西夏送鬼禳病与"闪病"习俗之来自吐蕃也是有迹可寻的。

---

① 参见王尧、陈践:《吐蕃鸟卜研究》,《藏学研究文集》,民族出版社,1985 年。
②《宋史》卷四九二《吐蕃董毡传》。
③《辽史·西夏外纪》。
④ 刘玉权:《西夏时期的瓜沙石窟》,1981 年银川西夏史会论文。

在葬俗方面,党项人的一些奇异葬法在藏文史籍中还是可以找到根由的。如咸平六年(1003年),李继迁收复绥、宥诸州以后不久,"葬其祖于红石峡,障水别流,凿石为穴,既葬,引水其上,后人莫知其处",此即所谓水下葬。《西藏王统记》载,吐蕃地德八王(Savi lde brgyad)之陵墓也是建在河之中央。① 同是深水为墓,唯方式略异。流行于党项人中的火葬,随着佛教的传入(尤其是藏传佛教的传播)也更加普遍。《马可·波罗游记》对西夏故地唐古忒州"焚尸"之俗有所描绘。

在党项人的社会生活中,流行着"和断"与"酋长共同议事"的习惯。《辽史·西夏外纪》称,民间有讼"诉"于官,官择舌辩气直之人为和断官,听其屈直。杀人者纳命价钱百二十千。居于河湟一代的青唐吐蕃人,"其国大抵吐蕃遗俗也","信咒诅,咸以决事,讼有疑,使诅之。讼者上辞牒,藉之以帛,事重则以锦,定其是非"。② 另据《宋史·夏国传》记,党项人首领,每举兵,必率部长与猎,有获则下马环坐饮,割鲜而食,各问所见,择取其长。此即原有的民主议事习惯。与松赞干布迎娶文成公主与尼泊尔赤尊(khri btsun)公主时,召集各部首领、携食环坐议事何其相似?

以上所说党项与吐蕃风俗的相似,一般说来,是两族处于原始社会末期所共有的现象。但是,两族关系之密切非同一般,在个别细节上相互影响,也是很有可能的。

西夏统治者及普通居民的服饰与发式也受到吐蕃的影响。首先是服饰。吐蕃与党项人都是裙袍式服装组合。西夏建立者元昊称帝不久即下令国中,改变长期流行的唐宋服饰,而采用"番服"。他本人"衣白窄衫,毡冠红裹顶,冠后垂红结绶"③。王忠先生认为"从敦煌壁画、西藏塑像和汉藏文献记载看,显然就是吐蕃赞普的服饰"④,参之《西藏王统记》等藏文史书,即可发现这一结论很有道理。

---

① 索南坚赞著,王沂暖译:《西藏王统记》,商务印书馆,1955年。
②《宋史·吐蕃传》。
③《续资治通鉴长编》卷一一五"仁宗景祐元年七月"条。
④ 王忠:《论西夏的兴起》,《历史研究》1962年第5期。

吐蕃名王松赞干布即是红绢缠头。后世法王仿效之,每"遇新年等节令,则其所著衣物,谓是往昔之服饰,戴称作'赞夏'(btsan zhaw)之红帽,其顶细长,上角有一'阿弥陀'像,用红绢缠缚,绢端前面交错"[1]。莫高窟第 409 窟的供养人为西夏贵族及贵妇人,男主人头带尖顶高冠,与吐蕃赞普之"细顶冠"相同。至于衣白之俗,唐人刘元鼎长庆元年(821年)使蕃所见可为之证据:吐蕃赞普可黎可足(即赤祖德赞)"戈衣白褐,以朝霞缠头,坐佩金剑"[2]。西夏的下层群众皆"衣青绿"。《宋史·吐蕃传》也称吐蕃妇人衣锦,服绯紫青绿。知青绿色为一般居民的服色装束。

在发式上,西夏有披发、秃发及中原发式等,种类较多。吐蕃王朝时期居民的发式也有相似的情况,据笔者粗略统计,吐蕃人之发式有三种:一为披发;一为辫发(包括两辫和多辫);一为顶髻状。

藏史记载,赤祖德赞(即热巴巾)以前,赞普皆为披发,赤祖德赞不喜欢披散头发,将其编成辫子,遂被人称为热巴巾赞普(意为"有发辫的赞普")。其形状是将头发分成两部分,在顶端系以丝绸,垂于肩上。[3] 这大约是赞普辫发的最早事实。后晋时,高居诲使于阗,过吐蕃界,见其"男子冠中国帽,妇人辫发"。[4]

披发之俗来源更早,流传亦广,与辫发同存在于吐蕃社会之中。吐蕃祖先部落之一的女国人即是披发覆面。《隋书·女国传》记女国"人皆被发";《旧唐书·东女国传》谓"俗轻男子,女贵者咸有侍男,被发,以青涂面"。传至后唐明宗时,吐蕃使者仍是"发乱如蓬"[5],其为披发。此俗影响及于党项拓跋部,《续资治通鉴长编》卷三五载,宋太宗淳化五年(994 年)三月戊辰,党项首领李继捧遭宋军袭击,"保忠(即继捧)方寝,闻难作,单衣披发仅以身免"。在甘肃武威林场西夏墓出土的木版画中,有一幅画

---

① 根敦群培著,法尊译:《白史》,西北民族学院印,第 10—11 页。
② 《册府元龟》卷九八一《外臣部·盟誓》。
③ 巴卧·祖拉陈哇,黄颢译:《贤者喜宴》ja 函,《西藏民院学报》1984 年第 1 期。
④ 《新五代史》卷七四《四夷附录第三·于阗》。
⑤ 《旧五代史》卷一三八《外国列传第二·吐蕃》。

面有五位侍女①,其中最后一位作披发状,是吐蕃发式,前四位则梳作高髻。

一说到高髻,人们就会联想到回鹘妇女的装束,这是正确的,但还不完全。因为,梳高髻在吐蕃王朝时期同样为很多吐蕃人所喜爱(时代更早),这就是吐蕃人的第三种发式——顶髻状。吐蕃"上丁二王"之一的布德巩甲(bu de gung rgyal)时,即有"结发辫于顶髻,涂丹朱于面颊"的记载。② 朗达玛死后,"一些人取天然之状,穿着裙子和带有衣领的衣服,剃掉其他(多余的)头发,然后梳成一束顶髻,⋯⋯(随后)许多这种名叫'阿罗汉具顶髻者'的人,他们成了众生供养的对象"③。这种装束通过女尼传播给河西吐蕃与党项妇女不是不可能的。

西夏秃发之俗,显然与吐蕃无关,但是,这也不是党项人的旧俗,只不过是元昊自托为北魏拓跋氏后裔而采用的一种措施罢了。因此,它的推行必须依靠"留发不留头"的命令来实现。在西夏境内始终存在着披发或其他梳妆,足见西夏人并非全部秃发。王静如先生不同意说李元昊下秃发令证明西夏统治者属于北魏拓跋氏的论点,他列举两点理由:"一则西夏拓跋氏原非秃发,否则何用李元昊'先自秃发';二则北魏的统治者建国之初就改了发式,变髡发为'束发加帽'。敦煌所见北魏人物画像,都是束发而不秃发的。"④这是很中肯的论述。秃发,按中原的习惯,具有侮辱性质,古有髡刑,西夏人不会不知。《西夏记》卷一七还记载了元丰五年(1082 年)九月,夏人髡宋朝使者景思义发而因之的事实,知西夏之秃发既非民俗之遗迹,又非持久之制度,托之鲜卑,不免虚妄。

在医学、历法等科技方面,吐蕃与党项、西夏也有交流。早在赤松德赞时(755—797 年在位),吐蕃王朝治下的党项人就为吐蕃医学的发展做出了卓越的贡献。当时的"四方九名医"中就有"弭药人容杰"。据《贤者喜宴》记载,另有一位弭药人将印度医书《天竺集续及大释》译为藏文。

---

① 参见陈炳应:《西夏文物研究》,第 197 页及插图 10。
② 王尧、陈践译注:《敦煌本吐蕃历史文书》,民族出版社,1991 年,第 124 页。
③ 巴卧·祖拉陈哇,黄颢译:《贤者喜宴》ja 函,《西藏民族学院学报》1984 年第 4 期。
④ 王静如:《敦煌莫高窟和安西榆林窟中西夏壁画》,《文物》1980 年第 4 期。

党项人多杰朋还通过自己的学习与实践写下了医学著作《广释》。另据《rgya bod yig tshang chen mo》(汉藏史集)记载,吐蕃的十三种医疗法中,即有"木雅医疗法"(mi nyag gi lugs)。① 可见,在藏医学形成初期就包含了党项人的辛勤努力。嗣后,藏医学逐步发展,成为一门很有影响的学科;党项人却在较长一个时期处在送鬼禳病阶段。西夏建立以后才有所改变,出现了"医人院"。科兹洛夫在黑城发掘的文书遗物中,就有《治疗恶疮要语》等医书。② 西夏人认为疾病是"四大不合所致"。《文海》解释"罹""病""病患""受罪"等字皆为"四大不合之谓也"。③ 这与藏传佛教及藏医学是否存在联系,还可以作进一步的探讨。

在历法方面,西夏主要借鉴中原历法,但在吐蕃人聚居区却使用吐蕃历法(即藏历)。如《黑水河建桥敕碑》中的藏文部分即用"阳火猴年"来纪岁,五行配十二生肖,分别再加以阴阳。《宋史·唃厮啰》记,河湟吐蕃"道旧事则数十二辰属,曰兔年如此,马年如此",即是吐蕃故俗。河湟吐蕃与西夏交往甚密,西夏统治下的吐蕃人又为数不少,吐蕃历法自然流行。④

藏族的唐卡(thang ka)画是藏文化宝贵财富的一部分,随着佛教及语言文学的交流,唐卡传入西夏并对西夏绘画艺术产生了巨大的影响。据称,现存于苏联艾尔米塔什(Эрмитаж)博物馆的西夏文物中,有稀世罕见的西夏唐卡画,其色彩、题材与西藏唐卡极为相似。

吐蕃对党项在风俗文化上的影响,是两族密切交往、相互杂居的结果。西夏的建立者元昊与宋朝决裂,在各方面掀起恢复党项故俗的活动,实质上却是更强化了对吐蕃文化的吸收和借鉴,这也是不可避免的。

原载《中国藏学》1989 年第 2 期

---

① 达仓宗巴·班觉桑布:《汉藏史集》,四川民族出版社,1985 年,第 193 页。

② 戈尔巴切娃和克恰诺夫:《西夏文写本和刊本》莫斯科,东方文献出版社,1963 年。

③ 史金波、白滨、黄振华:《文海研究》,中国社会科学出版社,1983 年。

④ 参见韩儒林:《中国西北民族纪年杂谈》,《元史及北方民族史研究集刊》第 6 期;汤开建:《西夏天文学初探》,《中国天文学史文集》第 4 集。

三　论吐蕃与党项的民族融合

民族融合是我国多民族国家形成与各民族关系史上的大事件。通过民族融合,经济上的联系加强,地理上的障碍也消失了,文化交融,心理沟通,是造成生产发展、社会繁荣的良好条件。人类文明正是在民族融合,以及与之相连的文化交流、技术传播、思想交会中产生的。但在古代社会,民族融合的过程往往伴随着兼并与征服,是在血与火、友谊与仇视、征服与反抗的斗争中实现的。吐蕃与党项的融合也是如此。

吐蕃是我国青藏高原上的部落与南迁的羌族融合而形成的古老民族,①在其形成与发展过程中,即与羌族有着极密切的联系;而党项则是古老的羌民族中的一支,因此,两族在族源上已有许多共同因素。《新唐书·吐蕃传》称,"吐蕃本西羌属,盖有百五十种,散处河、湟、江、岷间;有发羌、唐旄等,……稍并诸羌,据其地",而有吐蕃。

吐蕃政权的建立又是以吞并羌族诸部落邦国为基础的。苏毗、羊同、白兰、附国以及党项之归属吐蕃,促成了青藏高原上的第一次统一与吐蕃王朝的出现。随着吐蕃军事力量的扩展,不断有羌族部落被征服,分散居住的党项各部多也未能幸免。

---

① 参见王辅仁、索文清:《藏族史要》第一节,四川民族出版社,1982年。

党项人原居于今甘肃南部、青海东南及四川西北部广大地区。据《旧唐书·党项传》载："自周氏灭宕昌、邓至之后,党项始强。其界东至松州,西接叶护,南杂春桑、迷桑等羌,北连吐谷浑,处山谷间,亘三千里。"贞观十一年(637 年),吐蕃击败吐谷浑,"又攻党项、白兰羌,破之"[1],揭开两族交往与融合的序幕。

一、吐蕃与党项的早期融合

吐蕃与党项的早期融合包括两个方面内容:一是吐蕃政权统治下的两族融合;一是宋朝初年以前,吐蕃与内迁党项的融合。

贞观十一年,吐蕃进掠唐朝松州(今四川松潘),党项部落有叛归吐蕃者,如阔州刺史别丛卧施、诺州刺史把利步利,即以其所统之羁縻州投归吐蕃。[2] 原文作"阆州",应为"阔州"之误。不久,唐蕃联姻,复归于好。吐蕃大军撤离唐境,吐谷浑、党项诸部也基本上复归如初。吐蕃赞普松赞干布还娶弭药(党项)王之女茹雍妃洁莫尊(ru yongs bzav rgyal mo btsun)为王妃。[3] 松赞干布在世时,吐蕃与党项两族的关系还是比较友好的。

唐高宗永徽元年(650 年),松赞干布卒。其孙芒松芒赞(mang su mang btsan 650—676 年在位)幼年继位,大权悉归噶尔(mgar)家族成员掌握。此时期,吐蕃发动了抄掠唐朝、吞并周边诸部的战争。党项各部被迫内徙,"其处者皆为吐蕃役属,更号弭药"[4]。吐蕃遂得以统治部分党项居民。

吐蕃对党项采取了各种统治手法,既征其兵丁,又敛其赋税,给党项居民带来沉重的灾难。但是,吐蕃的统治又使党项人逐渐摆脱落后状

---

[1]《新唐书》卷二一六《吐蕃传》上。

[2]《资治通鉴》卷一九五。

[3] 巴卧·祖拉陈哇,黄颢译:《贤者喜宴》ja 函,《西藏民族学院学报》1981 年第 2 期,第 36 页注文。又见索南坚赞著,王沂暖译:《西藏王统记》,商务印书馆,1955 年,第 52 页。

[4]《新唐书》卷二二一《党项传》。

态,走上崭新的道路,并能够与吐蕃及其辖下的各族一起从事开发青藏高原的伟大活动,对历史产生影响。吐蕃与党项两族的融合,对于今日藏族的形成也有十分重要的意义。

关于吐蕃对被征服党项人的统治及两族的融合,汉文史籍没有记载。夏格巴在其所著《西藏政治史》一书中写道:"所谓党项是指住在青海湖以北和宁夏南部的党项密纳克而言,亦称'蕃密纳克',是藏族的木雅人。"①他把青海党项人及北迁建立西夏的党项人称作"蕃密纳克"(bod mi nyag)既不完全,也不妥当。因为密纳克或党项人,还应包括活动在康区(khmas)者;而北迁者又非"蕃密纳克"。所谓"蕃密纳克",是指吐蕃统治下的密纳克或党项人。加"蕃"者,一言其属于吐蕃,一言其与吐蕃有融合关系。

未北迁的党项人与吐蕃的融合,是一个复杂的过程。他们既接受吐蕃文化的巨大影响,又保留了本民族的一些特征。在民族上,可以把这一部分党项后裔称作"蕃木雅"或"藏木雅"。这也是造成康藏高原一带党项人后裔文化独特性的原因所在。迭部人、宕昌人、舟曲人等即是如此。他们虽不同于吐蕃与西夏,却又与二者关系密切。② 在康定等地区,情况更复杂,即除党项未北迁者与吐蕃融合外,又有与西夏亡后南迁遗民混居的内容。于是,后代的康定木雅人就包含着反复融合的过程。

吐蕃部落迁居党项人居住地区,也是融合的一条途径。生活在康区塞莫岗(zal mo sgang)的"董木雅(sdong mi nyag)"即是这样形成的。吐蕃政权瓦解以后,河、渭一带的吐蕃人相继西撤,"远遁叠、宕以西"③。叠、宕地区曾是党项人长久居留之地,逃此的吐蕃人又与党项联结似亦难免。

---

① 夏格巴:《西藏政治史》,耶鲁大学出版社,1967 年;上官剑壁 1981 年银川西夏史会论文,《四川的木雅人与西夏》。
② 李范文:《西夏遗民调查记》,《西夏研究论集》,宁夏人民出版社,1983 年,第 190—235 页,关于西夏遗民的记述。
③《资治通鉴》卷二四九。

内迁党项与吐蕃人也存在着相互融合的问题,在吐蕃政权灭亡以后表现得尤为突出。《新唐书·党项传》记,庆州党项破丑氏三族、野利氏四族、把利氏一族皆与吐蕃结为姻援;党项其他部落首领乃至部落居民之结姻吐蕃者,当为数不少。因此,两族通过婚姻关系而产生的民族融合应是客观事实。长时期的两族联合与部落杂居,助长了这一趋势,从而使某些吐蕃与党项部落的差别日渐缩小,乃至难以分辨。后唐明宗天成二年(927年)十二月,"回鹘西界吐蕃发使野利延孙等入贡,蕃僧四人,持蕃书两封,文字未详"①。从其居地在回鹘西界及持有文字书信的记载来看,其为吐蕃无疑,但其姓氏又是党项著名的八大部落之一的野利氏;天成三年正月,后唐敕吐蕃野利延孙等六人并为怀远将军②,则确有"吐蕃野利延孙"其人。如何解释呢? 我认为,这就是民族融合的结果,即党项野利部有融入吐蕃者,持有文字证明他已完全使用藏文,接受藏族文化的影响。

五代时期,是我国历史上一个动乱时期,对于吐蕃与党项两族也是如此。一方面,吐蕃政权瓦解,部众分散于河陇者甚多;党项族政权尚未统一,两族杂居十分普遍,民族融合的情况较为突出,在五代史籍中也有所反映。天盛四年(929年)十二月,后唐大将康福"至青冈峡,遇吐蕃野利、大虫二族数千帐",掩击之,获玉璞羊马甚多。③ 此亦吐蕃野利部。长兴三年(932年)二月,吐蕃又遣其首领野利间心等朝贡后唐。④ 足见,作为吐蕃帐族一部分的野利部,其人数甚多。此时,吐蕃政权瓦解已近百年,吐蕃之衰落与党项之兴起已是大势,他们断不是被吐蕃役使的党项属部,更不是冒称吐蕃的党项人,应该是吐蕃民族的一部分,即融入吐蕃的党项人。

另一方面,吐蕃与党项的杂居,也使唐宋史家不能分辨究竟是吐蕃,

---

① 《册府元龟》卷九七二《外臣部·朝贡五》。
② 《册府元龟》卷九七六《外臣部·褒异三》。
③ 《资治通鉴》卷二七六。
④ 《册府元龟》卷九七二《外臣部·朝贡五》。

还是党项。《册府元龟》卷三六〇"唐将帅部立功"条记，长兴中（930—933 年），"吐蕃"劫掠回鹘入贡使者，被药彦稠在"灵武道土桥"打败，劫掠者是吐蕃部落；而《旧五代史·药彦稠传》记同事，却是"党项劫回鹘入朝使"；《资治通鉴》又称之为"河西杂虏"。[①] 何者为是呢？据我们分析，这是杂居相处的"吐蕃-党项人"。《资治通鉴》的作者采取了审慎的态度。五代时，两族混居，久而久之，相互融合，难解难分。

如果激烈的战争与频繁的交往是客观上打破民族壁垒、造成民族融合的助产士，那么，杂居相处、和睦友好则是培育民族融合的肥沃土壤；此二者对于吐蕃与党项两族的融合是兼而有之。

宋朝初年，吐蕃与党项杂居与融合的状况依然如故。时人谓："大约党项、吐蕃风俗相类，其帐族有生户、熟户，接连汉界，入州城者谓之熟户，居深山僻远，横过寇略者谓之生户。其俗多有世仇，不相往来，遇有战斗，则同恶相济，传箭相率，其从如流……"[②]这里的"风俗相类"，既是因于故有风俗，又是民族融合的产物。"传箭相率"之习俗，据《册府元龟》卷九六一载，吐蕃驿使"以铁箭为契，其箭长七寸，若急驿，膊前加著一银鹘，更急，其鹘至十二三"；《宋史·吐蕃传》也记党项人以铁箭为誓的史实。两者逐渐同一，使人们不能区分吐蕃与党项的民族差异，而只能从其是否居于城邑、距汉地远近来予以分别。

二、西夏的崛起与民族融合

藏文史籍对西夏的活动地域多有记载，如《安多政教史》称："西夏地区，地处北面的西藏与胡人（又指蒙古）交界的黑水附近。"[③]《贤者喜宴》载，西夏："东为汉地，南为南诏，西为吐蕃（西藏），北为霍尔，在此诸国所

---

① 《资治通鉴》卷二七九。
② 《宋史》卷二六四《宋琪传》。
③ 《安多政教史》，西北民族学院打印本，第 38—39 页。黄颢：《藏文史书中的弭药（西夏）》，《青海民族学院学报》1985 年第 4 期。

割据之中心即西夏之国土。"①其方位大体无误,显然所指主要是内迁并建立政权的党项人。藏文史书同样称他们为(minyag,弭药)。弭药一词,在西夏文中也有记载,西夏文字典《文海》将"番族"释为"弥药也,番人之谓";释"土番"为"孛",此与吐蕃自称相同。又称藏人为羌人,"孛"者,"羌也,藏也,藏人之谓也"。② 因吐蕃地居其西,又称之为"西羌"。

值得注意的是,首先,党项人对自己祖先的追述,不仅居地与吐蕃有关,而且族源上也密切相连。西夏的一首歌中提到"黔首石城漠水畔,红脸祖坟白河上,高弥药国在彼方"③。白河即白水江,发源于今甘肃舟曲(古宕州)以南,流经南坪、文县等地后注入嘉陵江。据常璩《华阳国志》一书记载,沿江各段皆有"白水"之名,白水关、白水县也因此得名。④ 此一带为党项人原始居地,其居民多垒石为碉房,故有石城之谓。歌词反映了党项祖先原居于青藏高原的史实。"黔首"与"红脸"两词,学者多有论列。据我们看,含义并不高深,不过是说明党项人特征的变文而已。黔首即黑头,泛指留有长发的党项人,以此对应秃发令后的秃头;"红脸",既是高原居民的一般形象(紫外线辐射所致),又与流行"赭面"之俗的吐蕃的影响有关,合起来即指居于今甘、青、川西北地区时期的党项人祖先居民。

在党项人的追述中,还可以看到吐蕃对其祖先民族的巨大影响,这是民族融合的直接产物。西夏人传说自己皇族始祖"刺都"的妻子是"西羌(即西藏)姑娘",她生了七个儿子。"母亲阿妈起(族)源,银白肚子金乳房,取姓嵬名俊裔传。繁裔崛出'弥瑟逢',出生就有两颗牙,长大簇立十次功,七骑护送当国王。"⑤"母亲阿妈起族源",反映了党项曾经存在过

---

① 巴卧·祖拉陈哇:《贤者喜宴》ma 函,第 14—17 页,见黄颢译文。

② 白滨:《从西夏文字典〈文海研究〉看西夏社会》,《西夏史论文集》,宁夏人民出版社,1984 年。

③ 〔苏〕聂斯克(H. A. Heвckий):《西夏语文学》1960 年,莫斯科。陈炳应:《西夏文物研究》,宁夏人民出版社,1985 年。

④ 常璩:《华阳国志》卷二《汉中志》,刘琳校注,巴蜀出版社,1984 年。

⑤ 〔苏〕聂斯克:《西夏语文学》,1960 年,莫斯科。陈炳应:《西夏文物研究》,宁夏人民出版社,1985 年。

的母系氏族社会和原始婚姻制度。《隋书·党项传》记，"其俗淫秽蒸报，于诸夷中最甚"。《旧唐书·党项传》也称，党项人"妻其庶母及伯叔母、嫂、子弟之妇，淫秽烝亵，诸夷中最甚，然不婚同姓"。与此相关的就有了对母性的崇拜，"银白肚子金乳房"即是此谓。这与多生子女、兴旺族种的原始意识紧密相连。

被崇拜的母性祖先是"西藏姑娘"，即是党项人对其族源的认识。这一认识，基于吐蕃与党项的婚姻关系。松赞干布五妃之中有木雅土王之女，从当时吐蕃曾嫁女给羊同、吐谷浑等属国首领来看，也会存在嫁女党项拓跋部首领的事实。西夏人溯其祖先来源于此，不可能无根无据。

另一首西夏诗歌《颂师典》，也为我们提供了民族融合的史实。歌云："羌汉弥人同母亲，地域相隔语始异。羌地高高遥西隅，边陲羌区有羌字。"①羌即藏（吐蕃）。在党项人看来，他们与吐蕃原属同一民族；两族经历了地域由相接到相隔的过程；他们曾使用同一种语言，因迁徙之后逐渐不同，而居于西部高原的吐蕃人有自己的文字。"羌汉弥人同母亲"明确地揭示了党项及西夏民族与文化的来源及所受影响。

西夏政权时期，党项人与吐蕃的融合，主要发生在河西与河湟地区。首先，在吐蕃聚居区有党项人活动。河湟吐蕃的中心地区青唐（今青海省西宁市），地处"丝路"要道上，党项控制河西以后，商旅往来，多在此滞留，青唐一时为商业繁盛、各族杂居之地，其中即有西夏人。据载，青唐"东城惟陷羌人及陷人之子孙，夏国降于阗，四方往来贾贩之人数百家"②。董毡（即董毡）之子奇鼎述娶夏主秉常之妹为妻；奇鼎被杀后，西夏公主仍居青唐。是为河湟吐蕃与西夏结亲的最早记载。

其次，在吐蕃的帐族中包含着许多吐蕃化或者正在吐蕃化的党项部落。吐蕃称党项或西夏为"密纳克""觅诺"等，而这一名称却经常被冠于吐蕃帐族之后，如宋真宗景德元年（1004 年），李继迁种落敏楚克巴及日

①　陈炳应：《西夏文物研究》，宁夏人民出版社，1985 年，第 347 页。
②　陶宗仪：《说郛》卷三五。李远：《青唐录》（孙菊园辑）。

布结罗丹二族伪降吐蕃六谷部,并与党项大军里应外合戕杀西凉吐蕃首领潘罗支,"西凉府既啰齐(即潘罗支)遇害,乃率康古(即甉谷)、兰州、总噶尔(宗哥)、觅诺尔族攻咱隆六族,六族悉窜山谷"。① 其中的"觅诺尔"应是"弭药(mi nyag)"即党项的异称,此属吐蕃部落。另据吴广成《西夏书事》记,景德三年(1006 年)四月,"夏州妙娥、熟嵬数大族见德明孤弱,以蕃书移镇戎军,请拔帐自归。"②《续资治通鉴长编》将"妙娥"写作"密鄂克",同书卷三四三又称弭药为"满裕克家""妙娥",《续资治通鉴长编》作"密纳克"。此部归德明治下,是党项部落无疑,但已精通吐蕃语言文字,受其影响深矣。

最后,吐蕃部落的归附与西夏的军事抄略,使大批吐蕃人进入西夏境内,这些人又存在与党项融合的问题。六谷部落副首领游龙钵,在潘罗支被杀后"尽归德明部下"。③ 夏毅宗拱化元年(1063 年)王韶开熙河,吐蕃首领禹藏花麻以西使城(甘肃定西)与兰州一带降附西夏,谅祚以宗室之女妻之。④ 拱化四年(1066 年),河州吐蕃首领木征迫于部落不和、难以自立,"谅祚阴诱之,遂与青唐等族并附。"⑤

元昊称帝以后,先后统治了吐蕃人聚居的凉、瓜、肃、沙等州,吐蕃因此而为西夏境内主要民族之一。吐蕃人与党项融合,除了婚姻关系与错居杂处的自然同化之外,还受到元昊颁布一些法令加速同化的影响。西夏文字创立以后,元昊"教国人纪事悉用蕃书"⑥统一文字;在风俗方面,元昊下"秃发令",先自秃其发"使属蕃遵此,三日不从,许众共杀之,于是民争秃其发"。⑦"属蕃"自然包括大量的吐蕃人。强迫命令势必使境内的许多吐蕃人及其他民族居民改变装束,统一于西夏。从历史发展的角

① 《续资治通鉴长编》卷五六,并见《宋史·吐蕃传》。
② 吴广成:《西夏书事》卷八。
③ 《西夏书事》卷一一。
④ 吴广成:《西夏书事》卷二一。
⑤ 吴广成:《西夏书事》卷二一。
⑥ 《续资治通鉴长编》卷一一。
⑦ 吴广成:《西夏书事》卷一一,并见《续资治通鉴长编》卷一一五"景祐元年七月"条。

度看,无论是大量存在的吐蕃、党项人杂居所引起的相互融合,还是强迫命令、统一文字与发式所产生的强迫同化,其结果都导致了吐蕃与党项的进一步融合。在这个意义上,应把西夏境内的各民族统称为西夏民族,此亦即元朝时期的"唐兀人"。

西夏民族风俗吸收了各族的特点,这是民族融合的旁证之一。元人马祖常《河西歌》曰:"贺兰山下河西地(西夏故地),女郎十八梳高髻,茜草染衣光如霞,却召瞿昙作夫婿。"即包含有吐蕃、回鹘等族风俗。据我国学者王桐龄《中国民族史》一书统计,元朝的唐兀人(即西夏人)原为西夏籍,归元后多自称是吐蕃人或"藏人",而不自言为西夏人。[①] 这虽然与成吉思汗大杀西夏遗民有关,但他们自称吐蕃而不称其他民族,则是党项人与吐蕃融合的结果。西夏境内的党项与吐蕃,已是你中有我、我中有你,其自称吐蕃人,也有一定的道理。

西夏政权灭亡后,留居故地的遗民除一部分入仕元朝或融入蒙古族、汉族之中而外,河西的西夏人大多融入吐蕃民族(即藏族)之中。因此,后代的河西地区,尤其是甘州牧民已具有浓厚的吐蕃风俗。清初戏剧作家李渔(1611—1680年)有《甘泉道中即事》一诗:"一渡黄河满面沙,只闻人语是中华。四时不改三冬服,五月常飞六出花。海错满头番女饰,兽皮作屋野人家。胡笳听惯无凄婉,瞥见笙歌泪转赊。"[②]即是其证。

在西夏的墓葬遗址中,考古工作者发现了西夏文字,其中有"变吐蕃类""吐蕃界""吐蕃是我邻"等字样。[③] "变吐蕃类"是何意? 是否包含吐蕃人之党项化,有待于参互对证与研究。

三、南迁西夏遗民与吐蕃的融合

西夏灭亡以后,因迫于蒙古大军的威胁,居民纷纷南徙,定居于康区

---

① 王桐龄:《中国民族史》(订正增补本),北平文化学社印行,中华民国 23 年 5 月再版本,第 534—548 页图表。

②《甘州府志》卷一五《艺文》下。

③ 据李范文先生译文,载《西夏研究论集》,第 135 页。

与藏区。我们依据有限的史料，谈谈南迁西夏遗民与吐蕃的融合问题。

1. 木雅人(minyagpa)

早在公元1882年，英国人巴卜尔(E. C. Baber)就在其《中国西南部旅行与考察》一书中指出："Meniak"即是《唐书》中吐蕃所称党项的"弭药"的异译，木雅人即为吐蕃政权管辖下的党项人。此后，英人渥尔芬顿(S. N. Wolfenden)在其《西夏文西藏译音说》一文中，把四川的嘉戎语说成是西夏语，居民则是成吉思汗大军征讨时被迫南徙者。[①] 我国学者王静如先生在1932年也发表了《论四川羌语及弭药语与西夏语》一文，认为：讲"弭药语"的人，仍不超出党项原始居住区，即他们是原始的党项人（未北迁者）。[②]

1945年，邓少琴先生以其调查所获发表了《西康木雅乡西吴王考》一文[③]，认为，木雅非原始居民，而是西夏灭亡后"南徙而建立小邦，洪武后授为明正土司，至清康熙三十九年(1700年)嗣斩而绝，传世几五百载"。这一论述，发挥并充实了渥尔芬顿氏的论点，并把木雅人传说中的英雄"西吴甲尔布"对应为"西夏王"。理由是"夏"字古音"虎"，康藏人读如"吴"。

我们认为，木雅含义广泛，既包括留居故地未北迁的党项人，又包括迁居其中，与党项融合的吐蕃人，以及西夏灭亡后南迁的遗民后裔。后者之称"木雅人"因于自称，他们南迁后主要居住在康定一带，应称康定木雅人。至于"西吴甲尔布"，我们更赞同法国汉学家石泰安(R. A. Stein)先生的做法，他把"西吴王"与藏史传说中的西夏第一代祖先西吴王联系起来。[④] 但也只同意到这一点。他将"西吴"两字分开解释，以第

---

① 文载英国皇家学会，《亚细亚杂志》，1931年。
② 王静如：《论四川羌语及弭药语与西夏语》，《西夏研究》第二辑，1933年。
③ 邓少琴：《西康木雅乡西吴王考》，民国34年12月中国学典馆出版单行本。
④〔法〕石泰安(R. A. Stein)：《弭药与西夏：历史地理与祖先传说》，原载1951年《法国远东学院刊》，国内有方浚川、陈宗祥译文。

一个音节"Se(西)"作父性山的代名,第二个音节"Hu(吴)"为母性城市的代名,并且把"Se-hu"解释为双亲的圣地,却是不正确的。事实上,藏文史书《红史》"西夏王统(mi nyag rgyal rab)"一章中的"斯呼(Si-hu)"或"斯呼凯久(Si hu gar vjo)"即是康定木雅乡居民传说中的"西吴甲尔布"。西吴即斯呼,甲尔布即赞普(btsanpo)。"斯呼赞普"即"西吴甲尔布"或西吴王,两者同一。但斯呼赞普实有其人,而西吴甲尔布只是王号代称。

如有的学者所言,西夏诗歌所赞颂的祖先"弥瑟逢",即藏史中的"斯呼",也即汉文史籍中的李继迁。[①] 这样,"西吴甲尔布"的传说即是以李继迁振兴党项族的事迹为蓝本的。藏史中常常以各族各部首领来作为部落或政权的代名,如吐蕃人就将吐谷浑称作"阿柴"(Va zha,因其王阿豺)。李继迁是西夏的重要奠基人,在西夏历史上或吐蕃人的印象中都有深刻的影响,用"斯呼"或"西吴王"代称西夏王合情合理,无须以"夏"字古音对"吴"字。进一步说,西夏灭亡以后,王室后裔虽然南迁,但王号犹存,吐蕃人呼之为"西吴甲尔布"是亦很相宜。

我们既不赞同将后代的木雅人等同于西夏后裔,也不赞同把木雅人等同于党项原始居民,还因为二者都忽视了民族融合的因素。事实上,后代的木雅人,是吐蕃与党项及其他羌部杂居相处、相互融合而形成的;吐蕃与党项的融合,对于形成具有独特文化面貌的木雅人具有十分重要的意义。

首先,木雅语是吐蕃语(即藏语)与西夏语及其他羌族部落土语融合的产物。法国汉学家石泰安先生(R. A. Stein)断言:"我们在霍尔、甘孜、道孚、木雅(打箭炉)及金川地区讲的各种土语语言中,会找到与西夏语十分相近的亲属语言,许多语言及所谈到的问题都与在藏区的西夏与弭药有关。"他还指出:"藏族习惯上认为今天还住在藏区东部与西部的土著,是'原始部落'的典型,来自藏族兄弟的部落群体,……至少这兄弟之

---

① 陈炳应:《西夏文物研究》,宁夏人民出版社,1985年,第358—359页。

一的语言是接近弭药与西夏语的。"①提出了藏语与弭药语及西夏语的亲密关系。

从历史上看,当吐蕃王朝崛起时,康区、安多等地诸氐羌部落大多处于分散居住、各自为政的状态;当吐蕃文字创立之时,他们一般都没有自己的文字,其社会经济与文化经常受到吐蕃文化的冲击和沐浴。可以说,无论是嘉戎人、道孚人,还是木雅人,都在创立文字时大量吸收了藏文的优秀成果。这正是今天"嘉戎语的邻接语,大部分借自藏语,小部分借自汉语";道孚语"借词很丰富,大部分借自藏语,特别是宗教、商业、文化、政治方面,几乎占百分之八、九十"②,且有藏文古老读音的根本原因。不管如何强调嘉戎语、道孚语与藏语的差别,却无论如何不能否认藏语对它们的巨大影响。

藏语文对诸部的影响主要通过两条途径:一是吐蕃与诸部的统治与被统治关系,一是氐族杂居与融合。吴景敖《西陲史地研究》称党项颇超氏故地在今四川色达柏华昌地方,又称木把桑。李范文先生以为"道孚土著居民很可能是党项羌未北徙之颇超氏的遗裔"③,则长期受吐蕃统治的道孚人的语言必然受到藏语的巨大影响。讨论吐蕃辖下党项人的语言,是不能忽视或无视藏语所赋予的重要作用的。

西夏灭亡,其王室后裔有一部分南迁康区,"木雅居人,尚能记其旧名,来自北方"。④ 居地与党项人故地部分相同,即在打箭炉(今四川康定)一带。周围是藏文化圈,自难逃出影响之列。美国人保尔斯(C. T. Bowles)将吐蕃与西夏交往杂居的中间地带作为一个独特的语言范围,他指出:"由打箭炉(康定)北向到青海的土著,位于雅砻江流域的,内包括丹巴、扎母巴等凡十二部,多不操藏语而另自成系,但都属于敏里亚

---

① 〔法〕石泰安:《关于弭药与西夏的最新资料》,1966 年发表于巴黎;方浚川、陈宗祥译文载《宁夏社会科学》1981 年试刊号。
② 李范文、林向荣:《试论嘉戎语与道孚语的关系——兼论西夏语与道孚语、嘉戎语、藏语的关系》。
③ 李范文:《嘉戎与道孚族源考》,《西夏研究论集》,宁夏人民出版社,1983 年,第 306—320 页。
④ 邓少琴:《西康木雅乡西吴王考》,中国学典馆,1945 年。

(Minia)一名之内的。"①需要补充的是,在这样广大的地域之中,即使是相近的"敏里亚"语也是不平衡的,原归吐蕃辖下的党项人,接受吐蕃影响可能要多一些;而西夏灭亡后南迁的遗民,因聚部而居相对少一些(相反,保留西夏语的成分则又要多一些);又因高山峻岭所隔、交通不便,各部的发展不尽相同,遂有大体相近,分别不同的众多语言。

吐蕃记录《嘉喇卜经》谓,"吐蕃东北有二州:一曰'密纳克',一曰唐兀,二地互相毗连,往昔自为一国"。前者即指康区、安多的木雅人或者与吐蕃融合的党项人,以及南迁与吐蕃杂居的西夏遗民;后者则指党项曾建立过政权的西夏故地,因元朝人而称之为"唐兀"。吴天墀先生《西夏史稿》(增订本)第 305 页称:"密纳克为缅药,唐兀则指建立夏国的党项人。……《嘉喇卜经》的密纳克州殆即王志远《地理图》中之弥娥州。"此说似不妥,密纳克、缅药皆党项之藏族称呼,唐兀即建立西夏政权的党项人(或西夏人)居地,则密纳克自非一州之专称,而应是居于康区、安多,曾归吐蕃政权统治的党项人居地的泛称,与建立西夏、被元朝称作唐兀人的西夏遗民相对称呼而已。我们所讨论的主要是前者,即活动在康区的木雅人。

其次,康区木雅人的风俗服饰,不是来自鲜卑,而是兼有西夏(党项)与吐蕃的特点。邓少琴先生《西康木雅乡西吴王考》称,"西夏声乐,固未得而闻焉,然睹此木雅之俗,似犹其先民之遗风",即指西夏的影响。康定木雅人既为自西夏南迁之遗民,则风俗习惯多承旧续是毋须赘述的。至于服饰、发式,"当地妇女,皆著褶裙,翩跹有姿,头缨珠贝,有如絫者。《新唐书·吐谷浑传》谓其俗:男子服长裙、缯帽或冠幂篱。妇女辫发萦后,缀珠贝。夫吐谷浑亦西方之族,昔曾接邻松州者也,今乃于木雅乡,窥见其相若之服饰"。据此,有的学者认为,西夏风俗与吐谷浑相似,主要是因于统治者同为鲜卑拓跋氏而与藏族不同。② 对此,我们实在不敢

---

① 王静如:《西夏研究》第二辑,1933 年。
② 吴天墀:《西夏史稿》(增订本),四川人民出版社,1983 年,第 136、405 页。

苟同。第一,邓先生所见木雅乡居民服饰、发式与吐谷浑相似,其实似者也不止吐谷浑。附国人有戴幂篱的习惯;[①]吐蕃妇女也有"辫发紊后"的风俗;至于男子服长裙,游牧民族中极为多见,不足为奇。第二,如果说康定木雅人服饰发式与吐谷浑相同,那也只能说明木雅人风俗继承了羌族及党项人的遗风。如众所知,吐谷浑统治者虽是鲜卑人,但其辖下居民却基本上是羌族人,风俗习惯也只能是羌族的而不是鲜卑人的。第三,自西夏建立已近二百年,且不说西夏境内的鲜卑人,就是党项人也改变了自己原来的面貌,吸收汉、吐蕃、回鹘、契丹等族的文化,形成了独特的西夏风俗与文化,已不可与昔日吐谷浑辖下的羌族等同而语了;吐谷浑的统治者鲜卑人的风习必然是所剩无几。

木雅人的风俗、服饰,既是西夏居民服饰与风俗的延续(本身即包含着吐蕃成分),南迁后又吸收了藏羌等各民族的一些新成分,使之更趋向羌族化或藏化(即吐蕃化),也是自然的事。西夏遗民自称藏人,而不承认自己是西夏人,那么,为了证明自己是藏人而穿上本已与自己服饰相似的藏服,不也是很自然的吗?! 尽管如此,藏人仍不承认他们是藏族,又显示出他们来自北方而非土著,与藏族有所差别。今天的康定木雅人"风俗习惯,由于受藏文化的影响,与藏族大同小异";"葬俗与藏族相同,有天葬、水葬和土葬".[②] 知藏族影响日趋增多之大势。

邓少琴先生还将木雅乡人崇尚高台、垒石为室追溯到西夏人北方时期的建筑特征。我们觉得还可以进一步说,居高垒室是党项人的故俗,北迁后沿袭不改,而返后又"重操故技"罢了。因为康藏地区大多喜筑高屋,垒石为室。隋代附国人"无城栅,近川谷,傍山险。俗好复仇,故垒石为磵,以避其患。其磵高至十余丈,下至五六丈,每级丈余,以木隔之,基方三四步,磵上方二三步,状似浮图"云云.[③]《新唐书·东女传》记,"所居皆重屋,王九层,国人六层",即是明显的例证。

---

① 《隋书》卷八三《附国传》。
② 李范文:《西夏遗民调查记》,《宁夏社会科学》1981 年试刊号。
③ 《隋书》卷八三《附国传》。

此外,藏文文献有关于木雅人出自康藏高原远古时代藏族十八部落的说法。《拉达克王统记》等著作称之为"董木雅(Sdong mi nyag)"。董族又是康藏高原古代六氏族之一,古代董族人由他们的首领格尔王率领,由雅鲁藏布江流域的约如(yo ru)地区迁移到朵康六岗一带繁衍生息,其中某些支系在康北的塞莫岗定居下来,称为米雅巴(mi nyag pa),居住在米雅日芒到擦莫绒一带。①

称"董木雅"即是由董族(藏族之一部)与木雅(党项)相互融合的缘故。

2. 迭布人

"迭布",据马长寿先生研究,源于羌语,与后世的"帖布"或"贴武"通。② 北周建德六年(577年)驱逐羌浑,于此置叠州,领叠川、合川、乐川等县。③ 在叠州东南有芳州,《元和郡县图志》卷三九称,"所管百姓皆是党项诸羌,界内虽立县名,无城廓居处"。知此州曾为吐谷浑与党项人居地。上元三年(676年),吐蕃进攻叠州,陷密恭、丹岭二县。④ 叠州党项遂归吐蕃治下,吐蕃据之百有余年。吐蕃政权瓦解以后,迭州一带仍为吐蕃与党项及其他羌部杂居之地。

吴景敖以为"李靖之击吐谷浑,拓跋赤辞屯狼道坡,以抗官军。狼道坡故地,盖即今下叠部东界之罗达,……叠部居民之称为'叠胡',当可作为……拓跋部若干遗裔自称之旁证"。⑤ 现在看来,"拓跋"是否与"铁巴"有关还是可以考虑的(拓跋之为鲜卑,抑是党项此暂不议),但是,以现在的迭布人有自己的独特语言,从而认为他们是"西夏遗民或是鲜卑吐谷浑的原始居民"⑥,却是不合实际的。因为这一地区应为党项人最早居地

---

① 〔法〕石泰安著,耿昇译:《川甘青藏走廊古部落》,四川民族出版社,1992年。

② 马长寿先生遗著,周伟洲整理:《氐与羌》,上海人民出版社,1984年,第163页。

③《隋书》卷二九《地理志》上。

④《新唐书·吐蕃传》。

⑤ 吴景敖:《西陲史地研究》,中华书局,1948年,第21页。

⑥ 李范文:《试论西夏党项族的来源与变迁》,《西夏研究论集》第1—30页。

之一,吐谷浑人虽也曾介入,但唐朝以前"所管百姓皆是党项"(见前引)。吐蕃占据以后,自然有大批军队和居民移入,其与党项相互融合也是不可避免的。吐蕃在河陇的统治崩溃以后,大多数军人迁往"迭宕以西",重新与党项人融合;吐蕃奴部嗢末也在迭、宕等州活动。① 以迭布人为吐蕃与党项人后裔,较为符合史实。至于西夏政权,统治疆域未曾及此,其遗民是否迁居于此,史所未载,不足为据。

吐蕃对被征服党项的影响、吐蕃与党项两族的融合,是今天迭布人、卓尼人和舟曲人等区域藏族形成的基本原因。在迭部北边的卓尼、临潭(即洮州),人们常以洮迭并称,"据当地人传说:卓尼(co ne)是松赞干布阿里日青巴(mngar ris mchen pa)巴颜(payan)一带的首领名叫盼尼(phan mye)的后裔迁居于此"。民间传说称"卓尼之藏族来源于西藏的盼包(彭波)宗(phan po rdsong)、龙智布宗(lhun grub rdsong)名曰穆旺加参〔mi(mu?) dbang rgyal mtsan〕的后裔"(引文中藏文字母省去)②,这反映了吐蕃民族在其形成过程中的作用。

关于迭布人的来源与独特语言,《卓尼政教史》的作者有较为客观的论证,认为迭布人来自避乱的吐蕃人,大部分是恐热乱后脱离吐蕃的"嗢末人",以及原居西藏北部的羌塘人,后者也随吐蕃人东迁于此。因此,迭布人是自众多的吐蕃人与羌、戎诸部融合而成的。其中羌人自然包括众多的党项人。迭布人使用藏语,但是因大山所隔,与外界往来稀少,"食能自给,不求外援",以至于在语言上未能参加公元826—827年吐蕃赞普可黎可足(热巴坚)所倡导的第二次"文字改革",从而保留了较多的古文字成分,如"带加下字'ra'的一般仍发下加字'ya'的音,而且'ma'一般仍带有下(加)字'ya'";"洮、迭之藏族语言,接近于康藏方言二者之

---

① 《资治通鉴》卷二五〇。
② 嘉木样协巴·久美旺布著,卓逊·道尔吉(杨土宏)译,达瓦洛智校订:《卓尼政教史》,西北民族学院印,第87页。

间,是以声调来区别词意的语言"(引文中藏文字母省去)。① 总之,洮迭藏族"本源于西藏",是约在公元 7 世纪末 8 世纪初东迁于此的随军蕃民,发展到后期,他们自然形成一种"社会体系"。我们认为,在吐蕃未迁居以前,这一带即活动着党项人,正是来自党项等族的影响使他们产生了语言与民族上的相对独立性。

从对迭布、松、岷、宕等州藏族的历史与语言的零星记载来看:这些地区居民的形成皆与吐蕃东侵,及其政权瓦解以后喝末人的活动有关,处于宕昌之南的舟曲人也是如此。公元七、八世纪,随着吐蕃军队向唐境扩张,每出兵富家豪室皆以奴从。至王朝分裂,散处于松、岷、叠、宕等州的吐蕃属部,从迭部沿白龙江南下抵达舟曲,从宕昌沿岷河至舟曲,"他们是经过由于部落间和当地土著民族争夺战的迂回辗转活动后,最终进居今舟曲境内的"。② 当时松州西北部原有党项羁縻州 99 个,其中有 19 个州因吐蕃所逼徙到灵、庆、银、夏诸州,未迁徙的 71 州之羌民和已迁徙的 19 州土地皆为吐蕃所统治。③ 如果我们明白了强大的吐蕃王朝曾征服大片党项居地、役使大量党项人部落的事实,就不难理解叠、宕、岷、洮诸州居民的历史渊源与文化特征。这一带居民虽与藏族有一定的区别,但共同点更多。而且说及祖源,皆言来自西藏,这是不容忽视的事实。

3. 夏尔巴人(sharpa)

夏尔巴人(sharpa)分布在我国西藏与尼泊尔、锡金、印度等地交界的高山地带。我国的夏尔巴,据称,祖辈迁自尼泊尔的索卢、昆布。《夏尔巴先祖世系》一书说,索卢、昆布的夏尔巴人又是从我国多康六岗中的塞

---

① 嘉木样协巴·久美旺布著,卓逊·道尔吉(杨土宏)译,达瓦洛智校订:《卓尼政教史》,西北民族学院印,第 87 页。

② 闵文义:《东迁蕃民与舟曲藏族——舟曲藏族渊源初探》,《西北民族学院学报》1984 年第 2 期。

③ 马长寿:《氐与羌》,上海人民出版社,1984 年,第 189 页。

莫岗(zal mo sgang)谷底的弭药日芒迁去的；其祖先形成于该地，故而自称"弭药巴"。① 塞莫岗在今四川石渠、邓柯、德格和白玉等县境。

弭药巴(mi nyag pa)的祖先，传说也是自猕猴与岩魔女相配，逐渐变成人的，源自于塞(se)、穆(ran 或作 dmu)、董(ldong)、东(sdong)、查(dbra)、楚(vdru)——藏族最早的六氏族。② 藏史《拉达克王统记》称"内四部小人种是：象雄的查氏族，苏毗的东氏族，弭药的董氏族，吐谷浑的塞氏族"。《松赞干布遗训》称董氏族最初居住在西藏南雅隆河谷的约如地方。据此，有的研究者认为"弭药人是藏族的一分支，弭药源于藏族"。③ 我们对此有不同看法，弭药是党项，自非藏族的一个分支；党项是古老的羌民族的后裔之一，当然不是源于藏族。事实是，来自藏族六氏族之一的董氏族迁往弭药地区，与党项(即弭药)融合形成"董木雅"，此又木雅人的一部分。生活在塞莫岗木雅日芒(mig nyag sri mang)地方的董木雅，"与住在其东部木雅热甫岗(mi nyag rab sgang)即今康定县折多山以西、乾宁以东地区的西夏后裔木雅人不同"④。西夏后裔的木雅人，是接受藏族文化影响的西夏人；而"董木雅"，在我们看来，是与党项融合并接受党项影响的吐蕃董氏族的后裔。

夏尔巴人是弭药人西迁以后形成的。弭药人西迁约在蒙古第一次打败西夏的 1205—1255 年前后；而他们迁到索卢、昆布，大约在元、明之际。⑤ 这些人从德格经昌都、丁青、索县至黑河(那曲)折向西南到后藏。以米钦查巴为首西迁的一批弭药人，据《夏尔巴世系史》说，他们经过拉萨对面的羌塘，南下到拉萨附近，而后折向西，经日喀则、拉孜到定日朗果、再南下翻过雪山到达昆布。⑥

弭药人西迁既在公元 1205—1255 年，那么，所谓的夏尔巴人，必然是吐蕃与党项两族融合的后裔。"董木雅"西迁成为夏尔巴人重要来源之一，夏尔巴无疑包括了党项人的民族成分。这是其文化与风俗同党项

①②③ 陈乃文：《夏尔巴人源流探索》，《中央民族学院学报》1983 年第 4 期。
④⑤⑥ 黄颢：《夏尔巴人族源试探》，《西藏民族学院学报》1980 年第 3 期。

类似,及其自称"弭药巴"的基本原因。

据《夏尔巴世系史》记载,弭药人包括夏尔巴(shar pa)、希查巴(sis brag pa)、多楚巴(mdo grub pa)等。"后藏贵族顿珠康萨,锡金王室皆自诩为弭药王的后裔;后藏南木林的一部分人及川西的'木雅巴'也认为是弭药人的后裔"。[①] 可见,弭药人在青藏高原上的影响还是十分巨大的。另一方面,即是这些自称为"弭药巴"的人,因受吐蕃、党项、西夏及其他羌部影响程度大小不同而往往表现出差异。

4. 拉堆绛人(la stod byang pa)

"绛",藏文作"byang",意为北部。拉堆绛(la stod byang),一般藏文资料都说其首邑在绛昂仁(byang ngam ring)的那一地区。此地方的豪族,相传是西夏王室后裔,是在成吉思汗灭西夏时,自西夏来投萨迦,定居昂仁的。[②] 第五世达赖喇嘛所著《西藏王臣记》称:"自从那获得福德圆满的中原皇帝的封职诰命,而成为区域统治者——木雅司乌王,传嗣到第七代为木雅嘉哥。复由木雅嘉哥,次第传出木雅生格达。生格达之子名多杰金刚,他去到扎巴绛称大师的座前亲近承事,这样也就和萨迦派开始建立起联系。……(他的儿子)绷德对法王萨迦·班抵达十分敬信。……(绷德之子)扎巴达曾经获得元世祖忽必烈的诏命,颁赐宝印受任为司徒之职。他建立了北派昂仁大寺。"[③]即灭亡前的西夏王室已与萨迦派建立了初步的联系。

藏文史书《黄琉璃》称,西夏王佳桂(即嘉哥)之子木雅僧格达就生在昂仁,其后裔衮噶洛垂曾任帝师及本勤职务。[④] 此说似不合情理,据《西藏王臣记》载,西夏王共传九代,其中佳桂王是第七代,第八代是僧格达,第九代是多吉贝,后者被成吉思汗所杀。则僧格达出生时,西夏王室犹

---

① 陈乃文:《夏尔巴人源流探索》,《中央民族学院学报》1983年第4期。
② 王森:《关于西藏佛教史的十篇资料》(打印稿),中国社会科学院民族研究所,1965年。
③ 第五世达赖喇嘛著,郭和卿译:《西藏王臣记》,民族出版社,1983年,第110—111页。
④《黄琉璃》,木刻板第212页。黄颢译:《新红史》,西藏人民出版社,1984年,第200页。

存,他母亲自然不会把他带到距兴庆府(今宁夏银川市)数千里之遥的后藏昂仁地区去生产。当从《西藏王臣记》所称,即在西夏最后一主多吉贝(似为李睍)时,始与萨迦派建立宗教上的联系;其子绷德又在西夏灭亡、蒙古大军屠杀西夏人的危急时刻,远涉崇山峻岭抵达绛昂仁,并修建了绛昂仁(即北派昂仁)大寺(byang angm ring gi chos sde)。嗣后又得元世祖封赏,成为地方势族,元代时,被列为十三万户之一(拉堆绛万户)。

此外,流传在康区、安多一带的著名藏族史诗《格萨尔王传》中也包含着吐蕃与党项两族融合的传说。其中与"木雅人"或地区有关的记载有六部,即(一) 木雅黄金宗之部(《mi nyag gser rdsong》扎巴老人说唱目录);(二) 木雅药材宗之部(《mi nyag sman rdsong》也为扎巴老人说唱目录);(三) 木雅绸缎宗之部(《mi nyag dar dsong》西藏玉梅说唱目录);(四) 木雅云彩宗之部(《mi nyag sprin rdsong》见于西藏玉梅说唱目录中);(五) 木雅里尺马宗之部(《mi nyag le khrivi rtar dsong》"分大食牛"一部中提及此部之名);(六) 木雅冈尺王之部(《mi nyag gangs khri rgyal po》见于印度达姆萨目录)。[1] 任乃强先生还把"林格萨尔王"等同于唃厮啰,并认为:"林格萨尔族是属于党项的。"[2]既反映了党项族由小到大兼并各小邦的发展过程,又体现了党项与吐蕃的密切交往与民族融合。

吐蕃与党项的民族融合存在于两族交往的全部过程之中。前期,吐蕃对党项的征服与统治及后期党项(西夏)对吐蕃的征服与统治,以及长时期的两族杂居,是民族融合的基本途径。综其大端可分为以下几个阶段:首先是被吐蕃征服的党项人的吐蕃化,这在五代时期散居部落中即可看到;其次是西夏时期吐蕃人与党项的融合,包括继续存在的部分党项人融入吐蕃。西夏灭亡后,除融入汉、蒙古等族之中者外,有一定数量的西夏遗民进入康区,走上了新的与藏族融合的道路。

青、甘、川西北现存的古代部落遗民和区域性藏族,如"迭布人""卓

---

[1] 王沂暖:《卷帙浩繁的长篇英雄史诗——格萨尔王传》。
[2] 任乃强:《羌族源流探索》,重庆出版社,1985年,第55—56页。

尼人""舟曲人"等(活动在藏彝或民族走廊的居民),则主要是由吐蕃政权辖下的党项人(未北迁者)与吐蕃人融合而形成的;他们的风俗与文化也主要来自吐蕃与党项,也吸收了当地土著羌族及其他民族的成分。由于长期的地理分隔,缺乏同外界联系,使其语言、文化呈现出一定的独特性,把它说成是吐蕃或吐谷浑后裔、党项余裔,均有偏颇之嫌。民族融合是了解今天甘、青、川等地区藏族形成与发展的钥匙。

此外,迁入吐蕃地区的西夏遗民及迁入党项人居住区的吐蕃各部,乃至西迁中尼边界的夏尔巴人,都存在着民族融合的问题,吐蕃与党项的融合是其核心内容。

原载《西北民族研究》1988 年第 2 期

四 吐蕃与西域诸族的关系

吐蕃与西域诸族的交往,在唐代各民族关系史及边疆开发史上占有十分重要的地位,本文拟就新疆出土的简牍及汉、藏文史书所载,论列如下。

一、吐蕃与西域诸族的早期交往

吐蕃与西域地区的联系产生于公元 7 世纪初期。藏文史书《敦煌吐蕃历史文书》载,墀论赞(即朗日松赞)时,曾率兵万人出击苏毗,打败森波杰,苏毗王子芒波杰逃往突厥(dru gu)。[①] 森波杰即"孙波杰",也即"苏毗王"。同书有"森波杰达甲沃"、"森波杰赤邦松"等,皆是苏毗之王。据《新唐书》卷二二一载,"苏毗,本西羌族,为吐蕃所并,号孙波,在诸部最大"。朗日松赞时,苏毗人主要居住羌唐(即今藏北地区),其北部即与西域地区相接。正因为如此,芒波杰才把"dru gu"地区作为逃难之处。

"dru gu"一词的含义,国内学者看法略有差异。张怡荪主编的《藏汉大辞典》以之为"古代阿里之北和阗之南一小邦名";[②]王尧径直译之为

[①] 王尧、陈践译注:《敦煌本吐蕃历史文书》,民族出版社,1980 年,译文第 131、214、103、141、106、107、144、115—116 页。

[②] 张怡荪主编:《藏汉大辞典》,民族出版社,1985 年。

"突厥";①敦煌遗书 P. 246 号《藏汉对照字汇》以"dru-gu"为"突骑施",而以"霍尔"(hor)指回纥人;文书 P2762 号手卷,则以"dru gu"称回纥人。我们知道,"drugu"指突厥人应早于指回纥人,而"dru gu"真正与"回纥"混合起来,那是公元 840 年回纥西迁以后的事。因此,早期吐蕃所认识的"dru gu",主要指活动在西域地区的突厥各部,包括突骑施人等。在这一点上,前面各种说法是基本一致的。

在法国巴黎国立图书馆所藏伯希和搜集的藏文文书 P. T. 960 号《于阗教法史》中,有关于于阗僧人南入吐蕃的记载,文称,7 世纪初,于阗发生了毁佛灭法事件,和尚们因吐蕃赞普(指松赞干布)笃信圣教、敬重比丘,一致同意前往吐蕃。他们从"杂尔玛"出发,到"卓帝尔",然后经"迈斯噶尔",来到吐蕃王朝的中心据点——逻些(Lha sa 即今拉萨),"正在这时,吐蕃赞普和汉地君主结成甥舅,文成公主降嫁吐蕃赞普。公主在吐蕃修建了一个很大的寺庙,给寺庙献上土地与奴隶、牲畜。全体比丘来到这里,生活均由公主供养,吐蕃之地大乘教法更加宏扬光大。"②藏文史书《汉藏史集》"于阗王统"一节中,有与此相类似、而且更为详细的记载,文中介绍了于阗国和疏勒、安西等地被"汉人、赭面(即吐蕃人)、粟特、突厥、胡人"等摧残的情况,以及吐蕃佛法初兴、于阗灭法、于阗僧人纷纷逃往吐蕃而备受礼待的事实。最后还谈到文成公主死亡,吐蕃一度灭佛,于阗僧人又往西方逃难的情况。③ 知其事之真实性不可怀疑。据此可见:(一)西域的于阗人对青藏高原上的吐蕃的政治与文化活动十分熟悉;(二)西域佛教曾通过于阗而传入吐蕃地区,影响了佛教在吐蕃的兴起与流传。

据《王统世系明鉴》记载,吐蕃的"内六贤臣"中,有"霍尔人"香波夹几陈桑。另一位"霍尔人"恰秀仁波,还被松赞干布委任为苏毗地方的军

---

① 王尧、陈践译注:《敦煌本吐蕃历史文书》,民族出版社,1980 年,译文第 131、214、103、141、106、107、144、115—116 页。
② P. T. 960《于阗教法史》,见王尧、陈践译注:《敦煌吐蕃文献选》,四川人民出版社,1983 年。
③ 达仓宗巴·班觉桑布著,陈庆英译:《汉藏史集》"于阗王统"一节,西藏人民出版社,1986 年。

政长官——"奎本"。① "霍尔"(hor)一词,是吐蕃人借自唐人的说法,即指活动在西北地区的少数民族。"hor"即"胡"的音译。在吐蕃人那里,"hor"是居住在其本土北部——西域地区的突厥人或回纥人的异称。在今天的藏话中,还有"hor pa"(藏北牧民)、"hor dud"(藏北牧家)等,即是由"胡人"居于北方,北方人是"胡人"的不严密逻辑演绎出来的。有时,"hor"与"dru gu"(突厥)及"yu gur"(回纥)并称,指北方突厥民族各部。至于"hor"又指蒙古人,那是较晚期的事。如此,突厥人有在吐蕃王朝中任大臣者于此可见。

在吐蕃活动的西域突厥人中,有的还作为建筑工程的负责人,为兴建佛寺做出了重要贡献。松赞干布时,汉妃文成公主与尼泊尔妃赤尊公主在拉萨修建小、大昭寺及各分寺,以压"邪魔","为压女魔左脚掌,在北方修建了仓巴陇恩寺,用霍尔人巴贝扬为工头"。② 另据藏文史书《贤者喜宴》记载,为压左手掌,以吐火罗人为工头在门域建杰曲寺;以霍尔人为工头,在女魔右脚心处建蔡日准玛寺。说明早期的吐蕃佛教建筑中包含着西域突厥等族人民的智慧与心血。

值得注意的是,吐蕃的军事势力也早在朗日松赞执政时伸入西域地区。《贤者喜宴》称,其时,吐蕃征服了边地之佳及突厥(gru gu)。《拉达克王系》也称,朗日松赞时,"征服天竺(rgya gar)、突厥(gru gu)及西方尼雅秀(gnyav zhur)等诸王"。③ 虽然此"突厥"地区未必即是西域腹地,但其在今昆仑山、阿尔金山以北却是无可置疑的。

松赞干布时,还对突厥地区委派官吏以实施其统治。《松赞干布遗训》即记载,松赞王任命岱赤桑洛赞为北方突厥、巴尔的"奎本"。前述的霍尔人在吐蕃为官及这里的吐蕃派人到突厥地区为官,是吐蕃占领并统

---

① 巴卧·祖拉陈哇著,黄颢译:《贤者喜宴》,《西藏民族学院学报》1981 年第 1 期。
② 萨迦·索南坚赞著,陈庆英、仁庆扎西译:《王统世系明鉴》,辽宁人民出版社,1985 年,第 115 页,王沂暖译:《西藏王统记》第 50 页,商务印书馆,1955 年。
③ 巴卧·祖拉陈哇著,黄颢译:《贤者喜宴》,《西藏民族学院学报》1980 年第 4 期,1987 年第 2 期。

治部分突厥人地区的证据。关于这一点,《贤者喜宴》的记载更为明确,文称,松赞王时,东方之咱米、兴米,南方之洛与门,西方之香雄及突厥,北方之霍尔及回纥等均被收为属民。[①]"突厥"、"霍尔"及"回纥"同时出现,说明吐蕃人对西域突厥各部认识的进一步加深。但是,从朗日松赞派兵入据西域、统治突厥人,到松赞干布收抚突厥、霍尔、回纥人归其属下,其间曾经历了一次重大变化,即朗日松赞死后,苏毗等属部反叛,突厥之地一度丧失。至松赞干布即位后,才重新扩疆拓土,恢复了对西藏突厥人某些地区的统治。

据《贤者喜宴》记载,在吐蕃王朝的六十一东岱中,上香雄五个东岱,即俄久、芒玛、聂玛、咱莫及帕嘎小东岱,皆在吐蕃与突厥的边界地区。可见,松赞干布以前,吐蕃与西域各族已有较为频繁的交往,而且属地相连,吐蕃的军事势力甚至屡次伸入突厥人居地。而吐蕃与西域之间,越过昆仑山、阿尔金山进行交往的道路已经存在。

二、吐蕃对西域地区的军事占领

吐蕃的军事势力伸入西域及对西域委派官员虽然由来已久,但是,真正确立对西域地区的长久统治却是松赞干布去世以后的事。公元650年,松赞干布卒,其孙芒松芒赞幼年即位,军政大权尽归噶尔家族掌握,吐蕃向外更大规模的军事扩张由此开始。

公元7世纪中期,吐蕃屡次进攻吐谷浑、党项及唐朝,同时也加强了对西域的攻势,据《敦煌吐蕃历史文书》记载,公元662年,吐蕃大论东赞域宋在吐火罗地方向象雄(今藏西北阿里一带)征收军备物品。同年十二月,与唐朝在西域展开争夺,其时,唐"飚海道总管苏海政诏讨龟兹,敕兴昔亡、继往绝二可汗发兵与之俱……军还,至疏勒南,弓月部复引吐蕃之众来,欲与唐兵战,海政以师老不敢战,以军资赂吐蕃约和而还。……

---

① 巴卧·祖拉陈哇著,黄颢译:《贤者喜宴》,《西藏民族学院学报》1980 年第 4 期、1987 年第 2 期。

继往绝寻卒,十姓无主。有阿史那都支及李遮匐收其余众附于吐蕃……其后吐蕃盛言弥射不反,为步真所诬,而海政不能审查,滥行诛"①。吐蕃征收象雄的赋税物品,主要目的即在于北侵西域。而且,这次进掠是吐蕃与弓月部在西域的再次联合行动,而不是第一次。

由于吐蕃进入西域地区后,或者通过军事征服或者引诱拉拢而与当地突厥等族联合起来,一方面,使其入侵活动有了可靠的立足之地,另一方面更进一步加强了其在西域的军事实力。唯其如此,阿史那都支及李遮匐等在与唐朝边将发生矛盾时,纷纷投靠吐蕃。

又据《汉藏史集》记载,在于阗王尉迟圭受龙王之劝请,修建达哇涅的寺院时,"吐蕃之王将于阗收归治下,此寺是在吐蕃大臣噶尔东赞来到于阗时修建的"。② 时间与上述东赞征兵及与唐在西域争夺相近。

吐蕃在西域军事扩张的频频得手,刺激了最高统治者更大的侵掠欲望,赞普本人甚至亲自巡临新占区、制订军事计划并鼓舞士气。《敦煌吐蕃历史文书》大事纪年载,"及至鼠年(664 年),赞普巡临北境"。③ 所谓"北境",即指于阗到沙州一线,这是吐蕃的新占区或进攻目标。次年(665 年),疏勒、弓月引吐蕃侵于阗。④ 在此前后于阗已归于吐蕃统治。

根据藏汉文史书记载,吐蕃在北方的战线相当长,除了向北翻过高大的昆仑山和阿尔金山进入今新疆南部境内而外,还采取先灭东北诸部,然后西侵西域的方略。吐蕃向东北部的扩张,一方面是为了兼并吐谷浑、党项、白兰等部,掠夺财富,增强其军事实力;另一方面可以东掠唐朝,直接危及中原王朝的统治;此外,还可以切断唐朝与其在西域各统治据点之间的联系,达到吞并西域的目的。《旧唐书·吐蕃传》谓,高宗麟德以后,吐蕃屡败吐谷浑、白兰与党项各部,迫使诸部纷纷内迁。龙朔三

---

① 《资治通鉴》卷二〇一"高宗龙朔二年十二月"条。
② 达仓宗巴·班党桑布著,陈庆英译:《汉藏史集》,第 56 页。
③ 王尧、陈践译注:《敦煌本吐蕃历史文书》,民族出版社,1980 年,译文第 131、214、103、141、106、107、144、115—116 页。
④ 《资治通鉴》卷二〇一。

年(663年),吐蕃吞并了活动在青海柴达木盆地一带的吐谷浑,从而占据了原归吐谷浑辖下的且末、婼羌等地,把势力从东部伸入西域地区。

公元668年,吐蕃在"几玛郭勒"建造堡垒。日本学者佐藤长以"几玛郭勒"侵"且末国"①,其说很有道理。且末建堡垒是吐蕃西攻西域之前的准备工作。至公元670年4月,"吐蕃陷西域十八州,又与于阗袭龟兹拨换城(今新疆阿克苏),陷之。(唐朝)罢龟兹、于阗、焉耆、疏勒四镇。"②新、旧《唐书·吐蕃传》又称,吐蕃攻取拨换城。是知,吐蕃占据西域四镇,是从于阗及且末两个方向、沿天山南部(即塔里木盆地北缘)夹攻龟兹等地的。藏文史书记载,这一年,吐蕃在"几玛郭勒"即且末国击败唐军③,即与西取拨换城息息相关。

此后,吐蕃在西域的活动就更加频繁了。公元675年,突厥地区牲畜瘟疫流行。次年,吐蕃派大将论赞聂率兵前往突厥,收服克若木(khrom,即今哈密),进一步扩大侵略范围。公元679年6月,吐蕃与突厥十姓可汗阿史那都支及其别帅李遮匐联合,进逼安西。结果,十姓突厥首领为唐西州长史裴行检诱执,但吐蕃控制西域的局面却已初具大形了。故汉文史书称,永隆元年(680年)七月,吐蕃尽据羊同、党项及诸羌之地,东接凉、松、茂、嶲等州,南邻天竺,西陷龟兹、疏勒等四镇,北抵突厥,地方万余里。④藏史也谓,吐蕃赤都松(即都松芒布结,676—704年)赞普掌政时,权位高于往昔诸王,突厥等天下别部均——降归治下,征其贡赋。⑤公元687年,吐蕃大论钦陵还领兵赴突厥"固山之庭"(gu zan yul),进一步巩固其在西域的统治,直到689年才返回本土。⑥

但是,为时不久,吐蕃控制西域的局面又被扭转。公元692年10月,唐武威军总管王孝杰与武卫大将军阿史那忠节率兵西进,大破吐蕃,

---

① 佐藤长:《西藏的历史地理研究》,岩波书店,1978年。
②《资治通鉴》卷二〇一;又见《新唐书·吐蕃传》等书。
③⑤⑥ 王尧、陈践译注:《敦煌本吐蕃历史文书》,民族出版社,1980年,译文第131、214、103、141、106、107、144、115—116页。
④《旧唐书》卷一九六《吐蕃传》,《册府元龟》卷九五八《外臣部·国邑二》。

夺回龟兹、于阗、疏勒、碎叶四镇,在龟兹(今新疆库车)重新建立安西都护府,用汉兵三万人镇守。公元694年2月,王孝杰又破吐蕃赞刃、突厥可汗阿史那馁子等于冷泉及大岭。① 阿史那馁子,即《新唐书·吐蕃传》中记载的、吐蕃所立的"伪可汗",也即《敦煌吐蕃历史文书》中的"东叶护可汗"(ton yab go kha gan)。公元694年"东叶护可汗前来致礼"朝贡吐蕃②,实际上这是败亡后的逃难与求援。同年9月,吐蕃大将论钦陵请唐朝罢安西四镇,并要求与唐朝分享十姓突厥之地的占有权,则天皇后不许。

公元700年前后,西域形势有所缓和,突厥"东叶护可汗"从吐蕃返回其部。吐蕃加紧了在西域的拉拢活动,公元718年,遣人与北突厥骨吐禄相连接,共谋唐朝。据《册府元龟》卷九九九《外臣部·互市》记载,玄宗开元十五年(727年),吐蕃又给突厥小杀书,"将计议同时入寇",小杀献书唐朝,其事遂止。公元729年,吐蕃大论穷桑在几·萧玛苑集会议盟,增加所征集的预备军数额,引兵北入突厥地区,但不久又返回。③说明暂时要扭转其在西域的不利局势夺回安西四镇,还是不可能的。公元736年吐蕃大将属庐·莽布支绮穷领兵赴突厥,同样无所收获。

赞普赤松德赞(754—797年)当政时,吐蕃的军事势力达到极盛。时值唐朝内部"安史之乱"爆发,精兵良将纷纷内调平叛,边地极度空虚。吐蕃遂顺势东进,轻易吞并河西陇右地区。《新唐书》卷四〇《地理志·陇右道》称,"自禄山之乱,河右暨西平、武都、合川、怀道等郡皆没于吐蕃……贞元三年,陷安西、北庭,陇右州县尽矣。"藏文书也载,吐蕃大将韦·赞热咄陆等引兵攻小城以上各部,连克一十八城,守城官员均收归编氓,国威远震,陇山山脉以上各部,均收入于掌握矣! 设置五道节度

---

① 《新唐书·吐蕃传》等。
②③ 王尧、陈践译注:《敦煌本吐蕃历史文书》,译文第131、214、103、141、106、107、144、115—116页,民族出版社,1980年。

使,新置一管辖区之安抚大使。① 是吐蕃吞并河陇,且重新占据西域的明证。

　　吐蕃攻掠北庭的活动,是征服西域较为激烈的场面之一。据《资治通鉴》"唐德宗贞元五年"条记载,"先是,……北庭去回鹘尤近,诛求无厌,又有沙陀六千余帐与北庭相依。及三葛禄、白服突厥皆附于回鹘,回鹘数侵掠之。吐蕃因葛禄、白服之众以攻北庭,回鹘大相颉干迦斯将兵救之"②,为吐蕃所败。回鹘之失北庭,主要是未能与北庭诸部搞好关系的缘故。公元 790 年,回鹘以精兵数万人谋与汉西域都护杨袭古还取北庭,又为吐蕃击败,士卒死者大半。次年,回鹘大相颉干迦斯率众再击吐蕃、葛逻禄,夺回北庭,并献俘唐朝③,遏阻了吐蕃在北庭一带的扩张。从此,吐蕃退出北庭地区。汉文《九姓回鹘毗伽可汗碑》记毗伽可汗之功绩称,"攻伐葛禄,吐蕃,搴旗斩馘,追奔逐北,西至拔贺那国,克获人民及其畜产"④。拔贺那国即拔汗那,也即汉魏之大国,地在今苏联费尔干纳二带。但吐蕃在今新疆南部(塔里木盆地南缘)地区,却取得了新的胜利。"此王(即赤松德赞)之时,没庐·墀苏让木夏领兵北征,收抚于阗归于治下,抚为编氓并征其贡赋"⑤,重新占据于阗。

　　公元 793 年,吐蕃最后征服了西州(今吐鲁番)。⑥ 此后,吐蕃在西域较大的军事征服活动基本结束,从而进入巩固其统治的新时期。

①⑤ 王尧、陈践译注:《敦煌本吐蕃历史文书》,民族出版社,1980 年,译文第 131、214、103、141、106、107、144、115—116 页。

② 《资治通鉴》卷二三三。《新唐书》卷二一七《回鹘传》。

③ 《新唐书·回鹘传》。

④ 程溯洛:《九姓回鹘毗伽可汗碑中有关回鹘和唐朝的关系》,载林干编《突厥与回纥历史论文选集》,中华书局,1987 年。

⑥ 姜伯勤:《唐五代敦煌寺户制度》,中华书局,1987 年,第 9 页引用 P. 3918 号《佛说金刚坛广大清净陀罗尼经》卷末题记有,"此《金刚坛广大清净陀罗尼经》,近刘和尚法讳昙倩,于安西翻译,至今大唐贞元九年,约卅年矣。……去年西州倾陷,人心苍忙,收拾不着,不得本来",则知西州贞元八年(792)陷于吐蕃。

三、吐蕃统治下的西域各族

从新疆出土的简牍材料来看①,吐蕃辖下的西域民族主要有:于阗人、吐谷浑人、突厥人、回纥人、汉人、粟特人及居住在阿尔金山以东以北的杂种羌人。虽然他们的地位不尽相同,但作为吐军事占领区的属民,却有大体相近的命运。

1. 于阗人

于阗是吐蕃占据西域地区后的重要军事据点之一。在简牍中,关于于阗的零散记载比较多,于阗人的活动由此可得知一二。首先,于阗人作为吐蕃新占区的居民,要向吐蕃占领军当局交粮纳赋。王尧、陈践编《吐蕃简牍综录》(下同)第 66 条称,"使者于阗银代向阿玛加之拉松哲部分交纳青稞"即是。其次,于阗人还为吐蕃在西域的各据点之间的物品运转支付差役。简牍第 265 条载,"此木牍上所载及以下……首领,鄯善之青稞二百克四升……已交托于阗布多彼往鄯善,收到青稞后木牍仍交与布多(捎回)"。有些于阗人还成为使者,担负传递信息的使命,简牍第 288 条载,"我派于阗人李杂和谢岱二人去和阗听取高见,一人已返回,另一人尚未归,另派夏日玛等前去"即是此例。再次,关于于阗人活动最多的记载是从事斥候。设立斥候主要是为了侦察敌情、防范当地居民的反抗。吐蕃在西域的斥候有一系列派遣与交接制度,简牍 133 条称:"下谢恰(部落)十二个于阗人之交接牌交与下于阗,在恰西若饶地方。上谢恰部落七个于阗人之交接牌交给于阗人本达迈,在察尔海晓聂地方。"由此知,吐蕃和将于阗人编为部落并按部落抽调斥候,以交接牌为标志,且规定了交接的具体地点与时间。

---

① 王尧、陈践编:《吐蕃简牍综录》,文物出版社,1986 年。下文所引,均以该书编号为准,不复注释。

在简牍中,我们还看到"某地缺于阗斥候一人"或"某斥候缺一名于阗人"的记载,如 153 条谓"墀古啜尔之斥候缺于阗一名"、第 263 条"甲垅缺于阗(斥候)一名"等。似乎规定了斥候人员的属籍,这可能与吐蕃对被征服的于阗等地属民怀疑有备心理有关。简牍中常常有一个驿站或斥候点既有于阗人,又有吐蕃人的情况,第 149 条称"在林仁之慕堡园,有两名吐蕃(斥候),两名于阗(斥候)";第 209 条也载"绮力拓拔向俄东玉慕两名吐蕃斥候和两名于阗斥候交代……"。由此可知,吐蕃在西域所设立的斥候,一般由四人组成,其中多是由吐蕃人和西域其他各族共同承担。这些斥候的口粮、衣服均由上级分发和供应,因而,简牍中有取粮及询问送粮的记载(第 375、379 条)。

由于吐蕃是以征服者的身份出现在西域地区的,因此,对于阗人的民族压迫也是不可避免的,简牍第 373 条对此有所反映。此简是一份下级向上级所写的报告,文称"住在此地之于阗住户及吐蕃住户,他们在草场方面如若不和,请于阗人另找些牧地,不另找一合适牧地不行",反映了吐蕃人在西域地区具有一定的特殊权利。简牍中虽无于阗人发起武装反抗的记载,却有消极抵抗事件的报导,坐哨人逃跑,哨口无人戍守即是一例(第 142 条)。

2. 吐谷浑人

在西域的吐谷浑人主要活动在塔里木盆地南沿东部,即且末、婼羌一带地区,居地西与于阗人相接。吐蕃吞并吐谷浑后,不仅从吐谷浑部中抽取丁壮,作为外侵的主要兵力之一,而且还直接统治了广大的吐谷浑居民。汉文史书称"苏毗一蕃,最近河北,吐浑部落,数倍居人,盖是吐蕃强援,军粮匹马,半出其中"。① 简牍材料对此也有反映,第 61 条载,"吐谷浑上部万人部落,凡属唐所辖者……每户征收五升(青稞);万人部落田赋以六成计征,所征青稞混合堆置一处,一部分(青稞)如用羊驮运

---

① 《册府元龟》卷九七七《外臣部·降附》。

不完,可派牛运。"是吐蕃将吐谷浑编为万人部落,并征收其赋税的例证。

在吐蕃治下的吐谷浑人,还负有各种差役,尤其是军差,如运送军粮(第 40 条),充当斥候、坐哨,为吐蕃在西域实施军事统治服务。而吐谷浑军队在吐蕃对西域各族的控制中,起到十分重要的作用。第 132 条称,"吐谷浑人户有多少,长住户若干? 根据所计住户之数决定派来边隅斥候人数"。吐谷浑人与于阗人主要承担吐蕃在塔里木盆地南缘地区的军事防御任务,具体说,南沿西部归于阗,而东部由吐谷浑人承担,简牍称"如在萨字(今新疆若羌南部一带)地区发现可迹足迹,由吐谷浑(军)负责……"(第 138 条)。也说明吐谷浑人在吐蕃军事力量中,占有一定的地位。

在敦煌石室出晋天福十年写本寿昌县地境卷子中,对吐蕃与吐谷浑的相互连接有一定的反映,文称,"萨毗城在镇城东南四百八十里。其城康艳典置筑,近萨毗泽,险,恒有吐蕃土谷贼往来"。"土谷"即"吐谷浑"之略写。斯字第 367 号"光启元年,沙州、伊州地志残卷"即写作"土谷浑"。[①] 在吐蕃军战败请援时,也往往提到吐谷浑军,简牍第 322 条称"我已四面被围,别无他法……请从吐谷浑部或通颊派援兵……"即是此类。足见,吐谷浑人既有臣属吐蕃、忍受奴役的一面,又有与吐蕃相结合共同镇压其他民族反抗的一面,这是两族长期交往的产物。

3. 突厥人

简牍中所记突厥人,一时尚难以判定其究指哪一部,但其中包括突厥人却是可以肯定的。其时,吐蕃占有今新疆南部,所统治的也只是其部分突厥人,与吐蕃对立的突厥部落依然很多。简牍第 334 条即是一份侦察突厥人行踪的报告,内称,"顺着往上行走的足迹,寻获营地,沿官道稍停,复又前行,查看突厥人昨夜住处"。

在唐蕃的西域争夺中,正像有突厥人归属吐蕃一样,也有一部分突

---

① 又见向达《唐代长安与西域文明》一书及《吐蕃简牍综录》引文。

厥人归附唐朝,与唐军余部同吐蕃周旋。简牍第 118 条记,吐蕃人曾"在凉包抚服突然入境的汉人突厥(rgya drug)"即是证明。

吐蕃辖下的突厥人则与被统治的其他各族一样,要为吐蕃出丁打仗(第 262 条)并交纳赋税。他们的生活因职业不同或者由吐蕃人分发粮食,或者租种土地,自食其力。

在西域地区,吐蕃与突厥人的联系相当频繁,这主要是因为"突厥"包含着相当多的部落。前文已提到吐蕃与弓月、疏勒等共攻于阗,及葛逻禄、白服等与吐蕃抄掠北庭事件。吐蕃在北庭失利后,又与西突厥沙陀部结合在一起,"徙其部甘州,以(朱邪)尽忠为军大论。吐蕃寇边,常以沙陀为先锋"①。

据汉文史书记载,吐蕃在西域辖区扶持的"伪可汗",除了阿史那馁子而外,其后尚有仆罗和拔布二人。② 同时还利用突骑施的力量,《敦煌吐蕃历史文书》记载,公元 732 年,突骑施派使者至吐蕃致礼。734 年,吐蕃赤德祖赞还以王姐卓玛类嫁突骑施可汗为妻。③ 依《新唐书·突厥传》载,这位突骑施可汗即是车鼻施啜苏禄。他曾与吐蕃联合进掠唐朝安西四镇,后被唐将赵颐贞击败。但吐蕃与突厥、突骑施、葛逻禄等部相互联合的局面依然未能改变,影响到吐蕃占领下的西域形势。

4. 回纥人

简牍中将回纥称作"hov"。吐蕃辖下的回纥人主要也是军事征服夺取的。简牍第 100 条有"狗年,驯化回纥部落温列肯"。第 255 条有"已归化回纥部落之江玛支"等皆是其证。早期,吐蕃在西域与回纥部的争夺相当激烈,但后来塔里木盆地为吐蕃所据,部分回纥人在抵抗失败后成为吐蕃治下的属民,另部分则与吐蕃分界对立。《世界境域志》载,

---

① 《新唐书》卷二一八《沙陀传》。
② 《旧唐书》卷九七《郭元振传》。
③ 王尧、陈践译注:《敦煌本吐蕃历史文书》,民族出版社,1980 年,译文第 131、214、103、141、106、107、144、115—116 页。

"GH·ZA 在库车河附近,是吐蕃与九姓乌古斯人壤地相连之处",库车河即今新疆库车西南之渭干河。又《九姓回鹘毗伽可汗碑》称,北庭失利后,"吐蕃大军,围攻龟兹,天可汗〔即毗伽可汗(803—821)〕领兵救援。吐蕃落荒,弃于术。四面合围,……一时扑灭……"①于术,据《新唐书·地理志》载:"自焉耆西五十里过铁门关,又五十里至于术守捉城。"地在今新疆库尔勒市北部一带。与库车河东西为一条线。则吐蕃与回纥等部在塔里木盆地北沿的争夺持续甚久。

公元 840 年回鹘西迁后,"余众西徙,役属吐蕃。是时,吐蕃已陷河西、陇右,乃以回鹘散处之"②。又有一部分回鹘人归于吐蕃治下。简牍中虽对回纥人活动记载不多,但吐蕃统治着一定数量的回纥人的事实却是无须置疑的。

5. 粟特人

简牍写作"sog po"。《世界境域志》在叙述九姓古斯国及其城镇村落时称,有"伯克,特勤诸村,包括五个粟特人的村子。村中住着基督徒、教徒和不信教的人"③。是知,西域九姓古斯人居地有粟特人村庄。据简牍记载,有一部分粟特人也在吐蕃的军事管治之下。第 10 条载有"粟特处军官",说明蕃在粟特人聚居区驻扎有军队。简牍中还有关于粟特人日常生活及其为吐蕃巡边守卫情况的记载(第 297、379 条)。

6. 汉人

在吐蕃统治下的西域地区也有汉人居住,如简牍第 290 条所记之"汉人三都"及 63 条之"谢云兰"等即是。他们大多也被编入部落之中,第 225 条有"书札致……拉琼及卓擦部落之庸人哲保,……及开扎木部

---

① 程溯洛:《九姓回鹘毗伽可汗碑中有关回鹘和唐朝的关系》,载林干编《突厥与回纥历史论文选集》,中华书局,1987 年。
②《新五代史·回鹘传》。
③ 佚名著,王治来译注:《世界境域志》,上海古籍出版社,2010 年,第 69—70 页。

落之唐……"，即是部落组织中的汉人。

7. 大峡人

简牍中凡两见：第 41 条为"大峡人……升及……"，第 299 条是"大峡和玉慕两驿站，在巴尔本（地名）……"均残缺不全。《综录》编者译之为"大夏人"，并认为："大夏"（即藏文之"ta ha"）是吐蕃沿用了党项的自称，应指党项人。[①] 下文所引，均以该书编号为准，不复注释。但据我们所见，史书中并未有"党项人自称大夏"的记载，党项人自称"minyag"（即弥药），在藏文、西夏文中均有例证可依。而被称为"大夏"，那是内迁至夏州以后的事，因此，以大夏为党项人自称是不正确的。

我们认为藏文简牍中的"ta ha"，即"大峡"，是青藏高原上的羌族部落之一，它与党项关系密切。据《隋书》卷八三《附国传》记载，在附国西的女国（即西女国，地在今西藏北部）"其东北连山，绵亘数千里，接于党项，往往有羌：大、小左封，昔卫、葛延、白狗、向人……迷桑、婢药、大峡、白兰，……并在深山穷谷，无大君长。其风俗略同于党项，或役属吐谷浑，或附附国"。这里的诸羌部之名称，均是唐人沿用吐蕃人的称呼，即皆来自藏文音译。简牍中的"ta ha"即这里的"大峡"，他们原来属吐谷浑，后随吐谷浑归于吐蕃治下，活动地域应在今西藏北部、新疆东南部一带。

8. 多弥人

简牍中有"nam"人活动的记载。《新唐书》卷二二一《西域下·多弥传》载："多弥，亦西羌族，役属吐蕃，号难磨。滨犁牛河，土多黄金。"nam即难磨，音译不同而已，则"nam"应是汉史中的多弥人。吐蕃为了控制多弥人在其居地筑有军事设施——小碉楼（第 184 条），而且设有斥候。第 139 条谓"乍夏志以上，甲仓慕堡以下，在浦茹（nam ru），有三名斥候，一名逃散，由士兵至各处设法搜捕"。"nam ru"即"难磨茹"，是知吐蕃在多

[①] 王尧、陈践编：《吐蕃简牍综录》，文物出版社，1986 年。

弥人聚居地区建立有独立的军政区"茹"。有的多弥人还被吐蕃委任为地方长官,如第 272 条称,在巴尔本对河,岸边关卡由浦茹巴充任地方长官。

9. 白兰人

汉文史书中记载有吐蕃占领白兰人居地的情况。在新疆简牍第 175 条中有"白兰王悉诺桑曲"有其王必有其部,西域有白兰人活动也应是事实。

此外,简牍中还记有勃律人(bru 第 291 条)及大量的吐蕃人(bod-pa),后者是作为征服者进入西域地区的,但广大的普通群众也有受剥削受奴役的一面。

由上可知,在西域地区,吐蕃将其统治下的各族各部以部落为单位划分,让他们从事农牧业生产,以满足其军事上及行政上的各种需要;各部各族均要按人口多少为吐蕃出丁,参加战斗或充当斥候;吐蕃在西域的军事据点主要集中在塔里木盆地南沿,因而属部中以吐谷浑和于阗人的活动最频繁,而且影响最大,他们对吐蕃的不满也就直接影响到整个局势的变化,吐蕃对西域各族的统治带有一定的民族压迫成分,当然也引起了各族人民的武装反抗。简牍第 339 条载,"由于上峰信任,可直接追击上部茹萨毗的乱贼,命我二人前去平乱";第 369 条也载,"我吐蕃部之辖区发生叛乱,不惜身家性命,忠心耿耿,以己之所能报恩,为王报仇",正是这种情况的反映。

公元 866 年,北庭回鹘首领仆固俊夺取西州,擒杀吐蕃大将尚恐热,传首京师。吐蕃在西域的统治也随之崩溃。

原载《新疆社会科学》1990 年第 5 期

五 新疆出土简牍所见吐蕃职官考略

吐蕃占领西域长达一个半世纪之久,它是通过怎样的职官系统实施统治的? 新疆出土的藏文简牍文书提供了这方面的有关情况,也为全面考察吐蕃职官体系提供了第一手资料。本文依据这些简牍,拟对吐蕃在西域的职官作一些探讨。

吐蕃进入西域是以军事行动的形式实现的,军职在职官系统中自然占有十分突出的地位,这在简牍中有明确的反映。但是,要维持这种统治并组织生产、保障西域文明得以存在与发展,社会的民政职官系统自然也不可缺少,这样就构成了吐蕃在西域职官的两个基本系统。由于简牍资料缺乏系统性,要恢复这两大系统、全面讨论吐蕃的官制,目前尚有一定的困难。因此,从考订诸职官的性质与职权范围入手,追寻吐蕃在西域实施统治的职官系统,也许是一种可行的方法。需要说明的是,所谓军事与民政两个职官系统,在吐蕃人那里是密切相连的,有时甚至是合二为一的。因此,我们既综而论之,又具体加以甄别。

现就其具体职官考述如下:

1. 大尚论(zhang-blon-chen-po)

大尚论即吐蕃王朝的宰相,其数额不限于一人,故有"九大尚论"之说,或与接受唐代众设宰相以分其权的影响有某种关系。据《新唐书·吐蕃传》记载,"其官有大相,曰论钵,副相曰论匿莽,各一人,亦号大论、小论"。"论钵"即藏文"blon-che","论匿莽"即"blon-chevi-vog-dpon"的音译。在新疆简牍中,"大尚论"一职凡四见,分别为 74 号、332 号、368 号和 369 号。① 其中 74 号未详言大尚论为何人、居于何地。332 号称"大尚论已下令,万夫长及千夫长……别忘写入盟约,为不使敌人前来杀戮,请大罗布节儿向下下令(保护)"。知大尚论可以直接命令万夫长、千夫长,指示大罗布节儿,决策军事,调兵作战。369 号简牍也反映了这一情况,文称"龙年春季二月,孜扎鲁就向小罗布(婼羌)用兵事向大尚论钵心禀报:我吐蕃部众所辖地区发生叛乱……劳颁诏恩赏,任命我为小罗布长官,管辖该地房屋、田地"。大尚论有任命地方长官之行政权于此可见。368 号是一份事务性的简牍,内言"大尚论赤多杰和论结祖扎来示:速派白几达列和堆波玛顿去医治大尚论论鲁扎之疾病……"。

综上可见,作为吐蕃宰相一级高官的大尚论,在西域地区有决定军事行动及任免官吏权力,但其常居地似乎不在西域,而在吐蕃本土,通过下令、来信、告示等方式向下传达旨令,遥控其在西域的军事指挥中心。但是,也存在他们直接进入西域部署军事的情况,如著名的吐蕃大相噶尔钦陵即在唐高宗嗣圣四年(686 年)领兵抵达突厥的"固山之境"(dru-gu-gu-zan-yul)。②

2. 政务主宰大论(rje-blon-chab-srid)

政务主宰大论也是宰相一级高官。唐蕃会盟碑中有"Chab-srid-id-kyi-blon-po-chen-po(政事大论)",汉文对应职官为"宰相同平章事",或与此职略同。其职责是主持王朝政治事务。简牍 370 号有"(此事)不向政务主宰大论禀报向谁禀报,小人兄长若派往危险之地,我们母子兄弟

---

① 王尧、陈践:《吐蕃简牍综录》,文物出版社,1986 年,本文所用简牍编号即采自此书。
② 王尧、陈践:《敦煌本吐蕃历史文书》,民族出版社,1980 年。

如生离死别,恳求大王……一次,祈求王者大论应允"。

3. 王者大论(rje-blon)

此职也见于简牍 370 号(如上引),但其职掌如何,因此处不详,又无他证,而难以窥知。

4. 内大论(nang-rje-bo-blon)

亦即内大相。《新唐书·吐蕃传》记"又有内大相,曰囊论掣逋,亦曰论莽热,副相曰囊论觅零逋,小相曰囊论充,各一人"。"囊论掣逋"即"nang-blon-chen-po",此当与"nang-rje-bo-blon"职掌相同,主要是掌管吐蕃的内部事务,《贤者喜宴》谓"囊论犹如贤明的主妇操持家务"即是此意。

在简牍中有三件提到内大论一职,即 336 号、365 号和 366 号。336号载,吉那仁向内大论拉热禀报:玛尔斯、拉玛的官司请结案。吉那仁的官司也请结案。知内大论有处理司法事务之大权。365 号和 454 号,《综录》著者均译之为"城子长官",似乎不妥,虽然在文意理解上无误,但还是译为"内大论"或"内大相"更符合本意。"nang-rje-bo-blon"毕竟与"城子长官"的职权相差太大。

5. 纰论或外相(phyi-blon)

纰论是与囊论相对应的,是处理对外事务的大臣。简牍 403 号有"任命侦察敌情之玛当文岱……为纰论(外相)"。张怡荪主编的《藏汉大辞典》释之为"宫外大臣",即古代吐蕃办理宫外事务的最高长官。"唐蕃会盟碑"蕃官中有"纰论没卢尚劫楼勃藏他"。[①] 在西域出现此职,或与处理对邻邦的外交事务有关。

---

① 〔法〕藏密微(Paul Demieville):《吐蕃僧诤记》,巴黎,1952 年;耿昇汉译本,甘肃人民出版社,1984 年,第一章第 14 页。

6. 尚论(zhang-blon)

在简牍中有三处提到"尚论"一职,即 102 号、393 号和 394 号。102 号谓"从尚论及当地住户处借座垫集中",393 号载"此案为悉编掣通所判,交付大罗布节儿及尚论",知尚论在西域的吐蕃军事中心机构中是存在的,其职位与大罗布的节儿(总管)相近,而位于悉编掣通(即都护)之上。394 号记"任命尚论悉诺热为法官",则此法官必为吐蕃在西域的军镇或核心机构之高级官员。

7. 论(blon)

简牍中提到"论"字者有 17 处之多,《吐蕃简牍综录》编号:1、6、16、58、75、122、335、339、361、363、365、366、368、378、391、395、399 号。其中只有二件是对官员的概称,即 1 号作"论本",16 号作"论赞"。其余都和人名连用,如论玉协尔(6 号),论努罗(58 号),论派孙(75 号),论悉诺热(335 号)等,说明"论"是一个具有一定职位的官员的称号。简牍 399 号有"委派论多布桑担任'论'之职"。韩儒林先生考定"论与尚所表示者,为吐蕃人之族属,非吐蕃人之姓氏","人名之上加论者,大抵皆为王族,加尚者,皆为宦族或外戚也"。① 那么上引资料进一步补充了"论"的内容,即它同时还是一个职官名称。

8. 节儿论(rtse-rje-blon)

简牍 395 号有此职,我们的理解是:"节儿论"即有"论"之职位的节儿,"论"是相对固定的官职,而"节儿"则是复杂而多变的。节儿论是一重要的长官则无疑。

---

① 韩儒林:《吐蕃之王族与宦族》,原载华西大学《中国文化研究所集刊》1940 年 1 卷 1 期,又见《穹庐集》,上海人民出版,1982 年版,第 383—389 页。

9. 军镇长官(Khrom-phan〔phon〕)

军镇(Khrom)一词,托马斯依现代藏文词意释之为"市场"、"市镇"。乌瑞则以之为公元7—9世纪吐蕃设在东、北和极西边境地区的军镇。[①]王尧、陈践先生则译之为"将军",并将"Khrom-Chen-Po"相应地译为"大将军"。[②]在《吐蕃简牍综录》一书中译之为"军帐"。

此词在简牍中凡四见:(1)"在夷琼堡寨军帐中,何人……,请可怜发给斥候粮饷"(51号)。(2)"……在论芒息处,……鲁勒将谈军帐有何指令……"(64号)。(3)"……伍茹之军帐……驻于大罗布,……请下令区分桂、庸"(347号)。(4)"从婼羌派出骆驼与其余(牲畜配伍)一起赶往军帐(按:此处原译作"大行军衙")"(259号)。军镇或军帐,主要是处理军事务的机构,它究竟有多大的管辖范围或权力,目前尚难断定。

军镇的长官即"Khrom phon";简牍24号记载此职。

10. 军镇郎官(Khrom-bzher)

简牍60号和100号记载此职,前者作"blon-legs-Khrom-bzher",《综录》著者译之为"良相军帐郎官"。此官当为军镇长官之属下,其职责主要也在军事方面。

11. 节儿(rtse-rie)

在简牍中"节儿"一词凡十余见。其中包括与地名连用的于阗王节儿、鄯善节儿和大罗布节儿。它无疑是辖治一方的高级长官。此外还有副节儿(100号、348号)和小节儿(240号)皆与此职有关。国内外学术界

[①]〔匈〕乌瑞(G. Uray):《Khrom:公元七至九世纪吐蕃帝国的行政单位》,原文载《黎吉生纪念·藏学研究论集》,英国,1979年,第310—318页,国内有荣新江、沈卫荣等人的译文。山口瑞凤将其考定为"军帐会议"。〔日〕山口瑞凤:《吐蕃统治时期的敦煌》,原载《讲座敦煌·敦煌的历史》,日本大东出版社,1980年7月30日版,国内有多种汉译本。

[②]王尧、陈践:《敦煌藏文写卷P. T. 1083、1085号研究》,《甘肃民族研究》1983年第4期。

对此职的理解各不相同,法国藏学家拉露译之为"县长"。[①] 匈牙利藏学家乌瑞译之为"镇长"或"城长"。[②] 王尧、陈践先生译之为"塞主"或"节度使"。[③] 笔者以为,"节儿"是一个通称,约当"总管"或官长,有时作为对上级官员的尊称,有时则作为具体职官名,而该官职的大小取决于加在其前的限定地名,如"沙州节儿"即为沙州刺史一级官员,而"城子节儿"则为一城之长,两者相距甚大,应当具体分析。[④]

12. 副节儿(rtse-rje-vog-dpon)

(略)见"节儿"条。

13. 小节儿(rtse-rje-chung-ngu)

(略)见"节儿"条。

14. 囊结波(nang-rje-po)

此词在简牍中凡四见,即 216 号、364 号、366 号和 451 号,《综录》著者分别译之为"内大论"(216 号)、"城子长官"(364 号、451 号)和"官长"(366 号)。这种译法拙见以为不很妥当。216 号、364 号和 366 号均是接受下级官员的报告,其职务高低无从判断,至于 451 号只与人名连用,只字未提官阶,所以无以为据分译之。"官长"是泛称,"城子长官"是一城之长,而"内大论"则是中央一级高官,其间差别太大。

"囊结波"一词,在敦煌汉藏文卷子中也屡屡出现,日本藏学家山口瑞凤在《吐蕃在敦煌统治形态的变迁》一文中提出,"因为从'瓜州'的囊结波的用法可以推知,'囊结波'是用来称呼一州长官的,所以最好把敦

---

① 〔法〕拉露(M. Lalou):《公元八世纪大蕃官员诉请状》,《亚洲学报》1955 年,第 243 卷 2 期。
② 〔匈〕乌瑞(G. Uray):《Khrom:公元七至九世纪吐蕃帝国的行政单位》,原文载《黎吉生纪念·藏学研究论集》英国,1979 年,第 310—318 页,国内有荣新江、沈卫荣等人的译文。
③ 王尧、陈践先生上揭文及《吐蕃简牍综录》一书注中。
④ 张云:《"节儿"考略》,《民族研究》1992 年第 6 期。

煌文献中的'结波'认为是对节儿(论)的敬称"。①

我们前文将"囊结波论"(nang-rje-po-blon)译为"内大论"。"囊结波"与此类同,只是不具"论"的职位,其职责不在于军事而在于内政,我们不妨译之为"内务长官"。它的具体官阶也会因所在军政机构的大小而有所不同,与节儿有类似的一面,自然也存在可与"节儿"对应的情况,山口氏关于囊结波为"节儿"敬称的说法也不无道理。

15. 茹本或翼长(rn-dpon)

"茹"是吐蕃的地方一级军事与行政组织。茹之下设千户所(stong-sde),每一茹辖九个千户所。据藏文史书《贤者喜宴》记载,茹的划分始于赞普松赞干布,当时把吐蕃地区分为伍茹(dbu-m)、约茹(g·yo-ru)、叶茹(g·yas-ru)、茹拉(ru-lag)及附属于吐蕃的苏毗茹(sum-pvi-ru)。②

茹的长官是"茹本"或"翼长"。简牍 1 号提到叶茹茹本,341 号和 400 号提到萨毗茹(tsal—byivi—ru)茹本,其文谓"……担任本结长官,又派去做王室所属萨毗之茹本"(341 号),"……委派作萨毗之茹本"(400 号),知萨毗茹是吐蕃在西域新增设的一个茹。简牍 4 号、5 号和 12 号中也提到"茹本"一职,但其居地不详。

在简牍 405 号和 410 号中,分别有"ngos-pon-mthong-khyab-eyi-de"和"〔nob-chu〕nguvi-dgra-blon-dang-ngos-pon-bzhi-1a-mjal-bar-bsgo-ba",其中的"ngos-pon"一词,《综录》著者也译之为"茹本",依我们浅见,似乎不妥。"ngos"与"ru"在藏文的字形及读音上均不同,不可互代。又410 号若按著者译法,即成"召(小罗布)地镇将大论(dgra-blon,守备长——引者)及茹本四人前来见我"。也就是说,仅小罗布一地即有四个

---

① 〔日〕山口瑞凤:《吐蕃统治时期的敦煌》,原载《讲座敦煌·敦煌的历史》,日本大东出版社,1980 年 7 月 30 日版,国内有多种汉译本。
② 王尧:《吐蕃金石录》,第 201—202 页附有五茹四至表和六十一东岱表,可参考。

茹本,这显然与"茹"及"茹本"的内涵相悖。"ngos"含有"方向"的意思,则"ngos-pon"是否可以译为"一方之长官"或"方面官",仅供参考。

从简牍所记吐蕃部落看,有属于茹拉的娘氏、芒噶部落,叶茹的朗迷、象部落,约如的洛扎部落、达保部落,伍茹的几堆、叶尔若布和岛岱部落及羊同所辖的金藏、雅藏部落等。知吐蕃在西域的茹基本上沿袭了它在本土的故有组织,只是增加了一些茹(如萨毗)而已。需要指出的是,这并不意味着吐蕃是全军出动,把本土的五个茹全部调到西域地区,而很可能是每茹均抽调一定数量的人马,仍依原来的组织建制赴西域参战并定居下来。

16. 万户长或赤本(Khri—pon)

蕃制,十个百户为一个千户,十个千户为一个万户,其首领即万户长。据学者研究,万户长并不是千户长的上级官员,因为在《贤者喜宴》中,翼长或茹本领导四名千户军长,而万户长则是提供十个千户军长所指挥的状丁之官员,即十个部落之长。其官职位于领导四个千户军长的翼长之下。[①] 简牍 332 号提到万户长及千户长受大尚论之令执行军事任务的情况。

17. 大将军(dmag-pon-chen-po)

此职为吐蕃的高级军事官员。在简牍中凡两见,即 8 号和 256 号。《综录》著者将前者译之为"老总",并注称"似为对军人出身而后专业务农的'退伍军人'的称号"。由于两份简牍均未提及这一官职(dmag-pon-chen-po)的实权与管辖范围,故此处似应依文意译作"大将军"。

---

① 〔日〕山口瑞凤:《吐蕃统治时期的敦煌》,原载《讲座敦煌·敦煌的历史》,日本大东出版社,1980 年 7 月 30 日版,国内有多种汉译本。

18. 守备长（dgra-blon）

"dgra-blon"一职，在简牍中凡六见，《综录》著者在不同处分别译作"先锋官"（7号）、"料敌官"（176号）、"镇将"（383号）和"镇将大论"（401号、402号和410号）。7号简牍谓"格来领受：dgra-blon之农田两突"，此处"dgra-blon"之职守不明。其余各简均与"镇守"的职责有某种关系，故日本藏学家山口瑞凤在《吐蕃统治的敦煌》一文中译之为"守备长"，从之。守备长有大、中、小之分，在新疆出土的简牍中只见"守备长"与"小守备长"，其职权主要在军事方面。

19. 悉编掣逋（spyan-ched-Po）

《新唐书·吐蕃传》谓，"又有都护一人，曰悉编掣逋"，都护为中原王朝镇守边地的高级官员，则悉编掣逋亦当相类。在简牍中有两条载其事，392号谓"淫人妻女，触及刑律大法，将军（dmag-pon）及悉编掣逋应将犯人处以绞刑"，393号载"此案为悉编掣逋所判，交付大罗布总管及尚论"。是知，悉编掣逋握有司法审判大权。其下级官员为"悉编"（Spyan）。

20. 司法官（zhal-ce-pa）

简牍394号有"任命尚论悉诺热为法官"的记载。司法官是处理纠纷与法律事宜的官员，在这里它是由职位很高的官员——尚论来担任，则此法官握有一定的司法大权可知。

21. 铜牌告身（yi-gezangsvtshal）

吐蕃告身之一种。《新唐书·吐蕃传》谓"其官之章饰，最上瑟瑟，金次之，金涂银又次之，银又次之，最下至铜止，差大小缀臂前以辨贵贱"。据《贤者喜宴》载，"东本茹本授以铜文字告身"。① 则此告身之获得者职

---

① 黄颢译文：《西藏民族学院学报》，1981年第1期。

位当与茹本、东本略近。简牍 100 号记副节儿被授以告身铜牌,则此副节儿位近茹本、东本。

22. 资悉波(rtsis-po)

是资悉波折逋(rtsis-pa-chen-po)的属官,专司帐册籍薄,管理财政。简牍中凡两见,2 号谓"……资悉波农田一突半……",4 号简谓"斑丹领受,资悉波之田地三突"。山口瑞凤译此为"事务官"。

23. 岸本(mngan)

负责财政度支的官员,《敦煌本吐蕃历史文书》大事纪年中对此有大量记载,如"以布金赞玛穷任象雄部之'岸本'","夏,于雄那集会议盟,任命六大岸本","岸之宫廷直属户籍移之于木腜……"等。[1] 其职责主要在管理户籍与征收赋税方面。在简牍中"岸本"一职凡四见:71 号谓"付岸(本)悉斯赞禄俸经费麦一克半"。266 号、335 号及 387 号分别提到鄯善、萨毗之岸本。[2] 此两地皆是吐蕃在西域的重要统治中心,岸本无疑是很重要的内政官员。

24. 小铜告身者(gstsang-gi-yi-ge-chu-ngu)

简牍 22 号记"库穷及库登芒巴,(领受)小铜告身者之农田三突"。藏文卷子 P. T. 1089 号谓"授千户长以小黄铜告身,授小千户长以大红铜告身"。[3] 虽然,告身与官职存在一定的不一致,但"小铜告身"获得者与千户长或小千户长的官阶也相差不会太大。

25. 军官(dmag-pon)

"dmag-pon"是对军官的一般称呼,或译为将军。《敦煌本吐蕃历史

---

① 王尧、陈践:《敦煌本吐蕃历史文书》,民族出版社,1980 年。
② 王尧、陈践:《吐蕃简牍综录》文物出版社,1986 年,本文所用简牍编号即采自此书。
③ 王尧、陈践:《吐蕃职官考信录》,《中国藏学》1989 年第 1 期。

文书》传记篇第四节有"后,赞普竟依米钦所请,授以征讨达布,抚绥编氓之将军之职"。"dmag-dpon"又作"dmag-po"。简牍中四处提此官:"班金领受军官田一突"(9号);"粟特处军官良田一突"(10号);"交付萨毗军官与负责营田之人"(31号);另有一条,原文作"dmag-pon-nod-pavi-zhing-dor-gcig"。《综录》著者译为"总领受田一突",似仍译为"军官领受之田一突"更妥。

26. 悉编(sbyan〔spyan〕)

"sbyan〔spyan〕"在简牍中仅一见(30号),《综录》著者译之为"都护",或有未当处,如前所引,都护即为悉编掣逋,而悉编是悉编掣逋(或都护)的下官,自不可与之等同。

27. 岸本文书(mngan-gi-〔yi〕ge-pa)

岸本为专司财务的长官,可译作"度支官","唐蕃会盟碑"中有"岸本植苏户属(mngan-po-khab,so-vo-chog)"是最高长官,此"文书"是在度支机关服务的文牍人员。① 简牍中仅一见(30号),是授田之记载。

28. 小守备长(dgra-plon-chu-ngu)

小守备长是大守备长(dgra-plon)的属官,其职责与大守备长略同,主要在军事方面。简牍中一见(4号),《综录》著者译之为副先锋官。F. W. 托马斯将其释为"战将"(war-Coun-cillor)。② 均与其军事职能相吻合。

29. 千户长(Stong-pon)

吐蕃的基层组织"东岱"的长官。据《贤都喜宴》ja 函记载,吐蕃六十

---

① 王尧、陈践:《吐蕃简牍综录》,文物出版社,1986年,本文所用简牍编号即采自此书。
② 〔英〕托马斯(P. M. Thomas):《关于新疆的藏文文献资料》Ⅱ,第336—337页。

一东岱除孙波茹辖十一东岱外,其余各管辖十个。东岱的首长即为"东本"(stong-dpon)也即千户长。简牍第 332 号提到此职。

30. 扎热(dgrav-bzher)

据称是大守备长之下的郎将。《通鉴考异》谓"热者,例皆言之,如中华呼郎"。简牍有"扎热领受'信使'田一突"(13 号)的记载。

31. 农田长官(zhing-pon)

农田长官之设是吐蕃占领西域后,利用当地的绿洲发展农业生产的见证。简牍中三处提到此官:12 号谓"农田长官拉罗领受属桂之田一突";28 号谓"农田长官多贡之佣奴农户,专种蔬菜的零星地……突";383 号载一官员的诉请报告,内称"如今上峰指派(我一人)兼任守备长及农田长官……(我)不敢推辞……责任;过去,(我)虽曾任农田长官及守备长,但工作无把握,力不胜任",以此知农田长官拥有农奴,其职务与守备长相近,相当高,可能带有负责军事屯田的性质。

32. 税务长官(Khral-pon)

此官是征收赋税的官员,简牍 28 号有"税务长官开桑和则屯有差地一突"。其职位之高低尚不清楚。

33. 驿站长(tshugs-pon)

设立驿站是吐蕃统治西域的重要制度之一,驿站对于加强西域各地之间及其与吐蕃本土的联系起到十分重要的作用。简牍中对驿站的活动有大量的记载,其长官——驿站长在简牍中有十条之多(142 号、149号、169 号、185 号、186 号、246 号、257 号、296 号、301 号和 330 号)是不难理解的。从记载看驿站长的职责主要有:负责传递木牍文件;保持驿站正常发挥职能;报告坐哨逃亡及本站人员的生活情况。

34. 计征赋税之文书(khral-rtsis-kyi-yi-gc-pa)

从字面上看,此官应为"税务会计之文书",其职责大约为记录、整理征收赋税之帐目。简牍 69 号有"……计征税赋之文书朗让茹之田两突"。其具体职别无法由此获知。

35. 关卡长官(thang-pon)

此职见于简牍 67 号,只言"关卡长官拉加和哲蚌",不甚了了。可能是负责交通要道通行与安全问题的官员。

36. 守捉官(So〔blon〕)

也即侦察官,负责侦察和监视内外敌人的官吏。简牍 391 号记"……部落之甲拉玛去 NFE66 羌充任守捉官,……"。

37. 司牧长官(pyu〔g〕-pon)

简牍 357 号提到此职,它是吐蕃设在西域管理畜牧业发展的官吏。

38. 秋收监临官(sto〔ston〕-pon?)

简牍 351 号记"要走几天没有把握,我与大小罗布的秋收监临官员(sto〔ston〕pon)……于秋季八月廿日秋收……,大小罗布的军曹和城子总管来信称:请给秋收费用……"。此官的任务似乎是在秋收季节搞好粮食入仓,尤其是保证军粮储备的。但是,如果文中的"sto"不是"ston"而是"stong",那么此职则是千户长了。姑置此存疑。

39. 部落使(sde-ric)

吐蕃在西域仍保存了它在本土的部落组织制度,每个部落置长,以负责本部民事,摊派差赋,协助上级搞好基层工作。此职在简牍中凡三见(71号、373号和376号),其中373和376号是接受下级报告。71号谓"宇结向部落使乞力玛吉禀报:住在此地之于阗住户及吐蕃住户,他们在草场方面如若不和,请于阗人找些牧地,不另找一合适牧地不行"。可知此部落长为吐蕃人,并为其主子统治西域各族效力。部落长往往与"东本"(千夫长)相同一。

40. 城子总管(mkar-sa-tse-rie)

城子总管是负责城子安全与生产生活事宜的基层官吏,简牍351号记有此官(如前引)。

41. 牧场长官(tshar〔tsher〕-dpon)

简牍413号有"牧场长官邦古参"。此官或是负责牧场的发展、使用与安全的官吏,它和吐蕃在西域发展畜牧业,尤其是保障军马供应的努力有关。

42. 税吏(Sho-vdron-pa)

"Sho-vdron-po"是赋税的征集者,应是"khral-pon"的下级官吏,具体执行征税事。简牍68号记此官。

43. 负责营田者(zhing-vgod-Kyi-〔ring〕)

简牍31号载"交付萨毗军官与负责营田之人"。此是管理屯田的官员,或即"农田长官"的属官,具体负责屯田的实施与管理工作。

44. 军曹(rtse-rgod)

简牍351号有"大小罗布的军曹和城子总管来信"云云,军曹是军职,其职责主要在于与城子总管维持地方治安,保障秋收与征税等事的顺利进行。

综上，我们可以看出：

（一）吐蕃在西域的职官系统，是与其在本土的职官紧密相连的，二者不可分割。从西域的职官，尤其是基层职官可以更全面地了解吐蕃职官体系的内部组织结构。比如《敦煌本吐蕃历史文书》和《贤者喜宴》等都记载了吐蕃的六十一东岱，但东岱的内部组织如何，却并不明晰。新疆简牍则较多地补充了这一方面的内容，如农田官、守捉官、关卡官、驿站长、司牧官、税务官等，而且其可信程度较高。

（二）吐蕃在占领西域后设置了一些新的机构如萨毗茹、军镇、通颊等，同时也增置了一些新的职官，如军镇长官、郎官、节儿等，这与其在敦煌等地所设职官有密初的联系，两者参互校证，可以更深入地探讨吐蕃采用怎样的职官系统，乃至措施来统治新占区的各族人民的。河西陇右及西域地区为汉族、吐谷浑、羌族及突厥各族聚居地，其文化与经济大多高于当时的吐蕃，且有自己的特点，吐蕃自然不会完全照搬本土旧有制度，而当有所借鉴，这其中包含了吐蕃人对周边民族文化的吸收与再创造的内容，耐人寻味。

（三）吐蕃在西域的职官，既有中央一级如大尚论、内大论等，又有地方一级，如茹本或翼长、某地节儿等；既有军事的（如大将军、大守备长等）、民政的（如内大论、悉编掣逋等），又有司法官、审判官等，形成一套较为完备的体系，正是有了这个体系才实现了它对西域百余年的有效统治。

（四）从民族成分角度考察吐蕃的官吏，尤其是高级军事官员基本上是吐蕃人，这些人多具有"论"的职位，很少有其他族人居其间，在以民族聚居地或民族部落中，情况也许会稍有不同，如于阗王、白兰王和吐谷浑万人部落，或非吐蕃人，但他们无权，尤其是没有调兵之权的。这反映了吐蕃在西域实施统治的性质。

（五）吐蕃在西域对官吏的任用制度，从零散的资料中也略见一斑。大体包括两点，即对高级官员由王室或上级委任；而基层官员，除委任之外，还有毛遂自荐一途。如简牍 383 号谓"如今上峰指派（我一人）兼任镇将和农田长官……(我)不敢推辞……",399 号载"委派论多布桑担任'论'之职",400 号"……委派作萨毗之茹本",这种措施保障了大权掌握在吐蕃人手中,也进一步保障了权力为王室宠信的人所把持。基层官员的任用稍宽一些,简牍 236 号记"派尼木巴部落之希栗俄肯一人担任助理",372 号则是一个被继续留任地方长官的人向上级写的感谢与表忠信,同时还送了一份贿赂的礼品。381 号是接受任职的信件,384 号是求职状,足见其风气。

原载《西域研究》1992 年第 4 期

六　吐蕃在西域的部落及其组织制度

　　部落,藏文作"sde",其长官称"sde-dpon"(部落长、酋长或大酋长)、"sde-blon"(部落宰)或"sde-pa"(酋长、部落主、第巴)。作为一个社会基层组织,在吐蕃人那里,部落兼有生产与军事两方面的职能,即平时组织生产,战时组织出征。吐蕃占领河西、陇右及西域之后,把这种社会组织制度推广及于辖下各族各部,用以取代其治下各族的旧有制度,创建了一批新的部落,如吐谷浑部、沙州唐人部落等。在敦煌地区还按部落编制分配土地、征收赋税,甚至实行部落内部婚配制度;如敦煌藏文卷子P. T. 1083 号告牒有"凡已属赞普之子民均已向上峰呈报,不得随意抄掠,应如通颊之子女,不予别部婚配,而允于部落内部婚配"。[①] 故此,我们认为,研究部落组织是打开吐蕃统治区域之内部组织结构的钥匙。本文拟在前人研究基础上,国外托玛斯、乌瑞等人,国内王尧、陈践、杨铭等对此均有专文或涉及,取得一定的成绩。以王尧、陈践两位先生大著《吐蕃简牍综录》资料为主[②],本文所采用之简牍编号均取于此,极个别译法略异。参以藏、汉各史,就吐蕃在西域的部落作一点考订与补充性的工

---

① 王尧、陈践:《敦煌藏文写卷 P. T. 1083、1085 号研究——吐蕃占有敦煌时期的民族关系探索》,《甘肃民族研究》1983 年第 4 期。

② 王尧、陈践:《吐蕃简牍综录》,文物出版社,1986 年。

作,请识者指正。首先就简牍所见吐蕃部落考述如下:

1. 小湳部(nam-chung)

简牍 184 号记"小湳部之碉楼"。"nam"即难磨。《新唐书》卷二二一《西域下·多弥》谓"多弥,亦西羌族,役属吐蕃,号难磨"。则"小湳部"为吐蕃治下之羌族部落,其地在今塔里木盆地南沿东部与青海交叉地区。

2. 大必力中部(vbri-che-ba-dbus)

简牍 185 号记"大必力中游部落,驿站长包巴鲁穷"。《贤者喜宴》所记吐蕃六十一东岱伍茹有"支边"(vbri-mtsham)[1],"支"与"必力"均为藏文"vbri"之不同译法,系指部落,而"mtsham"有边隅、界等含义。"大必力中部"当与"支边"部密切相关,或是一个部落之分支。

3. 大必力下部(vbri-char-smad)

简牍 245 号记"大必力下部之岛巴芒金(地、房)契约",此部与"大必力中部"当居地相连或部落氏族相同,均为"vbri"部之分支。

4. 喀绰部(kha-dro)

简牍中凡两见(183 号、186 号)。吐蕃六十一东岱之孙波茹有"喀若"(kha-ro),应即此部。藏文中,"r"与"d"字形相近,"ro"误作"dro"实属自然。

5. 管仓部(rgod-tsang)

简牍 186 号有"寮属为管仓部落之萨东鲁道"。另有上、下管仓部(见下)。

---

① 巴卧·祖拉陈瓦:《贤者喜宴》(藏文),民族出版社,1986 年,第 187—188 页。

6. 上管仓部(rgod-tshang-stod)

简牍 247 号记"上管仓部落东木江地方之拉珠赞",吐蕃六十一东岱之孙波茹中有"上管仓",即此部。

7. 下管仓部(rgod-tshang-smad)

下管仓部落之名在简牍中凡七见,即 127、128、246、248、249、250、251 号。其中 127 号记"把箭、弓、箭袋、刀、盾交与下管仓部落之细木鲁贝"。248 号记"下管仓千户之田三突"。249 号有"下管仓杂俄冲木列部落"等。下管仓部落之名也见载于吐蕃六十一东岱之孙波茹。

8. 那雪部(nag-shod)

简牍中凡七见,即 24、30、186、211、233、252、253 号。其中 24 号载"那雪部落……两突地,内有茹本农田一突和零星地一突,为军帐长官耕种"。233 号谓"那雪部落二十名仅属突厥人及零星小部之埭乌玛桑和门结穷二人派往布拉林去替换"。吐蕃六十一东岱孙波茹内有此部落及"那雪小部落"(nags-shod-stong-bu-chung)。"雪"(shod)指河之经,"那雪"即那曲河流域。① 也即黑河流域是其原始居地。又简牍 246 号记有"snog-shod"部,应为"nag-shod"之误。

9. 恰拉部(cha-sla)

简牍 186 号记一驿站"伙夫之仆役为恰拉部落之甲木萨肖"。吐蕃六十一东岱中羊同所辖区内有"交拉"(cog-la),是否与此部有关,待考。

10. 上宗木部(vdsom-stod)

简牍中有四条,即 189、190、191、338 号,其中 190 号载"上宗木部落

---

① 王尧、陈践:《吐蕃简牍综录》,文物出版社,1986 年,第 30 页。

之蔡邦·通究"。338 号记"上宗木部落之如聂穷一次逃亡他乡,返回后,住在家中,请下令赏我为佣奴"。

11. 下宗木部(vdsom-smad)

简牍 187、188 号提到此部。应与上宗木部居地与族氏相关。

12. 倭措巴部(vo-tsho-pa)

简牍 141、192、193、194 号记载此部。其中 141 号记"派倭措巴部落之倭如期策布去当斥候,由于有病,不能前往,需延期,与东部落之聂秀悉诺达对换,轮到当值时,由期策布前去"。吐蕃六十一东岱羊同十东岱中的"vo-co"部应即此部。又简牍 235 号记"倭祖巴部(vo-tso-ba)",当为异写。"tso"与"tsho",读音相同,仅有送气与不送气之区别,古代藏语两者混用。"tso"与"co"音形相近,易通。

13. 东部(stong-sde)

见于简牍 141 号,如前引。东部可能与吐蕃古老家族之一的"东(stong)氏"有关。

14. 赤邦木部(khri-boms)

此部在简牍中凡两见,即 195、198 号。六十一东岱茹拉内有赤贡木(khri-kom),或与此部有关。

15. 乞力塘部(khri-dang)

简牍 196、197 号记载此部。吐蕃六十一东岱茹拉中有"khri-thang",即此部。

16. 朗迷部(lang-myi)

简牍中凡四见,即 149、199、200、201 号。分别记载该部人之任官与活动情况。吐蕃六十一东岱中有此部,属叶茹。

17. 洛扎部(lho-brag)

简牍 202、203、374 号记载此部。其中 374 号,《吐蕃简牍综录》著者译之为"拉扎部落"。吐蕃六十一东岱之腰茹内记有此部。

18. 芒噶部(mang-khar)

简牍中见 204 号。吐蕃六十一东贷之茹拉内有此部,作"mang-kar"。"khar"、"kar"古代通用。

19. 格萨尔部(mkhar-sar)

简牍 205 号载"格萨尔部落之门穷禀报"。

20. 聂巴部(mnyal-pa)

此部在简牍中凡两见,即 206、207 号。吐蕃六十一东岱腰茹有"dmyal-pa"部,应与此部同一。

21. 几堆部(或上几部)(kyi-stod)

简牍 207、208、209 号三条记载此部。吐蕃六十一东岱伍茹内有此部,作"skyid-stod"。据称,其原始居地在今拉萨河上游至达孜以上一段。

22. 那赤部(nag-khrid)

简牍中仅一见,即 210 号,称"那赤部落的加布·悉惹热之禀报"。

23. 叶若部(yel-rab)

简牍中见 212 号。吐蕃六十一东岱伍茹内有此部。其原居地在今拉萨东郊。

24. 德宗部(ste-vjom)

简牍中见 213 号,谓"留下德宗木部落线·彭列之厚皮袄"。此部是否可与《贤者喜宴》吐蕃六十一东岱伍茹之"sde-mt-shams"勘同,有待进一步考订。

25. 金藏部(spyi-gtsang)

此部见于简牍 214 号。吐蕃六十一东岱羊同十东岱中有"spyi-gt-sang",即此部。

26. 雅藏部(yar-gtsang)

简牍中凡二见,即 215、216 号。吐蕃六十一东岱羊同十东岱中有"yar-gtsang"即此部。

27. 雅尔江部(yar-skyang)

简牍 217、218 号提到此部。

28. 孔巴部(gom-pa)

简牍 221、222 号记载此部。吐蕃六十一东岱茹拉内有"gram-pa"部,是否与此有关,不明。

29. 章赞部(gra-brtsan)

此部见于简牍 223、224 号。

30. 卓擦部(bro-tshams)

简牍中仅见 225 号,谓"书扎致……拉琼及卓擦部落之唐人哲保……"。知此部中尚有唐人。

31. 开扎木部(ga-sram)

简牍中凡三见,即 225、228、453 号。其中后者写作"gad-sram",吐蕃六十一东岱有"gad-phram",属茹拉,应即此部。

32. 杰部(dgyes)

简牍 226、376 号记载此部。

33. 岛岱部(dor-te)

此部见于简牍 227 号。吐蕃六十一东岱之伍茹内有此部。其原居地在今拉萨北部。

34. 达保部(dags-po)

简牍中见 229 号。此部为吐蕃一古老小邦,后为赞普收服,见载于《敦煌本吐蕃历史文书》。又《贤者喜宴》六十一东岱之腰茹也有此部。

35. 夹普部(kyab)

简牍 230 号记此部(原译作"峡地部")。

36. 吐谷浑武士部(va-zha-god)

见于简牍 231 号。敦煌藏文卷子 P. T. 1089 号有"吐谷浑小千户"(va-zha-vi-stong-cung)。[1] 是知吐蕃辖下的吐谷浑部落分布较广。

37. 波噶部(phod-kar)

简牍 234 号记载此部。吐蕃六十一东岱叶茹内有此部,作"phod-

---

[1] 王尧、陈践:《吐蕃职官考信录》,《中国藏学》1989 年第 1 期。

dkar"。

38. 尼木巴部(nyi-mo-ba)

简牍 236 号记此部。吐蕃六十一东岱羊同十东岱中有"gnyi-ma",应即此部。

39. 雅才部(nyag-tshe)

简牍 237、238 号记载此部。

40. 日斯部(res)

此部见于简牍 238 号。

41. 昂木茹巴部(ngam-ru-pag)

简牍 156、239 号分别提到此部。

42. 辗噶尔部(nyen-kar)

简牍中四处提到此部,即 121、240、241、242 号。《敦煌本吐蕃历史文书》大事纪年中多处提及此部,如公元 651 年"赞普驻于辗噶尔。于琼瓦祭祀祖墀松赞赞普,是为一年"。吐蕃六十一东岱之叶茹内列有此部。

43. 蔡茂巴部(rtshad-mo-pag)

简牍 243 号记载此部,谓"蔡茂巴部落之聂秀在悉诺山外侧之山顶"。

44. 象部(shang)

简牍 244、255 号记载此部。吐蕃六十一东岱叶茹内有"象钦(shang-chen)",即"大象"部和"象小东岱"(zhang-stong-bu-chung)。均与此部有关。

45. 北方管丁部（byang-porgod-lding）

此部在简牍中凡两见，即246、257号。

46. 管丁部（rgod-lding）

简牍256号记载此部。当与"北方管丁部"有关。

47. 桑霍尔部（bzang-hor）

简牍中两条（100号、255号）提到此部。"bzang"在藏文中含有"善良"与"好"的意思。"bzang—hor"应是对服属吐蕃并与之结好的"hor"部的称呼。《吐蕃简牍综录》著者译之为"已归化的回纥"，意近，但还不够确切。因为其时"hor"很可能指回纥，但也有可能指其他突厥部族。又简牍84、149号记有"桑倭尔部（bzang-vor）"。《吐蕃简牍综录》著者认为，此部或为吐蕃六十一东岱叶茹之松岱（gzong-sde）所属，即叶茹的第八个东岱。[1] 我们疑其为"bzang—hor"之误，即"ho"误作"vo"字。在藏文中两字读音十分相近，后者为零声母，可与前者声母"h"相通，韵母完全相同，应为同一部落异写。

48. 巴尔阔部（bar-kho）

简牍81号记载此部。

49. 仲扎木部（vbrong-tsams）

简牍中关于此部者凡四条，即 84、116、254、255 号。84 号作"vbrong-tsams"，116号作"vbrong-tsam"。《吐蕃简牍综录》著者将前者

---

[1] 王尧、陈践：《吐蕃简牍综录》，第41页。

与《贤者喜宴》所记吐蕃六十一东岱中伍茹与叶茹之"章村"(vbrang-mt-shams)相对应,而把后者拟之为"没庐"(vbro)或"仲孜"(vbrong-rtse,即江孜与日喀则一地名)。作为一种推测,"vbrong-tsams"与"vbrang-mt-shams"音近,或有相通处,但把"vbrong-tsams"等同于"vbro"(没庐)则似乎不太妥当,勿如将其与"vbrang-mtshams"视为同一部。简牍 254、255 号作"brong-tsham",均为"vbrong-tsams"之异写。此部与前列第 30条"卓擦部"(bro-tshams)或也为同一部落。

50. 朗部(rlang)

此部在简牍中见 166 号,谓"朗部落之布薄绒噶(地名)坐哨在鄯善之廓拉"。则该部活动地点当在鄯善一带,在吐蕃"十二小邦、邦伯及家臣表"中。[①] 达保四方地之家臣中即有朗(rlang),朗部落或与此家族有关。

51. 埃彭部(mngal-vphan)

简牍 42 号记"埃彭部落若彭惹取走糌粑二升半"。《敦煌本吐蕃历史文书》传记篇第四节有"赞普墀伦赞乃发布命令,改岩波(ngas-po)之地名为彭域(vphan)"。埃彭部或源于此。

52. 通颊部(mthong-kyab)

简牍中提到此部者凡 6 条,即 1、2、220、322、331、405 号。"通颊"是吐蕃占领西域及河西陇右后设立的管辖汉蕃杂处居民的部落,敦煌汉藏文书对此多有记载,如 P. T. 1089 号即有"……指令决定如下:吐蕃、苏毗之千户长以下,为通颊与吐谷浑千户长;其不为节儿红铜告身者;其下为吐蕃、苏毗之小千户;与通颊、吐谷浑小千户,其下为小红铜告身者及授大虫皮褒奖之英雄"。同卷又有"吐蕃、苏毗之千户长、通颊与吐浑之

---

① 王尧:《吐蕃金石录》,文物出版社,1982 年,第 203—204 页。

千户长""通颊与吐谷浑小千户"等。① 通颊多与作为民族实体的吐蕃、苏毗和吐谷浑连用,说明它已形成有一定特征的准族体,至少在吐蕃人眼里是如此。西域地区的通颊部也当由此观之。

53. 上谢恰部(shcl-chab-gong-ina)

简牍 133 号载:"下谢恰(部落)十二个于阗人之交接牌交与下于阗人(?)在恰西若饶地方。上谢恰(部落)七个于阗人之交接牌交给于阗人本达迈,在察尔海晓聂地方。中谢恰(部落)有九个于阗人之交接牌于下午交与中间人若聂里西,在李加家穷尼地方。"知其与中谢恰、下谢恰二部居地相连,且皆在于阗一带地区。

54. 中谢恰(shel-chab-dbus)

(见上)。

55. 下谢部(shel-chab-vog-ma)

(见上)。

56. 娘若部(mya-ro)

简牍 180 号有此部名。在吐蕃六十一东岱中为茹拉十东岱之一。

57. 吐谷浑上部万人部(Va-zha-khri-sde-stod)

简牍 61 号载:"吐谷浑上部万人部落,从属唐所辖者……每户征收五升(青稞),万人部落田赋以六成计所征……"其活动地约在今塔里木盆地南沿,东与青海交接地区,敦煌藏汉文书中屡屡提到吐谷浑部落。也可与上文"吐谷浑武士部"相互参征。

---

① 王尧、陈践:《吐蕃职官考信录》,《中国藏学》1989 年第 1 期。

58. 拉乡部（la-shang）

简牍 92 号记"证人拉乡部落之……等盖章"。

59. 下哲部（tre-smad）

简牍 389 号载有"下哲部地方长官之禀告"。吐蕃六十一东岱中孙波茹内有下哲（dre-smad），即此部。

60. 筑部（tsos）

简牍 232 号记"筑部落……埃巴木列列"。

以上是新疆简牍所见部落之基本状况。在古代藏文中，由于正字法尚未定型，异体字很多，而且存在清音送气与不送气字母的混用现象，如 khol 与 kol，phod 与 pod 等，及韵尾（-n）与（-d）互换现象，简写与缩写字也很多，如"chung"与"chu"等。① 据此，我们采用了对音的方法来确定部落之间的关系，当然，更重要的原因在于，我们确定吐蕃在西域的部落很大一部分是从本土调动过去的，它们仍保留其原有的部落名称与组织，因而这与读音上的简单比附是有所不同的。

我们对这些部落及其活动进行了分析与考察，从而对吐蕃在西域的部落组织制度与特点有了一些初步的认识，试简述如下。

1. 在西域的吐蕃部落多数仍保存其在本土时的旧有名称与编制。如属于伍茹的岛岱（dor-sde）、几堆（skyi-stod）、叶若布（yel-rab）等；腰茹的达保（dags-po）、洛扎（lho-brag）、聂巴（nyi-mo-ba）等，叶茹的辗噶（nyan-kar）、朗迷（lang-myi）、波噶（phod-kar）、桑霍尔（bzang-hor）等，茹拉的芒噶尔（mang-khar）、娘若（mya-ro）、赤塘（khri-dang）等；羊同东岱的雅藏（yar-gtsang）、金藏（spyi-gtsang）等及孙波茹的上、下管仓部

① 马学良主编：《汉藏语概论》（上），北京大学出版社，1991 年版，第 114 页。

(rgod-tshang-stodd-smad)、喀绰(kha-ro)、那雪(nag-shod)、下哲(tre-smad)等等。简牍1号有"叶茹(gyas-ru)茹本田一突"的记载。根据各茹部落均在西域出现的情况,可以推断,伍茹、腰茹、茹拉、羊同和孙波几个茹的茹本也可能会出现于西域地区。各茹按一定的区域分布在从敦煌到于阗的天山南部一线。据此,是否可以认为吐蕃已把本土全部的组织搬到西域,或者说,用全部兵力到西域去作战呢? 我们的回答是否定的。且不说后方是赞普和整个王朝的大本营和政治、军事指挥中心,需要重兵防守,单从军事上看也是不可能的。其时唐蕃不仅在西域,而且在陇右、河西及青海交战,即使吐蕃占领河陇后,也要用大量兵力戍守并东攻唐朝京师,如公元765年9月,吐蕃大将尚结赞、赞磨、尚息及马重英等率十万人至奉天、醴泉,掠居民数万,焚庐而去。此后连年不绝,至公元818年史书尚有破吐蕃十余万人的记载。《册府元龟》卷九七八记:十月定远城破三万人,平凉破三万人,十一月,夏州破吐蕃五万人等。双方战线很长,很难想象吐蕃会把全部兵力调到西域去作战。

2. 吐蕃在西域的部落虽然多数与本土相同,但它也有新的发展,这包括从吐蕃故有部落中分化出的部落、新归附的部落及吐蕃在西域地区依民族或居地情况组建的一些部落。后者多为非吐蕃人组成,如桑霍尔部(gzang-hor)、通颊部(mthong-khy-ad)及吐谷浑诸部等。简牍400号记"……委派作萨毗之茹本";敦煌石室出晋天福十年寿昌县地境写本谓"萨毗城在镇东南四百八十里。其城康艳典置筑,近萨毗泽。险,恒有吐蕃土谷往来",卷末谓"已前城镇并没吐蕃,亦是胡戍之地也"。[1] 这恰与简牍材料关于萨毗为吐蕃在西域重要军事中心之一相符合。森安孝夫以其地在新疆东南部与青海接壤的芒崖[2],方位大致不误。萨毗既为"茹"(rn),且与其他六茹并列,那么它便不会占有更为广大的地区。萨毗城既在石城镇东南四百八十里,则断不可延其辖区于于阗、疏勒,故

---

① 向达:《唐代长安与西域文明》,生活·读书·新知三联书店,1957年,第429—442页。
② 森安孝夫:《吐蕃在中亚的活动》,国内有劳江译文,《国外藏学研究译文集》第一辑,西藏人民出版社,1985年。

"吐蕃简牍综录"著者的说法(见《吐蕃简牍综录》第 32 页),或有可商之处。我们推测上述新建部落即在萨毗茹管内。

3. 吐蕃在西域的部落多和氏族有密切的关系,这正象在本土时一样。在吐蕃十八采邑分封表中,除赞普直属的采邑之外,其余采邑皆属于某一个或几个民族,如上、下扎绒之与蔡邦氏,折与雄巴之与那囊氏,彭域东岱之与卓氏、马氏等。①《新唐书》卷二一六下吐蕃传载,"浑末,亦曰嗢末,吐蕃奴部也。虏法,出师必发豪室,皆以奴从,平居散处耕牧"。《资治通鉴》卷二五〇"咸通三年"条也记载了这一情况。在简牍中有没庐氏、属庐氏、那囊氏、娘若氏这样显赫的贵族,相应地,他们的奴部自然也随之进入西域,组成大小相近的部落。简牍 172 号记"萨毗属地之内没庐氏、属庐氏等家族叛离,做尽坏事……",是知在西域地区家族聚居,乃至盛而叛离的事也是存在的。他们拥有属民,筑有城堡,简牍 180 号记"娘氏索安之属民",176 号记"木·孔索城堡",娘氏、木氏皆为吐蕃贵氏。但是,氏族与部落虽有这样密切的联系,但二者并不完全一致。部落的主要特点在于它是吐蕃王室统辖下的基层社会组织,它的规模是按照"部落"的一定人口户数之多少,而不是以氏族所领属人户的多少来决定的。简牍中既有一个姓氏的人属于不同部落的例证,如在 242 号与244 号中,哇氏(dbay)即分属象(shang)和辗噶尔(nyen-kar)两个部落,也有两个姓氏居民处于同一部落的例证,如简牍 196 号、197 号记乞力塘(khri-dang)部落中有支姓(vbre),也有辛姓(gshen)。此外简牍 190 号载上宗木部落有吐蕃著姓蔡邦家族的人,而 193 号记倭措巴部有姓琼玻(khyung-po)的人。这与两氏在吐蕃十八采邑分封表中分处上、下扎绒(brag-rum-stod-smad)与上、下藏(gtsang-stod-gtsang-smad)的记载并不一致,说明变化发展应是事实。至于对新建的吐谷浑人、唐人和西域人的部落来说,这一点更无疑义。

吐蕃在西域的部落,从其来源已可知其性质。如上所述,它的很大

① 王尧:《吐蕃金石录》,文物出版社,1982 年,第 203—204 页。

一部分是来自本土的六十一东岱,"东岱"(stong-sde)即千户,在敦煌汉文卷子 S27362《蕃汉对译语汇》中,"stong-dpon"(东本)与"bo-lag-sil"(部落使)可以对译。[①] 前者即"千户长",如此则一个部落在理论上其规模约当一个"stong-sde"(东岱)。至于新建部落,约略与此相同。据匈牙利著名藏学家乌瑞(C. Uray)研究,吐蕃的"一个千户之下分作两个小千户,小千户长即五百户长,相当唐之乡长(?),小千户长之下又有百户长、十户长等"[②],这可算作是部落内的组织结构了。从后代藏文史书记载看,这些制度的存在有一定的可能性,如《汉藏史集》记元代吐蕃制度时提到各级官职,有十夫长、五十夫长、百户长、千户长、万户长、路达鲁花赤。[③] 除后者为元代新增加外,前者皆为吐蕃故有制度,如果说其上承唐代吐蕃也不难理解。

当然,例外的情况也是存在的,比如简牍 172 号有"新建万人部落之命"的记载,简牍 16 号有"吐谷浑上部万人部落"。万人部落,藏文写作"khri-sde",简牍 332 号在记千户长(stong-pon)时并列提到万户长(khri-pon),说明万户组织在西域是存在的,这与部落大体与千户相等并不矛盾。

4. 吐蕃在西域的部落之间有一定的区域和界线,有相对固定的斥候与执勤点。其值执人数按部落人口部数之多少来决定,简牍 84 号记载了部落农田分布与"界标"的情况,简牍 166 号记"朗部落之布薄绒噶坐哨在鄯善之廓拉",简牍 184 号记"小壖部之碉楼",说明其戍守点是固定的,约与部落居地相连或即在居地范围内。简牍 132 记"吐谷浑人户有多少？长住户若干？根据所计住户之数决定派来边隅斥候人数",是知部落组织除守卫本土之外,还负有戍边的任务,而充斥人员之数是依各

---

① 王尧、陈践:《敦煌藏文写卷 P. T. 1083、1085 号研究——吐蕃占有敦煌时期的民族关系探索》,《甘肃民族研究》1983 年第 4 期。

② 〔匈〕乌瑞(G. Uray):《关于九世纪前半期吐蕃王朝的千户部落》,《匈牙利东方学报》第 36 卷 1—3 期(1982 年),第 545—548 页。

③ 达仓宗巴·班觉桑布著,陈庆英译:《汉藏史集》,西藏人民出版社,1986 年,第 166 页。

部总人数之多寡而定的。

为了保障安全,在西域的吐蕃部落之间实行严格的巡防交接制度,如前引简牍 133 号所载,不仅有交接牌、替换人员数额之登记,而且还有确定的时间与地点。如有事可先期请假,征得上级同意。简牍 345 号谓"如若让我回家探亲,请让悉诺赞、格尔布穷于孟秋七月换我巡逻。我以后换格尔布穷巡逻可否?请回示"。而有病则申请与别人对换,简牍 141 号即记载了倭措巴部落的倭茹期策布因病不能充任斥候,与东部落聂秀悉诺达对换的事。

为了防止部落的渎职或背叛,吐蕃统治者还采取了部落联防制度,以便加强牵制力,搞好驿站与戍守工作,简牍 186 号载某一驿站的人员构成时谓"驿吏为喀若部落之朗鲁顿,僚属为管仓部落之萨东鲁道,男伙夫为那雪部落之拆通玛,伙夫之仆役为恰拉部落之甲木萨肖",各来自不同部落。简牍 246、255 号所反映的景象与此相同。简牍 233 号记"那雪部落二十名汉属突厥人及零星小部之隶乌玛桑和结门穷二人派往布拉林去替换",这与吐蕃在驿站使用不同民族或不同部落的人执行任务用意相同。

5. 部落在西域地区,是吐蕃的基层社会行政单位。它的职能是组织生产,负责交纳赋税并出丁戍守与出征,所以,几乎每个人都属于某一个部落,在简牍中较为突出地反映出这一点。如第 42 号记"埃彭部落若彭惹取走糌粑二升半",81 号记"巴尔阔部落之朗吉尔布穷欠(粮)四十五克",187 号"下宗木部落塑匠俄奈"等等,是吐蕃部落制度管理严密的标志。

部落居民不得擅自离开部落,否则就会受到惩罚,甚至沦为奴隶。简牍 338 号记某位地方官向上级谈完自己政绩之后,称"上宗木部落之如聂穷一次逃亡他乡,返回后住在家中,请下令赏我为佣奴"即是此例。部落既起到束缚居民的行动乃至防止反叛的作用,同时也起到组织与保障人们正常生产生活秩序,维持社会治安的作用。简牍中部落头人代表部落向上级催要口粮(如简 376 号、328 号)的资料可见一斑。

6.每个部落设有部落使或部落长,负责本部事务。部落长藏文作"sde-dpon"或"sde-po[n]"等。简牍 232 号有"筑部落长",389 号有"下哲部落长",373、376 号皆记有此职(作"sde-po")。部落长的副职作"vog-dpon"或"vog-phon"。简牍 209 号载"上几曲部落之副官嘘律藏在于阗"。部落长与副部落长的职责,主要是组织本部落的生产,保障安全,交纳粮饷,委派斥候,随时向上级汇报本部发生的新情况。部落长官也有迁升的机会与可能,简牍 200 记"朗迷部落郭悉介担任副官",236 号谓"派聂木巴部落之希栗俄肯一人担任副官",240 号记辗噶尔部落的阔阿木拉列担任某地的"小节儿"等等。这些职官多是脱离本部落的,或是稍高一级官吏。

在部落的内部,还设有专人管理兵械,这也是一个下级的重要职位。一般是战前发放兵器,战后连同战利品一起交还,有严格的管理与登记制度。简牍 127 号载"把箭、弓、箭袋,刀、盾交与下管仓部落之细木鲁贝",130 号记"从'巴'保管人处取出折断无用者,短箭、弓两副,于阗轻弓三副"等即是。

吐蕃在西域实行的部落制度,在形式上是一种倒退的行为,但察其实,则知其包括新的内容,且具有必然性。从当时经济发展看,吐蕃辖下的西域地区以农业经济为主要特点,又有较高的生产力水平,要维持对该地各族的统治只能顺应形势,而不可照搬吐蕃本土旧制,或者采取更落后的方式。吐蕃在西域实施部落制主要原因有三点:(一)部落组织军事与生产相结合的特点适应于对被征服的西域地区的统治。当时战争尤其是与唐朝的战争正在持续进行,对吐蕃来说,在西域地区首要的任务是协调军事与生产的关系,部落制恰好满足这一要求。(二)部落制是一种严密的组织制度,它能把全体居民牢固地束缚在自己的土地上并使之互相牵制,有利于保障社会安定并防止可能发生的被征服各族的背叛。(三)此时吐蕃本土实行部落制,统治者在形式上当然希望以自己的组织制度来管理西域,并把它纳入整个统治体系之中。从当时情况看,吐蕃不会以唐朝在西域的统治方式来管理西域(这对吐蕃人来说可能也并不适合),除此之外则没有一种其他的统治方式可资借鉴。所以,采取部落制在吐蕃人那里具有一定的必然性。

从吐蕃对西域的一个半世纪统治来看,部落制确实发挥了巨大的社会功能,较为有效地组织了军事与生产活动。这正是吐蕃在西域得以长期立足的主要原因。但是,部落制有很大的局限性,首先在于它的军事色彩与掠夺性的征税方式不利于生产的更大发展,其次在于它对内具有民族压迫性质,对外具有闭塞与排外性,这就导致了它必然随着吐蕃在西域统治的瓦解而最终消失的命运。

原载《甘肃民族研究》1992 年第 2—3 期

七 唐代吐蕃统治西域的各项制度

吐蕃势力进入西域以后,统治当地居民达百余年之久,他们采取了怎样的统治措施与制度呢? 这正是本文所要讨论的问题。我们所利用的资料,主要是新疆出土的藏文简牍文书。[①] 兹分论如下。

一、军事制度

吐蕃进入西域是以军事占领实现的,其在西域的统治也以军事控制为主要内容,这就需要并存在一整套的军事组织机构与完备的军事制度。从新疆藏文简牍看,吐蕃在西域建立有固定的军事指挥中心,一方面保持与本土最高军政首脑的联系,另一方面又直接执行统治西域各族的任务。如鄯善(Shing-Shang)、大小罗布(nob-ched-chung)、萨毗城(tshal-byi)、于阗(Li-yul)等即是这样的中心。在这些地区设有"元帅(或大将军,dmag-pon-chen-po)""茹本(ru-dpon)""万户长(khri-dpon)""守备长(dgra-blon)"等高级军事官员。其所施行的军事制度主要有这样几个方面。

---

① 王尧、陈践:《吐蕃简牍综录》,文物出版社,1986 年,本文所采编号均取自此书,译文也同,略有小异。

1. 征兵制度

吐蕃的军队多与部落组织相关联,而部落又往往以某一个大的氏族或家族为核心,故《新唐书·吐蕃传》记"虏法,出师必发豪室,皆以奴从"。《资治通鉴》卷二五〇"咸通三年"条也谓"吐蕃每发兵,其富室多以奴从,往往一家至十数人,由是吐蕃之众多"。"奴"既包含家族、家庭奴隶,又包括军人之仆役与助手。早期的军事与生产相结合、军事组织与生产组织相同一的特征仍有残留,全民皆兵是其特色。在占领西域并巩固其统治以后,部落的军事色彩有所减弱,而维持社会安定,尤其是发展生产的功能却加强了,征兵制度的新特点从而也表现出来。这就是依据部落居民人数多少来确定兵员人数的征兵制度,它既适用于吐蕃,也适用于吐蕃治下的西域各族。简牍 132 号有"吐谷浑人户有多少? 长住户若干? 根据所计住户之数决定派来边隅斥候人数"的记载。简 153 号记"墀古啜尔之斥候缺于阗人一名"。简 186 号记某驿站"驿吏为喀若部落之朗鲁顿。寮属为管仓部落之萨东鲁道。男伙夫为那雪部落之拆通玛。伙夫之仆役为恰拉部落之甲木萨肖"等。由此知,吐蕃在西域的兵丁来源是定部定额的,即每一部落所出人数是确定的,其依据是该部落总人口的多少。至于部落内部,对于每个家庭来说,也是定时服军役。简 159 号记"二十七户应派斥候"即是此例。我们在简牍中还看到服役人员请假回家探亲(第 345 号)及抱怨值勤过期而无人轮换的资料(简 140 号),反映士兵逃亡的资料也相当多。[1] 这是对吐蕃兵役制度的一种消极反抗。

2. 军令军法制度

从简牍看,吐蕃在西域地区的军令军法制度还是相当严明缜密的,简牍中有"注意"(mtshar,111 号)、"勿分散"(ma-phy-ing,112 号)及"让

---

[1]《吐蕃简牍综录》中简 345 号、140 号、139 号、142 号和 390 号。

来犯之敌逃脱者,治罪"(114 号)等。在军令与重要军事情报的传递中多使用急递铺驿传。军中有明确的奖惩制度:(一)奖励方面:由简牍知,奖励办法主要有两种,一种是提升官级,一种是厚赐财产,主要是土地和征税权,有时两者兼用之,简 109 号记"酉年春,沙州……萨毗地区,作阻击敌军之军事准备……此时,遵照命令,立即给以奖赏……"简 369 号是一位军官就用兵事向大尚论递呈的报告,内言他因平叛而"蒙颁诏恩赏,令余为小罗布之长官,管辖该地房屋、田地。董·呈岛贡答应给我送三克青稞之'户税',命令上盖有印章"。作战牺牲者,其财产(土地、奴隶)许由子孙继承(简 332 号)。(二)惩处方面:简牍中关于此方面的也不少,390 号谓,对于逃亡的斥候人员已追回者,"先勿作自己人对待",甚至被赏为私有佣奴(简 338 号)。在战斗中让入侵之敌逃脱是要问罪的,执行驿传邮递任务"如耽误或不送,将从严处罚"(简 135 号)等。其目的在于严明纪律,增强军人的服从意识。

3. 巡逻与戍守制度

为了保障社会治安,维护在西域的统治,吐蕃建立有一套严密的巡逻与戍守制度,这就是"坐哨"(ri-zug)和"斥候"(so-pa)的普遍存在。此二者都是执行侦察任务的眺望点,侧重点略有差异。前者主要是定点侦察、眺望,而后者除有固定戍守点外,还负有传送木牍文件的任务(如简135 号、148 号、167 号等所示),且与驿站关系密切,简 144 号记"虾蟆山四名斥候一个驿站,龙年夏季五月初六日派出斥候之木牍"即是。他们甚至还有收养驿马的任务(简 170 号)。

斥候是每个部落乃至每个家庭必须负担的差役,由上级组织委派,简 131 号记"派遣囊孜斥候兵员"。派遣命令有木牍为证,且规定具体日期,简 160 号记"'兹派囊则吾扎之拉吉,于龙年春季三月六日当斥候'之木牍"。一般是按人户多少确定其当值人数,而且考虑居地之远近或所属辖区,如 198 号简记"墀邦木部落之倭尔桂江桑居于中间(地带),不计在斥候人数之中"。如果遇到战争或其他特殊情况,则要增加斥候人员,或者迁徙斥候点,简147号谓:"决定增加斥候名额,由此处增派为是,以前驻扎马家湖嘴之斥候,搬到森木哈去。"当斥人员有事有病必须请人代斥,并征得上级同意(简141);斥候人员死亡应立即报告上级;不得骚扰当地百姓,遵守有关纪律(简170号)。从记载看,吐蕃还设有"后备斥候"(如简156号、157号)。

斥候的民族成分也如同吐蕃治下的西域居民一样,是很复杂的,既有吐蕃人、苏毗人、吐谷浑人,又有多弥人、于阗人、回鹘人、突厥人和汉人等。斥候的生活之艰苦与不堪忍受,在简牍文书中也反映出来,这就是经常性的缺乏口粮(简329,330号等)和缺少衣服(简140号),从而也导致他们的逃亡。简139号、142号均有斥候逃亡、无人戍守的记载。后者谓"悉诺谢之驿吏向大兄赞巴报告,于阗一名坐哨于十一日夜逃跑,哨口空寂,无人防守"。坐哨的情形与斥候相关,简牍中几条,多是关于缺粮与领取口粮的记载(简53号、161号、162号、163号等)。

吐蕃在各个城镇多设有碉楼(简176号、184号),而在各个重要关卡或军事要地均派人巡逻,各部落间互相监督,联合执行任务,而且以交接牌为证,规定交接时间与地点(简133号)。在侦察敌情时,很注意察看烟尘、搜索踪迹(简137号、138号、405号、406号),表现出良好的军事素质。

4. 军库管理制度

军库管理主要包括军粮管理和武器管理两个内容。从简牍看,吐蕃在西域的军粮来源是向当地居民征收小麦、青稞等物,即当地居民以交纳赋税的方式向军需机关供给一定数目的粮食,然后由军需机关按人头向各个单位发放,实行配给制。简39号有"一个月口粮为麦子六(升)、青稞四升"的记载。简49号谓"衮囊堡寨之鲁岗领取一克四升糌粑,还剩有半升",定量供应。简牍中关于交纳粮物、追讨欠粮及军人领取口粮的资料相当丰富。这与当时半军事化的社会生活密切相关。军粮的交纳、入库、管理与发放均要登记在案。

吐蕃的武器管理制度则更为严密。战争中的掳获品必须登记上交，简121号记"辗噶尔部落之岱噶拉吉为勤王事，交还物件记录：盾、刀、刀鞘、箭一把，弓和护腕、石袋、抛石兜、箭筒"。在侦察敌情时所捡到的物件，即使是一只牛角、一副刀鞘均要包好盖印，上交并存有收据木牍（简334号），且要详细记载各种武器的特征与数目，如"唐人矛十支"（简123号）、"唐人中等大小铠甲（有九眼的）三套"（124号），"锁子铠甲（柳叶甲）"（125号）等。由专人负责管理，简127号记"把箭、弓、箭袋、刀、盾交与'下郭仓'部落之细木鲁贝"即是此谓。战前又从管理人那里取出，发给各位将军与士兵，简130号记"从'巴'保管人处取出折断无用者：短箭、弓两张、于阗轻弓三张"。122号记"付与论祖桑铠甲三付，论扎热铠甲两付，悉诺祖桑铠甲两付，工甲列铠甲两付，论悉诺扎铠甲一付，悉诺悉诺赞铠甲一付，巴尔热铠甲一付……"。这样既防止了武器的损坏与遗失，又起到防范军人尤其是非吐蕃人军人反抗的活动。

二、经济制度

如果说吐蕃占领西域地区是以军事手段为核心的，那么，有效地实现其在西域的统治并继续保持与发展西域的文明，则是取决于经济上的成功与否。本节即就吐蕃在西域的诸项经济制度与措施加以讨论。

1. 职田及其出租制度

吐蕃在西域的各级官员所享受的俸禄，主要是土地及出产物。如简1号记"……论本二人领受：零星农田一突，通颊……好田一块，右茹茹本田一突……"，简2号"……邦布小王（莽布支）农田一突，'资悉波'农田一突半，悉斯赞新垦荒地在通颊有两突，零星散地一突"，简3记"门穹俸禄田一突"等等。茹本、将军、镇将、资悉波、农田长官等各级官员都可分到一份数目不等的土地，这份土地作为官员的俸禄，应该是免纳赋税的。在高级官员的土地中是否包含差地或税地，尚不清楚，但在一般下级官吏的土地中是存在"差地"的,如简牍 28 号记"税吏开桑和则屯有差地一突",这是供其代差用的。除了土地收入外,官吏的俸禄也有直接获得实物的记载,简 71 号记"付岸(本)悉斯禄俸经费麦一克半。依主母之命,借给部落使,悉斯王子麦一克半,孔息兄弟麦两克半"即是。

从记载看,官员们的土地一般是由佣奴来耕种,同时也出租给农民。藏文"nod"一词,《吐蕃简牍综录》的著者译为"领受,承受"。依我们之见,在简牍中它包含有两层意思,(一) 领受,即官吏与农民领受属于自己的那一份土地,或者上级官员代领属下官吏的土地;(二) 租用,农奴租种官吏的土地。前者如简 1 号与简 12 号"农田使官拉罗领受属桂之田一突",简 14 号"鲁拉措领受田一突",简 15 号"那松之农田佣奴三人……(领受)农田三突",简 19 号"鲁昂错领受丘噶之农田一突"等即是。依后三条材料看,当时存在着一人分田一突(dor,约当唐制 10 亩)的制度。简 4 号记"班丹领受:资悉波之田地三突,军官俸田一突,茹本之新垦荒地一突,副先锋官田一突……",简 5 号"博玛领受:茹本达萨法之农田一突",简 7 号"格来领受,先锋官之农田三突"等中的"领受"(nod),则是农民租用官员的土地,从中分取一部分收获物,以维持生计。简牍 258 号有"对半分成",即与此有关。

2. 赋税制度

关于吐蕃在西域的赋税制度,依王尧、陈践先生研究,有三种情况:(一) 农产品的地租:zhing-zhun,实际是地租,一般是缴纳实物,如青稞、小米。(二) 一种税收:khral,按人口计征的税收,也是以实物缴纳。(三) 劳役地租:以服役的形式完成纳税的任务,基本概括了简牍中所反映出的情况。依据当时吐蕃在西域分田的状况,如果官吏因级别的高低不同而得到大小数目不等的土地,而农民一般也能分到土地(大约每人一突)是历史事实的话,那么,赋税的交纳即包括对政府和对官吏两个方面。分田者均应向政府交粮纳税,以维持庞大的军政开支,这一点毋庸置疑。他们与官吏的关系存在着两种情形:一是属于官吏,尤其是高级官吏的佣奴,所谓"发豪室皆以奴从"即是此谓,他们直接为主人服务,交粮纳税;一是通过租种土地,按分成获得部分产品而形成的新型联系。前者的人身依附性要大于后者,简62号有"兔年秋,统计尚论所属民户从事农事者,哪些田赋已经交纳,哪些未交,逋欠者唱名登记"的记载。依据简60号,似乎存在着官员也交纳赋税的情况,原文谓"论赍冲木热(良相军帐郎官)等,前往婼羌,交纳赋税:岸钟悦青稞二克,麦子三克,麦子……"。可见,除官员的俸禄田或者不交赋税之外,其余所有官民之田均须交纳赋税。

关于一般农民交税之多少,如何与官府或官员分成,简牍中也有零星的记载,简58号有"冬季田租之对半分成",简61号有"万人部落田赋以六成计所征",简59号记"属民的年成不好,上等农户一(突)农田只交五克青稞、五克麦子"及"吐谷浑上部万人部落,凡属唐所辖者……每户征收五升(青稞)"(61号)。吐蕃还设有"税务官"、"税吏"等来执行其任务。从简牍看,吐蕃在西域的赋税制度,除部分保留旧有的奴隶制成分外,主要吸收唐朝及当时西域地区的封建赋税制度,这是实现对西域进行长期统治的必由之路。

3. 借贷制度

借贷在吐蕃治下的西域是极普遍的活动,所借物品有:粮食(青稞、麦子),如简75号谓"梅志欠麦子七克半。迥东一次欠粮一克半";有黄牛(简77号)、马(简84号)、垫子(简78号、79号),甚至还有"美哲缎子"(简80号)。借贷必须有一定手续,中间须有保人作证,如简76号谓"若不便于办理,可让保人在上面捺指印"。债务要登记在案,简82号有"债务登记木牍",必须按时还债(简72号),如果未能如期还清,再借就很困难了,简83号"请求租农田,借种子,信中未允"即属这种情况。有时尚须用他物抵押(简73号)。

此外,买卖关系也见载于简中,如90号记"野息将种驴送往……大罗布……悉猎与交岱,多岱充使,畜费当面议价……",简380号有"请售予羊皮袄,要价多少照数献上"。另,简 248 号有"亲为换工",简 83 号有"工钱",是否意味着当时已有出卖劳动力的事实呢? 尚不清楚,有待进一步探讨。

4. 计量制度

关于吐蕃在西域所实施的计量制度,《吐蕃简牍综录》的作者已作了可贵的研究。[①] 它基本是吐蕃旧有的度量衡制的移徙与沿用,主要有这样几点:(一) 计田单位—"突(dor)":即二牛抬杠一天所耕的面积,约当唐制十亩,至今仍在藏区沿袭不改。简牍中所载计田单位均用"突",如"鲁拉措领受田一突"(14 号)、"洛卓有中等田一突"(18 号)等。(二) 二十进位制:即二十两为一斤;二十升为一克,至今如此。简 39 号记"一个月口粮麦子为六(升),青稞四升。五个月余物合计:麦子一克十七升,青稞十八升……"即是如此。(三) 克与半数称法:"克"为吐蕃衡量制,一克约当 28 市斤。半数则取特殊称法,将"一个半"写作"phye-dang-gnyis"即"半与二";将"四十四克半"写作"四十加五克缺半克",见于简 26 号及 32 号等。(四) "土(thul)":是吐蕃人计算酒浆的容量单位,每"土"合三十瓢,简中多有反映,如简 428 号记"二十一名僧人每人平均酒三'土'半,放置中间",418 号记"九人每人一天供应十满瓢'头遍酒',共计酒三'土'"。即是。

5. 籍账制度

籍账是文献资料的一种,基本以记载经济内容为主。简牍中的籍账有这样几个内容:(一) 户籍账:吐蕃在西域之分田、征税、摊派差役,尤其是征用兵丁,主要是依据人户之多少,所以必须建立完备的户口登记与管理制度,简 335 号记"余在萨毗为王室公干时,乞将周洛息借余使唤,已寄去文书,命彼从事整理户册。如其不在小罗布,即在当初住地,照户

---

① 见《吐蕃简牍综录》,第 24—25、33 页等。

册规定行事可也"即是此方面的内容。(二)分配登记账:藏文有"vprul-gi-mye-long"(灵异宝鉴),是简牍的编册,主要登记口粮的分配,如49号有"《灵异宝鉴》:衮囊堡寨之鲁岗领取一克四升糌粑,还剩有半升"。简50号也如之。(三)债务逋欠账:如前引简62号及82号(债务登记木牍)即是。(四)入库及存余账:简76号、92号、101号、121号、334号均有此方面的记载。其中后两者是战利品上交入库登记,76号是粮食登记,101号是马、麦、酒数目登记。92号谓"这团毛线已在'乞力德'前过秤,有十五两多,我按了指印交与'乞力德'。证人拉乡部落之……等盖章。'乞力德'也特地按了指印",知其登记入库制度之严密。

三、社会组织与法律制度

社会组织与法律制度是吐蕃在西域实现其有效统治的具体措施,它关系到如何组织生产、维护社会秩序、保障人们生活正常进行等重大问题。兹论述如下:

1. 部落组织制度

部落,藏文作"sde"。它是吐蕃在西域的基层社会组织,基本保存了其在本土的名称与编制,如属于伍茹的岛岱(dor-sde)、几堆(skyi-stod),腰茹的达保(dags-po)、洛扎(lho-brag),叶茹的辗噶尔(nyan-kar)、朗迷(lang-mi),茹拉之芒噶尔(mang-kar)、娘若(mya-ro),羊同的雅藏(yar-gtsang)、金藏(spyi-gtsang)等。吐蕃"桂"之六十一东岱(stong-sde),很大一部分出现在简牍之中。不仅如此,吐蕃还把新征服地区各族也按部落加以编组,如"吐谷浑万人部"、"通颊部"等即是。

在各个部落之间有一定的区域与界限,有相对固定的斥候与执勤点;其应承担执勤任务的人数,依部落总人口之多少来定,遵守严格的制度,简133号记:"下谢恰(部落)十二个于阗人之交接牌交与下于阗人,在恰西若饶地方。上谢恰(部落)七个于阗人之交接牌交给于阗人本达迈,在察尔海晓聂地方。中谢恰(部落)有九个于阗人之交接牌于下午交与中间人若聂里西,在李加家穷尼地方。卡尔巴六个(斥候)的交接牌交于阗人冲木桑,在商瓦晓聂地方。"在简牍中,几乎所有的人都属于某一个部落,且习惯于把部落名置于人名之前,如简 211 号有"那雪部落之阿郭包尔赞",212 号"交与叶尔若布部落之洛列松"等即是。

部落有自己的首领(sde-dpon),具体负责部落的军政事务,完成上级的军事(如征兵)与民事(如征粮)等任务,维持地方的安全与生产生活的正常进行。部落组织是吐蕃在西域军政组织系统的基石,关系到统治的存亡久暂。

2. 社会等级制度

吐蕃治下的西域居民基本可分为三个等级:一是统治阶层,包括高级军政官员及其属下的各级官吏。他们之间虽有相当大的差别,但对于被统治者来说,均属于剥削者。二是普通的部落居民,占绝大多数。他们属于一定的部落,领有一定数量的土地,从事农牧业生产,向官府及官吏交税纳粮,有一定的人身自主权。三是佣奴,他们在人身关系上依附于领主。

简牍中载有"大尚论"、"尚论"、"纰论"、"内大论"、"茹长"、"万户长"等。他们握有特权,享有俸禄,占有奴隶,地位高高在上,是吐蕃王室统治西域政策的忠实执行者。在统治阶层内部,除官级高低之别外,还有有无告身及告身大小的差别。《新唐书·吐蕃传》载:"其官之章饰,最上瑟瑟,金次之,金涂银又次之,银次之,最下至铜止,差大小,缀臂前以辨贵贱。"《通典》、《册府元龟》及藏文史书《贤者喜宴》等对此均有记载,大体一致。简牍中有两条资料记此,即 22 号与 100 号。前者记"库穷及库登芒巴,(领受)小铜告身者之农田三突",后者载"副节儿等官员授以告身铜牌",是知西域存在告身制度。

至于奴隶,其来源大体有二途:一是随主人从本土迁居西域,后来又被主人后代占有者。一是因事、因罪被没为佣奴者,如简 338 号即是一份将逃兵收为佣奴的文书。在西域地区,除高级官员、贵族拥有奴隶之外,一般武士也有少量奴隶以供其役使。如上引简332号所载,士兵战死后,其"奴隶,土地由其子孙后代领有"。又简347号谓"……伍茹之军帐……驻于大罗布,……请下令区分桂、庸"。"桂"(rgod)即武士阶层,"庸"(g·yung)即随军奴隶,承担后勤杂役,乃至从事生产。等级差别分明。

3. 法律制度

法律是为维护统治阶级利益、保障社会秩序的一种工具,吐蕃在西域的法律制度也不例外。从简牍看,它包括民法、刑法和军法等,有这样几个特点:(一)执法重证据。简牍350号谓"若由你审判,节儿总管先把事由、物证弄清……"等即是。(二)有法庭审理案件。简360号有"当时召我上法庭"的记载。(三)军事长官参预重大案件的审理,简395号记"淫人妻女,触及刑律大法,元帅及悉编掣逋(观察使、御史)应将犯人处以绞刑"。吐蕃在西域的法律是其在本土所行法律的沿袭与发展。旧的习惯法仍在起作用,如民间纠纷的解决,借贷商务的处理等,并非完全通过法律手段,因此,它的局限性是极显然的。

四、驿传制度

驿传是吐蕃在广大的西域地区实施统治的血脉网络,它是以传递各种情报为主要目的的,有完备的系统与完善的制度。驿传制度为吐蕃所故有,并非进入西域地区之后的独创。张广达先生有专文研究吐蕃的飞鸟使和行人部落。[①] 笔者再补充如下:(一)吐蕃的驿传,一般是以"铁

---

① 张广达:《吐蕃飞鸟使与吐蕃驿传制度——兼论敦煌行人部落》,北京大学中国中古史研究中心编,中华书局,1982年。

箭"为契,而非以"金箭"为契。《通典》卷一九〇《边防六》"吐蕃"及《册府元龟》卷九六一《外臣部·土风三》均记载了"其驿以铁箭为契,其箭长七寸,若急驿膊前加著一银鹘"的史实。(二)金箭文书虽也通过驿传转达,但其任务只有一项,即供调兵之用。《册府元龟》有"其兵以金为镞";《通典》有"征兵用金箭"。《新唐书·吐蕃传》载"其举兵,以七寸金箭为契,百里一驿,有急者,驿人膊前加银鹘,甚急,鹘益多"均是此谓。(三)敦煌藏文文书 P. T. 1085 号为一份急递文书,上有飞鸟图案。吐蕃驿骑称"飞鸟使",或本于此,以喻其飞快如鸟。但是,除此之外,也有飞兽图案,见于敦煌文书 P. T. 1083 号。[①] 根敦群培著《白史》也引用此两封信件,图案、信函、内容均相同,唯图上文字略异。

　　新疆的藏文简牍资料既进一步补充了有关吐蕃驿传制度的报导,又直接为我们展现了吐蕃在西域驿传制度的实施情况。王欣对此已有讨论。[②] 根据这些简牍以及相关资料,我们得知,吐蕃在西域的驿传制度有这样几个特点:(一)吐蕃的驿站一般是由四个人组成,简牍 144 号载"虾蟆山四名斥候一个驿站,龙年夏季五月初六日派出斥候之木牍"即是此例,此外,简 149 号、186 号、209 号、301 号及 313 号对此均有反映,其中186 号谓某一驿站的四人中"驿吏为喀若部落之朗鲁顿。寮属为管仓部落之萨东鲁道。男伙夫为那雪部落之拆通玛。伙夫之仆役为哈拉部落之甲木萨肖",则一个驿站的人员构成是驿吏(驿站长)、寮属(副驿长、助手)、男伙夫、伙夫之仆役。(二)每个驿站的四个人都来自不同的部落或民族,前引资料即是其证。又简 149 号记"在林仁之慕堡园,有两名吐蕃(斥候)、两名于阗(斥候)"、209 号载"绮力拓拔向俄东菊慕两名吐蕃斥候和两名于阗斥候交待……",均是吐蕃人和于阗人各半。这样可以起到互相监督的作用,对于非吐蕃人来说,尤其如此。但是,对于吐蕃人则并不受此约束。我们看到吐蕃人共同组成一个驿站的资料,这就是简 301

---

① 王尧、陈践:《敦煌藏文写卷 P. T. 1083、1085 号研究——吐蕃占有敦煌时期的民族关系探索》,《甘肃民族研究》1983 年第 4 期。

② 王欣:《吐蕃驿站制度在西域的实施》,《新疆社会科学》1989 年第 5 期。

号和 313 号,前者载"……四吐蕃人驻……一驿站……驿吏在巴尔孜斯",后者谓"囊与处之堡塞有四名吐蕃人在一个驿站……",反映了吐蕃在西域实施统治的民族特征。(三)驿站的主要任务是为过往使者提供食宿、马匹,负责在信件木牍上盖章,同时兼有侦察敌情的任务。在法国女藏学家拉露(M. Lalou)所编《敦煌藏文文书目录》第二卷(巴黎,1950年,第 56 页),有盖着"宫廷所押诏 NF143 之印"的急递文书。[①] 是由吐蕃赞普所在的文江岛宫发往瓜州军镇的,内言使者"行经牧区时,贝玛驿站以东供应口粮面粉一合,酥抽一两。行经农区时,麦秀驿站以东供应面粉四掬,酥油一两"。"到达晚宿驿站时,驿丞及书吏在文书上加盖印章后即遣一名护送者送之,此加盖印章(之文书)至瓜州军镇方得开拆。"云云。至于驿站人员兼有巡逻与侦察敌情任务,已如前述。从简牍记载看,经过驿站传递的文书主要有三种类型,一是传达军情、报告军政要事的,为较快驿传,简 134 号、135 号等均属此类,后者是使用于阗到鄯善的驿路,内言:"增加斥候之木牍急速递送,抓紧时间,不得延误(晚间住宿有定),如耽误或不送,将从严处罚。"二是普通信件的传递。关于此类的资料甚多,简 168 号记"塘报(驿递公文)驿传背子,约有满满十七背"。169 号记:"从甲玛往悉那都交付之塘报驿传大小木牍,交与住在悉诺都之驿吏。"普通驿递似乎是逐站传递的,而不是直接传递的。三是调军命令,不仅使用专人最快驿传,而且是以"金箭"为契。简 110 号"快"或即属此。(五)在吐蕃治下的西域,驿站工作人员的工作是相当繁重的,稍有失职即受严惩,简 266 号记"从和阗驿站发给鄯善岸本书信:一天一夜要行五个驿站,此木牍迅速紧急送往高齐巴。木牍不能按时到达或有失误,依法惩办……",而且常常要忍受饥饿与困苦。这会引起他们以逃亡方式所进行的反抗,乃至起义。敦煌文书 S. 1438《书仪》,伦敦印度事务部图书馆藏 Fr80 号吐蕃文书记敦煌驿卒起义事,可见一斑。

---

① 见张广达:《吐蕃飞鸟使与吐蕃驿传制度——兼论敦煌行人部落》;又见陈庆英、端智嘉:《一份敦煌吐蕃驿递文书》,《甘肃社会科学》1981 年第 3 期。

吐蕃在西域实施的诸项制度,有效地维护了其对西域各族人民的统治,保障了社会的安定与西域文明的存在与发展,也加强了青藏高原与天山南部两大地区人民之间的经济文化交流,其功不可磨灭。但由于它还有对当地人民掠夺的一面,尤其在当时与中原唐王朝对峙的情况下,更属难免。兼之以制度的不完备或落后性、民族压迫等,注定了它必将随统治的结束而瓦解的命运。

原载《新疆大学学报》1992 年第 4 期

八　唐代吐蕃与西域的文化交流

　　吐蕃与西域各族的文化交流,是唐代我国各民族文化相互影响的重要内容之一,理应受到足够的重视。本文拟就此略加申述。

一、吐蕃与西域的宗教

　　吐蕃与西域宗教的关系包括佛教与本教两个方面的内容。我们首先讨论一下佛教文化的联系。吐蕃王朝时期,在西藏佛教的发展史上被称作"前宏期"。从松赞干布娶尼泊尔赤尊公主和唐朝文成公主初传佛教起,吐蕃接受佛教文化影响的过程即开始了。这其中就包含着西域佛教,尤其是于阗佛教的影响。

　　敦煌古藏文写卷 P. T. 960 号《于阗教法史》及藏文大藏经丹珠尔部的《于阗国授记》,是藏文作者记载于阗历史,特别是佛教历史的专文。这是吐蕃与于阗长期文化交流的直接产物。在此后的藏文史书中也常常述及于阗王统与教法的历史,如《汉藏史集》即列有"圣地于阗国之王统"一章,专述于阗王统与佛教的发展。此处标题原文作

"圣地尼婆罗国之王统"实为于阗国王统之误。[1] 内称,在于阗主尉迟圭当政时,应龙王之劝请"建达哇涅之寺院,此时吐蕃之王将于阗收归治下,此寺是在吐蕃大臣噶尔·东赞来到于阗时修建的"。随后于阗国之佛法已接近毁灭之时,于阗的一位年轻国王仇视佛教,驱逐于阗国的比丘。众比丘由驮载物品的牦牛领路,到达吐蕃的蔡吉地方。比丘中的长老向赭面国王报告,此赭面王已有一菩萨化身的王妃,是汉地的一位公主,她任施主迎请于阗国的比丘到吐蕃。[2] 公主将他们安置在寺庙之中,供养了三四年。于阗僧人之大量进入吐蕃,直接推动了佛教在吐蕃的兴起与发展。

据《贤者喜宴》记载,在吐蕃修建寺庙、推进佛教事业的过程中,于阗人曾做出了重要的贡献,如修建昌珠寺(khra-vbrug)时,于阗的"化身"工匠依据于阗佛像为之塑造了菩萨的形象等。这不仅直接为吐蕃的寺庙建筑服务,而且把于阗的佛教造型艺术传入吐蕃。

于阗的僧侣对吐蕃最高统治者制订政策与制度也产生过一定的影响,这便是他们为松赞干布放弃某些酷刑所做的努力。藏文史书称,其时,有两位于阗僧人持着锡杖,拿着乞化钵来到吐蕃,先抵昌珠地区,遇到砍下的人头、四肢及挖出的眼睛堆积如山,十分厌恶,称此地(即吐蕃地区)有魔鬼。松赞干布则为之开脱,声称那些人是未被调伏者,遂作一禅指状,诸监狱及刽子手们随即消失。[3] 这一则传说虽带有玄妙的色彩,却也在一定程度上反映了松赞干布在接受佛教的初期,听从劝谏,放弃一些酷刑的事实。

在此后吐蕃佛教的发展中,西域僧人也起到一定的促进作用。据《贤者喜宴》载,赤松德赞时,"一些精通翻译的人,将印度、汉地和于阗等地区的佛经,凡是能得到者,大部分译到吐蕃。诸僧侣的生活由吐蕃政

---

[1] 见达仓宗巴·班觉桑布著,陈庆英译:《汉藏史集》,西藏人民出版社,1986年,第53页。

[2] 达仓宗巴·班觉桑布著,陈庆英译:《汉藏史集》,第57—60页。

[3] 巴卧·祖拉陈哇著,黄颢译:《贤者喜宴》,《西藏民族学院学报》1981年第2期,"吐蕃刑法"一节。

权机构提供"①。其中既然有于阗文佛经之译为藏文,那么于阗高僧参预其事也是极有可能的。布顿大师的《佛教史大宝藏论》中也有类似的记载。②　在《莲花生传》中所列赤松德赞时之众译师中有"突厥埃巴(gru-gu-ae-bag)"③,此人应即突厥人。在密法方面,当时有所谓"六试人",其中"突厥吾比夏(dru-Su-au-pe-sha)"④也是突厥人。由此可知突厥人在藏文密咒部经续及其他经典的翻译中,具有较突出的贡献。藏史中还有关于松赞干布"前生是古黎域(藏北新疆境内)的大德"之传说⑤,侧面反映出其与于阗的密切联系。

至于吐蕃本教在西域地区的流传情况,新疆出土的藏文简牍为我们提供了较充分的资料。本教是吐蕃本土的原始宗教。据藏史记载,从止贡赞普及布德巩甲父子当政时起,到松赞干布时佛教传入为止,本教一直作为最崇高的信仰影响着人们的日常生活与王朝的政治活动。《西藏王统记》载,本教共有九派,即因本四派、果本四派,其中因本之"囊辛拜推巾,作纳祥求福,祷神乞药,增益吉祥,兴旺人财之事。楚辛拜春巾,作息灾送病,护国奠基,被除一切久暂违缘之事。洽辛足梯巾,作指善恶路,决是非疑,能得有漏神通。都辛春洽巾,为生者除障,死者安葬,幼者驱鬼,上观天相,下降地魔"⑥,神通广大,无所不能。这些在简牍中不同程度地反映出来。

新疆简牍关于本教的资料,既揭示了其在吐蕃王朝时期的地位⑦,又体现了对西域地区的影响。简牍对本教徒在西域的活动有较多的记载。如 422 号记:"派出为祭降生时命宫守护神和祈求保佑的男女值日福德正神之本教巫觋师徒,助手悉诺登,本波雅堆,引神人期同温巴,小本波赞粗慕阻……并带上祭降男女命宫守护神,祈求福佑之各色彩幡,……"

①③ 巴卧·祖拉陈哇著,黄颢译:《贤者喜宴》,《西藏民族学院学报》1982 年第 3 期。
② 布顿大师著,郭和卿译:《佛教史大宝藏论》,民族出版社,1986 年,第 178 页。
④ 达仓宗巴·班觉桑布著,陈庆英译:《汉藏史集》,第 112 页。
⑤ 布顿大师著,郭和卿译:《佛教史大宝藏论》,民族出版社,1986 年,第 170—171 页。
⑥ 索南坚赞著,王沂暖译:《西藏王统记》,西北民族学院研究所印本,第 14 页。
⑦ 张云:《论本教在吐蕃王朝中的地位》,《西北民族学院学报》1991 年第 3 期。

427 号也载:"兔年春正月,祭祀小罗布之降生命宫男女守护神,献上美好祀品,点交兵器和写有祈祷文之经旗作为供品。"①文中所用简牍编号取自此书,此即本教徒的活动情况。由此可见,本教在这里基本上保留了其在本土时的一些仪式,如祭祀时必须插上写有本教经文的旗幡,进行"煨桑",摆放糌粑及一只系有彩绸的羊右腿,一小罐祭祀酒供神祇享用,然后把青稞撒向天空(如简 432 号即是),完成祭祀仪式,其中念诵本教经典也不可缺少。此外,还给人们占卜吉凶祸福及年成丰欠,为社会服务。战争与苦难是他们拥有信徒的最根本原因,本教是由吐蕃传入西域的,在西域地区又变成当地居民抚慰心灵痛苦的强心剂,成为唐代西域文化的一部分。

二、吐蕃与西域的法律和医学

突厥人的法律制度对吐蕃的法制建设之影响,藏文史书有明确的记载。《贤者喜宴》称,松赞干布时,"自北方霍尔(hor)、回纥(yu-gur)取得了法律及事业之楷模"。② 依《西藏王统记》载,吐蕃法律有"争者罚锾。杀人者,以大小论抵。窃盗者,罚偿八倍,并原物九倍。奸通者,断其肢体,流之异方。谎言者,断其舌"。③ 敦煌吐蕃法律文书中还多处提到吐蕃人以妇女作为酬偿物的法律条文,如 P. T. 1071 号谓:"若从牦牛身下救人,被救者要将己女作为礼物相酬,无女则以妹,无妹无女,或酬而不受,则须赠(银)一百两。"④这些条文在突厥法律中都能找到大体相近的内容。

据《隋书·突厥传》记,其法"谋反叛,杀人者死,淫者割其势而腰斩之。斗伤人目者偿之以女,无女则输妇财,折支体者输马,盗者则偿赃十

---

① 王尧、陈践:《吐蕃简牍综录》,文物出版社,1986 年。
② 巴卧·祖拉陈哇著,黄颢译:《贤者喜宴》,《西藏民族学院学报》1981 年第 1 期。
③ 索南坚赞著,王沂暖译:《西藏王统记》,第 23 页。
④ 王尧、陈践编:《敦煌吐蕃文献选》,四川民族出版社,1983 年,第 28 页。

倍"，这与松赞干布所制订的吐蕃法律相比，只有个别细节上的差别，其基本内容是大体一致的。因而，藏文诸史所称吐蕃法律取之突厥，应是客观事实。

在吐蕃占领并统治西域以后，吐蕃的法律制度也随之传入，这是必然的。在此情况下，法律不仅用于统治西域地区的各族人民，而且用于统治移居西域的吐蕃军民。就其内容言，既包括民法，也包括刑法，至于军法或具有军法性质的军令制度自然也行之于西域地区。新疆出土的藏文简牍对此有所记载。如简 350 号记"若由你审判，节儿总管先把事由、物证弄清楚……"；简 470 号谓"……很高兴，若是如此，绮慕则家到官府上诉之事，秘不与闻，待我等问清后，很快将事办成，事未办成前若借口发生斗殴，将复仇人及仇家依法看管，到居中证明人处问事"。由此可知吐蕃在西域有完善的法律诉讼程序，且十分重视人证、物证。既然有法律，当然也存在着法庭，如简 360 号即有"当时召我上法庭"的记载。重大案件由军政长官最后审理定夺，简第 395 号称"淫人妻女，触及刑律大法，元帅及悉编掣逋应将犯人处以绞刑"即是。这些零散的资料也勾勒出吐蕃法律在西域实施状况之概观。

至于吐蕃与西域医学方面的交流，藏史也有记载。《汉藏史集》"吐蕃医学史"一章记，在赤松德赞时，由译师毗卢遮那迎请各方的医师，把他们的医书译成藏文，其时"由突厥人森却钦波把金刚手菩萨所说的续部译成藏文①，为外来医学在吐蕃的传播做出了贡献。在吐蕃著名的十三种医疗法中，"葛逻禄医疗法"和"突厥医疗法"明显属于西域医学范畴，"索波医疗法"和"冲木医疗法"与西域医学有关，其对吐蕃医学的影响是不言自明的。

吐蕃统治西域后，其医学如何传入并影响西域地区的医学文化？我们尚缺乏直接的材料来加以说明，但是，那么庞大的吐蕃军队与部落居民移居西域，自然会有相应的医疗保健系统和知识相伴随，也自然会吸

---

① 达仓宗巴·班觉桑布著，陈庆英译：《汉藏史集》，第 115 页。

收西域当地的医学以丰富自己的医学宝库。在新疆简牍中,虽无直接证据,但吐蕃医生在西域的活动却有一些记载,简 368 号记"大尚论墀岛支和论野祖扎来示:'速派白儿悉诺列和都波玛顿去医治大尚论论鲁扎之病,他在牧区何地就去那里见他,夜以继日前往,相互鼓励',故另书一封相同内容,盖章信札鼓励,令人送出"即是。

三、吐蕃与西域的物质与风俗文化

据藏文史书《汉藏史集》载,吐蕃赞普囊日伦赞时,曾征服突厥人,"据说,将十八头骡子驮的玉石运到吐蕃也是在这一时期"①。移运玉石既是与"征服"突厥人时间相同,那么,很可能即来自西域,尤其是以盛产玉石而著名的黎域。在赞普热巴巾在位期间,吐蕃又从突厥地方运来了"十八头骡子驮载的玉石",奉献给国王,据称,在吐蕃没有比这一批突厥玉更好的玉石。② 所以,西域玉石之运往吐蕃在吐蕃王朝时期一直存在。这在吐蕃统治西域的情况下更是显然的。

吐蕃占领西域后,其物质生活资料之传入西域及其从当地各族中吸收新的物质营养的过程即更为加剧了。从简牍看,最为典型的是青稞之传入西域。关于种植、运送、借贷、交纳青稞的记载,在简牍中可以说不胜枚举,以至于当时的吐蕃本教徒用少女祭祀女神、占卜诸事时,也要问道"兔年秋收之麦子和青稞年成可佳?"(简 438 号)。下面,我们从衣食住行几方面略述之。

衣:简牍中关于服饰的资料极少,而且吐蕃与西域地区均有相当发达的牧业,其服饰上也会有一定的类似性,但相互吸收、相互影响是肯定存在的,同时也有内地的影响相杂糅。简 86 号记:"交付哲蓂悉腊衣著:汉地织成披风一件,白山羊皮披风一件,羚羊皮短披肩两件,锦缎裘袍一件,羚羊皮上衣一件,美哲缎裙一条,新旧头巾两块,丝带五条等……"吐

---

① 达仓宗巴·班觉桑布著,陈庆英译:《汉藏史集》,第 87 页。
② 同上书,第 123 页。

蕃衣料传入西域者,以最具民族特色的"氆氇(bu—la)"为著名。简 100号及 374 号均有记载,后者谓"列村向大兄多玛请求:大兄您如若前往,请在氆氇上盖印,以后无论通过何人请交与拉扎部落的龙列村",这自然影响到西域人的服饰用料。

食:由于吐蕃把青稞、糌粑等传入西域,青稞逐渐成为西域人的主要粮食品种,同时还有经过加工而制成的食品糌粑。简 316 号记"悉诺弩结堡寨的青稞、糌粑"即是。在本教徒的食品及祭祀用品中,均有糌粑(简 419、425、432 号)。饮料方面,较突出的是青稞酒。既用于日常生活,也用于祭祀。简 421 号记"午饭,连续献上迎宾青稞酒三瓢,置一盛酒大碗,顺序饮酒,本教主讲述往昔历史",当然,进入西域的吐蕃人的食谱上同时也会增加一些新花样,如油炸薄饼、杏干、葡萄干等(简 419、420号),其中葡萄干自然最具地方特色。此外,面粉、谷子及肉类也是当时西域各族的重要食品。

住:在居室方面,进入西域的吐蕃人自然有城乡之别、农牧之别和官民之别。普通居民的居室从简牍中已无法窥知。依据其生活特点,牧民或以牛毛帐篷为主,有如吐蕃本土的居住情况,而农民则可能是西域地方化了的简陋泥屋。简 105 号曾提到"来往之人……与牛毛帐篷",简358 号有"迁出小罗布住户……",或是其侧面反映。至于城堡或吐蕃在西域的高级官员的住室,则有考古材料为之证据,如米兰吐蕃古戍堡即是其例,据称:"米兰吐蕃古戍堡南临古米兰河道,正当甘肃敦煌通昆仑山北麓的要道,……屋为平顶,依地势高低成阶梯形,其构造颇类今拉萨的布达拉宫。《新唐书·吐蕃传》称吐蕃'屋皆平上,高至数丈',正是这种建筑特点。"①

行:除了吐蕃在西域的驿传使用马匹之外,我们还缺乏直接的证明材料来讨论行的工具。但这一点无疑是存在的,尚待发掘。

---

① 穆舜英:《新疆出土文物中关于我国古代兄弟民族的历史文化》,《新疆历史论文集》,新疆人民出版社,1975 年。

此外,据《贤者喜宴》载,吐蕃赞普都松莽布支"执政二十九年,死于南诏。其陵建于其父之左,谓之拉日坚陵。以墙围之,系霍尔人部落建造"①。即这位吐蕃赞普的陵墓是由突厥人建造的,其型制自然与突厥人陵墓相类。据《隋书》卷八四《突厥传》记载,突厥人死焚尸"取灰而葬,表木为茔,立屋其中。图画死者形仪及其生时所经战阵之状……",疑藏文中的"以墙围之"与突厥的"立屋其中"是一非二。若然,此即吐蕃接受突厥葬制的一个例子。

四、吐蕃与西域的语言文化

吐蕃与西域民族的语言文化交流,简言之有这样几方面的内容:(一)藏文的创制与于阗文的联系。学术界有论者以为,吞弥桑布扎所从学习文字的老师李敬(li-byin)是黎城(li-yul)也即于阗人,藏文的创制是通过学习于阗文而完成的。这种说法在今天并没有被大多数人所接受。但是藏文之创制与完善是否吸收了于阗文的某些内容,也许还是值得思考的。当藏文创制之时,其与于阗的联系已相当密切,尤其是后来于阗僧人把大批的经文译为藏文,势必为藏文的进一步完善有所影响。(二)吐蕃语言文化之传入西域及影响。在吐蕃势力进入西域后,西域地区,尤其是今塔里木盆地南沿地区,均在吐蕃王朝统治下,藏语文成为该地之主要交际用语和官方话是显然的,诸文献、木牍均用藏文书写记载,从而全面地影响了西域人的文化生活。最直接的证明就是新疆出土的简牍文书,其内容涵盖了社会生活的各个方面。吐蕃在西域的军政管理机关均设有从事文牍工作、管理文献档案的官吏,如"岸本文书"(简30号)"、"计征赋税之文书"(简69号)等。至于简牍之内容,可谓事无巨细,上至军政命令,下至民间借贷,十分完备。藏文是当时人们交流思想的主要工具,也是人们生产生活乃至生存的一种工具。其普遍使用殆无

---

① 巴卧·祖拉陈哇著,黄颢译:《贤者喜宴》,《西藏民族学院学报》1981年第3期。达仓宗巴·班觉桑布著,陈庆英译:《汉藏史集》,第107页。

疑义。(三)藏文中的于阗语借词和于阗文中的藏文借词。吐蕃在西域的长期统治必然会在语言文献方面产生影响并留下痕迹。关于这一点，英国著名的于阗语专家埃默瑞克教授撰有《于阗语中的藏文借词和藏语中的于阗文借词》一文①，探讨了于阗语中的藏文借词 kha(谷物、葡萄的一种计量单位)即"克"、khara(谷物的一种计量单位)、khalavt(账目?)等31 个语词。藏语中的于阗文借词 kbavara-(一植物名)、naule(戏剧)等 7 个以及仿造词汇与翻译借词两个。就所讨论的词汇言，于阗借自吐蕃的远远超过吐蕃所吸收于阗的，这应该是吐蕃统治时期藏文在该地区长期使用与传播的产物。(四)关于西域的藏文资料。除了新疆的简牍文书与藏史中的有关记载之外，就目前所知，为数不多。这与吐蕃长期统治西域的情况不相称。在这些为数不多的资料中，敦煌古藏文写卷 P. T. 1283 号占有相当重要的地位。该文书名为《北方若干国君之王统叙记》，时代约在公元 8—9 世纪间。国内外学者对此均有介绍和研究。② 这是一份侦察报告。据称，回鹘王颁诏命五名使者前往侦察包括突厥诸部、葛逻禄及契丹、奚等北方各部，获此情报。据巴考(J. Bacet)的研究，此文是从突厥文本翻译为藏文的真实游记。③ 虽为译文，却也成为吐蕃认识包括当时西域民族在内的北方民族的重要依据。这份报告如何获得并被译为藏文，也许会有一些令人感兴趣的东西。(五)关于吐蕃的西域资料。此方面，我们能见到的很少。在突厥毗伽可汗碑和阙特勤碑中，有关于吐蕃使者参加突厥可汗的葬礼及突厥军与吐蕃交锋"差一点到达了吐蕃人中"的记载。④ "稍后则有中亚的穆斯林文献提到吐蕃，如属于公元 10 世纪作品的《世界境域志》，11 世纪中期的加尔迪齐的《记述的装

---

① 恩默瑞克著，荣新江译：《于阗语中的藏文借词》，《国外藏学研究译文集》第 6 辑，西藏人民出版社，1989 年。

② 巴考(J. Bacot)、克洛松(G. Clauson)、聪果尔(B. Csongor)、韩百诗(L. Hambis)、李盖提(L. liget)、森安考夫等均有专文研究，国内有王尧、陈践两位先生的汉译本，载《敦煌学辑刊》1981 年第 2 期。

③ 巴考：《第八世纪回鹘五人使团北部亚洲腹地侦察报告》，《亚细亚学报》1956 年。

④ 〔法〕勒内·吉罗著，耿昇译：《东突厥汗国碑铭考释》，新疆社会科学院历史所印，1984 年。

饰》等。前书有米诺尔斯基英译本,其中第十一章专述"吐蕃及其诸城镇",粗略地涉及整个藏区。后书之第十七章中也有关于吐蕃和通往吐蕃之路的记载。[①] 这些既是中亚人对吐蕃的认识,也会对中亚及西域人认识吐蕃产生侧面影响。

吐蕃文化与西域文化是我国各民族文化史上两个独具风格的文化系统,除了都与中原文化有着密切的联系之外,它们之间的交往也是十分紧密的,常常碰撞出美丽的火花。唐代两地区的交流是其一。

原载《甘肃民族研究》1991 年第 4 期

---

① 〔匈〕A. P. 马尔丁奈兹:《加尔迪齐关于突厥的两章》,《中世纪欧亚研究》1982 年第 2 期。

九 唐朝的安边策略对党项、吐谷浑发展命运的不同影响

　　党项与吐谷浑是活动在青藏高原地区的中国古代两个少数民族政权,主体居民都是古羌人后裔,只是吐谷浑的当政者为鲜卑慕容部贵族,党项的首领仍为羌人;都曾经在东西方之间的丝绸之路上扮演着重要角色,发挥了特殊作用;都与唐朝发生了十分密切的关系,既对唐朝边地构成威胁,又遭到唐朝的军事打击;两者都是在吐蕃崛起后遭到吐蕃的攻击,原居地被吐蕃占领,一部分百姓被吐蕃役属,一部分投奔唐朝,归吐蕃者成为吐蕃军事扩张的前驱,投奔唐朝者在唐设立的安置州聚居,并在吐蕃向唐朝辖区扩张后继续东迁;最后都消失在历史长河之中,融合到汉族和其他兄弟民族之中,成为中华民族多元一体的组成部分。但是,党项与吐谷浑在唐朝初年迁徙内地之后则走上了一段不尽相同的发展道路,吐谷浑首先在历史舞台上消失,而党项却在今宁夏及其与陕、甘交界地区再度建立西夏政权,与宋、辽、金演绎了一曲中华多民族交往交流交融史上壮丽的华章。分析两者诸多相似的经历与不同的命运,发现尽管其自身部落状况有所差异,与吐蕃的关系也同中有异,但是唐朝不同的安置政策却在其中起到颇为重要的作用。

一、唐朝对吐谷浑和党项用兵以保障西部边地安宁与丝绸之路畅通

吐谷浑政权是公元 7 世纪初期吐蕃王朝建立之前青藏高原地区影响较大的中国古代少数民族区域政权,史载:"吐谷浑自晋永嘉之末(313年),始西渡洮水,建国于群羌之故地,至龙朔三年(663 年)为吐蕃所灭,凡三百五十年。"①吐谷浑以高原游牧业为主,《晋书》称:"属永嘉之乱,始度陇而西,其后子孙据有西零(今青海西宁)已西甘松之界,极乎白兰数千里。然有城郭而不居,随逐水草,庐帐为屋,以肉酪为粮。"②吐谷浑政权强盛时的疆域:东起今甘肃南部、四川西北,南抵今青海南部,西到今新疆若羌、且末,北隔祁连山与河西走廊相接。③ 由于控制当时东西方繁荣的丝绸之路交通要道,以及丝绸之路南道,吐谷浑得贸易之利,并对丝绸之路畅通构成重大威胁。吐谷浑还在与中原王朝保持正常互市贸易的同时,不断出兵劫掠隋唐西部边地百姓财物,影响当地安宁,让隋唐王朝颇费心力。而这一时期成为吐谷浑最为得力帮手的则是新近崛起的党项羌,党项等羌部的支持也是吐谷浑政权得以称雄青藏高原北部地区的客观条件。《隋书·附国》记载:"附国南有薄缘夷,风俗亦同。西有女国。其东北连山,绵亘数千里,接于党项。往往有羌:大、小左封,昔卫,葛延,白狗,向人,望族,林台,春桑,利豆,迷桑,婢药,大硖,白兰,叱利摸徒,那鄂,当迷,渠步,桑悟,千碉,并在深山穷谷,无大君长。其风俗略同于党项,或役属吐谷浑,或附附国。"④说明吐谷浑在青藏高原北部地区的巨大影响力,以及党项等众多羌部对吐谷浑的依附情况。《旧唐书·党项》也有类似的记载,称后周灭亡位于今甘肃南部的宕昌和今四川九寨

---

① 《旧唐书》卷一九八,列传第一四八《西戎·吐谷浑》。
② 《晋书》列传第六七《四夷·西戎·吐谷浑》。
③ 周伟洲:《吐谷浑史》,宁夏人民出版社,1984 年,前言。
④ 《隋书》卷八三《西域·附国》。

沟南坪镇一带的邓至羌之后，党项开始强盛起来，活动范围"东接临洮（今甘肃岷县）、西平（今青海西宁），西拒叶护，南北数千里，处山谷间"①。《新唐书》也称："其界东至松州（今四川松潘），西接叶护，南杂春桑、迷桑等羌，北连吐谷浑，处山谷间，亘三千里。"②即使如此强大并十分剽悍的党项部，依然受到吐谷浑的役属。史载："有羌酋拓跋赤辞者，初臣属吐谷浑，甚为浑主伏允所暱，与之结婚。"③拓拔部是党项羌最大部落，与吐谷浑建立姻亲关系，形成巩固的联盟。

吐谷浑和党项的联合，以及对中原政权不断发动武装劫掠，不仅影响唐朝西部边地的安宁，也严重危及东西方贸易的大动脉——丝绸之路的畅通。隋唐时期曾经多次对吐谷浑用兵，其中最大且最具决定性影响的是隋炀帝大业五年（609年）和唐太宗贞观九年（635年）对吐谷浑的两次用兵。

大业初年（605年），"吐谷浑及党项屡为侵掠，（阴）世师至（张掖）郡，有来寇者，亲自捕击……。"④大业四年（608年），隋炀帝派遣许国公宇文述率大军出西平（西宁）抵临羌城击吐谷浑，攻拔曼头、赤水等城，吐谷浑"部落来降者十万余口，六畜三十余万"。吐谷浑王伏允向南逃到阿尼玛卿雪山。⑤ 大业五年（609年），隋炀帝在裴矩的怂恿下，开始以征讨吐谷浑并向西域各国展现隋朝强盛的西巡。两路大军西进，覆灭了吐谷浑政权，隋炀帝在吐谷浑故地设置西海、河源、鄯善、且末四郡。《隋书·吐谷浑》记载："其故地皆空，自西平临羌城以西，且末以东，祁连以南，雪山以北，东西四千里，南北两千里，皆为隋有。置郡县镇戍，发天下轻罪徙居之。"⑥隋朝似乎一下子解决了吐谷浑的侵扰问题，但是就在隋朝灭亡，唐朝代兴，中原战乱之际，一度臣属突厥的吐谷浑再度复兴，并对唐朝开始

①《隋书》卷八三《西域·党项》。
②③《旧唐书》卷一九八《西戎·党项羌》。
④《隋书》卷三九《阴寿附子世师》。
⑤《隋书》卷六一《宇文述》；卷八三《西域·吐谷浑》。
⑥《隋书》卷八三《西域·吐谷浑》。

新的扰边劫掠活动。唐高祖武德三年(620 年)到武德九年(626 年),几乎每年都有吐谷浑和党项联合寇扰唐朝的记载,受到寇扰的地区包括松州、洮州、岷州、旭州(治甘肃临潭县附近)、河州(今甘肃临夏)、叠州(今甘肃迭部),等等。① 贞观初年依然如故。面对吐谷浑和党项联合侵扰活动,唐太宗采取了区别对待的策略,对党项取怀柔政策,以招抚为主,在分化了这个同盟之后,对吐谷浑采取武装打击策略。

唐朝对党项的招抚也是恩威并施、文武兼用,对党项最强部首领拓跋赤辞即是如此。拓跋赤辞与吐谷浑有结盟和姻亲关系,并且十分讲义气。贞观初年,唐朝对党项的招抚产生了很大的影响,众多羌部纷纷归附,但是唯独拓跋赤辞却无动于衷。唐朝的廓州刺史久且洛生派遣使者晓以祸福利害,拓跋赤辞则明白告诉来使:"我被浑主亲戚之恩,腹心相寄,生死不贰,焉知其他?汝可速去,无令污我刀也。"态度极其坚定。久且洛生明白了拓跋赤辞的执迷不悟,于是便采取硬的一手,率领一支轻骑兵袭击拓跋赤辞,在肃远山将其击败,"斩首数百级,虏杂畜六千而还"。这时,唐太宗亲自派岷州都督李道彦去做拓跋赤辞的说服工作,"赤辞从子思头密送诚款,其党拓拔细豆又以所部来降。赤辞见其宗党离,始有归化意。后岷州都督刘师立复遣人招诱,于是与思头并率众内属,拜赤辞为西戎州都督,赐姓李氏,自此朝贡不绝。"②《唐会要》记载,贞观五年,"诏遣使开河曲地为六十州,内附者三十四万口。有羌酋拓拔赤词(辞)者,甚为浑主伏允所昵,与之结婚,屡抗官军。后与从子思头与诸首领归款,列其地为懿、嵯、麟、可等三十二州,以松州为都督府,羁縻存抚之,拜赤词为西戎州都督,赐姓李氏。自是,从河首大碛石山已东,并为中国之境。"③次年,雪山党项也归附唐朝。唐太宗花费那么大心力分离党项与吐谷浑的联盟,目的就是为了解除吐谷浑这个唐朝西部地区的主要安全隐患,确保丝绸之路的畅通。

---

① 《新唐书》卷一《高祖纪》等。
② 《旧唐书》卷一九八《西戎·党项羌》。
③ 《唐会要》卷九八《党项羌》。

　　贞观八年(634年),唐太宗对吐谷浑发动了一次大进攻。这一年十二月,唐太宗以"特进李靖为西海道行军大总管,侯君集为积石道行军总管,任城郡王道宗为鄯善道行军总管,胶东郡公道彦为赤水道行军总管,凉州都督李大亮为且末道行军总管,利州刺史高甑生为盐泽道行军总管,以伐吐谷浑"①。促使唐朝尽早出兵的另外一个原因是,面对唐朝对党项部的招抚政策,吐谷浑也采取了一些策反策略,并取得了一些成效,例如,贞观九年元月在吐谷浑的策动下,一些已经归附唐朝的党项部落又叛归吐谷浑。三月,洮州羌杀刺史孔长秀,附于吐谷浑。② 在这样的情况下,就让唐朝感到不仅大举进攻吐谷浑是必要的,而且还是及时的。这次战役,李靖采纳侯君集的建议,分兵两路进发:北路由李靖率领李大亮、薛万均、薛万彻、契苾何力等,由库山(日月山),出曼头山,越过赤水,过青海,经过河源、且末,穷其西境。南路军由库山,历破逻真谷,逾汉哭山,转战星宿川,至于柏海(扎陵湖、鄂陵湖)。③ 最后,唐朝取得了对吐谷浑用兵的决定性胜利。

　　贞观九年(635年)五月,唐太宗在出兵打败了吐谷浑之后,颁布《原吐谷浑制》,鉴于伏允的儿子慕容顺能幡然改辙,代父归罪,便宽恕了吐谷浑王的旧恶,考虑到"其建国西部,已历年代,即从废绝,情所未忍,继其宗祀,允归令胤。可封(慕容)顺西平郡王,食邑四千户,仍授趆(xuǎn)胡吕乌甘豆可汗,所司量遣使人,备礼册命"④。十二月,吐谷浑出现内乱,唐太宗再派侯君集率军平息,册封慕容诺曷钵为河源郡王、吐谷浑可汗,唐朝与吐谷浑关系进入一个密切友好的新时期。从长安通往西方的丝绸之路得以畅通无阻。

　　在这里需要提及的一件事是,贞观九年唐朝对吐谷浑的用兵中出现了令人匪夷所思的事情,即由胶东郡公道彦担任赤水道行军总管的一

---

① 《册府元龟》卷九八五《外臣部·征讨四》。
② 《新唐书》卷二《太宗纪》。
③ 参见周伟洲《吐谷浑史》,宁夏人民出版社,1984年,第90—92页。
④ 《唐大诏令集》卷一二九"原吐谷浑制"。

支,对已经归附唐朝并担任西戎州都督的党项拓拔部首领拓拔赤辞属部所做的背信弃义的事情。根据史料记载,当"时朝廷复厚币遗党项,令为乡导,党项首领拓拔赤辞来诣靖军,谓诸将曰:往者,隋人来击吐谷浑,我党项每资军用,而隋人无信,必见侵掠。今将军若无他心者,我当资给粮运,如或我欺,当即固险以塞军路"①。为了表示诚信,唐将还与拓拔赤辞饮血盟誓。但是,不该发生的事情还是发生了,道彦抵达阔水(今四川松潘西),看到党项没有任何防备,便纵兵袭击,虏获数千头牛羊,引起党项羌部的激烈反抗,拓拔赤辞屯兵野狐峡(今甘肃省迭部县达拉),道彦不能进,唐军为拓拔赤辞打败,数万人死亡,遂退守松州。道彦受到严厉处罚,"坐减死徙边"②,其他将领同样受到惩罚。不幸的是,唐玄宗开元二十四年(736年),唐朝大臣惠琮在处理与吐蕃的关系中犯了类似的错误。③ 由此可见即使在初唐的贞观年间,还是盛唐的开元年间,在处理边疆和民族地区事宜中仍存在着一种急功近利、见利忘义的短视行为问题。

二、唐朝对党项和吐谷浑采取不同的安置政策

唐朝对青藏高原地区强部吐谷浑和党项,特别是前者的长期持续用兵,客观上对吐蕃的发展和崛起产生了助推的作用,否则吐蕃的崛起和向外发展首先要面对的应该是更加强大的党项和立国三百余年、依然十分强大的吐谷浑。但是,经过隋唐两朝长达20多年的激烈征讨,特别是两次大规模的战争,长期称雄青藏高原的吐谷浑和新近崛起的党项,均遭受巨大的挫折。恰恰这时,吐蕃王朝建立了并且把兵锋指向了活动在青藏高原北部和东北部的党项和吐谷浑等,由此改变了青藏高原地区的政治局势,也改变了党项和吐谷浑的发展轨迹和历史命运。

唐太宗贞观八年(634年),松赞干布在征服邻国羊同(象雄)和诸羌

---

①②《旧唐书》卷六○列传第十《宗室(太祖诸子 代祖诸子)》。
③《旧唐书》卷一九六上《吐蕃》上。

之后,派遣使者与唐朝通款并请婚,唐朝开始并没有答应吐蕃的请求。吐蕃使者回去告诉赞普是吐谷浑使者从中作梗破坏了这门已经答应的婚事。从当时的情况来看,两种情形均有可能,唐朝对吐蕃的立场目标的了解尚不彻底,无法轻易答应婚事,而考虑到当时吐蕃与吐谷浑复杂的关系而拒绝请婚,同样在情理之中。贞观九年吐谷浑和唐朝关系重归于好,对吐蕃充满戒心,告知唐朝吐蕃扩张的意图也可能会破坏了吐蕃的这次请婚。不管原因如何,松赞干布试图通过已经崛起的势力展示肌肉,他与羊同联合起来,发兵以击吐谷浑,吐谷浑难以抵抗,逃亡青海湖地区,"其国人畜并为吐蕃所掠。于是,进兵攻破党项及白兰诸羌,率其众二十余万,顿于松州西境"①,给唐朝施加压力。松州之战,吐蕃先胜后负,唐朝也答应了松赞干布的再度请婚,双方关系进入姻亲时代。但是青藏高原地区的形势则发生了天翻地覆的变化,吐谷浑和党项的命运则也出现根本性的逆转。

第一,吐谷浑和党项故地陷入吐蕃统治之下,部分吐谷浑和党项人成为吐蕃的士兵和属民,为吐蕃的军事扩张交粮纳税、前驱出征,同时开起了漫长的融入吐蕃的历史进程。在吐蕃崛起之后,一直对吐谷浑的经营颇用心思,吐蕃大论东赞宇宋(禄东赞)从公元659年到666年几乎一直驻在吐谷浑,666年因病返回吐蕃,次年去世。全面指挥了吞并吐谷浑的规划和军事行动。② 但是,唐朝似乎并没有明白吐蕃决意要灭亡吐谷浑的真实意图,一直把吐蕃对吐谷浑的经营当做是两个属部之间的纠纷来处理,《旧唐书》记载,吐蕃"后与吐谷浑不和,龙朔、麟德中递相表奏,各论曲直,国家依违,未为与夺。吐蕃怨怒,遂率兵以击吐谷浑。吐谷浑大败,河源王诺曷钵及弘化公主走投凉州,遣使告急"。唐朝此时才意识到问题严重,便在高宗咸亨元年(670年)四月,以右威卫大将军薛仁贵为逻娑道行军大总管,左卫员外大将军阿史那道真、右卫将军郭待封为副,

---

① 《旧唐书》卷一九六上《吐蕃》。
② 黄布凡、马德:《敦煌藏文吐蕃史文献译注》,甘肃教育出版社,2000年,第39—40页。

率众十余万以讨之。军至大非川,为吐蕃大将论钦陵所败,薛仁贵等并坐除名。"吐谷浑全国尽没,唯慕容诺曷钵及其亲信数千帐来内属,仍徙于灵州。自是吐蕃连岁寇边,当、悉等州诸羌尽降之。"①吐谷浑在公元663年被吐蕃吞并后,又在670年彻底失去了借助唐朝复国的梦想,吐谷浑的故土和相当一部分百姓成为吐蕃的一部分,并开始了吐蕃化过程。②党项的情况极其类似。史书记载,"其后吐蕃强盛,拓拔氏渐为所逼,遂请内徙,始移其部落于庆州,置静边等州以处之。其故地陷于吐蕃,其处者为其役属,吐蕃谓之弥药。又有雪山党项,姓破丑氏,居于雪山之下,及白狗、春桑、白兰等诸羌,自龙朔已后,并为吐蕃所破而臣属焉。"③留居青藏高原故地的吐谷浑和党项人,大多被吐蕃作为前驱,参与了吐蕃对唐朝及周邻地区的扩张活动,也逐渐融合到吐蕃之中。正是在占领吐谷浑、党项等诸羌之地以后,吐蕃"东与凉、松、茂、嶲等州相接,南至婆罗门,西又攻陷龟兹、疏勒等四镇,北抵突厥,地方万余里,自汉魏以来,西戎之盛,未之有也"④。

第二,相当一部分吐谷浑和党项人投奔唐朝,唐朝设立州县安置内迁百姓,并在吐蕃大规模东进时再度内迁吐谷浑和党项百姓。本来在吐谷浑内部就存在亲吐蕃和亲唐的两股势力,史载:贞观"十五年,诺曷钵所部丞相宣王专权,阴谋作难,将征兵,诈言祭山神,因欲袭击(弘化)公主,劫诺曷钵奔于吐蕃,期有日矣。诺曷钵知而大惧,率轻骑走鄯州城,其威信王以兵迎之,鄯州刺史杜凤举与威信王合军击丞相宣王,破之,杀其兄弟三人,遣使言状。太宗命民部尚书唐俭持节抚慰之"⑤。吐蕃占领吐谷浑、党项故地后,唐朝设立州县安置吐谷浑和党项部落。"诺曷钵以亲信数千帐来内属,诏左武卫大将军苏定方为安置大使,始徙其部众于

① 《旧唐书》卷一九六上《吐蕃》。
② 周伟州、杨铭:《关于敦煌藏文写本"阿柴纪年"残卷的研究》,《中亚学刊》第3辑,中华书局,1990年11月。
③ 《旧唐书》卷一九八《西戎·党项羌》。
④ 《旧唐书》卷一九六下《吐蕃》。
⑤ 《旧唐书》卷一九八《西戎·吐谷浑》。

灵州之地,置安乐州,欲其安而乐也。"但是,不久安乐州也被吐蕃攻陷,吐谷浑部众继续东迁,"散在朔方、河东之地"①。内属的党项部同样由唐朝设立州县安置,"其在西北边者,天授三年(692年)内附,凡二十万口,分其地置朝、吴、浮、归等十州,仍散居灵、夏等界内"②。他们在与内地发生更紧密联系的同时,也走上了不尽相同的道路。

第三,唐蕃之间展开争夺吐谷浑、党项等各部的努力,而一小部分吐谷浑和党项部落在唐蕃之间呈现时叛时附的情况。从史料记载来看,不仅归附吐蕃的吐谷浑、党项,极少部分散居的吐谷浑党项在"安史之乱"后参与了对唐朝掠夺,甚至归附当朝的吐谷浑、党项部也趁乱到内地掠夺财富以自肥。如,唐代宗广德元年(763年),吐蕃以吐谷浑、党项羌之众二十余万,自龙光度而东。郭子仪退军,皇帝车驾逃往陕州,京师失守。大历十一年(776年)正月,唐剑南节度使崔宁大破吐蕃故洪等四节度兼突厥、吐浑、氐、蛮、羌、党项等二十余万众,斩首万余级……当然,迁居内地的党项人也成为吐蕃联军的攻击和掠夺目标。贞元十七年(801年)七月,吐蕃寇盐州,又陷麟州,杀刺史郭锋,毁城隍,大掠百姓,驱党项部落而去。③

第四,唐朝对吐谷浑和党项所采取的不同的安置策略,产生了截然不同的后果。《新唐书》为唐朝如何处理安置吐谷浑和党项部落问题提供了十分有价值的资料,该书在记载党项历史时提到,上元二年(675年),仆固怀恩发动叛乱,引诱党项、浑、奴剌众数万人寇,掠凤翔、周至等县。唐将"(郭)子仪以党项、吐谷浑部落散处盐、庆等州,其地与吐蕃滨近,易相胁,即表徙静边州都督、夏州、乐容等六府党项于银州之北、夏州之东,宁朔州吐谷浑住夏西,以离沮之。召静边州大首领左羽林大将军拓拔朝光等五刺史入朝,厚赐赉,使还绥其部。先是,庆州有破丑氏族

---

① 《旧唐书》卷一九八《西戎·吐谷浑》。
② 《旧唐书》卷一九八《西戎·党项羌》。关于唐朝对内徙党项安置情况,以及所采取的措施,周伟洲先生《唐代党项》有细致考证与精到的分析,见三秦出版社,1988年,第27—76页。
③ 《旧唐书》卷一九六下《吐蕃》。

三、野利氏族五、把利氏族一，与吐蕃姻援，赞普悉王之，因是扰边凡十年。子仪表工部尚书路嗣恭为朔方留后，将作少监梁进用为押党项部落使，置行庆州。且言：党项阴结吐蕃为变，可遣使者招慰，芟其反谋，因令进用为庆州刺史，严逻以绝吐蕃往来道。代宗然之。又表置静边、芳池、相兴王州都督、长史，永平、旭定、清宁、宁保、忠顺、静塞、万吉等七州都督府。于是破丑、野利、把利三部及思乐州刺史拓拔乞梅等皆入朝，宜定州刺史折磨部落、芳池州野利部并徙绥、延州。"①概括起来讲，郭子仪采取了将散处的党项部落集中迁徙到银州以北、夏州以东地区，以防止党项因为与吐蕃居地相近而相互联合；此前吐蕃曾经给党项各部首领封给王号，并相互联姻，给唐朝西部地区制造了诸多压力；在迁徙党项各部居地的同时，唐朝封授各部首领为刺史、都督，厚赐以固其归心；设立官员专门防备党项和吐蕃勾连。总体而言，就是将党项迁徙到银、夏等州集中安置，从而保证了党项部落的完整和统一。

　　同样是对内迁的吐谷浑，唐朝的大臣却并没有采用安置党项部落的办法。史料记载：吐谷浑王诺曷钵以吐蕃盛，势不抗，而鄯州地狭，又徙灵州，朝廷为置安乐州，任命诺曷钵为刺史。诺曷钵死，儿子忠立。忠死，子宣超立，圣历三年（700年），拜左豹韬员外大将军，袭故可汗号，余部至凉、甘、肃、瓜、沙等州降。面对这部分吐谷浑的人安置问题，唐朝官员出现分歧，"宰相张锡与右武卫大将军唐休璟议徙其人于秦、陇、丰、灵间，令不得畔去"。而凉州都督郭元振以为："吐谷浑近秦、陇，则与监牧杂处；置丰、灵，又迩默啜；假在诸华，亦不遽移其性也。前日王孝杰自河源军徙耽尔乙句贵置灵州，既其叛，乃入牧坊掠群马，瘝夷州县，是则迁中土无益之成验。往素和贵叛去，于我无损，但失吐谷浑数十部，岂与句贵比邪？今降虏非强服，皆突矢刃，弃吐蕃而来，宜当循其情，为之制也。当甘、肃、瓜、沙降者，即其所置之。因所投而居，情易安，磔数州则势自分。顺其情，分其势，不扰于人，可谓善夺戎心者也。岁遣镇遏使者与宣

① 《新唐书》卷二二一上《西域上·党项》。

超兄弟抚护之,无令相侵夺,生业固矣。有如叛去,无损中国。"武则天采纳了后者的意见。显然,前一种意见与安置党项部落的方式基本相同,而后者则使吐谷浑面临缺乏保护的状态,结果吐蕃又攻占安乐州,而吐谷浑残部被迫迁徙到朔方、河东,四散居住。唐德宗贞元十四年(798年),唐朝"以朔方节度副使、左金吾卫大将军慕容复为长乐都督、青海国王,袭可汗号。复死,停袭。吐谷浑自晋永嘉时有国,至龙朔三年吐蕃取其地,凡三百五十年,及此封嗣绝矣"①。两种安置策略,导致吐谷浑和党项两种不同结局命运。

三、党项的再度崛起与吐谷浑的没落的原因

在青藏高原居住并相继建立政权的党项、吐谷浑有着诸多相似的地方,以及几乎同样的历史际遇和命运,但是却在唐朝之后走上了完全不同的发展道路:历经300余年在青藏高原建立强大政权的吐谷浑走上了瓦解并逐渐消亡的道路,而党项则在唐朝中后期的动荡中逐渐勃兴和发展壮大,建立西夏王朝并在宋代中国历史上发挥了巨大的政治和文化影响。这种迥然相异的结局其原因是多方面的,诸如,吐谷浑由于过于强大而遭到隋唐两朝两次巨大的打击,受到重创;吐谷浑政权有300多年的历史,贵族势力较为强大,而党项则是一个新崛起的势力,有锐气与活力;党项虽然分为多个部落,但是内部整体团结,而吐谷浑似乎一直存在上层之间的分裂和内讧,有时还十分激烈和残酷;通过本文的分析,其中最重要的原因可能是唐朝对吐谷浑和党项不同的安置政策所产生的不同影响,原本唐朝宰相张锡与右武卫大将军唐休璟曾经提出了与安置党项大致相同的方案,但是,未被武则天采纳,而被采纳的方案则相对消极,一方面是为了给吐谷浑以来去自由的空间,另一方面则没有完全解除吐谷浑所面临的外来的安全风险,终于在吐蕃的再度扩张之后经受巨

---

① 《新唐书》卷二二一上《西域上·吐谷浑》。

大冲击,失去了牢固的根基,被迫迁往朔方、河东的吐谷浑更加分散,已经走上了难以逆转的没落之路。与之相反,集中被安置在银、夏等州的党项,则保持了部落的团结和统一,在唐末的平息叛乱中屡立战功,并东山再起,建立了新的王朝,续写了一页光辉的历史篇章。

原载《西北师范大学学报》2017 年第 5 期

下编
西北民族史研究

下编　题记

　　青藏高原地区与西北地区自古以来就存在密切的交通联系,而居住在这两个地区的民族也自古以来就发生并保持着密切的相互往来。考古资料显示,青藏高原地区的原始文化与黄河上游地区的原始文化存在千丝万缕的联系,而文献记载中的古代羌人南下,则对西南地区民族分布格局的形成,乃至古代吐蕃的兴起起到十分重要的作用。中古时期,发祥于东北的鲜卑人吐谷浑部先至西北,再至西南,再转至西北的经历;党项人从青藏高原迁入西北地区的过程等等,都反映了西北地区与青藏高原地区之间关系的紧密。因此,要深入地研究吐蕃的历史,也就是说研究唐代时期西藏地方的历史,就不能不熟悉西北民族的历史,不能不深究西北民族渊源,以及他们与吐蕃的关系。可以说,吐蕃历史研究的深入是和对这些民族历史研究的深入相互关联的,而这些民族与吐蕃关系的研究,也应该被看作是吐蕃史研究不可缺少的一个方面。

　　本编重点探讨西北地区几个古代民族的来源与相互关系,这几个民族毫无例外地都与吐蕃发生过联系与交流。《汉代匈奴与西羌之比较研究》探讨了汉朝时期在青藏高原地区影响巨大的西羌与在北方地区称雄一时的匈奴人之间的关系,分析了他们各自的特点。《"瓯脱"考述》就《史记·匈奴列传》中的"瓯脱"这一术语的含义发表了自己的看法。《党项名义及族源考证》对党项的族源作了考证,认定其与吐蕃存在着密切关系。《五代时期的散居党项》根据零散的资料,对五代时期党项人部落的分布状况进行了分析。《略论外来文化对西夏的影响》从以汉族为主体的中原文化、吐蕃文化、回鹘文化、鲜卑文化、契丹文化等几个方面考察了外来文化对西夏的影响,说明其文化的多元性。回鹘与辽都与吐蕃发生过联系,他们之间也有密切的交流,《论回鹘与辽的关系》就是对这一问题所进行的探讨。《段部鲜卑历史初探》《葛逻禄部早期历史初探》《沙陀早期历史初探》分别就段部鲜卑、突厥葛逻禄部、沙陀部落的早期历史作了探究,试图明确其源流。《唐代北方民族的大迁徙及其影响》是一篇综论性的著述,对整个唐代时期北方民族大规模迁徙的形势、趋向和特点作了考察,也有助于人们从宏观上认识民族迁徙与融合的特征。

一　汉代匈奴与西羌之比较研究

一

　　羌族和匈奴是我国古代的两个少数民族,其历史发轫之古远,可与汉族相仲伯。尤其是羌族,曾经为华夏族的重要组成部分,为今日汉族的来源之一,炎黄并举,即是其证。传说时代的英雄人物,诸如共工氏、炎帝、蚩尤、大禹皆为羌人后裔。[1]　建立西周的姜氏部落,也与羌人密不可分,故《后汉书·西羌传》称,西羌之本,"姜姓之别也"。及至有文字记载的殷周时期,羌人的活动为甲骨文或其他典籍所记载。甲骨文中有"羌方"、"往羌"、"来羌"、"羌妇"等字样。《诗经·商颂·殷武》称:"昔有成汤,自彼氐羌,莫敢不来享,莫敢不来王,曰商是常。"反映了羌人对殷商的臣属关系。

　　匈奴族也是一个文明发生很早的民族,《史记·匈奴列传》称:"匈奴,其先祖夏后氏之苗裔也,曰淳维。唐、虞以上有山戎、猃狁、荤粥,居于北蛮,随畜牧转移。"据近人王国维、梁启超等人研究,商周间的鬼方、

---

[1]《国语·周语》。《太平御览》卷七八引《帝王世纪》。《路史》后记四。《史记·六国年表》。

混夷、玁狁，宗周时期的猃狁等皆与匈奴同种，实为一族。① 虽然学术界对匈奴族源问题尚有不同看法，但是，匈奴族起源久远却并无异议。匈奴也与羌族一样，在我国古代民族发展史上具有重要的地位。

两汉时期，匈奴、西羌势力浸盛，常常劫掠边陲、进犯中原，使汉朝政府疲于应付。因此，抵制羌、匈寇扰，安定边疆，始终是汉朝不敢忘怀的大问题。分而论之，前汉有匈奴之患，后汉则有西羌之虞。西汉初年采取的"和亲"政策，虽然减缓了寇扰的次数，却并没有泯灭匈奴奴隶主劫掠的欲望。"及武帝征伐四夷，开地广境，北却匈奴，西逐诸羌，乃渡河湟，筑令居塞；初开河西，列置四郡，通道玉门，隔绝羌、胡，使南北不得交关。于是，障塞亭燧，出长城外数千里。"②初步扭转了屡遭抄掠的局面。在此，我们注意到汉武帝"隔绝羌、胡"的策略。据《后汉书·西羌传》记载，此前，匈奴常与西羌联合威胁汉朝，冒顿单于"破东胡、走月氏，威震百蛮，臣服诸羌"，切断了汉朝与西域地区的交通联系，并由此掣肘汉朝在北方的防御力量，甚至在汉武帝置令居塞以后的元鼎五年（前 112 年），"先零羌与封养牢姐种解仇结盟，与匈奴通，合兵十余万，共攻令居、安故，遂围枹罕"③。虽然汉武帝多次遣兵出征漠北，并取得了对匈奴战争的重大胜利，也将羌人逐出湟中，但是，终两汉之世，匈奴、西羌之患未尝稍解，而汉匈与汉羌关系更表现出迥然不同的风貌。这就成为后代史家反复援引的话题，也使研究者为之侧目。人们研究了匈奴历史，也研究了羌族历史，但是，当我们把这两个民族联合起来考察时，就不禁要问：西羌与匈奴同样是文明发生很早的民族，两汉时期（尤其是后汉）羌族人数不少于匈奴，其历史影响也极为深远，却为什么没有像匈奴那样统一草原，建立强大的游牧帝国；羌人又为什么没有像匈奴人那样可与汉室联姻，贵比王侯，为皇室所倚重？虽然羌人豪酋也有被封为"帅众王"、"侯"等位号者，但没有一个羌人担任握有实权的中央官吏或校尉、

---

① 王国维：《观堂集林》卷一三《鬼方昆夷猃狁考》。梁启超：《饮冰室全集》"专集"之 41 及 42。
②《后汉书·西羌传》。
③《后汉书·西羌传》。

都尉之职。是汉朝抑羌扶匈吗,显然不是;是羌人社会落后吗,却为什么不能改变? 羌族长期处于后进状态,未能建立统一政权的原因需要得到解决。本文即想通过对两汉时期羌、匈两族的比较研究,提出一些粗浅的看法。

二

首先我们考察一下羌族与匈奴的地理差别。如众所周知,地理环境是人类生产生活的场所,地理特征及物质资源状况直接影响着人们的经济生活和社会活动。考察生存环境,无疑是了解一个民族经济背景的主要前提。

据史书记载,早在战国时期,匈奴已南与秦、赵、燕相接,并常常骚扰这三个国家。① 秦之后,楚汉相争,中原混战,匈奴势力迅速发展起来,冒顿单于时,已据有整个蒙古草原,即今天蒙古人民共和国、内蒙古自治区、甘肃、宁夏、新疆等广大地区,形成一个强大的草原帝国。其统治区域的地理状况有三个特点:第一,幅员广大。从辽东到西域,从河套到贝加尔湖以北,纵横数千里之遥的范围内,都留下了匈奴人及其属部活动的足迹。如此广大的地域,对于游牧民族的重要意义是显而易见的:经济上畜牧业带有较大的流动性和不稳定性,需要不断地更换牧地,在不同的季节里(冬、夏)都能获得丰富的草料资源。同时,要避免经常出现的瘟疫、疾病所带来的危害,也只能转移他处,寻找新的空间,在当时的生产力水平下,只有广阔的地域能够解决这些复杂的矛盾;军事上,游牧民多采取流动作战方式,利则进,不利则退;"不羞遁走"。广大的草原,在地理上有回旋余地,弱则遁入漠北以休养生息,强则牧马南下,问鼎中原,具有攻守兼备的重要条件。第二,地势平阔,交通便利。蒙古草原地形有漠南、漠北之分。漠南有沃野千里的河套平原,漠北虽为高原地带,

---

① 《史记·匈奴列传》。《汉书·匈奴传》。

但是地基是平坦而略有起伏的山丘。这样的地势形态,宜于游牧的转徙和骑兵奔驰,没有高山困阻之忧。匈奴南境有数千里边界与汉朝相接,可以同中原封建文化发展多种方式的联系,同时又占据河西等交通要道,使其在经济贸易和文化交流上拥有得天独厚的地理条件。第三,蒙古草原的水草丰美,自然环境相对优越。漠北高原上,牧草丛生,宜于饲养牲畜。"阴山,东西千余里,草木茂盛,多禽兽,本冒顿单于依阻其中,治作弓矢,……是其苑囿也。"[1]而阴山以南即为著名的河套平原,水草丰茂,宜农宜牧。此外,绵延于甘肃的祁连山、焉支山,也曾是匈奴人良好的游牧地。所以,匈奴歌有"亡我祁连山,使我六畜不蕃息,失我燕支山,使我嫁妇无颜色"的悲叹。[2] 匈奴人活动的自然环境无疑是极其有利的,这就奠定了匈奴帝国的地理基础。

与此相反,西羌人的居地则是另一番景象。首先是高山耸立。据《后汉书·西羌传》记载:"河关西南,羌地是也。滨于赐支,至乎河首,绵地千里。"河关县属金城郡。[3] 其西南约当今甘肃南部甘南藏族自治州地区及其以西。赐支即析支,在今青海海南藏族自治州境内。这一地域为祁连山脉众山系所分割,形成无数相对独立的地区,"南接蜀汉徼外蛮夷,西北鄯善、车师诸国"[4]。周围环绕着高山峻岭,使活动在此区的羌人,形成一种大分散、小聚集的分布状态,一个部落即为一个独立的封闭单位,难以与外界有来往。这种环境利于独自生存,却很难结成较大的部落联盟,乃至组成国家。较后进的部落经济生活也未能提出建立统一政权的要求,地理上的障碍愈加显得不易克服。畜牧业所需要的广阔空间较难获得,高原上气候又极其恶劣,居于山间溪谷的羌人部落,只能维持简单的再生产,要进行扩大再生产则是相当艰难的。同时,山居生活在军事上也产生了一系列影响,诸如羌人只长于山谷作战而不习于在平

---

[1]《汉书·匈奴传》。
[2]《史记·匈奴列传》。司马贞《史记索隐》引《西河旧事》。
[3]《后汉书·西羌传》李贤注。
[4]《后汉书·西羌传》。

原作战,而且"果于触突,而不能持久"①。这显然都是部落间械斗的作战方式,依靠此向外发展则远远不足。因此,在与汉朝或匈奴的作战中,处处表现出被动性:或者大批遭受残杀,或者逃于更荒僻的山野。地形状况无疑限制了羌人活动的能量,使之无法与广阔草原上的匈奴骑兵相比拟。

其次,羌人居地多为荒僻边远之地,不当孔道,缺乏与外界交往的有利条件。羌人所建的婼羌国,"去阳关千八百里,去长安六千三百里,辟在西南,不当孔道"②。由于羌人居地多在山间,所以也多为荒僻之地。《后汉书·西羌传》称,月氏王为匈奴所杀,余种分散,西逾葱岭,其赢弱者南入山阻,依诸羌居止,遂与共婚姻,则"诸羌"居于山野无疑。这样的居住环境,使其他民族先进文化难以渗透进去,极大地妨碍了羌人社会的进步和发展。而且,每遇中原王朝开拓疆土,羌人往往四处逃窜,遁入更荒远的地区,最后,逐渐离开平川和相对繁荣的农业地区。秦朝统一六国时,即命蒙恬将兵掠地,"西逐诸戎,北却众狄,筑长城以界之,众羌不复南渡"。武帝开河西,"羌乃去湟中,依西海、盐池左右"。③ 可见,形成两汉时期羌人山居偏安的原因不外有两个方面,一是羌人较落后的游牧经济,无法与强大的中原王朝及匈奴帝国相抗衡,转徙到丛山荒野之地,既获得了畜牧业所需要的草料资源,又可以躲避被劫掠的灾难;另一方面也因于汉朝和匈奴贵族的威胁和压迫。汉朝"西逐诸羌"如前所述,匈奴冒顿单于也曾"臣服诸羌"。散居的羌人部落,东有汉朝攻击,北有匈奴抄掠,其退却之地,唯有青海高原众多的山谷地带。

以上就是匈奴人其所以能够建立强大帝国,而羌人却未能建立政权的根本原因。

---

① 《后汉书·西羌传》。
② 《汉书·西域传》上。
③ 《后汉书·西域传》。

三

　　不同的社会经济基础和武器装备是导致羌、匈差别的第二个因素。在游牧经济这一点上,羌人与匈奴没有什么差别。《史记·匈奴列传》称,匈奴人"逐水草迁徙,毋城郭常处耕田之业";《后汉书·西羌传》也记载了羌人"所居无影,依随水草,……以畜牧为业"的事实。但是,当我们进一步分析羌人畜牧业的构成,就会发现它与匈奴存在着很大的不同。首先,匈奴人的牲畜适应蒙古草原辽阔、粗犷的特点,具有强悍性,而且种类繁多。《史记·匈奴列传》称,"其畜之所多则马、牛、羊,其奇畜则橐驼、驴骡、駃騠、騊駼、驒騱"。尤其是马,更为匈奴人所倚重,它不仅是人们骑乘、驮运什物以及迁徙的重要运输工具,而且,是进行战争的主要军事工具。匈奴"人不驰弓,马不解鞍"①,自幼习战斗,士能力弓者,尽为甲骑,骑兵为匈奴军队的核心力量。

　　与此不同,羌人则以养羊而著称。应劭《风俗通》称:"羌,本西戎卑贼者,主牧羊。故'羌'字从羊人,因以为号。"②羌人以牧羊为生,以羊为氏族图腾,是人们所熟知的。直到隋唐时期,党项羌的畜牧业仍以养羊为主要内容。羌人所牧养的羊与匈奴的马相比,除了生活用途相同之外,明显地缺少运输、尤其是军事上的功能,马在军事战斗中的威猛以及游牧迁徙中的迅速方面,具有显著的优势。羌人也有牧马业,也将马用于军事,比如建武十一年(35 年),陇西太守马援率步骑三千,击败先零羌于临洮(今甘肃岷县)即掳获羌人的马、牛、羊万余。元初年间(114—120年),中郎将任尚谈到反叛汉朝的零冒羌时,即称:"今虏皆马骑,日行数百,来如风雨,去如绝弦,以步追之,势不相及。"③但是,羌人骑兵的数额毕竟较少,而且使用骑兵并不具有普遍性,早期尤其如此,加之又为地形

---

① 《淮南子·原道训》。
② 《太平御览》卷七九四。
③ 《后汉书·马援传》。《后汉书·顺帝纪》。

及部落组织所限,远不及匈奴骑兵那样规模宏大、人数众多。

其次,匈奴人已初步具有了较稳定的财产——份地。私有制已经产生,发动战争的目的,已不仅仅是为生存所迫,而且包含着攫取更多财富的欲望。维系其军事组织的,也不是血缘关系或部落使命,而是贵族的利益和他们自身的要求,史称:"其攻战:斩首虏赐一卮酒,而所得掳获因以予之,得人以为奴婢;故其攻战,人人自为趋利……战而扶舆死者,尽得死者家财。"①获得财富的物质刺激,大大鼓舞了匈奴士兵的作战勇气,"其见敌则逐利如鸟之集"。经济的发展及对财富的追求无疑成为发动战争的主要因素之一。而羌人则不同,分散而落后的部落经济并未提出向外扩张的要求,他们的寇掠和反抗,大多为汉朝政府拓土开疆所逼迫或者是由官吏侵扰而引起的,而且往往发生在危及生存条件的时候。于是,就缺乏一个坚实的经济基础或战争准备来迎接这些厄运,多数情况下一逃了之。匈奴是有准备的,积极主动地出击,旨在掠夺中原,而羌人则是消极的、对生存环境的保护。一两次军事失败,可以削弱匈奴的武装力量,却不会动摇其社会经济基础(只是汉朝出征漠北后才有改变);而对于羌人部落,一次大的战争失败等于经济实力的一次崩溃,部众四逃,牲畜被抢夺一空,直接造成生产力的大倒退。两者之间的战争基础和承受战争的能力是不可同日而语的。

再次,在生产工具以及武器装备方面,羌人又远远落后于匈奴。据考古发掘,匈奴人早在公元前 3—2 世纪已经广泛使用铁器,计有刀、铁剑、铁犁、铁马衔等铁制工具。② 两汉时期,匈奴人的生产工具当会有长足的发展。《史记·匈奴列传》称,"其长兵则弓矢,短兵则刀铤",他们已能适应各种场合的战斗。相形之下,羌人的工具则十分简陋。东汉右将军冯奉世即声称,羌人武器钝缺,破之容易。③ 羌人是部落组织,其内部

---

① 《史记·匈奴列传》;《汉书·匈奴传》。
② 策·道尔吉苏荣:《北匈奴的坟墓》,转见林干编:《匈奴史论文选集》,中华书局,1983 年,第375 页。
③ 《汉书·冯奉世传》。

很难进行细致地分工,也无法形成较发达的冶铁业,其工具不及匈奴是可以推知的。关于这一点,我们可从安帝永初元年(107年)羌民起义所使用武器窥其一斑,史载,汉朝发金城、陇西、汉阳三郡羌人征讨西域,羌民惧远屯不还,行至酒泉,多有散叛。官吏覆其庐落,引起羌民反抗,其时,羌附既久,无复器甲,或持竹竿,木板以代戈矛,或负板案以为盾,或执铜镜以象兵,[①]确实是一派"揭木为兵,负柴为械"的景象。虽然这还不能反映尚未归附羌人的具体情况,却透露出羌人工具相当简陋的一点信息。

总之,两汉时期的西羌,无论是军事工具或武器装备均不及匈奴的先进,这主要是由于经济基础脆弱的缘故。羌人在战斗中经常处于退守或被动挨打状态,他们的生产成果,既不能供养一个庞大的官僚机构,也不能养活一批强悍的、旨在防卫或向外掠夺的军队,分散的部落经济实体甚至没有提出建立军事联盟的要求。因此,其社会经济基础及生产工具与匈奴存在着较大的差别。

四

社会组织及文化意识的差别是形成羌、匈不同特征的第三个因素。由于社会生力的发展、掠夺战争规模的扩大,西汉初期的匈奴已具备了产生国家的条件:有了统一的军队、简单的法律及一整套官僚制度。冒顿单于时,"置左右贤王,左右谷蠡王,左右大将,左右大都尉,左右大当户,左右骨都侯,……大者万余骑,小者数千骑,凡二十四长,立号曰万骑"。[②]"单于"即为天子,高高在上,成为中央王权的核心代表,而且是为挛提氏一姓所掌握,世袭不断。这种具有国家性质的社会机构,就使匈奴人能够从其整体利益出发,组织游牧生产,尤其是组织军事掠夺和征伐。而羌人则完全处于原始社会末期部落分立状态,"所居无常,依随水

---

① 《后汉书·西羌传》。
② 《史记·匈奴列传》;《汉书·匈奴传》。

草……氏族无定,或以父名母姓为种号,……不立君臣,无相长一,强则分种为酋豪,弱则为附落,更相抄暴,以力为雄"。① 内部缺少一个凝聚力和向心力。两汉时期,散居在今甘肃、青海等地的即有先零、烧当、钟、勒姐、卑湳、当煎、牢羌等数十个羌人部落,"大者万余人,小者数千人,更相抄暴,盛衰无常"②。因此,羌人部落只是一些互不相属的分散力量,他们的利益也往往不一致,甚至相互矛盾。在抄掠或抵抗汉朝政府及匈奴的过程中,就表现出无法克服的散漫性和寇盗性,多以失败告终。

在军事组织方面,匈奴较羌人也有明显的优势。据史籍记载,匈奴人军事与生产相结合具有很大的机动性,平时放牧,战时出征,即所谓"宽则随畜牧因射猎禽兽为业,急则人习攻战以侵伐"。战争是每个社会成员的义务和责任,具有社会性和民族性,而且,因为以单于为首的中央王权和系统的行政和军事管理机构,就使匈奴人可以组织军事训练,培养强悍的新生力量,"儿能骑羊,引弓射鸟鼠,少长则射狐兔用为食,士力能弯弓,尽为甲骑"③,即是其生活的反映。

羌人则为部落组织所限制,无法组织较大范围的军事活动,只宜在山间而不能在平原作战,加之缺乏统一组织,大多是以部落为单位群起反抗,如元和三年(86 年),"迷吾复与弟号吾诸杂种反畔";永元十三年,(101 年),"安定降羌烧何种协诸羌数百人反叛,郡兵击灭之,悉没入弱口为奴婢"。④ 各为种落部族独立活动。因而分散性是羌人无法形成较大势力的重要原因之一。

在战术上,匈奴人灵活机动,有方略。史称,其"利则进,不利则退,不羞遁走"。而羌人则不善于保存自己,只以勇敢为事,"果于触突,以战死为吉利",而且不尚谋略,易中汉朝将吏的奸计,往往是大批的部落首领被毒杀。此外,羌人的部落独立作战也不可与匈奴的大兵团骑兵作战

①《后汉书·西羌传》。
②《后汉书·西羌传》。
③《史记·匈奴列传》;《汉书·匈奴传》。
④《后汉书·西羌传》。

相比拟,这正是汉朝在军事上更加畏惧匈奴的原因所在。汉高祖平城被围几于丧师,吕后受冒顿谩词之辱而不能作色,都成为汉朝君臣引以为耻的事情,①而羌人则不曾有过这样的咄咄逼人气势。

羌、匈间的另一个重要不同点,就是匈奴人有自己的国家,在文化意识上是一个较为团结的整体,而羌人则常常发生内讧,并有浓厚的复仇习惯。我们知道,两汉时期的匈奴,已经建立了奴隶国家并形成与之相应的意识形态,而军事联盟时代的民主色彩又复保留不少,"自君王以下,咸食畜肉,衣其皮革,被旃裘",保持着齐心一致、英勇善战的特点。加之有以地缘为基础的国家的统一指挥,就使这种团结作战的习俗具有牢固而可靠的保障,所以匈奴人内部基本是统一的整体,没有大的分裂和内讧,在早期尤其是这样。而羌人则相反,由于部落分立,互不统属,虽然部落个体内部还有血缘及种族诸因素促成团结,但是,各个部落之间则因牧地、民事之争常常处于利益相悖、仇恨丛生的状态,强则分种为酋豪,弱则为人附落,更相抄暴,正是其写照,这就把有生力量都消耗在内部纷争之上,大大减弱了向外发展的力量。

据史书记载,羌人有浓厚的复仇习惯。汉武帝初开河西,列置四郡以阻隔羌、胡时,"先零羌与封养牢姐解仇结盟",与匈奴联合进攻汉朝令居、安故等地。东汉章帝章和元年(87 年),汉将张纡毒杀羌人酋豪八百余,斩杀迷吾等人,"迷吾子迷唐及其种人向塞号哭,与烧何、当煎、当阗等相结,以子女及金银聘纳诸种,解仇交质,将五千人寇陇西塞"②。羌人好复仇的习惯,在隋唐时期的党项羌中也有明显的反映。史称,其人"尤重复仇,未得所欲者,蓬头垢颜,跣足草食,杀已乃复"③。这不能不是羌人社会的一大弱点。好复仇不仅成为部落间经济、文化交往的巨大障碍,而且大大削弱了羌人自身的力量,加剧了部落间的斗争。比如,永元年间(89—103 年)"累姐种附汉,迷唐怨之,击杀其酋豪,由是与诸种为

---

① 《史记·匈奴列传》;《汉书·匈奴列传》。
② 《后汉书·西羌传》。
③ 《新唐书·党项传》。

雠,党援益疏"①。羌人各氏族部之间联合的事件,亦不在少数,而且照例要举行一定的结盟仪式,即纳聘金银或交换人质以为信,如前述迷吾与烧何等部结盟即是。但是,这种结盟毕竟缺乏坚实的经济基础,都是暂时性的军事联合,既经不起军事打击,也经不起分化瓦解。更有甚者,转而互相残杀,汉和帝永元五年(193 年),"居延都尉贯友代为校尉,友以迷唐难用德怀,终于叛乱,乃遣译使勾离诸种,诱以财货,由是瓦解"。②赵充国与羌人作战,更立赏例,鼓动羌人互相残杀,每"斩大豪有罪者一人,赐钱四十万,中豪十五万,下豪二万,大男三千;女子及老小千钱,又以其所捕妻子财物尽与之",结果,羌人降者 31 300 人③,其内部之虚弱如此。好复仇的习俗是因部落分立、利益矛盾引起的,但既成习俗则又转而影响社会的团结统一。

我们从以上几个方面的分析中可以看到,羌人社会落后的原因是多方面的,不仅有自然环境险恶和贫瘠的因素,而且有生产力水平低下、生产工具简陋以及社会组织落后的因素,好复仇的风俗习惯、文化心理上的狭隘特征都程度不同地起到消极作用。两汉时期的羌人,无论在客观上还是在主观上都缺乏建立政权的基本条件,这就决定了他们在当时各种交往中的地位和影响。匈奴与汉朝的关系基本是军事入侵与反入侵,以及友好和亲两方面,汉朝政府授匈奴单于印绶,位在诸王之上,送宗女和亲,赏赐大批的丝帛粟米,④犹不能解除其威胁,而对于羌人,则往往派兵驱逐或者抄掠,很少关心他们的生存。东汉时期羌民三次大起义莫不是因汉朝政府侵夺引起的。⑤ 对于羌人的反抗,汉朝政府又多采取血腥镇压或设计诱杀其部落首领的手法予以平定,这种反动的民族政策也给羌人带来了深重的灾难,应该否定和批判。

原载《青海民族学院学报》1988 年第 4 期

---

① ②《后汉书·西羌传》。
③《汉书》卷六九《赵充国传》。
④《史记·匈奴传》。
⑤《后汉书·西羌传》。

二 "瓯脱"考述

"瓯脱"的含义,因匈奴没有文字、汉文史籍记载又不详,历代史家众说纷纭、莫衷一是。弄清其本义,对匈奴史的研究将具有一定价值。

"瓯脱"一词,首见于《史记·匈奴列传》,文云:"东胡王愈益骄,西侵。与匈奴间中有弃地,莫居千余里,各居其边为瓯脱。东胡使使谓冒顿曰:'匈奴所与我界瓯脱外弃地,匈奴非能至也,吾欲有之。'"

对于"瓯脱"的解释,自汉代以来大约有这样几种:(一)《史记集解》引韦昭曰:瓯脱,"界上屯守处"。(二)《史记索引》引服虔云:瓯脱,"作土室以伺汉人";又纂文曰:"瓯脱,土穴也。"(三)以瓯脱为地名;(四)张守节《史记正义》按:"境上斥候之室为瓯脱。"(五)颜师古曰:"境上侯望之处,若今之伏宿(处)(舍)也。"(六)林干先生《匈奴史》一书认为,瓯脱是匈奴语边界之意,即两国间的"中立地带"。

以上几种观点,大体可归为三类:第一,认为瓯脱是边界防守处或设施〔包括(一)(二)(四)(五)〕。第二,以瓯脱为地名。第三,以瓯脱为边界上的中立地带。我以为第二种观点值得商榷;第三种说法有其独到之处,即提出了古代边界上有中间地带这一重要事实,但把瓯脱等同于中间地带似乎也不妥当。至于第一种观点大体正确,若仔细琢磨则可剔去其主观臆测的东西,得到更近于事实的解释。

一

以瓯脱为地名的说法,其谬误是显而易见的,因为瓯脱不是只在匈奴与东胡边界上才有,在匈奴与汉朝边界上也有瓯脱。《汉书·匈奴传》上载:宣帝地节二年秋,"匈奴前所得西嗕居左地者,其君长以下数千人,皆驱产而行,与瓯脱战,所杀伤甚众,遂南降汉"。据林干先生考证,此处瓯脱位置在云中郡,即属于汉匈接壤的边界地区。又如《汉书·匈奴传》下载:元帝初元五年,郅支单于杀汉使谷吉,"汉不知吉音问,而匈奴降者言,闻瓯脱皆杀之"。可见汉匈之间也有瓯脱,因其有军事防守意义,可以推知,匈奴与其他国家临界处应当都有瓯脱,它不会因为匈奴与汉或其他国家社会制度差别而例外。地名之说自然不足为训。

二

瓯脱既不是边界代名,也不是中间地带,这可以以《史记·匈奴列传》为证。如前文所引,"与匈奴间中有弃地,莫居千余里,各居其边为瓯脱"。可见,"瓯脱"是各居其边所为。我认为,这里的"为"字作动词用,可译为设立、建置等,而并不是当"作为"讲。所谓"中立地带"无疑是存在的,其理由诚如恩格斯所言:"由这种不确定的疆界隔开的地区,乃是部落的公有土地,而为相邻部落所承认,并由部落自己来防卫,以免他人侵占。"而且这样的地带"在语言接近的各部落中间,中立地带比较狭小,在语言不接近的各部落中间,中立地带比较大"。[1] 但是,这里的"中立地带"正是上面引文中的"弃地",而"弃地"与"瓯脱"的地理关系原文已非常明确,即弃地在我界瓯脱外。若以"瓯脱"为中立地带,那么"弃地"岂不跑到邻国领土上了吗?! 显然,"界"字在这里是作"瓯脱"的定语,"瓯脱"在边界上,又不等同于边界,否则"界"与"瓯脱"岂不有叠床之嫌,于

---

[1] 见《马克思恩格斯选集》,第 4 卷,人民出版社,1997 年,第 87 页。

古人文理也有所不通。同时,《汉书·匈奴传》上记载,昭帝元凤元年,匈奴发兵寇汉边,"汉兵追之,斩首获虏九千人,生得瓯脱王,汉无所失亡。匈奴见瓯脱王在汉,恐以为道击之,即西北远去,不敢南逐水草,发人民屯瓯脱"。若以瓯脱为"中立地带"公共占有,则"瓯脱王"所领地区是不明确的,显然,那样解释与原文本意、与自然情理皆不通。至此,我们可以说,"瓯脱"不是"中立地带"或"中间地带"。

三

至于第一种观点,我们将逐条分析,去其谬误。首先,服虔把瓯脱释为"作土室以伺汉人"以及"瓯脱,土穴也"的说法,尚欠确切。因为匈奴与东胡边界上也有瓯脱,难道也是伺汉人的吗? 其次,"瓯脱"既为土穴,那么"瓯脱王"以及"发人民屯瓯脱"怎么解释得通呢? 而且边境之上,尤其在古代的北方,作土穴御敌,瞭望敌情,这简直是难以想象的事情。

第二,张守节《史记正义》按:"境上斥候之室为瓯脱"的说法也嫌欠妥。因为"瓯脱"并不仅仅是所居之室,同上理,发人民屯室当然是不行的。张氏道出了"瓯脱"在边界上自己一方,且用于军事目的这一部分意义,但其所指终属过分拘泥和狭隘,且非本义。

第三,颜师古释瓯脱为"境上候望之处,若今之伏宿也"。此与张守节的"按"大同小异,但是,"瓯脱"之义并非仅是候望之处,候望乃是其任务的一个方面而已,颜说点明了"瓯脱"的狭义。

清人丁谦在《汉书匈奴传地理考证》一书中说:"传既名言'弃地莫居'又言'各居其边为瓯脱',则瓯脱指弃地而言,原文极明析。……且细读本文并无防守意义。……抑知地亘千里,何能偏守? 既无人居,守之何为? ……要之,瓯脱二字为当时方言,今难确解,然大意不过谓不毛之地,不足以居人。……何所见'作土室以伺',又何所见而曰'境上候望处耶'?"。

其实,丁氏之议未必公允,理由如前述,弃地在"瓯脱"之外自非瓯脱。《汉书·苏武传》明确记载李陵至北海告知苏武"瓯脱捕得云中生口……"等语,且匈奴被汉朝打败逃亡时"不敢南逐水草,发人民屯瓯脱",以及西嗕部落逃奔汉朝时,与匈奴贵族守卫军在瓯脱战斗的记载,难道不能说明"瓯脱"有屯军、有屯民吗?而且设有"瓯脱王",怎么能无人居无人守呢?虽属不毛,却并非无人,诚如冒顿单于所言:"地者,国之本也。"远胜美姜良马!固然,"作土室以伺""境上候望处"的解释不足以完全服人,然丁氏所言也非事实。至于说:瓯脱,不是"不足以居人"而是"不应该居人"也与史载相悖,证据如前述。

由上知,"瓯脱"或为匈奴语,或为汉代方言今虽无法确知,然其含义却是明白的:(一)瓯脱在汉、匈或匈奴与东胡各自边界的一方;(二)在双方瓯脱之外为"弃地"即"中间地带",双方共同占有;(三)瓯脱既在边界上,双方均有一些军事设施或以瓯脱代称之,在这个意义上它是一种狭称;(四)瓯脱有驻军,匈奴甚至设有"瓯脱王"管辖;(五)瓯脱有人民屯守,军事和生产相结合,以加强抵御力量。由此,我们认为,韦昭的解释亦即瓯脱,"界上屯守处"较为确当。需要补充的是,"瓯脱"有两层含义,或者说一为本意,一为引申之意,即边界上屯守处为原意,因在边界上有军事防守作用,自然要设立哨所之类,故而,有时又可作候望或斥候之所讲。而且,这种边界,并非双方哨卡紧密相连,而是两界之间有弃地,亦即有中间地带,与今日之两国边界线略有不同。

原载《民族研究》1987 年第 3 期

三　党项名义及族源考证

一、古羌文化网络

　　党项是汉代西羌的一支,而西羌则由古羌人发展、分化而来。古羌人的活动与华夏文化的开创密切相关。传说时代以治理洪水而闻名的共工氏,据汉代经学家贾逵考证为"羌姓"之人(《周语注》)。发明农业的"神农氏"炎帝,也是羌(姜)姓。《国语·晋语》载:"昔少典娶于有娇氏,生黄帝、炎帝。黄帝以姬水成,炎帝以姜水成,成而异德,故黄帝为姬,炎帝为姜。"与炎帝、黄帝部落联盟长期作战的蚩尤,据宋代罗泌《路史》后记四载"阪泉氏蚩尤,姜姓炎帝之裔也"。建立中国历史上第一个奴隶制王朝——夏的启,其父大禹也"兴于西羌"(《史记·六国年表》)。

　　殷商时期,文明相对进步的殷商人,经常对羌人发动武装进攻。《诗·商颂》载"昔有成汤,自彼氐羌,莫敢不来享,莫敢不来王"。《后汉书·西羌传》也说,"至于武丁,征西羌、鬼方,三年乃克"。商朝大行人牲人殉制度,其中以被俘羌人作为祭祀者在半数以上。[①] 商人压迫的主要

[①] 胡厚宣:《中国奴隶社会的人殉和人祭》(下篇),《文物》1974 年第 8 期。

对象是羌人,而最后灭亡商朝的也是羌(姜)人——周人。据传说,周人先祖母叫姜嫄,因践巨人迹而生"弃",传出周室世系。《诗·大雅·生民》说:"厥初生民,时维姜嫄。"古公亶父时,又与姜(羌)女结婚,"来朝走马,率西水浒,至于歧下,爰及姜女,聿来胥宇"(《诗·绵》),进一步加强血缘与政治联系。

这样,以黄河地区为中心创造了华夏农业文明,因此,在后来形成汉族的诸民族成分中,羌人和羌文化占据十分重要的位置。羌人和汉族无论在文化上,还是血缘关系上,均存在千丝万缕的联系。

至于吐蕃人,不论人们如何认识她的来源,如何否认吐蕃起于"发羌"或羌人说,都无法否认或改变这样一个历史事实:吐蕃人的基本成分或绝大多数,是由活跃在青藏高原上的诸羌部落和部落联盟组成的。羌人还是雅隆部落的基本成分。吐蕃与"发羌"的关系,虽然不是简单的逻辑关系,却也有大量而密切的历史关联。

在汉文、藏文和西夏文记载中,还共同阐发了汉、蕃和党项三者的密切关系。《后汉书·西羌传》说:"西羌之本,出自三苗,姜姓之别也。其国近南岳。及舜流四凶,徙之三危,河关之西南,羌地是也。"西羌由南蛮西迁而形成的说法,缺乏确证,未必可信,但用以说明羌人与内地的密切联系却无大误。唐宋史家为党项立传者不少,如魏徵等奉敕撰《隋书》卷八十三,李延寿撰《北史》卷九十六,杜佑《通典》卷一九〇边防六,五代刘昫《旧唐书》卷一九八,宋代欧阳修、宋祁所撰《新唐书》卷二二一,不说其源于"三苗之后",即言其为"汉西羌之别种"。《通典》、《旧唐书》记载了当时存在的"吐蕃源自发羌"的说法,《新唐书》的作者更直接肯定了这一说法,文谓:"吐蕃本西羌属,盖百有五十种,散处河、湟、江、岷间,有发羌、唐旄等,然未始与中国通,居析支水西。祖曰鹘提勃悉野(应作悉补野),健武多智,稍并诸羌,据其地。蕃、发声近,故其子孙曰吐蕃,而姓勃窣野。"于是,汉文史籍中有一种很明确的观点:羌人是华夏文明的主要创造者之一,与汉族血融于水;而吐蕃和党项都是古羌人不同分支或后裔。

在藏文史书中,关于人种和族源有各种不同的说法,最为流行的是猕猴种衍生四种姓说,如《汉藏史集》说,猕猴和岩魔女相合后,繁殖出众多猴崽,其一支衍为人类,其后因争食而形成部落分立局面,最初有四个:即塞(se)、穆(rmu)、东(stong)、董(ldong),据说吐蕃人大多都由这四大族姓分化而来。[①]

建立西夏的党项人也有近似的认识。在聂历山翻译刊布的西夏人追述先祖事迹的诗歌中,提到西夏皇族鼻祖"刺都",而他的妻子是一位吐蕃姑娘,生了七个儿子,传出西夏皇族世系。诗歌说道:

> 母亲阿妈起族源,
> 银白肚子金乳房,
> 取姓崽名俊裔传。
> 繁裔崛出"弥瑟逢",
> 出生就有两颗牙,
> 长大簇立十次功,
> 七骑护送当国王。

说明吐蕃与党项的族源有十分密切的血缘关系。西夏文《颂师典》第一段也讲:

> 蕃汉弥人同母亲,
> 地域相隔语始异,
> 蕃地高高遥西隅,
> 边陲蕃区有蕃字。[②]

这里的"蕃"明言指吐蕃,"弥人"指党项人自己。于是,在西夏人眼里,吐蕃、汉和党项人是一母所生的同胞兄弟。我们虽不能确断该说法

---

① 达仓宗巴·班觉桑布:《汉藏史集》藏文本,四川民族出版社,1985 年,第 12 页;参阅陈庆英汉译本,西藏人民出版社,1986 年,第 12 页。
② 聂历山:《西夏语文学》,莫斯科,1960 年;陈炳应:《西夏文物研究》,宁夏人民出版社,1985 年,第 346 页。

在多大程度上印证了古羌人与汉族、吐蕃和党项在血缘及文化上的继承关系,但上述引文却无疑折射出这一历史史实的影子。

此外,有关"猕猴种"的传说,同样也是联结民族与文化的一条纽带。据汉文史书记载,党项以及与党项相关的宕昌、邓至羌皆自称"猕猴种",这又同吐蕃史书自称本族为猕猴种后裔的说法如出一辙。与之相关,他们都事源瓞为大神,即以羊为本族图腾或祖先神。

人们还注意到以牧羊而闻名的楚国和"楚人沐猴而冠"的典故。[①] 这些与羌人、吐蕃人不无关系。据此,我们认为"猕猴种"和事羊为大神的习俗,既不是吐蕃人,也不是党项人的发明,而应是从古羌人那里继承下来的,古羌人是吐蕃、党项和汉族在民族上、血缘上和文化上存在诸多联系的重要基础之一。他们之间的差别,既是古羌文化庞杂与多样性的反映,又是与之结合的对象的差别,以及在不同地区不断发展的产物。这一基本估价,允许我们既不同意割裂或孤立看待三者关系的做法,同时又不轻易将他们完全等同,而是有联系地和具体地加以考察,沿着古羌文化网络,找到党项人的位置。

二、党项名义问题

对于党项及相关称谓,学术界已多所论述,本文拟作进一步探讨,兹分论如下:

1. 羌

东汉许慎《说文解字》卷四上羊部说:"羌,西戎牧羊人也,从人、从羊,羊亦声。"羌、羊字与"美"和"善"字密切相关。于省吾先生认为:"追溯羌字构形的由来,因为羌族有戴羊角的习俗,造字者遂取以为象。"[②]这

---

① 王静如:《西夏研究》第一辑《西夏国名考》,第 81 页。〔法〕石泰安著,耿昇译,王尧校:《川甘青藏走廊古部族》,四川民族出版社,1992 年。

② 于省吾:《释羌、苟、敬、美》,《吉林大学学报》1963 年第 1 期。

是很精到的。由于羊在羌人生活、宗教信仰中占有特殊地位,有关羊的传说和崇拜礼仪便经久不衰,流传千余年,至今仍然能在羌族居民中看到它的影响,"今四川羌民无戴羊角之习,唯以两羊角象征羊神,供于壁上。又端公(羌民巫师)所戴羊皮帽有两角,亦由羊皮做成。"[1]

羌字的读音无论是羊声,还羌声,都是中原居民对居于西部,以牧羊为生者的称呼,目前没有材料可以证明它来自羌人自称。汉唐的"羌"字更是这样,与羌人自称无所关联。

2. 弥人

弥人,又作"弭人"或"弭药"、"猕人"等,是党项人自称。建立西夏后,这一自称依然未改。故西夏诗歌中有"高弥药国在彼方"、"弥药皇储代代传"、"弥药勇健走"、"蕃汉弥人同母亲"等说法。《文海·杂字》释"番,党项也,弭药也,番人之谓也",它的读音是"弥"。

今天四川羌族自称"日玛"(Zma)、"日麦"(Zme)或"尔玛"(xma)、"尔麦"(xme),与唐代党项、宋代西夏人自称"弥人"并无二致,说明"弥人"是一部分羌人共有的通称。这一通称可以上溯到古羌人那里。如以牧羊知名,且有猕猴种后裔的楚国人即有芈姓,据《说文解字》,"芈,羊鸣也,从羊,象声。"在汉藏语系中,"弥"字的意思是"人",汉语称"民";藏语称 mi、rmi 或 mu、rmi。人们有理由把它与西部地区盛行的猕猴祖源传说联系起来,说明"弥"(人)即是"猕",是"猕猴种"的后裔,且用于族称。同样,我们也可以把它与具有同等地位的"芈"姓联系起来,认为"弥"即"芈"(或其他同义字),也就是说,"弥人"是以他们的图腾——羊的特征性叫声作为羊的代表,并用作族称,如"楚国,芈姓"一样。何者为是,或二者兼有,尚待进一步考证。不过,"弥人"为一部分古羌人的自称却是我们能够做出的判断。它体现了在古代中国西部存在着以猕猴和羊为图腾,有着共同文化联系的民族共同体,其核心即是古羌人及其文化。

---

[1] 马长寿:《氐与羌》,上海人民出版社,1984 年。

吐蕃人称党项为"弭药",即 mi-nyag,是取自党项自称,有时又写作 mi-nag,意为"黑头"、或"黑人"。《旧唐书·党项传》载,"其后,吐蕃强盛,拓跋氏渐为所逼,遂请内徙,始移其部落于庆州,置静边等州以处之。其故地陷于吐蕃,其处者为其役属,吐蕃谓之弭药。"《新唐书·党项传》改为"更号弭药",此说欠妥,吐蕃始终称党项为弭药,对西夏也称"弭药"或"木雅"(mi-nyag),并未因党项迁徙和受役属而有变更。

3. 党项

"党项"一名,是唐朝史家对自称"弥人"的羌部的称呼。她是在周氏灭宕昌和邓至羌之后,逐渐发展起来的。对于"党项"的得名,学术界说法并不一致。丁绣认为,"党、宕音近,藏语'堂'谓高寒平旷之地,'昌'一作'项',意亦为荒野或二水之交,故谓'党项'即'宕昌'"。[①] 此说不妥,如果党项即宕昌,唐代史家应有所知,且自当说明,史实并非如此,又党项若即宕昌,唐代史家完全可以迳称"宕昌",而无须别造新字,称作"党项"了。可见,二者不可能完全等同。但史书既说宕昌、邓至灭而党项始强,则二者当有十分密切的关系。

王静如先生在《西夏国名考》一文中认为,"党"疑即上古音"羌"之讹,加"ut"为其复数,故汉族称之为"党项"(唐古特)。[②] 此说亦误。隋唐时期,羌人分裂为各部,如宕昌羌、邓至羌,并不独称"羌",故"党"为"羌"说不能成立。又,历代史家对羌人活动与分野自是熟悉,何须讹"羌"为"党",至于在"党"后加复数"ut"形式,与"党项"称谓未见有依据与影响关系。

日人寺本婉雅认为,"党项"有"广大草原"之意,是藏语"Thang-skud"的对音。[③] 青木文教认为,党项或与藏语"Than-grgot"有关,意为

---

① 见吴景敖:《西陲史地研究》,中华书局,1948 年,第 20 页。

② 王静如:《西夏研究》第一辑《西夏国名考》,第 81 页。〔法〕石泰安著,耿昇译,王尧校:《川甘青藏走廊古部族》,四川民族出版社,1992 年。

③ 寺本婉雅:《西藏古代民族之研究》下,《支那佛教史学》第 1 卷 3 号。

"野蛮人的原野"。[1] 他们均试图为"唐古特"一名找到同音词原型,但都流于牵强,且无文献证据。

"党项"是羌语或藏语译音,从羌语或藏语中找寻它的原型,方法是正确的。但是,必须把它与藏文或羌文献,或者民族起源的传说结合起来考察。

在藏文史书中,有各种关于族源的说法,其中猕猴种衍生塞、穆、东、董四族姓,并形成吐蕃人主体的说法最为流行。如《汉藏史集》《如意宝树史》《拉达克王统记》等书对此均有明确记载。《汉藏史集》说,"内部四族系是克尚汉人、金向蒙古人、卡勒门巴人、悉补野吐蕃人。其中克尚汉人又分为两支,即穆(rmu)和盖拉(ke-1a);金向蒙古人又分为森察(srin-tsha)和拉察(lha-tsha),卡勒门巴人分为三支,一是门巴人本部族,一是汉藏交界地方的弭药(木雅)人,一是工布人";[2]同书还提到猕猴种分为塞、穆、董、东四族姓,进而形成吐蕃人主体的传说。《拉达克王统记》在谈到青藏高原地区部落起源时说,玛象雄(smra-zhang-zhung)、塞阿夏(se-va-zha,va-zha 即吐谷浑)、东苏毗(stong-sum-pa)和董木雅(ldong-mi-nyag),是部落长子的四个儿子,他们都是同胞兄弟,由他们形成了吐蕃的大部分家族。董族(ldong 或 sdong),不仅是青藏高原的核心部落之一,而且也与木雅有着极密切的关系。更为直接的是,董木雅人先祖四子中的第三子,在传到五代时,被尊为"皇族"(rgyal-figs)。[3] 这与西夏人追述祖先居地在青藏高原,先祖"刺都"的妻子是"吐蕃姑娘"可以相互印证,也与西夏诗歌中所说"弥瑟逢"一支"七骑护送当国王"参差吻合。"刺都",我们认为,很可能即是藏语"lha-ldong",意为"天神董氏"。

在藏文文献中,董氏(1dong)的部落组成有六部、八部和十八部三种说法。六部构成说谓:在上部有(一)巴杂(pa-tsa),(二)称亚(vbrin-

① 见〔日〕冈崎精郎:《唐代党项的发展》,《东方史论丛》第 1 卷,养德社,昭和 22 年。
② 达仓宗巴·班觉桑布:《汉藏史集》藏文本,四川民族出版社,1985 年,第 12 页;参阅陈庆英汉译本,西藏人民出版社,1986 年,第 12 页。
③ 〔法〕石泰安著,耿昇译,王尧校:《川甘青藏走廊古部族》,四川民族出版社,1992 年,第6页。

yag）；在中部有（三）热西（rag-shi），（四）冲木波（khrom-po）；在下部有（五）木雅（me-nyag），（六）冲木藏（khrom-tshang）；加上（七）卓沃（phro-bo），（八）白利（Bi-ri），即为八部落。另有董氏十八部之说。① 这说明董（ldong）与木雅（mi-nyag）是一种包容关系，而非并列或联合关系，木雅或弭药只是董氏诸部之一。

但是，由于木雅部最为强大，而且还在后来建立了西夏政权，故而，藏史仍称以木雅为核心的各部联合体以及西夏政权为木雅（或弭药）。而汉文史家则取以木雅人为主的诸部羌人大多为董氏六部（或八部、十八部）之义，以"董氏"之义名之，译作"党项"。具体说，董氏有上、中、下三部之分，党项是董氏的下部，即由木雅、冲木藏，以及卓沃、白利等部落为主构成的。"党项"二字，"党"字源自"董"（ldong 或 sdong）字音译，可以确定无疑，"项"字，我们认为即来自藏语中表示下部的"gsham"字。"党项"即"ldong-gsham"音译，意为"下部董氏"。

董氏与指称苏毗的东氏（stong）和高氏（sgo）都有极密切的关系，有时"董"（ldong 或 sdong）与"东"（stong）还相互混淆。

通过对"党项"名义的考证，我们还认识到，汉文中的"党项"与藏文中的"弭药"或"木雅"，虽然所指无大异，却存在一定程度的差别，"党项"比"弭药"内涵更大。但严格说来，二者皆有偏颇。汉文中的党项，虽然包括了非木雅的董氏部落人，却忽视"弭药"这个核心部落在译名中的突出地位；而藏文中的"弭药"抓住了本质，却忽略了非党项部众的因素。但这些都不会影响我们将"弭药"与"党项"相互勘同。

4. 唐古特

"唐古特"一名，我们认为它也源自"董氏"（ldong 或 sdong），就对音而言，"董"（ldong）即"唐"；"古特"即其复数形式"ut"。"唐古特"一名是阿尔泰语系突厥语族和蒙古语族诸民族对"党项"人的称呼。在突厥文

① 〔法〕石泰安：《川甘青藏走廊古部族》，耿昇汉译本，四川民族出版社，1992 年，第55 页。

《毗伽可汗碑》东侧第 24 行提到的"党项"，即作 Tangut。"唐古特"在蒙语中写作 Tang-ghut，如《蒙古源流》卷四有"密纳克唐古特人众"（minagke-mekuTangghutulus）；波斯文则称 Tangut（见《史集》第 2 卷）；《马可波罗游记》作 Tangut。它们都直接来自蒙古语族和突厥语族的称谓"唐古特"，而不是汉文献中的"党项"。它的最上源即藏语中的"董氏"。突厥语和蒙古语族诸民族，尤其是属于后者的吐谷浑人，在"董氏"变成"唐古特"中发挥了重要的作用。无论是突厥人，或是吐谷浑人，他们都更早更直接地接触了吐蕃和党项人，是汉文借用他们对党项的称呼，而不是他们转借汉文对党项的称谓，而且把"党项"转译为"唐古特"，不符合语言对音规律。"唐古特"一名的异体，还有"唐兀"、"唐兀惕"等形式。

三、党项人族源与部落释名

党项人自称"弥人"，且与藏史中传说的董氏（ldong）部落有关。又据汉文史书记载，党项为汉代西羌之后裔。我们可以把它与汉代的"东羌"和"迷"姓首领的羌人部落联系起来，追溯它的起源。

《后汉书》卷八七《西羌传》记载，无弋爱剑的后裔，自烧当至其玄孙滇良，世居黄河北大允谷，因不满先零、卑湳（即白兰）羌部侵扰，乃会集附落及诸杂种，从大榆谷入，掩袭先零、卑湳二部，大破之，杀三千人，掠取财畜，夺其地而居之，由是始强。滇良子为滇吾、滇岸。汉明帝水平元年（公元 58 年），滇岸被东汉列为"大豪"，封归义侯，加号汉大都尉。次年，滇吾降汉，又被列为"第一豪"。滇吾死后，其子东吾立，以其父降汉，遂入居塞内，谨愿自守，而诸弟迷吾等仍数为"寇盗"。

汉章帝建初二年（77 年），迷吾率军与金城太守郝崇战于荔谷，大败汉军。迷吾招纳各部，又与封养种羌豪布桥等五万余人，共攻汉陇西、汉阳等地。此后，迷吾部时叛时服，影响甚大。章和元年（87 年），陇西太守张纡设毒酒宴，诱杀羌豪八百余人，斩杀迷吾等人。迷吾子迷唐及其种人向塞号哭，与烧何、当煎、当阗等相结，以子女及金银娉纳诸种，解仇交质，率种人攻汉朝陇西塞。

我们认为，《后汉书·西羌传》中的"东吾"、"东号"、"当煎"、"当阗"，以及"东羌"，即与藏文史书中的"董"（ldong）或"东"（stong）部族有关。而"迷吾"、"迷唐"等，则与"弭药"或"弥人"有关。他们是党项的先祖。

依《后汉书·西羌传》记载，羌人习俗，"氏族无定，或以父名母姓为种号"，这一点也为史实所证实。如无弋爱剑曾孙忍与舞，留居湟中，多娶妻妇，"忍生九子为九种，舞生十七子为十七种"。忍的一个儿子叫研，最为豪健，"故羌中号其后为研种"；忍的季父卬，则传出了卬羌；研十三世孙烧当，传出了烧当羌等。则当时十分强大的东吾、东号，同样可以传出"东羌"（此名见于《后汉书·西羌传》）。而影响更大的"迷吾"、"迷唐"父子，则完全可能是"弥羌"或"弥人"部落的重要首领或创始者。他们主要活动在今甘、青、川等地区，以赐支（析支）河一带为中心，胜则内侵陇西塞，败则"远依赐支河曲"或"复还赐支河首，依发羌居"。这与后世党项部落的活动范围相一致。

唐代时期，吐蕃崛起并统一青藏高原，不甘屈服的党项人大多辗转迁徙至银、夏、宥、庆等州，并建立了西夏政权。这一部分党项人的活动，汉文史籍记载较详，也相对清楚，但对于融入吐蕃或归于吐蕃治下的党项人的情况，限于资料，人们莫知其详。结合藏文文献，我们可以弥补这方面的缺憾。

据藏文史书《拉达克王统记》载，吐蕃的四个大相家族（blon-rigs）全都属于董族人：第一个是董波且雍都（ldong-po-cheyong-tu），第二个是雅钦董（Ya-chen-ldong），第三个是南钦董（nam-chen-ldong），第四个是托举董（Thog-rgyud-ldong）。托举董娶了王族（rie-rigs）女子为妻，并生下十八个儿子，衍为所谓董氏十八大宗和涅董（nyes-ldong）无数家族。董族的含义自然要比木雅（弭药）更广泛一些，与"党项"有更密切的关系，但木雅人无疑是"董族"中最为重要的一支。在吐蕃贵族中应该有吐蕃治下的党项部落首领。

《新唐书》《旧唐书》《册府元龟》《唐会要》《资治通鉴》等汉文史书中

有关吐蕃统治下的党项部落的记载,我们可以在西山诸羌中的"董"姓羌部中找到线索。

据《旧唐书》卷一九七《东女国传》记载,唐德宗贞元九年(793 年),诣剑南西川内附的部落及首领有:哥邻国王董卧庭,弱水国王董辟和,悉董国王汤息赞,咄霸国王董藐蓬等。史称:"弱水王即国(唐朝)初女国之弱水部落。其悉董国,在弱水西,故亦谓之弱水西悉董王。旧皆分隶边郡,祖、父例授将军、中郎、果毅等官;自中原多故,皆为吐蕃所役属。其部落大者不过三二千户,各置县令十数人理之。土有丝絮,岁输于吐蕃"。

"悉董国"即"sdong"的译音。咄霸,疑是西夏王族"拓拔"姓之别译。弱水、哥邻(此当为 sgo-gling 音译,为 sgo 族人)均属非木雅的董部,或与之有密切关系的部落。而西夏文文献《大诗》中的记载更值得我们注意。《大诗》在谈到世界创造者时,提到了人格化的白色仙鹤与赤面猕猴:

> 白鹤天匠旋自变,
>
> 天穹下白色的仙鹤董(ndoh)是阴沉的,是蠢笨的,
>
> 普天之下黑头比野兽(lhi)更加蠢笨。
>
> 陆地上是肥胖的红脸膛的猴子奥(O),
>
> 在陆地上是比狗熊还蠢笨的红脸膛的猴子。

这里的"黑头"(黔首)、"赤面猕猴"等特色词语很自然地使人们联想到吐蕃。而这里所提到的白仙鹤董(ndoh,疑误,似应作 sdong 或 ldong),就更直接地将党项与青藏高原上的"董"族联系起来。对此,克恰诺夫先生认为,"仙鹤的名字'董'(假定这是个名字?)使人联想到藏语作品中提到的'董弭药',而很多研究人员认为这就是党项,也就是唐古特人。肥胖的红脸膛猴子'奥'正符合藏族人民来自猴王(后来叫做阿瓦洛基捷什瓦尔)和女魔'山妖克鲁(klu)'(即岩魔女鲁——引者)的藏族传说,女魔克鲁就是宇宙中冥界的代表人物"。[①]

[①] 〔俄〕克恰诺夫:《关于西夏文文献〈圣立义海〉研究的几问题》,载《圣立义海研究》,宁夏人民出版社,1985 年。

西夏人在自己的文献中把自己与青藏高原上的"董"族（ldong 或 sdong）联系起来，这一点十分重要，它可以与藏文文献中有关"董弥药"（sdons/ldong-mi-nyag）的记述，以及汉文献中的"东羌""董部"相互印证。

党项人长期沿袭和保持了汉代以来的部落组织制度。《隋书·党项传》说，党项"每姓别为部落，大者五千余骑，小者千余骑"。《旧唐书·党项传》也说，"其种每姓别自为部落，一姓之中复为小部落。大者万余骑，小者数千骑，不相统一"。其主要有八部，即细封氏，费听氏，往利氏，颇超氏，野辞氏（《通典》作野律氏），房（一作犀）当氏，米擒氏，拓跋氏，而拓跋氏最为强大。

学术界对八部未见有详明考辨，今就此考证如下：

拓跋氏是党项诸部中最强的一个部落，也是西夏王族的先祖部落。我们认为它是党项人部落，但与鲜卑吐谷浑有极密切的血缘关系。《旧唐书·党项传》说，"有羌酋拓跋赤辞者，初臣属吐谷浑，甚为浑主伏允所昵，与之结婚。"可见二者有姻亲之交。

"拓跋"一名，学术界有认为源自鲜卑拓跋者，也有认为是党项羌而非鲜卑部落者，但未见详考其实者。据我们研究，拓拔为党项部落，它来自藏史传说中董族（ldong）四大相家族之一，即"托举董"（Thog-rgyud-ldong）。藏语 rgyud 意为"传承，族类，种属"等，"托举董"即"托族（系）董"或"托氏董"。

"拓跋"即"Thog-pa"（意即"拓族人"）的音译。这完全符合我们关于"拓跋"为董氏（党项）部落的论证，以及党项人部落命名的惯例。如上言，董氏羌部"咄霸"或即拓拔未迁之余部。

房（犀）当氏史书中的房当为犀当形讹。"犀当"，我们把它与"董氏"相勘同，即"sdong"，与"悉董"同音、同词。说明它是党项部落，是董氏之一。

细封氏"封"字，依古无轻唇音例，当读如"崩"，正力先生《汉字古音手册》注其古音为"帮东切"，即 pǐwoɯ。"细封氏"疑即藏文献中活动在嘉绒等地,且与董族有密切关系的 sbra 氏(细布拉,或哲氏)。尚待进一步考证。

米擒氏一作米禽氏,应来自藏文"mi-chen"。当为董氏诸"高人"部落之一。松赞干布时有大臣名 mi-chenseng-go 即为此氏。他因毛遂自荐,征讨达布获胜而倍受称誉。[1]

把利氏我们认为它来自藏语 dpav-rigs,意为"把族"或"巴族"。在青海湖东部地区有 dpav-ris。[2] 在今四川省木里藏族自治县境内也有"把利山"(dpav-ri)。是否与党项把利部落活动有关呢? 这些地区无疑都是党项人曾经居住或徒经的地方,当有极大的可能性。

颇超氏疑与附属于董(ldong)或东(stong)族,与党项有密切关系的"vbru"(颇珠,或珠氏)有关。它的居地,依石泰安先生考证,"肯定在康区(khams)"。[3]

野辞(律)氏《通典》作野律氏,为正字。西夏有野利氏为名门贵族,如野利仁荣、野利旺荣等。其族源应与拓拔氏密切相关。是藏族传说中董氏四大相家族之一的"雅钦董"(Ya-chen-ldong)。"Ya-cheng-ldong"意为"大雅董",野利氏,采自"Ya-ris"音译,即"雅族"或"雅氏族",为董氏(党项)部落中重要的一支,且与皇族拓拔氏同源。

四、结论

通过以上考辨,本文得出以下几点结论:

(1)羌文化既是华夏文明极重要的一个源头,又是联系汉族、党项与吐蕃诸族的纽带,古代中国西部存在一个古羌文化网络,以羊和猕猴为图腾。

---

[1] 王尧、陈践译注:《敦煌本吐蕃历史文书》(增订本),民族出版社,1992年,第162—163页。
[2] 江实:《东部藏语辞典》,冈山出版,1954年。转见〔法〕石泰安著,耿昇译,王尧校:《川甘青藏走廊古部族》,四川民族出版社,1992年,第115页。
[3] 〔法〕石泰安:《川甘青藏走廊古部族》,耿昇汉译本,四川民族出版社,1992年,第77页。

（2）党项人自称"弥人"，不仅仅限于唐代党项和宋代的西夏政权，而且是一部分羌人的自称，它可以上溯到与之相关的楚国芈姓。而"弥人"称谓的来源，既可能是"猕猴种"的"猕"，也可能来自羊叫声的"芈"，或者二者兼有，它在汉藏语系中的一个基本含义为"人"。

（3）党项是汉代西羌的后裔，而且与当时的"东羌"（东吾、东号所传）及"弥羌"（迷吾、迷唐等所传）有更直接的族源关系与继承关系。

（4）"党项"一名是中原汉史家对建立西夏的这一支羌人及其先祖部落的称呼，它就是藏史中所说的四大族姓之一的"董氏"（ldong 或 sdong）。"党项"一名来自藏语，为"ldong 或 sdong-gsham"（下部董氏）之音译。藏文对党项不变的称谓是"mi-nyag"（或 mi-nag），汉译作"弭药"、"木雅"、"密纳克"等。西方文献称党项为唐古特，来自突厥语族语言中的 Tangut 和蒙古语族鲜卑语的 Tangghut 或其他异体形式。"党项"与"木雅"的含义基本一致，又有细微不同。

（5）西山诸董部羌人是被吐蕃役属的党项人的主要一支，"咄霸"即党项八部之一的拓拔，是未北迁的部众。

（6）通过考证，我们在藏语中初步找出了党项八部的音译原型，它们都是董氏（ldong），也即党项部落，或与之有亲缘关系的部落名称，其中拓拔氏为皇族，而野利氏，则与之同为兄弟，血缘关系最密切。

原载《中国藏学》1996 年第 1 期

四　五代时期的散居党项

党项羌是我国古代西北少数民族之一。据《新唐书·党项传》记载："周灭宕昌、邓至，而党项始疆。其地古析支也，东距松州，西叶护，南春桑、迷桑等羌，北吐谷浑。"约当今四川西北、甘肃南部及青海果洛一带地区，有细封、费听、往利、颇超、野利、房当、米擒及拓跋等部。隋末唐初，吐蕃兴起，党项迫于压力，举部内徙，唐朝列土设州以处其众；留居原地者皆为吐蕃役属，谓之"弭药"，内迁的党项各部，由于不断接触中原封建文化、参与唐王朝的攻略征伐而得以强大，逐渐形成了与地域相关联的部落集团，计有六府、东山、平夏等部。

五代时期，拓跋部在夏绥银宥等州拥有割据政权，史迹昭然，此不赘述。唯有散居党项居地不定，部落繁杂，多湮没无闻。本文拟就所见资料略加论列。

一、河西党项

河西党项是指活动在黄河以西的麟州、府州、胜州以至天德一带的党项。因其地处中原政权及夏州定难军之北，又可称为北路党项，主要是党项八部之一的折氏部落。

　　党项羌进入河西地区的时间和具体过程已不甚清楚了。据《新唐书》记载,早在武则天圣历初年(公元 698 年),灵、胜二州的党项即"诱北胡寇边",则此前已入胜州可知。唐玄宗开元八年,"赐入朝新降蕃酋敕"中也包括河西党项在内。① 开元九年,"叛胡与党项连结,攻银城、连谷,以据粮仓,(张)说统马步万人出合河关掩击,大破之。追至骆驼堰,胡及党项自相杀,阻夜,胡乃西遁,入铁建山,余党溃散。"因此,张说建议置麟州以安置党项。② 十二年麟州立,隶朔方节度使管辖。天宝元年,王忠嗣为朔方节度使兼灵州都督,奏请割胜州连谷、银城两县隶属麟州,并改为新秦郡。③ 乾元元年复为麟州。同年,设振武节度押蕃落使,领镇北大都护府、麟、胜二州。自此后,河西党项由振武节度使管辖而与西路党项分置,其后或内附唐朝,或相携为叛,与周边各部发生了密切的联系。

　　五代时期,河西党项与中原政权和契丹辽朝多有往来,成为它活动的主要两个方面。

　　首先谈一下河西党项与中原政权的关系。河西党项是散居河西地区党项部落的概称,并没有统一的政治倾向或对外策略,其活动具有较大的分散性。后梁时期,因时局未稳,各部党项的活动史籍未载,无法得知。只是到了后唐庄宗执政时期才频频出现,且多属朝贡使者。同光三年正月,河西郡落折骄儿进贡驼马,二月,河西郡族折文通也献驼马,折愿庆献方物。④ 经济上、政治上的联系就这样开始了,在庄宗秉政期间(923—926 年),这种朝贡贸易略无间断。河西党项的频繁入贡,主要是经济上的因素,长期不止的战乱,给人民生活带来了极大的困难,尤其对依赖于中原农业产品的游牧民族更是如此,他们渴望和平,渴望中原的农业、手工业产品及茶叶丝绸,朝贡不过是其进行贸易联系的一种借口,同时,也与躲避契丹贵族的抄略有关,辽朝的连连西征无疑加速了河西

---

① 《唐大诏令集》卷一二八。
② 《旧唐书·张说传》。
③ 《旧唐书·地理志》麟州下。
④ 《册府元龟》卷九七二。

党项向后唐靠拢的进程。同光以后,大姓强者,各自朝贡。唐明宗统治期间(926—933年),河西党项的入贡次数均有剧烈的增加,比如公元927、928、929几年均有朝贡或献方物的使者来朝。[1] 这种朝贡贸易,无疑又带有浓厚的政治色彩,它像联结河西党项与内地政权的金色带,不断地输送着各民族间的友谊与文化。

对于河西党项的朝贡贸易,后唐统治者给以积极支持,基本上采取了开放政策;对于归款的党项首领,又能以诚相待,授以官爵。比如唐明宗长兴元年(930年),即敕令河西党项蕃官来万德"可怀化司戈",同年十二月,又以党项折家族五镇都知兵马使折文政为检校仆射,以党项薄备家族都督薄备撒罗为检校尚书。[2] 从这里我们又可知道,散居的河西党项并不是一些乌合之众,而是有组织的部落个体,以家族为核心分官设职,各职其事。如折氏的"五镇都知兵马使"、来氏的"蕃官"、薄备氏的"都督"等,都是仿照内地政权的职官制度,带有明显的封建化成分。

河西党项尚有府州折氏。府州折氏尚有鲜卑"叠掘氏"之说。如(宋)邵恩编撰《姓解》即以折为鲜卑折掘氏。据《太平寰宇记》卷三八载:"府州,本河西蕃界府谷镇。土人折大山、折嗣伦代为镇将。后唐庄宗天祐七年有河、朔之地,将兴王业,以代北诸郡为边患,于是升镇府谷县。八年,麟州刺史折嗣伦子从阮招回纥归国,诏以府谷县建府州,以扼蕃界,仍授从阮为府州刺史。寻以契丹与小蕃侵扰,移州于留得人堡,即今州理是也。"后晋石敬瑭为报契丹援立之恩,割云中等地给契丹,由此府州北属,契丹欲徙河西之民以实辽东,州人大恐,折从阮因险据守。开运元年后晋与契丹绝贡纳,从阮亦进击辽朝,次年,以从阮为武胜军节度使,其子德辰为府州团练使。

此后,府州折氏历仕后汉、后周,并参与了后周对后汉的战争。在镇压西路党项各部的反抗斗争及抵御契丹侵扰的战斗中,均表现出色,深

[1]《册府元龟》卷九七二、九七六。
[2]《册府元龟》卷九七六。

得周世宗的倚重。《资治通鉴》卷二九二载,世宗宁绝夏州而不弃府州可为明证。

河西党项又与契丹辽朝发生过密切地交往。据记载,双方第一次接触在公元916年。这一年7月,辽太祖耶律阿保机亲率大兵西征突厥、吐谷浑、党项等部,俘获其酋长及民户15600,掠得铠甲、兵械、器服90余万,宝货、驼马、牛羊不可胜算。① 这次军事活动波及范围较大,被掠党项当不限于河西地区,但河西党项首当其冲,重被其害,战后,党项迫于辽朝压力,一度臣事契丹贵族,公元918年2月,党项与回纥、阻卜等部向辽朝遣使入贡。② 但这毕竟是一种强制性的献纳,带有显明的民族压迫成分,势必不能得到党项人的支持和拥护。公元920年8月,党项各部即掀起了反抗辽朝强取豪夺的斗争。对此,辽太祖采取高压政策,立刻派兵镇压。九月,命皇太子率迭剌部夷离董污里轸等抄略云内、天德,俘获河西党项2600口,十月又攻天德军,拔十有二栅,徙掠其民,并以契丹贵族为天德节度使,占有其地。③ 河西党项人民再次遭受战争的劫难,次年,辽太祖为防备党项及其他各部的反抗,再次西征。此后的公元924、925、926年,辽太祖连续三次派兵西征党项及突厥、吐谷浑、阻卜等部,史称,辽太宗随"太祖破于厥里诸部,定河堧党项,下山西诸镇,取回鹘单于城,……所向皆有功"④。战争给河西党项人民带来深重的灾难,每一次战争都有大批的党项人民被俘获或被掠为奴隶,嗣后辽朝统治下的党项部落,主要是在这一时期被劫略去的。

对于掳掠过的河西党项地区,契丹贵族又往往推行搜括苛政,迫使各部纳贡。如公元933年正月,辽太宗命皇太弟李胡、左威卫将军撒割率兵西征党项以后,即迫令党项部落在这一年四月、十二月两次入贡。⑤

---

① 《辽史·太祖纪》上。
② 《辽史·太祖纪》上;《辽史·属国表》。
③ 《辽史·太祖纪》下;《辽史·兵卫志》上。
④ 《辽史·耶律安搏传》;《辽史·太宗纪》上。
⑤ 《辽史·太宗纪》上。

在此同时，夏州党项政权又与后唐发生了激烈的战争，双方关系不复如昔日那样融洽，在一定程度上也影响了河西党项与中原政权的关系，朝贡贸易处于低潮。于是，河西党项与契丹的不平等的纳贡或贸易就成为一种微量补偿，在公元933年两次朝贡以后，934年正月、935年三月又两次朝贡献驼鹿。① 因此，这种关系无疑是多重的和复杂的。契丹贵族掳掠人口的事件依然存在，党项人民的反抗也更加激烈。

后晋天福六年（941年），"沿河党项及山前、山后、逸利、越利诸族部落等首领，并差人各将契丹所授官告、职牒、旗号来送纳，例皆号泣告劳，称被契丹凌虐，愤惋不已，情愿点集甲马，会合杀戮"。② 可见其反抗辽朝侵略的斗志是十分高昂的。无奈，河西党项尚未形成较强大的部落领导核心，也没有统一的军事力量，很难组织有效的斗争；后晋要进击契丹也深感力不从心，不可能对河西党项的反抗斗争给予实质性的支持。次年十月，辽朝又征诸道兵，遣将密骨德西伐党项。③ 终五代之世，辽朝之患未解。

由上述事实可以看到，辽朝对河西党项基本采取两种态度：一是发动掠夺战争，俘获大批的人口迁之辽朝境内，以供贵族剥削和奴役；一是扶持傀儡，授以官告、职牒、旗号，使其俯首听命，定期遣使纳贡。此二者莫不带有民族压迫的性质，理所当然地引起党项人民的反抗，府州折氏的斗争尤为可观。公元944年，折从阮奉晋少帝之命攻击契丹，拔十余寨，次年克取胜州，围攻朔州，给契丹贵族以沉重地打击。④ 这是应该充分肯定的。

二、西路党项

西路党项是指散居在灵州、盐州以及庆州一带的党项部众，它形成

①《资治通鉴》卷二九七。
②《旧五代史·晋书·安重荣传》
③《辽史·太宗纪》下。
④《资治通鉴》卷二八四。

的时间更早。较之河西党项,部落也更为繁多,势力更为强大。由于扼守中西交通要道,其活动具有特殊的意义和影响。

据记载,早在唐太宗贞观年间,庆州已有党项拓跋部居住,唐朝设静边等州以处之。武则天天授三年(692 年),党项内附者竟有 20 万口之多,唐朝分其地置朝、吴、浮、归等十州,仍散居灵、夏等界内。至德(756—758 年)以后,中原战乱,党项再寇邠、宁二州。代宗宝应初年,其首领入朝"请助国供灵州军粮",朝廷褒美之。德宗贞元三年十二月,唐朝初禁商贾以牛马器械在党项部落中贸易。① 由于党项部落繁富,拥有大批宝货良马,远近商贾欲与之贸易,使朝廷禁令成为一纸空文,因此,西路党项最初活动即与商业贸易相联系。

唐文宗大和、开成年间,西路党项所处的各藩镇统领贪婪无度,不顾党项人民的利益和存在,强迫买其羊马而不酬其值,给人民带来深重的灾难,也引起了西路党项各部落的武装反抗,"灵盐之路小梗",唐朝统治者不得不经营邠、宁、灵、延等州,然而一无所获。②

五代时期,西路党项抄略商路的活动有增无已,这些抄略又与中西交通的繁盛相联系。自后唐庄宗起,党项各部纷纷入贡。明宗时,朝贡贸易进入高潮,据粗略统计,从公元 924 年到 936 年后唐灭亡,党项各部的朝贡及进献方物有十八次之多。除河西党项(即北路党项)之外,大多通过西路党项地区,尤其是回纥朝贡,莫不经过此道。明宗诏沿边设置贸易市场,得回纥、党项马最多。为了招怀远人,"马来无驽壮皆集,而所售过常直,往来馆给,道路倍费。其每至京师,明宗为御殿见之,劳以酒食,既醉,连袂歌呼,道其土风以为乐,去又厚以赐赏,岁耗百万计"。③ 唐大臣对此多所非议,并主张在边地置市购马,止其来朝。但是,明宗皇帝自有理论,依然不改其制,回纥、党项亦利其所得,来不可止。《册府元龟》卷一七〇载,帝曰"尝苦马不足,差纲远市,令蕃官自来,何费之有?"

①②《旧唐书·党项传》。
③《旧五代史·党项传》。

　　繁盛的中西贸易,给居住在灵、庆一带的西路党项提供了诸多方便:他们不仅可以从开展贸易活动中获取厚利,而且可以通过扼守交通要道以掣肘中原政权。优越的地理位置,为充实经济实力提供了良好的条件,也刺激了党项部落贵族的掠夺欲望。在唐明宗长兴(930—933 年)年间,灵、庆之间各部开始了"犯边为盗"的抄略活动。"自河西回鹘朝贡中国,道其部落,辄邀劫之,执其使者,卖之他族以易牛马"。① 回鹘向中原王朝进贡的黑玉宝货往往被抢夺一空,使者多诉其苦,哀怨不止。

　　为了维护贸易的正常进行,后唐政权一方面调兵遣将、打击行抄的西路党项各部落,另一方面又采取招抚的办法使其归附听命。公元 929 年,唐明宗派康福镇抚灵州,行至方渠,遭到"羌、胡"各部的邀击,康福击退之,并在青刚峡击败党项野利、大虫二部数千账。932 年正月,党项阿埋、屈悉保等部抄掠方渠镇,邀杀回鹘使者,明宗遣邠州萦彦稠、灵武镇康福率兵七千前往方渠,讨"党项之叛者",大掠而归。② 在武力镇压同时,后唐及其后的各个政权也没有放弃怀柔政策。明宗天成四年,以符彦卿为庆州刺史,彦卿奉诏筑堡于方渠之北的乌仑山口,以招党项。怀柔政策有值得称道的地方,也出现了一些可称道的人物。如后晋天福二年出任宁州刺史的王傅拯即是其中之一,宁州"境接蕃部,以前弊政滋章,民甚苦之。傅拯自下车,除去弊政数十件,百姓便之"③。又如灵武节度使冯晖,始到镇即"推以恩德,部族怀惠,止息侵夺"④,无疑有限地缓和了阶级和民族矛盾。但这终归是一种应急手段,其目的更在于维护其对党项各部落人民的剥削和统治。即如冯晖此人,同时又是一个强暴闻于遐迩的刽子手。这些政策与人物的两面性还是应该充分认识的,

　　由于军事讨伐和怀柔政策,均不能改变西路党项影响中西交通的状况,后唐、后晋各代不得不采取拥兵护送的办法来维护商路的畅达和行

①《旧五代史·党项传》。
②《新五代史·唐臣·萦彦稠传》。
③《旧五代史·王傅拯传》。
④《旧五代史·周书·冯晖传》。

旅安全。公元935年,后唐末帝因回鹘朝贡多被劫掠,下诏命邠、泾、麟、耀四州出兵接应回鹘使者。及其返回,又诏那州节度使康福遣将军牛知柔,率禁兵护送至灵武。并在马岭地方(属威州方渠),与行抄的党项杀牛部相遇,灵武军副都部署潘环等击败之,其首领阿磨而下五人被俘。①后晋时期,青冈、土桥(在灵州境内)之间,一皆是氐、羌帐族,从来剽掠道路,商旅行必以兵。②

西路党项剽劫和反抗的原因是多方面的,在许多情况下则是由边将、刺史统治无术或敲诈勒索引起的。后晋少帝时期的彰武(即延州)节度使王令温镇守朔方,"不存抚羌、胡,以中国法绳之。羌、胡怨怒,拓跋彦超、石存、也厮褒三族,共攻灵州,杀令温弟令周"。事发,后晋即派兵镇压,屠杀各部。③ 最为突出的,还是发生在后周太祖广顺三年(953年)的庆州野鸡部的反抗活动,史称,广顺初年,郭彦钦任庆州刺史,"性渎货,及擅加榷钱,民夷流怨。州北十五里寡妇山有蕃部曰野鸡族,多羊马。彦钦作法扰之,利其略遗"。野鸡族被迫掀起反抗,"彦钦乃奏野鸡族暴盗掠夺纲商",朝廷出兵镇压。宁州刺史张建武勇于立功,径趋野鸡族帐追击,杀死数百人。而喜万玉、折思等族皆是熟户蕃人,并未参预抄略,也遭无端袭击。更有甚者,党项杀牛族与野鸡族本有私怨,听说官军"讨贼",便相聚饷馈,欣然钦奉。不意官军利其财货孳畜而劫夺之,导致杀牛部转而反抗官军,与野鸡部联合起来,形成浩大的势力。后周政权虽屡遣大军剿掠而未能平息,世宗知情,怒彦钦及建武贪财黩武,罢其官职,勒归私第。改任郑元昭为庆州刺史,抚怀边人,方算了结。④

中原政权对西路党项的多次用兵,虽然对保护中西交通起到了一定的作用,但是,却给党项各部人民带来了深重的灾难。每次出兵,都有大

---

① 《册府元龟》卷一七〇、卷九八七。
② 《册府元龟》卷六七七。《新五代史·冯晖传》。
③ 《资治通鉴》卷二八五。
④ 《册府元龟》卷一六七。

批的党项人被俘虏或遭到残杀。唐明宗天成四年,康福在青刚峡掩击野利、大虫二部数千帐,"杀获殆尽"。长兴年间,静难军节度使荣彦稠与康福,"诛党项阿埋三族、韦悉、褒勒、强赖、埋斯骨尾各一族、屈悉保三族,计十族,得七百人"。① "自牛儿族入白鱼谷,追击皆叛党项白马、卢家六族、客户三族,获大首领连香八萨王、都统悉那埋摩、侍御乞埋嵬悉逋等六十人,兼党类二千余人。获驼马牛羊数千计"②,无疑使党项部落蒙受一次重大的经济损失。但是,这些"战果"也是要统治者们付出血的代价的,因为党项人民没有停止对抄扰的斗争。如庆州野鸡部与杀牛族联合以后,即围攻官军,"官军不利,被蕃人迫逐投崖坠涧而死者数百余,折从阮等以兵自保,无相救应,建武陷长男,余众公免"③。周世宗不得不采取一些缓和措施,整顿盐榷关税,规定:"于蕃汉户市易枭籴,私有抽税,今后一切止绝。"④

　　总之,引起西路党项抄略商路的原因是多方面的,既有部落贵族掠夺财富的因素,又包含着党项人民要求发展商业贸易,乃至反抗敲诈勒索的成分,这些矛盾往往引起军事冲突。中原政权为保障商路畅通,维护边地安宁,频频出兵,党项各部也竭力反抗,乃至主动出击。战争给党项人民带来了重大的损失,也在不同程度上刺激了中原王朝的统治者,使他们进行局部调整,禁绝滥征盐税;懂得对待部落民族,不能用"汉法"而必须使用"蕃法",乃至撤销一些不称职的贪官污吏,这应该是斗争的胜利成果。

三、余论

　　五代时期的党项羌,如我们前文所言,大体有夏州政权、河西(或北

---

① 《册府元龟》卷九八七。
② 《册府元龟》卷三九八。
③ 《册府元龟》卷一六七。
④ 《旧五代史·食货志》。

路)及西路三个部分。但这并不是严格的划分,他们族类相同,地域相接,许多活动是密不可分的。因此,不可过分拘泥。

夏州党项以拓跋部为中心。作为占据一隅的地方势力,他们与梁、唐、晋、汉、周五代发生了密切的联系:政治上,臣属各个王朝,换取承认和支持;经济上,大力发展商业贸易,获得必需的生产生活资料以充实其实力;军事上,又勇于抵抗来犯之敌,保护定难军不受瓜分。公元933年夏州保卫战以后,积极朝着独立方向发展,并利用中原政权与契丹贵族的矛盾和对立,削弱对方、保护自己,为建立夏州政权作好了最初的准备。

河西党项,主要是党项八部之一的折氏。如多次向后唐朝贡的折七移、折文通、折磨庆、折骄儿等等,以及拥有府州的折氏家族。此外,属于河西党项的尚有唐明宗开成二年九月入贡的党项首领来有行及长兴元年被允许"可怀化司戈"的蕃官来万德。[①] 来氏当为一个较大的部落。后晋天福六年,成德节度使安重荣奏称的沿河党项及山前、山后、逸利、越利诸族,也是河西党项的一些部落。成德为河北道的镇州,约当今山西太原市附近,距麟、府二州不远,且每受契丹侵略。如此,则河西也有野利(即逸利)和越利等部。公元924年向后唐朝贡的党项薄备香及长兴元年被任为检校尚书的薄备撒罗[②],皆为薄备家族的使者。依据他们的活动多与折氏相关的状况,大约也属河西党项,是一个新形成的部落组织。

西路党项的部落则更为繁多,而且大都集中在灵、庆两州之间,计有野利、大虫、阿埋三族、韦悉、褒勒、强赖、埋斯骨尾、屈悉保三族以及白马、卢家六族、客户三族、杀牛族、拨相公族、拓跋部。石存、也厮褒等等。泾州尚有野龙19族,环州(即灵州方渠镇,亦即威州)有皋家族,庆州有野鸡族、杀牛族、喜万玉族、折思族及树伙等族。此外,邠州、延州、宁州乃至凉州(拓跋承谦)、新州(拓跋黑连)[③],皆有党项人居住。这些党项部

①②《册府元龟》卷九七六。
③《旧五代史·外国·吐蕃传》。

落较唐末有了进一步的发展,不仅出现了一大批新的部落组织和部落集团,而且受汉族文化的影响也更为加强了,有的部落首领已使用汉族姓氏,如野鸡部第七门首领李万全即是。[①] 部落中的血缘纽带逐渐松弛,尤其是他们逐渐采用了中原的封建职官制度,如都督、都统、侍御、五镇都知兵马使等,间接地体现出部落组织的封建化过程。

如何管理这些散居党项呢? 依据零散的资料我们得知,中原各政权大多派遣边镇节度使和刺史、押蕃使等进行统治。贞观初年以静边等州安置党项,开元九年置朔方节度使,领单于大都护府,夏、盐、绥、银、丰、胜六州,迁居于灵州、庆州等地的西路党项即归朔方节度使管辖,乾元二年置邠宁节度使领邠宁庆泾等九州。随着党项部落内徙增多,逐渐设立了鄜坊、凤翔等节度使。五代时期主要以朔方及彰武等节度使管辖西路党项,而且使用"蕃法",即不同于内地的一套管理制度。如后晋时期的光禄大夫康福,即兼任行凉州刺史,充朔方河西等军节度,灵武甘肃等州观察处置管内营田、押蕃落、盐地榷税等使。[②] 这里显然把管理党项部落与青白盐贸易、边地屯田等项结合起来。史称,康福"居灵武三岁,岁常丰稔,有马千匹,蕃夷畏服"[③]。冯晖镇守灵武,"屯田以省转饷,治仓库亭馆千余区,多出俸钱,民不加赋,管内大治……"[④]。可见其行之有效。

总之,散居党项就是在这种友好通使又矛盾斗争中与内地政权密切联系着。归附的党项首领被授以官爵,内迁的部落形同编民,党项与汉族以及其他民族的融合,在五代的混乱中形成了不容忽视的浪潮,斗争、融合、发展是一条清晰的轨迹!

原载《西北史地》1988 年第 4 期

---

① 《册府元龟》卷一六七。
② 《旧五代史·晋书·康福传》。
③ 《新五代史·康福传》。
④ 《新五代史·冯晖传》。

五　略论外来文化对西夏的影响

　　西夏是以党项族为主体,吸收汉、藏、回鹘、鲜卑、契丹、蒙古等各族参加而建立的地方政权。在它存在的近二百年中,与周边各族在政治、经济、军事诸方面发生了密切的交往,在文化上,兼收并蓄、广采博取,形成了自己独具特色的民族文化——西夏文化。西夏文化是党项族人民与其他各族人民共同创造的宝贵财富。我们在肯定党项族人民辛勤劳动的同时,也不要忽视外来文化所占据的重要地位。本文试就西夏文化的外来成分论述如下。

一、以汉族为主体的中原文化

　　党项是古老的羌民族的一个分支,原居今四川松潘至青海果洛一带。早在魏、周之际,已与中原王朝建立了频繁的联系。隋唐时期,党项部落纷纷内迁,开始了与汉族杂居的过程。对于党项首领,唐朝政府往往赐以官爵、衣物和金银,使其安居乐业。稍后,因吐蕃逼迫,党项人再次内徙,相继定居于庆州及灵、盐、夏、绥、银、宥等州。一方面与汉族开展用羊马换锦缎的商业贸易,另一方面,为适应环境需要,逐渐掌握了种植农业技术,从而密切了与汉族人民的交往,为文化上的沟通奠定了基础。可以说,党项羌吸收汉族文化是政治上归属、地域相接、民族杂居诸因素发展的必然结果。西夏建立以后,汉族文化的比重迅速增加,成为西夏文化的主要内容之一。主要体现在如下几个方面:

1. 汉字的广泛使用

汉字是汉族文化的重要组成部分,在西夏文字创立以前,甚至以后,均被广泛使用,而西夏字创制本身也与汉字密不可分。据史书记载,西夏的建立者元昊本人,即"晓浮图学,通蕃、汉文字"[①]。在西夏文字创立以前,党项人使用最多的应该是汉字汉文,理由有三:首先,迁居内地的党项羌处于汉族的包围之中,在经济、军事以及生活上接触最多最直接的是汉族。党项上层贵族经常接受中原王朝的册封和任命,印信封文皆是汉文,不通汉文是很困难的。其次,内迁并与汉族杂居相处的党项群众,由于经常性的商品交易的需要,必将对汉文汉字有所知晓。第三,西夏境内属民中有大批的汉族人,他们都讲汉语,这些人既是使用汉字的基本群众,又会对党项人学习和采用汉语产生巨大的影响,如张元、吴昊等人身居要职,常以汉文为诗即是其证。汉族较高的封建文明也是一个自然优势。"通蕃、汉文字"的将不仅仅是元昊一个人,而多数的统治者和众多的普通群众同样会懂得汉字汉文。夏州政权与宋朝往来文书均为汉字书写是确定无疑的。

不仅如此,汉字还是创立西夏字的基本依据之一。据研究,西夏字"无论在造字的原则上、在文字的结构上,乃至于具体的文字笔画、字体形态、书写规则方面,都未能脱出汉字的影响,以致使人乍一看到西夏字,便觉得好象是汉文"[②]。在此后的历史上,西夏字虽然被统治者定为国书,下令学习和使用,但并没有因此而取代汉字在西夏境内的重要地位。西夏统治者依然要从宋朝购买或乞赐得到汉文佛经,而西夏的汉文

---

① 《宋史》卷四八五《夏国传》。
② 史金波:《西夏文化》,吉林教育出版社,1986年,第26—27页。

碑刻更证明了这一点,如著名的《重修护国寺感通塔碑》,一面是西夏文,另一面是汉文;又如《黑河桥敕碑》、《承天寺碑》等,虽刻有藏文或西夏文,却毫无例外地刻着汉文。

2. 儒学的重要地位

儒学是中国传统文化的核心部分,它集中地反映了中国人的社会和伦理思想。西夏建立后,由于大量吸收汉族文化,自然而然地输入了儒学思想。首先是经典的翻译和吸收。据《宋史·西夏传》记载,在大力倡导"蕃学"的元昊时期,即翻译了《孝经》、《尔雅》和《四言杂字》等,前两书均在经书之列。西夏统治者还向宋朝乞赐经籍,如鄯都六年(1062 年),夏毅宗向宋太宗进马五十匹,求《九经》《唐书》《册府元龟》等书,宋朝赐以《九经》。[①] 其次是儒学人才的重用和培养。汉族士人张元、吴昊之被重用已为人们所熟知。西夏统治者还延师设教以培养贵族子弟。仁宗仁孝时,下令州县设立学校,增弟子学员至三千人之多。又在宫中建小学,凡宗室子孙,皆可入学。人庆二年(1145 年),又建大汉太学,夏主亲为训导。[②] 夏仁宗还将以儒学为核心的科举制度借用过来,唱名取士,"学校列于郡邑,设进士科以取士"[③]。时人以举为进士相尚,甚至西夏第八代皇帝遵顼也是天庆十年(1203 年)进士及第者。大臣中如权鼎雄、高智耀等皆为进士。斡道冲更是在受儒学的熏陶之下而成长起来的典型人物。他精通五经,为蕃汉教授,译《论语》,别作解义经二十卷,曰《论语小义》,又作《周易卜筮断》。可见,儒学也确实造就了一批有用人才。西夏还礼事孔子,尊为文宣帝,建庙祀之。虞集《道园学古录》卷四"西夏斡公画像赞"。除经书之外,尚有《贞观政要》《孙子兵法》《六韬》《黄石公三略》等书在西夏境内流行。西夏学术兴盛、人才辈出,以及丰富的文化成

---

① 戴锡章:《西夏记》卷一三。
② 吴广成:《西夏书事》。
③ 虞集:《道园学古录》卷四"西夏斡公画像赞"。

果,都与儒学的倡导和风行密不可分。

3. 吸取中原官制

西夏吸取中原官制可以追溯到唐朝对党项首领的赐官授爵。如我们所知,职官制度是一个完整的系统,不可能单独截取某一部分。因此西夏统治者采用了中原王朝的一些职官,也会逐渐采用另一些。事实也是如此,元昊称制,"其官分文武班,曰中书,曰枢密,曰三司,曰御史台,曰开封府,曰翊卫司,曰官计司,曰受纳司,曰农田司,曰群牧司,曰飞龙院,曰磨勘司,曰文思院,曰蕃学,曰汉学。自中书令、宰相、枢使、大夫,侍中、太尉已下,皆分命蕃汉人为之"①。说明汉人在西夏政权机构中占有很大的比重。而这些机构的名称,一看便知其取自中原王朝,只有少数如群牧司、蕃学等具有民族特征。在地方上,西夏也采用州郡制,同于北宋。西夏文典籍《天盛旧改新定律令》《杂字》及翻译字典《蕃汉合时掌中珠》中所载西夏官制,无不体现中原王朝职官制度的直接影响。

党项人采用中原官制带有必然性,一是因其原来部落组织的落后性与分散性,不可能容纳国家制度,其官制几乎是一个断层,需要大量吸取;另一方面,中原王朝与党项羌毗邻,有完备的制度和先进的文化,而中原王朝的赐官封爵把吸收官制的过程变得入情入理,顺理成章。

4. 汉传佛教

西夏统治者将佛、儒并举,而在西夏的佛教中既有来自西藏地方的佛教,也有来自内地的佛教。据《宋史·夏国传》记载,宋真宗景德四年(1007年)五月,德明母罔氏薨,"请修供五台山十寺",这是见于汉文史籍记载的第一次与汉地佛教的接触。天圣八年(1030年)十二月丁未,"定难军节度使、西平王赵德明遣使来献马七十匹,乞赐佛经一藏,从之"②。

---

① 《宋史》卷四八五《夏国传》。
② 李焘:《续资治通鉴长编》卷一〇九。

元昊称制以后,也曾献马五十匹,求佛经一藏,宋朝许之,此后的夏毅宗、夏惠宗均曾进马求赐佛经。[①] 足见,乞赐佛经是汉传佛教进入西夏地区的主要渠道。与此相关的是对佛经的翻译,有的译文题名甚至是皇太后、皇帝本人,诸如《慈悲道场忏法》、《过去庄严劫千佛名经》、《佛说菩萨修行经》及《佛说宝雨经》等即是。[②] 西夏统治者为了贮藏、保护这些经籍,还要建立寺院,延请高僧大德译经说法,如在元昊时即建立高台寺及诸浮图,俱高数十丈,贮"中国"所赐大藏经。谅祚母没藏氏还一度出家为尼,命人修建承天寺,以藏"中国"所赐大藏经。如此众多的汉文佛经,在它的输入和翻译过程中,当有不少汉人参与其事,虽然史书只提到回鹘或其他地区僧人,未明载汉人僧侣事迹。汉传佛教是汉族文化的一部分,它对西夏佛教的影响无疑是汉文化传播的一个方面。

5. 礼乐与服饰

西夏在风俗方面较多地保存了党项羌的遗风,但对礼乐与服饰等方面,由于要适应新的封建秩序,满足更高的物质要求,则大量吸收中原王朝的东西。

礼仪,是人们以及政权之间交往的制度或规范,它随时代而变迁。党项人在部落阶段所采用的饮血、杀牲为盟诸手段,已远远不能适应新形势下的需要。外示臣属、内称至尊的西夏统治者,对内要确立等级威严、人际尊卑,对外要与宋朝、契丹、吐蕃等部交往,建立新的礼仪制度势在必行。据记载,宋真宗景德四年(1007 年)夏四月,"德明以'中国'恩礼优渥,天使濒临,遂于绥、夏州建馆舍二:曰承恩,曰迎晖。五百里内,道路桥梁,修治整饬,闻朝廷使至,必遣亲信重臣,郊迎道左,礼仪中节,渐有华风。"[③]大中祥符九年(1016 年),德明既僭帝制,令官吏建议祀典,并

---

① 张鉴:《西夏纪事本末》卷二〇。
② 史金波:《西夏文化》,吉林教育出版社,1986 年,第 77 页。
③ 戴锡章:《西夏纪》卷四。

上继迁尊号曰"应运法天神智仁圣至道广德光孝皇帝",庙号"武宗",此举皆属对中原礼仪制度的借鉴。而每年元旦、圣节或冬至,德明皆遣牙校贡献不绝。元昊称帝更多地采用中原礼制。

在西夏的统治者中不乏喜爱中原礼仪的皇帝。如谅祚即在奲都四年(1060年)上书,自称慕汉族衣冠,清去蕃礼而从汉仪。仁宗仁孝、乾顺等均曾效法汉礼汉仪。[①] 此后的西夏统治者每在节日,如坤成节、兴龙节、正旦、冬至等时日,往往至宋朝朝贺,吸收汉礼的机会不断增多是不待多言的。

音乐方面受中原汉族文化的影响,也见于《宋史·夏国传》的记载,据称:"西夏音乐经元昊更张,久非唐末遗音。仁孝使乐官李元儒采中国乐书,参本国制度,历三年始成,赐名新律。"《西夏书事》卷一八:"朝贺之仪,杂用唐宋,而乐之器与曲则唐也。"知元昊改定音律之前党项人以唐朝音律为主,而以后则以"中国乐书"为主,"参以本国制度"而成,其影响可知。

在服饰上受中原影响的史实也屡见不鲜。唐朝赐党项首领锦衣美服暂且不言,至宋初,元昊谏其父母臣宋,德明戒之曰:"吾久用兵,疲矣。吾族三十年衣锦绮,此宋恩也,不可负。"宋朝每次遣使入夏皆要赐以冬服或锦衣。谅祚自陈"慕中国衣冠"之意,并衣汉服以礼使者。此外,西夏还购买宋朝衣物,是为汉服进入西夏之另一途径。奲都六年,西夏又乞买物件于宋,宋赐诏曰:"夏国主所奏,买幞头、帽子并红鞋腰及鞋衬等物件,从之。"[②]

西夏在历法以及其他科技方面,也大量吸收了中原汉族文化。德明时,宋朝赐以新制历法《仪天历》,此后又相继赐以《仪天具注历》、《崇天万年历》等,每有创制,均赐西夏。因此,"从唐末五代一直到南宋初年,二百多年的时间内,西夏国内一直通行汉族历法。"[③]

---

① 《宋史》卷四八五《夏国传》。

② 戴锡章:《西夏记》卷一三。

③ 汤开建:《西夏天文学初探》,《中国天文学史文集》第四集,科学出版社,1986年。

由上可见,宋朝大臣富弼所论,西夏"得中国土地,役中国人力,称中国位号,仿中国官属,任中国贤才,读中国书籍,用中国车服,行中国法令"①的状况是言之有物的。这既体现了西夏文化是中国文化的一部分,又体现了汉族文化在西夏文化中的主体地位。

二、吐蕃文化

吐蕃文化是吐蕃王朝精神财富的总和,它是由包括吐蕃、苏毗、大小羊同、白兰、吐谷浑及党项等部在内的各族共同创造的,其中也包含汉族与印度文化的某些成分。在它形成以后,又对青藏高原各部发生了深刻的影响。由于吐蕃与党项密切而持久的交往,其相互影响的成分也较为巨大。西夏的吐蕃文化因素有如下几点:

1. 藏文的使用

据《新唐书·党项传》记载,唐初的党项人"无文字,候草木记岁"。随后接连迁徙,创造文字的条件尚不具备,而元昊时始作"国书",更证明了党项人长期以来并无本民族文字的事实。但这并不等于说党项人不使用文字,党项人使用汉字的情况已如前述。与汉字并行的还有藏文,即吐蕃文字。关于党项人使用藏文的情况史无明载,但他们密切交往的情形已给我们透露了这一信息。其一,党项人中很大一部分被吐蕃征服,谓之"弭药"(mi-nayg),他们是吐蕃王朝治下的编户齐民,使用藏文是不言而喻的。其二,内迁陇右及夏绥银宥诸州的党项人,在迁徙过程中以及定居以后,都与吐蕃发生过密切的交往。比如联合攻击唐朝边境,充当吐蕃与唐朝之间的贸易中介人,甚至贩卖唐人至吐蕃为奴等活动。频繁的交往是文字学习和传播的重要媒介。长庆二年六月,盐州

---

① 《续资治通鉴长编》卷一五○。

奏:"擒得与党项送书信吐蕃一百五十人。"①这里"书信"所写必为藏文无疑。再征以元昊"通蕃汉文字",知西夏建立以前,党项人在使用汉字同时,也使用藏文。

元昊称帝,命野利仁荣创蕃书十二卷,西夏遂有文字,但是,藏文并未因此而失去作用。首先因为西夏境内有为数众多的吐蕃人,尤其在河西地区,他们使用藏文。西夏还设有蕃字院管理西夏、回鹘及吐蕃等处文字。甘州发现的《黑河桥敕碑》可为之佐证。此碑立于夏仁宗仁孝乾祐七年(1176 年),一面为汉文,一面为藏文。② 另外,藏传佛教经典的学习与诵读也离不开藏文。

2. 藏传佛教

藏传佛教对西夏的影响主要有三点:其一是经典的翻译,如《佛母大孔雀明王经》《圣摩利天母总持》《五部经》《守护大千国土经》等均译自藏文。③ 其二是吐蕃僧人在西夏境内的活动。据藏史记载,西藏噶玛噶举派僧人都松钦巴(1110—1193 年),颇受西夏人推崇,当他居于粗布寺时,"西夏王泰呼曾派人往迎,都松钦巴未至,使者请求派一位能代表都松钦巴的高僧前往。于是,都松钦巴派了格西藏索瓦前往西夏,西夏王奉藏索瓦为上师。"④若藏史记载不误,按年代推算,西夏王泰呼应该是夏仁宗仁孝皇帝(1140—1193 年在位)。有的吐蕃僧人还参预政事,为统治者传递情报,如《西夏书事》记载,元昊曾"遣蕃僧吉外吉法正等报谢景祐中所赐经"。其三,藏传佛教对西夏的影响远胜过汉传佛教。由于藏传佛教,尤其是藏秘对家庭生活的宽容,甚至放任态度,在某种意义上迎合了统治者享乐的欲望,既可纵欲又能成佛,一举两得,而佛教上层人物也有相对自由的性生活,这与汉传佛教的禁欲主义有所不同。因此,《黑鞑

---

① 《旧唐书》卷一九六《吐蕃传》。
② 王尧:《西夏黑水桥碑考补》,《中央民族学院学报》1978 年第 1 期。
③ 西田龙雄:《关于西夏文佛经》,转引自黄振华《略述吐蕃文化对西夏的影响》一文。
④ 黄颢:《藏文史书中的弭药(西夏)》,《青海民院学报》1985 年第四期。

事略》所载,"西夏国俗,自其主以下皆敬事国师,凡有女子必先以荐国师,而后敢适人",是藏传佛教广泛影响的产物。

不仅如此,在西夏人心目中,吐蕃地区是佛教笼罩的境域,西夏文经卷中有一段仿汉族《千字文》所写的韵文,"西夏人勇健,契丹人迟缓,吐蕃人信佛,汉人爱俗文,回鹘饮酸乳"[①],知西夏对吐蕃人的印象即与佛教有关,侧面体现了佛教影响的渊源。在西夏的绘画中,也有藏秘的内容,西藏"唐卡"画之传入西夏,既是伴随着佛教,又是作为佛教的一个方面而进行的。[②]

此外,西藏本教也对西夏有一定的影响,其途径有二:一是附丽于西藏佛教而传入。西藏佛教是汉地佛教、印度佛教与本教融合的产物,其中自然包含本教成分。西夏建立时,西藏佛教初具规模,自身尚很不完善,对本教的吸收难免生吞活剥,从而一同进入西夏。另一方面,本教在卫藏衰弱后,转向康区、安多等边区,与西夏相邻,而且交往频繁,本教传入西夏是亦入情入理。

3. 服饰、葬俗与历法

吐蕃与西夏在风俗习惯方面有许多相似之处,分清谁是源谁是流十分困难,但西夏在服饰、葬俗与历法等方面受吐蕃影响则毫无疑义。

吐蕃与西夏的服饰皆为裙袍组合。西夏建立以后,党项人逐渐接受汉族服饰,但是也保存着原有的蕃服,而这些蕃服即包含着吐蕃服饰的成分。我们把西夏建立者元昊的服饰与吐蕃赞普的衣着加以比较,问题就会显明起来。《宋史·夏国传》记载,元昊"既袭封,明号令,以兵法勒诸部。始衣白窄衫,毡冠红裹,冠顶后垂红结绶,自号嵬名吾祖"。藏王热巴坚"恒以发作左右二束,以长绫系发上,左右垂敷于两边"[③],其相似

---

① 〔俄〕克恰诺夫:《唐古特西夏国的藏族与藏族文化》,杨元芳、陈宗祥译文。
② 承蒙宁夏社会科学院李范文先生转告:受西藏"唐卡"画影响的西夏绘画有藏于俄罗斯者,为世所罕见。
③ 索南坚赞著,王沂暖译:《西藏王统记》,商务印书馆,1955年,第81页。

性显而易见。西夏主服饰"从敦煌壁画、西藏塑像和汉藏文献记载看,显然是吐蕃赞普的服饰",而且西夏中央官也有取自吐蕃者。①

在葬俗上,党项人是火葬。中华人民共和国成立以后,因汉俗采用土葬制度。但是,从西夏的早期墓葬上还可以看到吐蕃的影响,如《西夏书事》卷七记载,咸平六年(1003 年),李继迁收复绥宥等州,"寻葬其祖于红石峡,障水别流,凿石为穴,既葬,引水其上,后人莫知其处"。这种离奇的葬俗为党项羌人所无。但是,我们在藏文史书中却看到同样的记载,藏王"意肖累之子洒囊渗带。洒囊渗带之子带楚囊能赞⋯⋯,以上称'地带八'云。八带之陵,建筑于河之中央,其形如雪落湖中"②。

在历法上,西夏也吸收了吐蕃的某些成分,如二十八星宿,尤其是把十二生肖与五行结合,再配以阴阳的纪年方法,《黑河桥敕碑》的"阳猴火年(1176 年)"即为其证。

三、回鹘文化

西夏西邻佛教繁盛的西域地区,控遏着丝路孔道,往来的西域僧侣和商人常常在此羁留,而甘州回鹘尤与西夏交往密切,甚至为其属民。南宋洪皓在《松漠纪闻》一书中称"回鹘自唐末浸微。⋯⋯甘、凉、瓜、沙旧皆有族帐,后悉羁縻于西夏",则回鹘文化对西夏的影响难免。

1. 回鹘佛教

回鹘佛教进入西夏地区,主要是以回鹘高僧的活动为传播媒介。元昊天授礼法延祚十年(1047 年),"于兴庆府东一十五里,役民夫建高台寺及诸浮图,俱高数十丈,贮中国所赐大藏经,广延回鹘僧居之,演绎经文,易为蕃字"③。回鹘僧人通蕃汉文字,成为西夏翻译佛经的主要力量。凉

---

① 王忠:《论西夏的兴起》,《历史研究》1962 年第 5 期。
② 索南坚赞著,王沂暖译:《西藏王统记》,第 18—19 页。
③《西夏记》卷九。

祚福圣承道三年(1055年),没藏氏好佛,役民修承天寺,"延回鹘僧,登座演绎,没藏氏与谅祚时临听焉"①。是知回鹘僧不仅从事佛经翻译,而且学问渊博,精于演讲。夏主乾顺更在回鹘人聚居的甘州建卧佛寺,为母祈福,回鹘僧人参预其事可以想见。

2. 服饰与装束

元人马祖常《河西歌》曰:"贺兰山下河西地,女郎十八梳高髻;茜草染衣光如霞,却召瞿昙作夫婿。"招僧人为婿已如前述,是藏传佛教影响的产物。"女郎十八梳高髻"则是回鹘妇女的发式装束,体现出回鹘风俗对西夏社会生活的渗透。河西地区的甘州(张掖),是回鹘人聚居地,回鹘妇女优美的发式为西夏人所欣羡和仿效是很自然的事。在武威林场所发现的西夏墓中有一幅"五女侍木板画",画中左一人为披发,右四人均梳高髻,②与回鹘妇女无异。

敦煌莫高窟及安西榆林窟的西夏妇女装束,为我们提供了更为充足的证据。莫高窟第409窟的西夏妇女"着圆形髻饰(或冠饰),穿大翻领着袖长袍,这是自五代以来回鹘人的装束。同样的妇女装束,在同窟西夏供养人中一再出现,说明西夏贵族妇女的服饰受回鹘的影响较深"③。总之,回鹘在服饰与装束方面对西夏人的影响是不可否认的客观事实。

四、鲜卑文化

鲜卑文化对于西夏的影响主要来自两方面:一是因为西夏境内居住着一定数量的鲜卑遗裔;另一方面是西夏统治者自称是鲜卑拓跋氏后代,人为地寻找并"恢复"鲜卑文化。

---

① 《西夏记》卷九。
② 陈炳应:《西夏文物研究》插图十,宁夏人民出版社,1985年。
③ 白滨、史金波:《莫高窟、榆林窟资料概述》,《兰大学报》1980年第2期。吴天墀:《西夏史稿》(增订本)第205页,还把元昊的服饰与回鹘可汗的服饰相比拟。

西夏境内的鲜卑人主要由两部分组成:其一是在吐谷浑境内的鲜卑族远裔,内迁而居于西夏境者。《新唐书·吐蕃传》记载,内迁庆州(甘肃庆阳)一带的党项、吐谷浑等部,曾与吐蕃相携为寇,为此,郭子仪建议将他们北迁至银州一带。在这一部分人中,鲜卑人为数不会太多,且有羌化的问题。较多保留鲜卑文化的,还是散处大漠南北的鲜卑后裔。北魏亡后,鲜卑人重操旧业,在北方游牧,"自是拓跋氏降为庶姓,散在夷狄"①。西夏建立以后,这些人归依新主。在此后的西夏历史上也留有鲜卑人活动的足迹,《西夏记》卷二六载,西夏应天四年(1209),蒙古兵围城,丰州人谢睦欢劝守将出降,太傅西壁氏率兵巷战被俘,次年病死。西壁,依戴锡章按语为鲜卑之伪,"西夏本鲜卑别种,故其国人有鲜卑氏"。以西夏为鲜卑别种是错误的,但西夏有鲜卑氏则无误。此外还有折磨氏等也与鲜卑相关。这些人必然会对西夏文化带来新的成分。

同时,西夏统治者以鲜卑王室后裔自居,倡导"鲜卑文化",也产生某些后果。元昊称帝,向宋朝上书自陈,其祖宗本出帝胄,当东晋之末运,创后魏之初基,竟也依仿鲜卑人秃发习俗"先自秃其发,然后下令国中,使属蕃遵此,三日不从,许众共杀之,于是民争秃其发"②。因此,宋人王吉为外援麟州而自饰为西夏人,"请秃发,衣胡服,挟弓矢,齐粮饷,为胡人,夜缒而出,遇虏问,则为胡语答之"③。秃发的形象在安西榆林第29窟中也得到反映。但是,秃发之俗,并非党项人自有,故须以法令行之。大约在不久以后,已不为人们所遵循,甚至成为侮辱的行为,这是汉文化影响的结果。西夏在吸收忠孝思想以后,也就接受了髡发致耻的惩罚手段。《西夏记》卷一六记载了西夏人将景思义髡而囚之的情况,是为明证。

西夏既有自托于鲜卑王族之后的言行,那么,就会有人为其正名。西夏遗民罗世昌即是其一,"世昌,世居银州,乡里已破,流寓龙州,知国

---

① 张介侯:《姓氏寻源》卷四二。
② 吴广成:《西夏书事》卷一一。
③ 司马光:《涑水纪闻》卷一二。

且亡,谱《夏国世次》二十卷藏之。"追及鲜卑拓跋氏。[①] 纵然如此,鲜卑文化对西夏的影响却是不能否定的。

五、契丹文化

契丹族所建立的辽朝,在五代、北宋时期已较为强大,且与西夏交往甚密。早在宋太宗雍熙三年(986 年),辽朝即将义成公主嫁与李继迁,并册其为"夏国王"。德明继位后,辽朝再封其为"大夏国王"。元昊执政,辽又以兴平公主下嫁元昊,并以其为驸马都尉。西夏各代都曾向辽遣使贡献,在西夏文化中就自然而然地包容着契丹文化的成分。

其一,军事制度。西夏有左右厢十二监军司,这与辽朝的左右厢军设置存在着一定的联系。《辽史·百官志》记载,辽设左右厢军在圣宋统和五年(987 年),其时,李继迁刚刚降附契丹,结亲辽室,"事契丹谨,岁时进奉及贺正生辰使不绝于途"(《西夏书事》)。而其时属西夏军制初创,又与北宋势不两立,吸取辽朝制度是顺理成章的事情。契丹还有"射鬼箭"一俗,即在出师时使用死囚犯人,还师时使用被捕间谍,"植柱缚其上,于所向之方乱射之,矢集如注,谓之'射鬼箭'"(《辽史·礼志》三"军仪"),不外是驱除邪恶,振奋士气的用意。与此相近,西夏人也在失败后第三日,返回其地,"捉人马射之,号曰'射鬼招魂',或缚草人埋于地,众射而还"。两者之间也许存在着一种相互影响的成分。

其二,在墓葬制度上,西夏也接受了契丹文化的某些内容。根据考古发掘,"西夏墓葬的形制,与唐、北宋、辽的墓葬大体相同。阶梯(成斜坡)墓道土洞墓,是唐、宋、辽墓葬中所常见"。除了吸收唐宋墓葬制度外,西夏也吸收了契丹族的一些葬俗葬制。[②]

此外,契丹皇帝大祀服饰为"白绫袍、红带悬鱼,三山红垂"。与元昊所衣也有相同之处,表现了作为"人主"的皇帝,在服饰上的类似性。在

---

① 戴锡章:《西夏记》卷二八。
② 宁夏回族自治区博物馆:《西夏八号陵发掘简报》,《文物》1978 年第 8 期。

发式上,西夏男子秃发与鲜卑、契丹的髡发也存在一定的继承关系。契丹三嫁公主(义成适继迁,兴平适元昊,成安适乾顺),相应地会带去契丹的文物和风俗。契丹贵族还对朝贡或进方物的西夏使者多所赏赐,也成为文化传播的一个渠道。当然,西夏文化对契丹的影响也斑斑可见,非本文范畴,自当别论。

综上所述,我们对西夏文化的外来成分作了较全面的讨论,由此可见:第一,西夏文化是以党项族文化为基点,融合了周边各民族文化而形成的,它具体体现了我国各民族人民在文化上的血肉一体与不可分割。第二,在西夏文化的外来成分中,汉藏语系民族的文化,占有最为突出的地位,尤其是汉族文化,渗透到西夏社会的各个方面,居于核心地位。因此,在文化方面,把西夏归于汉藏语系民族文化范围,是无可置疑的。第三,北方各族以及回鹘等西域民族人民也参预了西夏文化的建设,并作出卓越的贡献,因此,西夏文化的重要特征是斑斓多姿。第四,西夏文化是党项、汉族以及吐蕃、回鹘,鲜卑,契丹等各族人民共同智慧的结晶,是一份珍贵的历史遗产,我们应该认真加以发掘和整理,为繁荣我国民族文化事业做出贡献。

原载《宁夏大学学报》1990 年第 3 期

六 论回鹘与辽的关系

回鹘与契丹(辽)是唐宋时期活动在我国北方地区的两个少数民族。他们曾先后建立政权,称雄一方,对中国以及中亚地区历史的发展产生了深刻的影响。两族在语言系属上互相接近,同为阿尔泰语系民族(回鹘属突厥语族,契丹属蒙古语族);居地相连;经济和政治上的交往也十分密切。这种关系不仅影响到唐宋时期我国北方地区的民族分布与迁徙活动,而且对于加强东北、北方及西北乃至中亚地区的经济文化联系也有十分重要的作用。为此,发掘回鹘和契丹关系的史实,对于北方民族史的研究意义重大。

回鹘与契丹的关系,最早可以追溯到回纥汗国(744—840年)时期。公元744年骨力裴罗自称可汗,建立政权。次年,击败突厥,原归突厥汗国统治的契丹遥辇氏部落联盟及其他各部遂转归回鹘治下,回鹘贵族对契丹各部搜括财富,岁督其贡赋;委派监使,"监护其国",并刺探唐朝情报,从事间谍活动。《资治通鉴》卷二四六载,"初,奚、契丹羁属回鹘,各有监使,岁督其贡赋,且诇唐事"。对俯首听命的部落首领则授以官告印信,《辽史》卷五七《仪卫表》三载,"遥辇氏之世,受印于回鹘",以为走卒。契丹诸部归附回鹘,影响到其与唐朝的关系,据《新唐书》卷二一九《契丹传》记载,大历至开成年间(766—840年),契丹曾多次遣使至唐,唐因其

"外附回鹘,不复官爵渠长"。

公元 840 年,黠戛斯以兵 10 万大破回纥汗国,于是,受压迫的北方各族纷纷起来反抗。契丹、室韦各部也在唐朝的支持下,掀起了摆脱回鹘统治的斗争。公元 841 年,唐东面招抚回鹘使张仲武遣牙将石公绪统奚、契丹二部,尽杀回鹘监使 800 余人。回鹘对契丹各部的近百年统治随之瓦解。"契丹酋屈戍(耶澜可汗)始复内附,拜云麾将军、守右武卫将军。于是幽州节度使张仲武为易回鹘所与旧印,赐唐新印,曰'奉国契丹之印'。"[①]这样,契丹便归唐朝。

回鹘汗国的瓦解,造成回鹘部落的大分离与大迁徙,据载,"有将军句录末贺恨掘罗勿,走引黠戛斯领十万骑破回鹘城,杀厴馺,斩掘罗勿,烧荡殆尽,回鹘散奔诸蕃。有回鹘相驭职者,拥外甥庞特勤及男鹿并遏粉等兄弟五人,一十五部西奔葛逻禄,一支投吐蕃,一支投安西。又有近可汗牙十三部,以特勤乌介为可汗,南来附汉"。[②] 这样,西迁的回鹘就形成了三支较大的势力。

最西边为"葱岭西回鹘"。他们联合葛逻禄及其他各部建立喀拉汗国(即黑朝王朝),辖地包括今中亚和新疆南部地区。据汉文史书记载,大中初(847 年),"庞特勒(勤)已自称可汗,有碛西诸城"[③]。大约在 9 世纪后期,他们臣服了强盛一时的葛逻禄,建立了回鹘的新王朝——喀拉汗王朝。[④] 他们采用双王制,长支称阿尔斯兰(狮子)·哈拉汗,驻八拉沙衮;幼支称波格拉(公驼)·哈拉汗,驻喀什噶尔(先在怛罗斯)。[⑤] 因大可汗名号之故,其国又被称为"阿尔斯兰喀拉汗国"。

其次是西州回鹘或高昌回鹘,辖境西包库车,东抵哈密境,北越天山,南接于阗,建都古高昌国。他们属于庞特勤的一支。[⑥] 安部健夫《西

---

① 《新唐书》卷二一九《契丹传》。
②③ 《旧唐书》卷一九五《回纥传》。
④ 魏良弢:《喀拉汗王朝史稿》,新疆人民出版社,1986 年,第 73 页。
⑤ 王治来:《中亚史纲》,湖南教育出版社,1986 年,第 351 页。
⑥ 范文澜:《中国通史简编》第 3 编第 2 册,1965 年,第 511—512 页。魏良弢上揭书,第 152—153 页。

回鹘国史研究》反复论证,西回鹘国京都在别失八里(即北庭),而非高昌,然其所否定王延德使高昌记之理由不能令人信服。我们仍取汉文史籍之说,西州回鹘都于高昌,统别失八里。公元981年,其王自称狮子王阿厮兰汗。① 在公元1001年以前,他们又占据龟兹(今库车)。故史书中也称龟兹为西州回鹘。②

再即是河西回鹘。主要分布在甘州、沙州、凉州、贺兰山、合罗川(额济纳河)一带。他们最初役属于吐蕃。其时,吐蕃攻陷河西陇右,乃以回鹘部落散处之。五代时,吐蕃已微弱,回鹘、党项诸羌夷分侵其地。甘州成为回鹘的牙帐所在,是河西回鹘的活动中心。③

此外,散居蒙古草原的回鹘部众又复不少,如近可汗牙帐的十三部,即以特勤乌介为可汗,先依附黑车子(在上京以西),后降附幽州(有三万人),皆散隶诸道。有的则依从室韦,继续在草原南部游牧。《旧唐书》卷一九五记载,"室韦分回鹘余众为七分'七姓室韦'各占一分。经三宿,黠戛斯相阿播领诸蕃兵称七万,从西南天德北界来,取遏念及诸回鹘,大败室韦。回鹘在室韦者,阿播皆收归碛北,在外犹数帐,散藏诸山深林,盗劫诸蕃"。

西迁后的这三支回鹘,虽然离开蒙古草原,但并不意味着回鹘与契丹的关系就因此而告终。

此后不久,契丹民族即在蒙古草原强盛起来并辗转而西,迅速缩小了与回鹘三部之间的距离。公元907年,遥辇氏痕德董可汗被废,"八部之人以遥辇不任事,选于其众,以阿保机代之"④。耶律阿保机执政后,积极展开统一契丹诸部的斗争。公元916年,他在龙化州(昭乌达盟八仙筒一带)以东的金铃冈筑坛即位,国号"契丹"(太宗时改称"辽"),并营建皇都,创制文字,制定法律。与此同时,发动了征服邻近诸族的战争。

---

① 《宋史》卷四九〇《高昌国传》。
② 《宋史》卷四九〇《龟兹传》。
③ 《旧五代史》卷一三八《吐蕃传》。
④ 《新五代史》卷七一《四夷附录》。

神册元年(916年)7月,阿保机"亲征突厥、吐浑、党项、小蕃、沙陀诸部,皆平之。俘其酋长及其户万五千六百,铠甲、兵丈、器服九十余万,宝货、驼马、牛羊不可胜算"①。随后不断向西扩展。天赞三年(924年),遣兵逾流沙,拔浮图城,尽取西鄙诸部,从而揭开了与回鹘诸部密切交往的序幕,为了避繁就简,我们搜罗《辽史》各卷所载,列回鹘向辽遣使一览表如下:

年　代	事　件	资料来源
907 年 12 月	和州回鹘来贡	《属国表》《太祖纪》
913 年 10 月	和州回鹘来贡	《太祖纪》
918 年 2 月	回鹘、阻卜、党项各遣使来贡	《属国表》《太祖纪》
918 年 3 月	回鹘献珊瑚树	同上
924 年 9 月	回鹘怕里(霸里)遣使来贡	同上
925 年 4 月	乌母主可汗遣使来谢	同上
933 年 6 月	回鹘阿萨兰来贡	《属国表》《太宗纪》
937 年 9 月	回鹘来贡	同上
937 年 10 月	回鹘、敦煌遣使来贺	《太宗纪》
939 年 5 月	回鹘单于使人乞授官	同上
944 年 8 月	回鹘遣使请婚	同上
945 年 6 月	回鹘来贡	《太宗纪》《属国表》
946 年正月	回鹘来贡	同上
952 年 10 月	回鹘及辖戛斯皆遣使来贡	《穆宗纪》《属国表》
971 年 6 月	回鹘遣使来贡	《景宗纪》《属国表》
973 年 5 月	阿萨兰回鹘来贡	同上
977 年 7 月	回鹘遣使来贡	同上

---

① 《辽史》卷一《太祖纪》上。

年　代	事　件	资料来源
978 年 2 月	阿萨兰回鹘来贡	《景宗纪》《属国表》
988 年 5 月	阿萨兰回鹘来贡	《圣宗纪》《属国表》
989 年 2 月	甲寅回鹘、于阗、狮子等国来贡	同上
989 年 2 月	戊寅阿萨兰、于阗、辖烈并遣使来贡	《圣宗纪》
990 年 2 月	于阗、回鹘各遣使来贡	《圣宗纪》《属国表》
990 年 6 月	阿萨兰回鹘于越、达赖干各遣使来贡	同上
990 年 12 月	回鹘来贡	同上
991 年 4 月	回鹘来贡	同上
991 年 7 月	阿萨兰回鹘来贡	同上
991 年 10 月	阿萨兰回鹘来贡	同上
992 年 11 月	回鹘来贡	同上
993 年正月	回鹘来贡	同上
994 年 2 月	回鹘来贡	同上
994 年 6 月	回鹘遣使来贡	《属国表》
995 年 10 月	回鹘来贡	《圣宗纪》《属国表》
995 年 11 月	阿萨兰回鹘遣使来贡	同上
996 年 2 月	回鹘遣使来贡	同上
996 年 6 月	回鹘来贡	同上
996 年 7 月	回鹘来贡	同上
996 年 11 月	回鹘阿萨兰遣使为子求婚	同上
1000 年 12 月	回鹘来贡	《圣宗纪》
1001 年正月	回鹘进梵僧名医	《圣宗纪》《属国表》
1005 年 2 月	回鹘来朝	《圣宗纪》《属国表》作"3月"
1005 年 4 月	阿萨兰回鹘遣使来贡	同上
1005 年 7 月	阿萨兰回鹘遣使来请留使者	同上
1014 年 4 月	沙州回鹘曹顺遣使来贡	同上

年　代	事　　件	资料来源
1015 年 2 月	于阗国来朝	《圣宗纪》《属国表》
1016 年 6 月	回鹘献孔雀	《圣宗纪》
1020 年 9 月	沙州回鹘敦煌郡王曹顺遣使来贡	《兴宗纪》《属国表》
1041 年 11 月	回鹘遣使来贡	同上
1043 年 6 月	回鹘遣使来贡	同上
1045 年 11 月	回鹘阿萨兰遣使来贡	同上
1047 年 12 月	阿萨兰回鹘王以公主生子遣使来贡献	《属国表》
1049 年 3 月	高昌国遣使来贡	《兴宗纪》《属国表》
1052 年 11 月	回鹘阿萨兰遣使贡名马、文豹	同上
1053 年 2 月	回鹘阿萨兰为邻所侵遣使求援	《兴宗纪》《属国表》
1066 年 6 月	回鹘来贡	《道宗纪》《属国表》
1068 年 4 月	阿萨兰回鹘遣使来贡	同上
1071 年 12 月	回鹘来贡	同上
1072 年 10 月	回鹘来贡	同上
1077 年 6 月	回鹘来贡	同上
1078 年 11 月	回鹘遣使来贡	同上
1080 年 10 月	回鹘遣使来贡	《道宗纪》
1089 年 5 月	回鹘遣使贡良马	《道宗纪》《属国表》
1091 年 6 月	回鹘遣使贡方物	同上
1091 年 7 月	回鹘遣使贡异物	同上
1112 年 6 月	和州回鹘来贡	《天祚帝纪》《属国表》
1113 年 12 月	回鹘遣使来贡	同上

　　由上表以见:(1)回鹘与辽的联系相当紧密,在 206 年间仅向辽遣使"朝贡"即达 64 次之多。这种联系在五代宋时期西北各族同辽的交往中占有突出的地位,仅次于西夏与辽的交往而位居第二。(2)所谓的"朝贡",实际上是两族经济文化上的交流,并不完全是政治上的臣属关系。

契丹人只统一了部分回鹘居民,大部分则自为"汗国",并不受制于辽。(3)回鹘各部均与辽有往来关系。特详论如下。

1. 喀拉汗与辽的关系

辽史中有关于"阿萨兰"或阿思懒回鹘的记载。有的学者以之为高昌回鹘;[1]有的则认为是喀拉汗国,即葱岭以西回鹘。[2] 据《宋史》卷四九〇《高昌国》称,"太平兴国六年(981年),其王始称西州外生师子王阿厮兰汗"。则此前史书中出现的"阿厮兰"显然是喀拉汗国,而不是西州回鹘。

但是,公元981年以后,辽、宋各史所记"阿萨兰"的内涵有无变化?可资参考的宋、辽各史未能提供明确的证据。但是,当我们考虑了以下几个问题之后便会知其中之一二;从981年起高昌回鹘首领也称阿萨兰汗,此与喀拉汗回鹘所称无异,因而,史书中的"阿萨兰回鹘"有可能包括西州回鹘在内。其次,参之上表,可以发现,自公元981年至1049年的近70年间"阿萨兰回鹘"遣使的次数急剧增加,甚至连年"朝贡"或一年几朝,如公元988年、989年、990年、991年即是。与之相反,同时期未见西州或高昌回鹘入贡的记载,此与高昌国向辽三年一贡的记载不相符合,令人怀疑。以情理言,西州毗邻辽朝西境,而喀拉汗国则相距遥远,前者与辽的联系应更为便利而积极。因此可以肯定,"阿厮兰回鹘"之频繁遣使应是高昌回鹘也称阿厮兰的缘故。

自公元981年高昌回鹘称阿萨兰以后,史书上出现的"阿厮兰回鹘"确有使人难定其依归之感觉,但是,仔细分析,我们仍然能找到某些线索,证明阿萨兰回鹘也包括西州回鹘在内。如辽圣宗统和八年(990年)六月,"阿萨兰回鹘于越、达剌干各遣使来贡"[3]。据《辽史·国语解》称,"于越"为官号,"其位在北、南大王之上,非功德者不授",而"达剌干",

---

① 杨树森:《辽史简编》,辽宁人民出版社,1984年,第147页。
② 魏良弢:《喀喇汗王朝史稿》,第2及第5章。程溯洛:《论辽金与回鹘的关系》,陈述主编《辽金史论集》,上海古籍出版社,1987年,第79—89页。
③《辽史·圣宗纪》《属国表》。

"县官也,后升副使"。我们在关于喀拉汗国的汉文记载中,未见到受辽职官的记载,相反,在高昌的史迹中却见到了。宋太宗太平兴国六年五月,王延德等奉命使高昌,抵达时,值四月,高昌回鹘师子王避暑于北庭。坐守其国的是王舅阿多于越。① 此"于越"显系契丹官号,且与"位居北、南大王之上"相符。其时,高昌与辽关系密切,且有受制于辽的迹象,则统和八年(990 年)六月入贡辽朝的"阿萨兰回鹘",应为高昌回鹘而非阿萨兰喀拉汗回鹘。

又据《辽史·耶律化哥传》记载,辽圣宗开泰二年(1013 年)十一月,耶律化哥(一作"华格")经略西境。"闻蕃部逆命居翼只水,化哥徐以兵进。敌望风奔溃,获羊马及辎重。路由白拔烈,遇阿萨兰回鹘,掠之。都监裹里继至,谓化哥曰:'君误矣! 此部实效顺者。'化哥悉还所俘。诸蕃由此不附。上使按之,削王爵"。② 其时,辽与西夏、宋对峙,所谓邻辽西境并"效顺"者,自是西州回鹘无疑。文中的翼支水即今额尔齐斯河。由于西州回鹘对辽西境的安危意义重大,故化哥因误掠而被削去王爵。此又是西州回鹘也称阿萨兰之一证据。阿萨兰回鹘包括喀拉汗国,也包括西州回鹘可以无疑。

喀拉汗国与辽的关系始于太宗天显八年(933 年)。这一年六月,回鹘阿萨兰"朝贡"辽朝,辽也以墨离鹘末里为使前往喀拉汗国,遂建立往来关系。会同三年(940 年)二月,墨离鹘末里使回鹘阿萨兰还,辽太宗以其远涉辛苦,赐对衣劳之。③ 保宁三年(971 年)二月,辽遣铎遏使喀拉汗国,五年五月,喀拉汗国也遣使至辽。双方的交往因路途遥远而显得稀疏。从公元 988 年到 991 年的几年间,每年都有"阿萨兰回鹘"入贡辽朝,但这并非是喀拉汗国与辽关系的急剧紧密,如我们上文所言,是与西州回鹘也称阿萨兰有关。从喀拉汗国与辽交往的内容来看,基本上是政权之间相互往还与经济上的贸易联系。至于辽将喀拉汗国列为属国,仅是妄自尊大而已,并无事实根据。

---

① 《宋史》卷四九○《高昌国传》。
② 《辽史》卷九四《耶律化哥传》。
③ 《辽史·太宗纪》。

2. 西州回鹘与辽的关系

西州回鹘又称高昌回鹘,和州(火州)回鹘,包括"其国主自称狮子王"的龟兹回鹘。在《辽史》卷三六《兵卫志》所列属国中有高昌、和州回鹘,即指此部。另外,与喀拉汗国混称的"阿萨兰回鹘"中也包括有西州回鹘。

西州回鹘与辽的联系不仅时间早,而且较为密切。据《辽史·太祖纪》载,太祖元年(907年)"和州回鹘来贡"。七年十月又有"和州回鹘"朝贡。此后,时续时断,绵延不绝,直到辽末主天祚帝时的1112年,仍有和州回鹘"来贡"。① 如前述,西州回鹘有使用契丹官号的事例。又据《宋史·高昌国传》载,宋使王延德至高昌,"亦闻有契丹使来,谓其王云'高敞本汉土,汉使来觇视封域,将有异图,王当察之'。延德侦知其语,因谓王曰:'契丹素不顺中国,今乃反间,我欲杀之'。王固劝乃止"。可见,辽与高昌关系相当密切,并有一定的威慑力,而西州回鹘之于宋辽,是一臣二主的关系。

由于西州回鹘地处中西贸易大道,同各国的经济联系十分密切,加之回鹘人善于经营,其与辽的经济往来自然不能例外。据载,高昌国、龟兹国、于阗国、大食国、小食国、甘州、沙州、凉州,以上诸国三年一次遣使,约四百余人,至契丹贡献玉、珠、犀、乳香、琥珀、碯砂、玛瑙器、宾铁兵器、斜合里皮,又褐里丝、门得丝、帕里阿褐里丝,以上皆细毛织成,以二丈为疋。契丹回赐至少亦不下四十万贯。② 西州回鹘与辽的贸易项目,主要是珍玩和丝毛制品,大多是为了满足契丹贵族的享乐欲望。贸易的主旨在于获取丰厚赏赐。它无疑会对辽的社会经济发生一定的影响,继而,更加密切两族人民的友好关系。

---

① 《辽史·天祚帝纪》《属国表》。
② 叶隆礼:《契丹国志》卷二一。

3. 河西回鹘与辽的关系

河西回鹘是指以甘州为中心，包括在沙州、瓜州、凉州、肃州等地活动的回鹘。他们与辽的关系有一些特点：首先是较为突出的战争关系，与甘州回鹘的交往尤其如此。《辽史·太祖纪》载，天赞三年（924 年）九月丙申朔，辽大军次古回鹘城（在今蒙古人民共和国鄂尔浑河上游东岸喀拉和林遗址之北），勒石纪功。十一月乙未朔，获甘州回鹘部督毕离遏，因遣使谕其主乌母主可汗（即仁美可汗，约 921—926 年在位）。同书《太宗纪》也称："太祖破于厥里诸部，定河壖党项，下山西诸镇，取回鹘单于城。"打击回鹘故地余部，威逼河西回鹘。天赞四年（925 年）四月，乌母主可汗遣使贡谢[①]，甘州回鹘臣服于辽。辽太宗天显十二年（937 年）十月，皇太后永宁节，回鹘、敦煌遣使来贺。《契丹国志》卷二一所载三年一贡的"诸国"中就有甘州、沙州和凉州。

河西走廊是中西交往的重要通道，回鹘诸部居而据之，遂也成为北宋、西夏和辽三方争夺、拉拢以至攻掠的对象，在十一世纪初期变得十分剧烈。其时，西夏主德明及其子元昊屡次进兵河西，企图覆灭河西六谷部吐蕃及甘州等地的回鹘，二部也依靠宋朝的支持坚持对抗，这对以夏州党项宗主自居的辽朝来说，自然是不可丧失的良机。兼之，其与河西回鹘的贸易联系由来已久，插手河西势所必然。据《辽史》的《圣宗纪》、《属国表》载，统和二十六年（1008 年）十二月，萧图玉奏讨甘州回鹘，降其王耶剌里，抚慰而还。二十八年（1010 年）五月，辽西北路招讨使萧图玉再度进兵河西。奏伐甘州回鹘，破肃州，"尽俘其民，兼修土隗口故城以实之"。因而，在宋大中祥符八年（1015 年），甘州回鹘可汗夜落纥密里遏上表称，"所有契丹即目（日？）与臣本部断绝，并无消息"。次年，夜落隔（即纥，音隔）又上表宋朝云："契丹即日多益兵马于沙州往来，未知何计，

---

①《辽史·太祖纪》。

使即目断绝。"①河西回鹘可汗虽与辽断绝往来,但其属下的沙州回鹘却依然与契丹人频繁联系,使者不绝于道。开泰三年(1014年)四月,沙州回鹘曹顺遣使来贡;九年(1016年)六月,辽也遣使至沙州回鹘部,赐敦煌郡王曹顺衣物。同年九月,曹顺遣使至辽朝贡。可见,沙州回鹘始终与辽保持着较密切的"朝贡"关系。

太平元年(1026年)五月,辽以甘州不屈服,再次遣西北路招讨使萧惠将兵进攻甘州回鹘。六月,夏州党项首领德明也遣兵以助。八月,萧惠攻甘州三日不克,属部阻卜诸酋临阵叛辽。萧惠无奈,退师而还。② 辽虽然多次用兵甘州,但河西是中西交通上的咽喉之地,争者甚众,且距辽较远,间隔夏州党项,终难如愿。宋景祐三年(1026年)12月,元昊举兵攻回鹘,陷瓜、沙、肃三州,尽有河西之地。河西回鹘也相继归属于新崛起的西夏统治者,与辽的直接交往遂告结束。

4. 散居回鹘与辽的关系

在前列回鹘遣使表中,除少数单称"回鹘来贡"的记载为喀拉汗国、西州与河西回鹘,如公元937年10月与"敦煌"一同遣使来贺的是河西回鹘,公元989年2月与于阗、师子等国来贡的是喀拉汗国回鹘等等而外,绝大多数是指散居的回鹘部众。他们活动在广大的蒙古草原南部、原回纥汗国故地及其附近,与阻卜、党项等各族相互杂居。侯后,或羁属于西夏,或臣服于契丹,或自由移徙,逐水草游牧。但都与辽有密切的交往。

天赞三年(924年)十月,辽太祖遣兵逾流沙,拔浮图城,"尽取西鄙诸部",回鹘余众多受辽节制。从前表可见,自公元918年2月"回鹘、阻卜、党项各遣使来贡",到1113年2月为止,见于记载的"回鹘"向辽朝贡就有37次之多。其内容除一般"朝贡"外,还有"献珊瑚树"、"乞授官"、

①《宋会要辑稿·蕃夷》四之六,四之八。
②《辽史·圣宗纪》《属国表》,参见吴广成《西夏书事》卷一〇。

"请婚"、"进梵僧名医"、"贡良马"、"贡方物"、"贡异物"等。

散居回鹘各自为政,往往有自称单于者。但由于辽的军事征服和"大国"优势,他们又多为辽的藩属而受制于辽,甚至还得采用辽的官制。据《辽史·太宗纪》载,会同二年(939年)五月,回鹘单于使人至辽乞授官,"诏第加史、令"。四年三月,辽太宗又"特授回鹘使阔里于越,并赐旌旗、弓剑、衣马、余物有差"。宗藩关系显而易见。散居回鹘的使者在会同三年(940年)正月,曾请求观诸国朝见礼仪,是也知其与西迁三部回鹘等"诸国"的地位有所不同。契丹统治者还派人充任回鹘部副使,监视其部。《辽史·兴宗纪》载,重熙二十二年(1053年)12月,辽主诏回鹘部副使以契丹人充。

据史载,"辽属国可纪者五十有九,朝贡无常,有事则遣使征兵,或下诏专征;不从者讨之。助军众寡,各从其便,无常额"。[1] 按此定义,喀拉汗国、甘州回鹘等部均不应划为辽的属国;西州回鹘虽也在某个时期、某种程度上受辽牵制,但同时也受宋朝制约,其可汗内称狮子王,对辽并无屈属听命之礼。唯有散居回鹘中的很大一部分,受辽节制,可视之为属国,史称,兀欲部,"西则突厥、回纥","云契丹之先,常役回纥,后背之走黑车子,始学作帐"。[2] 即是一些不堪契丹奴役而逃亡的回鹘人。

还有一定数量的回鹘人被收归契丹治下,成为辽的属民。《辽史》卷三七《地理志》载,"仪坤州,……本契丹右大部地,应天皇后建州。回鹘糯思居之,至四世孙容我梅里,生应天皇后述律氏,适太祖。太祖开拓四方,平渤海,后有力焉。俘掠有伎艺者,多归帐下,谓之属珊。以所生之地置州,……统县一:即广义县,本回鹘部牧地。应天皇后以四征所俘居之,因建州县"。据此可知,辽应天皇后是回鹘人。仪坤州为应天氏所建,而广义县,原为回鹘牧地,后又以所俘回鹘等部居民处之。他们自然是辽的属民。

---

① 《辽史》卷三六《兵卫志》下。
② 《新五代史》卷七三《四夷附录第二·兀欲》。

5. 回鹘与西辽的关系

讨论回鹘与辽的关系,不应忽视辽宗室西迁并在回鹘人聚居区所建立的西辽政权。西辽(1124—1211 年)是在辽朝灭亡时,由契丹贵族耶律大石率部西迁而建立的。早在迁徙之初,他们就与回鹘发生联系。公元1123 年 2 月,耶律大石以青牛白马祭天地、祖宗,整旅而西。其时,遗书回鹘王毕勒哥曰:"昔我太祖皇帝北征,过卜古罕古城(罗校,谓即太祖纪之古回鹘城)即遣使至甘州,诏尔祖乌母主曰:'汝思故国耶,朕即为汝复之;汝不能返耶,朕则有之。在朕,犹在尔也。'尔祖即表谢,以为迁国于此,十有余世,军民皆安土重迁,不能复返矣。是与尔国非一日之好也。今我西至大食,假道尔国,其勿致疑。"毕勒哥得书,即迎至邸,大宴三日。临行,献马六百,驼百,羊三千,愿质子孙为附庸,送至境外。① 以此知,大石西迁时首先与甘州回鹘申述旧好,得到资给。其时,河西回鹘多受西夏约束或直接统治,他们受辽夏友好关系之影响而支持辽宗室西迁,似也不难理解。

《辽史·天祚帝纪》称,大石西行,"所过,敌者胜之,降者安之。兵行万里,归者数国,获驼、马、牛、羊、财物,不可胜计"。包括着回鹘诸部或者被征服,或者归附于辽的内容。公元 1132 年,大石在起儿漫称帝。后建都虎思斡耳朵(在今苏联托克马克以东楚河南岸)。西辽的疆域包括我国新疆及中亚广大地区,史称黑契丹或哈剌契丹。回鹘人则是其辖下的主要民族之一。

在西辽政权统治下的回鹘人,既包括原喀拉汗国的居民,也包括西州回鹘人。据称,"从十二世纪三十年代起,东部喀拉汗王朝做为西辽的附庸,在喀什噶尔与和田地区继续维持着自己的统治,伊卜拉欣·本·阿赫马德戴着西辽王朝给的封号'土库曼伊利克'"。公元 1158 年,他还被西辽的菊儿汗派往河中地区,帮助西部喀拉汗王朝镇压叛乱的葛逻禄

---

① 《辽史·天祚帝纪》。

军队。①

西辽对回鹘等部如何统治呢？据阿西尔《全史》记载，"他们（西辽军队）占据了整个突厥斯坦国家。当他们占领城市以后，对于它的居民未做任何改变，只从每户——从城市居民，此外，也从农村居民——收一个狄纳尔。至于耕地之类，那它们给居民享用"。② 无疑，契丹人能入据中亚并顺利定居下来，建立政权，与其对当地回鹘人的笼络及轻徭薄赋政策密切相关；嗣后，还与回鹘人结成了联盟。日本学者安部健夫在《西回鹘国史研究》一书中论述了"契丹回鹘联军"共同行动的问题，并指出，"契丹和别失八里（以及高昌）回鹘之间，在十一世纪二十年代，一定有着密切的政治和军事的同盟关系"。③

高昌国，据《元史》卷一二二《巴而术阿忒的斤传》记载，以火州为中心，统别失八里之地。北至阿术河，南接酒泉，东至兀敦甲石哈，西临西蕃，据此 170 余载，至巴而术阿忒的斤时，臣于契丹。西辽主菊儿可汗遣使据其国，并召其断事官哈剌亦哈赤北鲁以为诸子师。契丹贵族对回鹘人的压制和掠夺，也引起了各部人民的强烈不满，据《元史》卷一二四《岳璘帖穆尔传》载，"时西契丹方强，威制畏兀，命太师僧少监来临其国，骄恣用权，奢淫自奉。畏兀王患之……"。恰在此时，成吉思汗的"大蒙古国"迅速壮大。不堪奴役的回鹘部落首领纷纷执杀西辽"监国"、"少监"，投归蒙古。公元 1131 年 9 月，和州回鹘执耶律大石之党撒八迪里突迭献于金。1209 年春，西州回鹘（高昌国）降于蒙古。两年后，西辽被乃蛮王屈出律夺权，1219 年终为蒙古所灭。西辽故地归于察合台汗国，回鹘与西辽的激烈斗争随之结束。

综上可见，回鹘与辽的关系不仅时间长，而且涉及地域范围十分广

① 魏良弢：《喀喇汗王朝史稿》，新疆人民出版社，1986 年，第 122 页。
② 阿西尔：《全史》，多伦堡本第 11 卷，第 59 页，转见魏良弢《西辽史研究》，宁夏人民出版社，1987 年，第 89 页。参见〔苏〕威廉·巴托尔德著，罗致平译：《中亚突厥史十二讲》，中国社会科学出版社，1984 年。
③ 〔日〕安部健夫著，宋肃瀛等译：《西回鹘国史研究》，新疆人民出版社，1985 年，第 314 页。

阔。自回纥汗国统治契丹诸部，到西辽奴役回鹘政策的彻底瓦解，有 450 余年之久。其间有络绎不断的商客往来，也有战场上的兵刃相向，波及蒙古草原、河西走廊、新疆以及中亚广大地区，对整个北方草原及西北各民族的政治、经济与文化的发展，产生了深刻的影响。概而论之，回鹘与辽（契丹）相互交往的内容及其意义有以下几点：

第一，促进了两族经济上的相互往来与发展。其中对辽的影响更为突出。回鹘人所居多为中西交通的咽喉之地，物产丰富，贸易繁盛，很具吸引力。据《西夏书事》卷一五记载，"回鹘土产珠玉为最，帛有兜罗、棉毛、氍毹、锦注丝、熟绫、斜褐。药有腽肭脐、硇砂，香有乳香、安息、笃耨，其人善造宝铁刀乌金银器，或为商贩市于中国（即北宋）、契丹诸处……"。不仅如此，在辽的上京临潢府，还有回鹘商人居留之地，城"南门之东回鹘营，回鹘商贩留居上京，置营居之"①，是回鹘与辽持久贸易的证据。从贸易货物看，虽然满足统治者享受的生活奢侈品占有较大的比重，但也有医药、丝绸、工艺等方面的交易，甚至有的商人从辽运走生铁等禁物，为此，辽道宗还在 1070 年 11 月下诏，禁止把生铁卖给回鹘、阻卜人。②

由于同回鹘的长期贸易往来，一些新的物种也传入辽境内，如西瓜，《新五代史·四夷附录第二·兀欲传》称，"自上京东去四十里，至真珠寨，始食菜……遂入平川，多草木，始食西瓜，云契丹破回纥得此种，以牛粪覆棚而种，大如中国冬瓜而味甘"；又如"回鹘豆"③。其于契丹经济生活之裨益是显而易见的。

第二，政治上两族的相互影响。如前述，回鹘汗国曾经统治过契丹人，而契丹人所建立的辽又长期支配散居的回鹘部众，并影响到河西与西州回鹘。降至西辽崛起中亚，更直接统辖为数众多的回鹘人。在《辽史·百官表》的属国职官名称中，有阿萨兰回鹘大王府（亦即阿思懒王

①《辽史》卷三七《地理志》。
②《辽史·道宗纪》。
③《契丹国志》卷二七《岁时杂记》，贾敬颜等点校，上海古籍出版社，1985 年。

府)、回鹘单于府、沙州回鹘敦煌郡王府、甘州回鹘大王府、高昌国大王府、怕里(即霸里)国王府等。其中的回鹘国单于府,在兴宗重熙二十二年(1053年)诏以契丹人充任回鹘部副使。属国并非全都名副其实,但也包含着某些回鹘部落,在某一时期对辽的臣属,前文已谈到回鹘各部被列入辽"属国军"条下,以及回鹘部落使用契丹官号的情况。辽与回鹘在政治上的相互作用,必然会导致两民族制度上的吸收与借鉴,乃至民族上的相互融合,如辽统治下的回鹘人日久归于契丹,及西辽瓦解后的余部之融入回鹘即是其证。

第三,回鹘文化对辽的影响。主要体现在两个方面:一是文字,即契丹小字是以回鹘字为蓝本而创造出来的。《辽史》卷六四《皇子表》载,辽太祖第三子迭剌,聪敏过人,"回鹘使至,无能通其语者,遣迭剌迓之。相从二旬,能习其言与书。因制契丹小字,数少而辞贯"。此可谓契丹人有文字之始。另一方面,回鹘的佛教也影响了契丹人的信仰。回鹘原信奉萨满教,公元8世纪中后期改信摩尼教。及西迁以后,又接受佛教。佛教作为回鹘文化的一部分,影响了北方许多民族的精神生活,契丹即是其中之一。辽圣宗时,回鹘曾向辽进梵僧名医。《辽史·西夏外纪》载,夏主谅祚时,曾向辽"进回鹘僧、金佛、《梵觉经》"。《梵觉经》为回鹘僧人所撰,历20年乃成。回鹘佛教通过直接或间接的渠道传入辽朝境内,对契丹贵族及下层居民的文化生活无疑会产生深刻的影响。回鹘与辽的关系,对沟通我国北方地区各民族之间的经济、政治与文化交流,对加强各民族之间的进一步了解和友谊,起到积极的作用,值得肯定。

原载《西北史地研究》1988年号,三秦出版社,1990年

七 段部鲜卑历史初探

　　段部鲜卑是"东部"鲜卑的一部分，主要活动在今辽宁省大凌河以西，以及河北北部地区。它虽然不像拓跋、慕容等部建立政权，称雄一方，却也存在近百年之久，辗转数万里，在中国历史上留下了自己的痕迹。因资料缺乏，段部鲜卑活动的历史长期未引起人们的注意，兹就此略作探讨。

一、段部鲜卑的兴起

　　据《晋书·段匹磾》记载，"段匹磾，东部鲜卑人也。种类劲健，世为大人。父务勿尘；遣军助东海王越征讨有功，王浚表为亲晋王，封辽西公"。《北史·徒何段就六眷》也记载了"徒何段就六眷，出于辽西"的事实。段氏出于辽西，务勿尘被封为辽西公，这说明他们与辽西紧密相关；而辽西恰在檀石槐军事大联盟的"东部"范围之内，以"东部鲜卑"之名包容段部也就无可厚非了。

　　但是，段部鲜卑与檀石槐的"东部"划分并没有部落上的渊源关系。理由有三：其一，《后汉书·乌桓鲜卑传》所载檀石槐以后鲜卑世系，只有和连、和连子槐头、槐头弟步度根三人，虽言其后"诸大人世相传袭"，但脉络已无法明辨。其他史籍未见到更详细的记载。其二,檀石槐部落大联盟的各部首领中也没有段部大人,除慕容等姓世代相承外,其他部落似未有固定姓氏。其三,段氏以部为姓最早见于日陆眷侄子务勿尘,此前鲜卑未见有段姓者。① 因此,以段氏为"檀石槐之后"不足为据。

段部鲜卑的形成始自日陆眷。据《北史·徒何段就六眷》记载:"徒何段就六眷,出于辽西,其伯祖日陆眷,因乱被卖为渔阳乌丸大人库辱官家奴。……其后渔阳大饥,库辱官以日陆眷为健,使将人诣辽西逐食,招诱亡叛,遂至强盛。"由此知,段部之祖日陆眷非但不是世袭贵族,而且还曾被掠卖为奴,备受欺辱,其世系不可以上溯太远。此后日陆眷带领部众迁往东北地区,在徒河(今辽宁义县)一带活动,辽西地区为西晋据有。太康十年(289 年)以前,"鲜卑宇文氏、段氏方强,数侵掠廆,廆卑辞厚币以事之。段部单于阶以女妻廆,生皝、仁、昭。廆以辽东僻远,徙居徒何之青山"②。此乃段部迁往东北后的活动情况,其时在西晋建立不久,其他约在辽水一带,东与慕容部相接,与慕容氏世相婚姻又攻掠不断。③ 由于段部曾在徒河一带活动,《北史》一书就在段就六眷名前加"徒何"二字以示郡望。

至务勿尘时,段部鲜卑因中原之乱南徙辽西。《热河志》卷五七载:"务勿尘居于徒何,后迁令支。"其具体时间史无明载,但据《晋书·武帝纪》载,太康十年(289 年),慕容廆归降晋室,东夷十一国内附;过了一年,至元康元年(291 年),又有东夷十七国诣校尉内附。段部南迁或与这两次大的内附部众有关。因此,在元康四年(294 年),慕容廆才能从徒何之青山南迁至大棘城。④ 王浚也能在永康元年(300 年)与段部鲜卑务勿尘结成同盟。⑤ 据此,务勿尘南下辽西就可确定在太康十年至永康元年

①《晋书·惠帝纪》。
②《资治通鉴》卷八二。
③ 金毓黻:《东北通史》上编,第 23—24 页。
④《资治通鉴》卷八二。
⑤《晋书·王浚传》;《晋书·惠帝纪》。

(289—300 年)之间。太安二年(303 年),王浚以女妻务勿尘并表其为辽西公,段部由此领有辽西。①

综上所述,段氏鲜卑与檀石槐军事大联盟的"东部"划分除地域、名称相同外,并无直接联系,日陆眷时,段部鲜卑在辽西形成,然后移居徒何一带,东与慕容部相接。晋惠帝元康(291—299 年)前后,朝廷昏乱,边地空虚,务勿尘又率众由徒何南返辽西,并据而有之。重新进入辽西郡的段部鲜卑,就以阳乐、令支和蓟城等地为中心,开始了崭新的历史发展阶段。

二、段部鲜卑与晋朝及其地方势力的关系

西晋末年,王室衰微、豪杰四起,居于北方的匈奴、鲜卑、羯等族相继起兵。南下的段部鲜卑与周围诸部发生密切交往,他们与晋王朝的关系,主要体现在两方面:一是段部奉晋正朔,旨在利用晋室以号召群众,尤其是广大的汉族群众,以发展自己的势力。晋元帝建武元年(317 年)六月,段氏参预了刘琨、邵续等一百八十人的上书劝进活动。而后联合王浚、刘琨和邵续与石勒对抗,均打着"匡扶晋室"的旗号。另一方面,晋王朝也给段部首领以相应的封号,用其"讨贼平叛"、收复失土。如惠帝太安二年封务勿尘为辽西公。此后所封之号尚有"大单于""广宁公"等等,其中"辽西公"为段氏所专有,相继不断。段部鲜卑作为晋朝的一支地方势力,确实起到了应有的作用,他们英勇善战,坚持与推翻晋室的石赵政权对抗到底,直到 4 世纪中叶,段龛所部已称雄一方,依然接受晋朝封号,拥戴王室。

段部与晋朝的关系,还体现在其与王浚、刘琨和邵续的交往上。从太安二年至建兴元年(303—313 年)是段部与王浚结盟时期。王浚乃晋室重臣,惠帝时为宁朔将军,都督幽州诸军事,在地域上与段部鲜卑相

---

① 《资治通鉴》卷八五、八六、八八。《晋纪》卷七、八、一〇。

邻。其时朝廷昏乱,盗贼蜂起,"浚为自安之计,结好夷狄,以女妻务勿尘",与段部结成同盟。段部也随王浚参预了"八王之乱"。太安二年,王浚表务勿尘为辽西公,以务勿尘别部大飘滑及其弟渴末别部大屠瓮等人为亲晋王。随后,这一联盟就开始了拥戴晋室,反对前汉、后赵的军事活动。永嘉中,鲜卑段文鸯奉王浚之命进讨石勒,迫其败走南阳。永嘉六年(312年),辽西公疾陆眷及其弟匹磾、文鸯、从弟末丕率众五万,协同王浚进掠石勒襄国,"疾陆眷屯于渚阳,勒遣将出战,皆为疾陆眷所败。疾陆眷大造攻具,勒众甚惧"。① 可见,王浚讨伐石勒主要依靠强大的段部鲜卑。但是,段氏的轻敌和懈惰却导致了这一次战争的失败,段末丕为石勒所擒,疾陆眷等部被迫撤退。石勒部将孔苌"乘胜追之,枕尸三十余里,获铠马五千匹"。

由于石勒俘获末杯(即末丕),遣使求和,形势为之一转。疾陆眷以铠马金银赂勒,且以末杯三弟为贡请还末杯。石勒非但不杀末杯,反而"召末杯,与之燕饮,誓为父子,遣还辽西"。其用意正如石勒所言:"辽西鲜卑,健国也,与我素无仇雠,为王浚所使耳,今杀一人而结一国之怨,非计也。归之,必深德我,不复为王浚用矣。"② 王浚依靠段部鲜卑势力得以强盛,终以失去段部而衰败;建兴元年(313年),王浚欲讨石勒,召疾陆眷,将与之俱攻襄国,"疾陆眷自以前后违命,恐浚诛之。勒亦遣使厚赂,疾陆眷等由是不应召"。③ 王浚闻之大怒,以重币诱拓跋部绮卢子日律子,令攻疾陆眷,结果大败而还。王、段同盟的破裂,产生了一系列影响:石勒由此解除一大劲敌,并获得同盟军末杯,段氏内部因之而分裂,末杯一心附勒;王浚则受到致命打击,建兴四年(314年),石勒陷蓟城,斩杀王浚。

段部与王浚分裂的同一年(313年),辽东鲜卑慕容廆遣慕容翰进攻段部,并占领徒何、新城,抵达阳乐,后来退而留镇徒何。在蓟城,石勒杀

---

①②《资治通鉴》卷八五、八六、八八;《晋纪》卷七、八、一〇。
③《晋书·王浚传》;《晋书·惠帝纪》。

王浚南撤后,其幽州刺史刘翰归依段匹磾,匹磾以辟间嵩为代郡太守。①
这样,段部疆域达到极盛,即"西尽幽州,东界辽水"。段匹磾还与邵续联
合击败了石勒的围攻,捍卫了自己所据有的领地。

　　建兴四年至太兴元年(316—318 年),是段匹磾与刘琨短暂结盟对抗
石勒阶段,也是段匹磾与段末杯正式分裂并进而火并时期。起初,段部
与王浚结盟,刘琨则联合拓跋部,双方常有领地之争。此时王浚已死,能
与匹磾联合抗击石勒的只有刘琨与邵续等人,匹磾与刘琨相似的处境,
促成了这一同盟的建立。匹磾外有石勒虎视,内与末杯争锋,处于孤立
无援的困境之中。而刘琨在建兴四年因贸然进攻石勒大败,他的司空长
史李弘以并州投降石勒,使他进退失据。恰在这时,幽州刺史段匹磾遣
使邀琨"同奖王室",琨由是率众赴之,从飞狐入蓟,"匹磾见之。甚相崇
重,与琨结婚,约为兄弟"(《晋书·刘琨传》)。从此,段部与刘琨结成新
的同盟,次年(317 年),刘琨与匹磾相与歃血盟誓,并遣使至建康(今南
京)劝进。同年七月,段匹磾推举刘琨为大都督,檄其兄疾陆眷、叔父涉
复辰、从弟末杯等会于故安(范阳),以讨伐石勒,但这次行动因末杯受勒
厚币从中作梗,使疾陆眷、涉复辰均未应约而作罢。

　　元帝太兴元年(318 年)正月,辽西公疾陆眷卒,其子年幼,叔父涉复
辰自立。末杯以匹磾欲篡位为由,挑起匹磾与涉复辰的战争,趁机杀死
涉复辰,并其子弟党羽,后自称单于。② 不仅如此,末杯还拉拢刘群,许其
父刘琨做幽州刺史,希望夹攻段匹磾,从而搞垮匹磾与刘琨的同盟,独统
段氏部众。结果,写给刘群的密书为段匹磾的逻骑所获,遂引起了联盟
内部的矛盾。匹磾召回驻在征北小城的刘琨,听信其弟段叔军之言,拘
禁刘琨于蓟城。刘琨庶长子刘遵惧诛,与部将拥兵自守并进攻匹磾。匹
磾矫诏收琨,遂缢杀之。匹磾这一战略上的错误,不仅造成部下纷纷倒
戈投向段末杯和石勒;而且丧失了士民之心。"琨从事中郎卢谌、崔悦等

---

① 《晋书·刘琨传》。
② 《资治通鉴》卷九○、九一、九三、九五、九六。

帅琨余众奔辽西依段末柸,奉刘群为主,将佐多奔石勒"。"于是,夷晋以琨死,皆不附于匹磾"。① 从此,段、刘联盟瓦解。

太兴元年(318 年)段匹磾缢杀刘琨,部众离散,段末柸遂乘机进攻匹磾。匹磾无以自立,率众数千人投奔邵续,结果在盐山(渤海高城县)被石越击败,匹磾退还蓟城,末柸自称幽州刺史。至此,匹磾已陷入腹背受敌、左右失据的困境。太兴二年(319 年),"孔苌攻幽州诸郡,悉取之,匹磾士众饥散,欲移保上谷,代王郁律勒兵将击之,匹磾弃妻子,奔乐陵(今山东信阳)依邵续"②。次年,末柸又进攻段匹磾,为匹磾与邵续联军打败。但是当段匹磾进而想收复被石赵占据的蓟城时,却因邵续在厌次被俘而落空。太兴四年(321 年),后赵石虎围攻段匹磾于厌次,激战之中文鸯、匹磾被俘获,后均为石氏所害。短暂的段、邵同盟也随之解体。段部与王浚、刘琨及邵续的联盟均在内部分裂或在石赵政权的攻击下先后土崩瓦解,从此段部鲜卑势力逐渐衰弱。

三、段部与慕容燕政权的关系及其灭亡

段部兴起之后,与慕容部的关系就十分密切。他们地域相接,同为东部鲜卑,且世代联姻。史载:"(段)辽数与皝相攻,(阳)裕谏曰:'亲仁善邻,国之宝也。'况慕容氏与我世婚,迭为甥舅。"③ 段部也曾与慕容部有过短暂的联盟关系,太宁三年(325 年),当后赵石勒加升宇文逸得归官爵,使其进攻慕容廆时,"廆遣世子皝,索头(拓跋部),段部共击之,……过其国三百余里而还,尽获其国重器,畜产以百万计,民之降附者数万"④。双方戈矛相向也自然不会避免。段部鲜卑据守辽西,阻扼了慕容氏与中原地区的经济贸易和文化交流,也堵塞了辽东鲜卑争霸中原的隘口。于是,慕容部多次遣兵攻掠段部的徒何、阳乐等地,尤其是大兴四年(321 年),段部进入中衰期以后,抄略范围更加扩大;永昌元年(322

①②③④《资治通鉴》卷九〇、九一、九三、九五、九六。

年),慕容皝遣其世子儁袭击末杯,劫掠了段部令支城。

明帝太宁三年(325 年),段辽自立为辽西公,段部鲜卑又一度出现暂时的复兴。在东北方面,收复了大片失地,并利用慕容翰、仁与幕容皝的分裂,进讨辽东。咸和九年(334 年),段辽遣其弟段兰与慕容翰共攻柳城(今朝阳),"士皆重袍蒙盾,作飞梯,四面俱进,昼夜不息……(慕容)汗与兰遇于牛尾谷(在柳城北),汗兵大败,死者太半"①。在西境,段辽攻占幽州,迫使石赵幽州刺史李孟南移易京。

但是,局部的胜利并不能改变整个形势的逆转。在咸康元年至三年(335—337 年)的多次交战中,段部鲜卑连连失利。元年,慕容皝遣张英将百余骑掩击并斩杀宇文氏使者十余人,生擒段氏使,破坏了段部、宇文部及慕容仁的反皝联盟。次年,段辽遣中军将李咏袭击慕容皝,在令支东部被打败。咸康三年三月,慕容皝在段部乙连城之东筑好城,以逼乙连。四月,段辽以车数十辆给乙连城运送粮食,被慕容部截获。这一连串的战争失败,使段部的实力消耗殆尽,而恰在这时,慕容燕与石赵结成了同盟,图谋瓜分段部势力,咸康三年(337 年),燕王皝遣扬烈将军宋回称藩于赵,乞师以伐段辽。次年正月,石赵大将桃豹、王华率舟师十万出漂渝津,支雄、姚弋仲率步骑七万(一说"十万")为前锋直向辽西。②燕王皝引兵攻掠令支以北诸城,以埋伏战大破段兰所部,斩首千余级,掠夺五千户及畜产万计而归。赵王石虎进军金台(在涿郡故安县),支雄率军长驻直入蓟城,段辽所属渔阳、上谷及代郡守相全部投降,段部失去四十余座城地。由于段兰在北线战败,使段辽不敢恋战,遂带领妻子宗族豪右千余家,弃令支城而逃奔密云山。石虎遣军二万追之,掳获段辽母亲、妻子,斩首二千级。段辽单骑逃走,让其子乞特真奉表献名马以求和。

战后,石虎进据令支宫,迁段部之民二万余户于司、雍、兖、豫四州之地。随之,石赵与慕容燕因瓜分不均而开战,咸康四年(338 年)燕王皝遣慕容恪在密云山设伏,击败石虎部将麻秋所部,尽得段辽余众,迎段辽至

①②《资治通鉴》卷九○、九一、九三、九五、九六。

燕国,待以上宾之礼。咸康五年(339年),段辽因谋反燕国而被杀。段辽之弟段兰战败后逃往宇文部,建元元年(343年)被宇文逸得归执送赵国,石虎让段兰率领鲜卑部众五千人屯守令支。

永和六年(350年),冉闵灭石氏,段兰子段龛率部南下,据守兖州陈留郡(今河南开封附近),同年又引兵东据广固(今山东益都),自称齐王。另有段末杯子段勤,曾任石赵建义将军;石氏亡后,便率众据守黎阳(今河南浚县),后退保枉人山,自称赵王、赵帝。不久被冉闵打败,转徙绛幕(今山东平原县西北),永和八年(352年)归慕容燕,曾任慕容俊的尚书郎一职,升平三年(359年)被杀。段龛一支于永和七年(351年)以青州内附,东晋封其为镇北将军、齐公,仍与燕国斗争。永和十二年(356年),段龛与慕容恪大战于淄水,败后被迁往燕都蓟城。以后的史籍上,还可以看到段部后裔在诸燕国的活动,如穆帝升平五年(361年),被任为太守的建威将军段刚,还有燕将段崇、段玑、段瓒等,或皆为段氏鲜卑之后。[①]

段部鲜卑灭亡的原因是多方面的,主要是:

一、段部没有处理好由东北时的游牧经济向辽西定居农业的过渡,即没有很好地发展农业、大兴屯田,从而加强经济实力,为战争提供坚实的经济基础。因此,段匹磾时,大批部众不得不随邵续的武邑内史邵存到平原国就食。[②] 段辽时,阳裕劝其停止战争、安国息民,都是段部经济不稳固的侧面反映。

二、段部专尚武力,不礼士大夫[③],这不仅不能招徕远方士人,反而使许多人来而复去,如宋该、杜群、刘翔等人,皆"先依王浚,又依段氏,以为皆不足托,率诸流寓,同归于庾"[④]。

三、段氏鲜卑内部的争斗和混战大大削弱了自己的有生力量,从而大伤元气。末杯与匹磾之争可为明证。

---

① 邱久荣:《鲜卑段部世系考略》,《社会科学战线》,1985年第1期。
②《晋书·邵续传》。
③ 马长寿:《乌桓与鲜卑》,上海人民出版社,1962年,第210—211页。
④《资治通鉴》卷八五、八六、八八;《晋纪》卷七、八、一〇。

四、段部鲜卑以征战为事,却没有注意建设稳固的根据地,虽以令支、阳乐、蓟城为政治中心,却未能着意发展,以至常遭攻掠,一切以军事上的胜败为转移。

五、段部战略上有两方面的失误:在力量发展到一定程度时,没有提出新的、鲜明的口号和目标。虽然拥戴晋室有赢得汉族士人支持的一面,但死守没落王室,也会被认为是"无远略"或"不足托者",同样不会有较大的发展。另一方面,在处理对待慕容部与石赵的关系上,不是分而食之、各个击破,而是采取两面出击,不仅不能消灭敌人,反而把自己置于孤立之境,终为石氏和慕容氏联合瓜分。

四、简论段部鲜卑的政权性质

段部鲜卑经历了由原始社会末期的部落军事组织向建立地方政权的过渡阶段。段部活动的整个历史,大体可分三个时期:由日陆眷到乞珍时期,段部主要以部落形式活动,如前所述,段部始祖日陆眷起自奴隶,后来率饥民至辽西逐食,招诱亡叛,遂有部众,基本上沿袭了鲜卑的部落军事组织形式,部落成员大多是内迁的鲜卑、乌桓和匈奴后裔,主要从事游牧也兼营农业。此后日陆眷迁往徒何一带,此地区也为部落民族错重杂居之地,部落组织状况当不会有所改变。《魏书》载:匈奴灭亡后,余众十万余落诣辽东杂处,皆自号鲜卑兵。另一方面,又因段部鲜卑中包含着南迁的鲜卑、乌桓等族,尤其是从事定居农业的晋人,使他们程度不同地接受了中原的封建文化,中原先进的生产技术传入辽东地区。日陆眷本人即曾居于渔阳、辽西,这就使段部鲜卑不可能原封不动地保持其原始部落组织,其封建化之端倪也略有显示,经常发动掠夺战争,部落大人世袭制等即是其具体表现。

自务勿尘返回辽西以后,段部鲜卑的原始部落体系迅速瓦解,由此到石赵、慕容燕联合攻灭段辽,是为段部发展的第二个时期。由于改变了过去流动性的游牧经济和生活方式,使其社会性质发生了重大的变化:(一)段部的基本群众已是从事农业生产的晋人、鲜卑、乌桓等族人民,随着与中原各势力的频繁交往,晋人尚有不断增多的趋势,鲜卑、乌桓等族也进一步汉化。其部众不再按邑落,而是按家、户来计算。[1] 与农业发展相联系,出现了一些较重要的政治中心,如阳乐、令支、蓟城等地,其中令支还筑有宫室,长时期成为段部鲜卑的都城。[2] (二)自务勿尘以后,段部逐渐强盛,成为一支能够左右辽西及周围地区形势的力量。他们打着拥护晋室的旗号,联合王浚、刘琨、邵续等人,南征石赵,北伐慕容氏,其所领之地曾一度"西尽幽州,东界辽水",统胡晋三万余家,控弦四五万骑。这种比较确定而广大的地域范围,当然不是部落组织所能容纳的。(三)段部已有自己的官制。在前一时期,主要是部落大人的领导和世袭制,带有浓厚的原始色彩。而此时期,一方面,接受晋王朝的封爵;另一方面又自领刺史,任命官属。据统计,受晋赐封或自封的官爵有亲晋王、辽西公、单于、大单于、广宁公、幽州刺史、左贤王、勃海公、骠骑将军、抚军将军、冀州刺史等等。其中单于为段部部落组织遗制,匹磾曾居左贤王之职,但并没有据守左地,也没有以此继任单于,只是虚衔而已,足见旧有制度的没落。[3] 而大量存在的则是按地域划分的州刺史、郡公、相等职官,他们统军辖民,握有实力。段部还依仿中原制度,任命了一批地方官吏,如辽西太守、代郡太守、渔阳太守、代相、北平相、上谷相,以及左、右长史等职官。[4] 这样,段部的官僚制度就基本上同于中原晋朝刺史、郡公、郡相、左右长史等官僚体制。总之,重返辽西以后,段部鲜卑原有的部落组织制度逐渐为封建性的地域组织所代替,从而由原始社会末期直接过渡到封建社会。

自晋咸康四年(338年)段辽势力覆灭后,段部鲜卑成为石赵政权下

---

① 《晋书·石季龙载记》。
② 《资治通鉴》卷九〇、九一、九三、九五、九六。
③ 《晋书·段匹磾传》。
④ 《资治通鉴》卷八八。《晋书·段匹磾传》。《晋书·石季龙载记》。

的属民,末柸子段勤任石赵建义将军,为石氏安疆守土率众五千屯守令支。① 4世纪中叶石氏灭亡,段龛、段勤各据一方,拥众称王、称帝。其时已属封建割据政权,但为时短暂,段氏也完全放弃旧有的单于之号,采用中原的以地名封王制度,赵王、齐王莫不如此。此后的段部鲜卑,散居于今辽宁、河北、山东、河南、山西等地,直接或间接地加入汉族或其他民族之中。

原载《东北地方史研究》1988年第1期

---

① 《资治通鉴》卷九八。

八　葛逻禄部早期历史初探

一

　　葛逻禄是我国古代西北少数民族之一,属于阿尔泰语系突厥语族,7
世纪初始见于记载。其发祥地及活动中心在今新疆阿尔泰山以西、准噶
尔盆地北部地区。《新唐书·回鹘传》下曰:"葛逻禄,本突厥诸族,在北
庭西北、金山之西,跨仆固振水、包多怛岭,与车鼻部接。"这一地区又恰
在当时西突厥的统辖范围,事实上,葛逻禄部最初也是作为西突厥的一
部分出现的。"西突厥本与北突厥同祖……其国即乌孙故地,东至突厥
国,西至雷翥海,南至疏勒,北至瀚海。在长安北七千里。……铁勒、龟
兹及西域诸胡国皆归附之。其人杂有都陆及弩失毕、歌逻禄、处月、处
密、伊吾等诸种。"①至贞观元年(627 年),葛逻禄部反抗西突厥统治,开
始走上发展自己势力的道路。西突厥"统叶护自负强盛,无恩于国,部众
咸怨,歌逻禄种多叛之"②。此后,葛逻禄一部分即进入金山以东,与东突

---

① 《旧唐书·突厥传》下。
② 杜佑:《通典》卷一九九"突厥"条。

厥车鼻等归附强大的薛延陀汗国(629—646年),继而又转归车鼻可汗。

"车鼻亦阿史那之族,代为小可汗,牙在金山之北,……西有歌逻禄,北有结骨,皆附隶之。"①《唐会要》卷九四称"突厥北边叛颉利,归薛延陀",时在贞观二年。但是,葛逻禄部对车鼻可汗依附时间的长短是随着东、西突厥间的力量消长变化的,此所谓"地当东、西突厥间,常视其兴衰,附叛不常也"②。贞观十三年(619年)左右,葛逻禄部又置于西突厥叶护阿史那贺鲁的统治之下。阿史那贺鲁"居于多逻斯川,在西州直北一千五百里,统处密、处月、姑苏、歌逻禄、弩失毕五姓之众"③。据《新唐书·地理志》记载,唐朝于贞观十四年平高昌,以西突厥叶护阿史那贺鲁部落置府州,则此后,属贺鲁统辖的葛逻禄部也归于唐朝。贞观十八年,唐将谢叔方奉使灵州,招辑突厥,"会哥逻禄等叛,部落叛兵三千于籛濊水上,围叔方甚急,叔方率众奋击虏众,乃解。还至柔远县,发伊州兵往谕延陁(当为延陀)与其游军会击,大破之"④。随后西突厥内部发生分裂,乙毗射匮可汗以兵迫逐,贺鲁乃举所部数千帐归附唐朝,时在贞观二十二年。《册府元龟》卷九九八称:"贺鲁,贞观中以执舍地、处木昆、婆鼻(当为婆匐)三姓归朝。"则十八年所叛者乃贺鲁属下的葛逻禄部众。

在贺鲁部西突厥归降唐朝的同时,东突厥及其所辖的葛逻禄部也与唐朝发生密切交往。贞观二十一年,唐将韩华曾与葛逻禄部联合,劫持违抗唐朝意旨的车鼻可汗,结果未成功,韩华战死。因此,唐发兵攻打东突厥,贞观二十三年,命大将高侃率领回纥、仆骨等部众,袭击车鼻,葛逻禄酋长歌逻禄泥熟阙利发等相继背叛车鼻,率部落降唐,并发兵助唐讨伐。同年"十月三日,诸突厥归化,……。以贺鲁部置贺鲁州,以葛逻禄、悒怛二部置葛逻州,并隶云中都督府"⑤。唐朝设置州府处置葛逻禄等

---

① 《旧唐书·突厥传》上。
② 《唐会要·葛逻禄国》。
③ 《旧唐书·突厥传》下。
④ 《册府元龟》卷六五六"奉使立功"条。
⑤ 《旧唐书·车鼻传》。《新唐书·地理志》。

部,这是一个重要的变化,说明葛逻禄部正式成为唐王朝的藩部属民,接受统一的中央王朝的统治。

在与周围各部势力的交往过程中,葛逻禄的内部组织也逐渐为人们所了解。据载,葛逻禄由三个部落组成:一曰谋落或谋剌;二曰炽俟或婆匐;三曰踏实力。① 唐高宗永徽(650—655 年)以前,葛逻禄常常作为许多独立的小部落出现,史籍均称之为"突厥葛逻禄"或"葛逻禄",其君长也在前冠以"葛逻禄"字样,所谓"以部名为姓氏",这反映了葛逻禄社会形态尚处于较低级层次,即部落组织阶段,其酋长是一部分葛逻禄部众的小首领,比如贞观二十三年投降唐朝的葛逻禄泥熟利发即是。经过唐高宗永徽及显庆(656—660 年)年间设立葛逻禄府州、安置其归降部众以后,葛逻禄有了三个较大的部落组织,并由此而结成部落联盟。于是,原来的名称成为联盟首领的代名,同时又出现谋落、炽俟、踏实力三个相对独立的部落酋长的名称。前者如玄宗天宝五载遣使朝贡的三姓葛逻禄苾伽叶护顿阿波移鞬啜,后者如麟德三年(666 年)随高宗至泰山封禅的狼山都督葛逻禄吐利(又作叱利或社利),以及背离突厥默啜可汗归依唐朝的阴山都督谋落匐鸡(一作维)、玄池都督踏实力胡鼻等人。② 这是其自身力量增大的一种侧面反映。当然,葛逻禄部较大的发展还是在唐高宗时期。

二

永徽元年(650 年),唐朝对车鼻部的战争取得了决定性的胜利。九月,车鼻被擒,其部落灭亡,唐将其地分置单于、瀚海二都护府;十月,曾役属于车鼻部的葛逻禄部众移居乌德鞬山(即今杭爱山)地区。据《新唐书·地理志》载:"浑河州:永徽元年,以车鼻可汗余众葛逻禄之乌德鞬山左厢部落置。""狼山州:永徽元年,以歌逻禄右厢部落置都督府,隶云中

---

① 《新唐书·回鹘传》下"葛逻禄"。
② 《新唐书·突厥传》上。

都护，显庆三年为州。"葛逻禄之处狼山、浑河二州地自明。所谓"左厢"、"右厢"即为突厥官号"左设"、"右设"的异写。浑河州在东方即为左部地，约当今蒙古人民共和国乌里雅苏台（扎布哈朗特）与哈腊乌斯湖一带地区；狼山州，在西边为右部地，在今科布多（吉尔格朗图）以西、阿尔泰山以北至乌列盖地区。[1]

永徽二年（651年）正月，瑶池都督阿史那贺鲁叛唐，七月进寇庭州，此中尚有葛逻禄部众。据《新唐书·契苾何力传》记载，"永徽中，西突厥阿史那贺鲁以处月、处密、姑苏、歌逻禄、卑失五姓叛"。同年七月，唐朝即命左武卫大将军梁建方、右骁卫大将军契苾何力为弓月道行军大总管讨伐。永徽六年五月癸未，又以左屯卫大将军程知节为葱山道行军大总管，率诸将进讨。次年（显庆元年）八月辛丑，程知节与贺鲁所部歌逻禄获刺颉发及处月部予支俟斥等战于榆幕谷，大破之。[2]《新唐书·突厥传》所载年代与比略异，即系知节为葱山道行军大总管于永徽四年事，击败葛逻禄、处月部为次年（五年）事，此从《高宗本纪》。据《新唐书·突厥传》记载，此战"知节击歌逻禄、处月，斩千级，收马万计"。显庆元年九月，程知节与阿史那贺鲁战于怛笃城，败之。显庆二年擒贺鲁，三年，苏定方俘献贺鲁至京师。

贺鲁之乱平定后，唐朝于显庆三年（658年）设立王府，以处葛逻禄部众，以谋落部置阴山都督府，其地在今新疆塔城至阿拉湖一带，以炽俟部置大漠都督府，约当今新疆青河以南、乌伦古河下游地区，以踏实力部置玄池都督府，辖地在今新疆塔城以北、斋桑泊以南地区。各以其酋长为都督，不改变其部落组织结构，后又分炽俟部置金附州。[3]《新唐书·回鹘传》"葛逻禄"条系置三府事于显庆二年。因《新旧唐书·高宗本纪》以平定贺鲁献捷京师为显庆三年事，故以三年置州为是。与浑河、狼山二州相比，葛逻禄部活动范围明显地向西、向南扩展了，这当然是葛逻禄部

① 参见谭其骧主编：《中国历史地图集》（五），中国地图出版社，1982年。
②《旧唐书·高宗本纪》。
③《唐会要》卷七三。《新唐书·地理志》。

势力发展的结果。据巴尔透《历史和民族志调查》一书记载:"当公元六七六年,西突厥被葛逻禄族所占据……"①即葛逻禄曾经历南下、西进占领西突厥故地的过程,恰与《新唐书》记载相吻合,文称,葛逻禄部"后稍南徙,自号三姓叶护,兵强,甘于斗,廷州以西诸突厥皆畏之"。这正是阿尔泰山以西葛逻禄部众走向强盛的一个转折时期。不过,据格鲁赛《草原帝国》认为,此时,葛逻禄不敢称"可汗",而只称"叶护",主要还是畏惧回纥可汗的攻击。②

以上是原西突厥境内的葛逻禄部众的活动。居于狼山、浑河二州者业已安居乐业,成为唐朝的藩部,隶属于单于都护府(即原来的云中都护府)管辖。

麟德三年(666年)高宗泰山封禅,"都督葛逻禄吐利等三十余人皆从至泰山下,已封,诏勒名于封禅碑云。凡三十年(当作'二十年')北方无戎马警"③。知此后较长一个时期,北边的葛逻禄等部与唐朝和睦相安。

高宗调露元年(679年),北边的和平景象被打破了,阿尔泰山以东葛逻禄及突厥各部居住地区发生叛乱,"单于府大酋温傅、奉职二部反,立阿史那泥熟匐为可汗,二十四州酋长皆叛应之"④。居于乌德鞬山一带的葛逻禄部当也参预其事。此后叛乱为唐将裴行俭所平息。但不久,骨咄陆又自立,北疆从此多事。

三

高宗后期至玄宗开元初,葛逻禄部的活动情况史籍很少记载。至开元天宝间,葛逻禄部又重新与唐朝发生联系,并在金山以东地区起到重要的作用。现分两部分叙述:一葛逻禄在其本部地区与突骑施、拔悉密、

① 冯家昇等编:《维吾尔族史料简编》上,民族出版社,1958年。
② 勒尼·格鲁塞著,魏英邦译:《草原帝国》,青海人民出版社,1991年,第141页。
③《新唐书·突厥传》上。
④《旧唐书·高宗本纪》。

回鹘等周围各部的交往;二葛逻禄部与唐朝中原王朝的关系。

据《新唐书·回鹘传》"葛逻禄"条记载,葛逻禄与周边各部激烈的争夺起于天宝初年。"天宝时,与回纥、拔悉密共攻杀(突骑施)乌苏米斯可汗,又与回鹘击拔悉密,走其可汗阿史那施于北庭,奔京师。"拔悉密的居地在北庭(今新疆吉木萨尔县境内),考之《新唐书·玄宗本纪》,葛逻禄与回鹘、拔悉密攻杀乌苏米施可汗一事发生在天宝三载,文称,三载"八月丙午,拔悉密攻突厥,杀乌苏米施可汗,来献其首"。另据《旧唐书·王忠嗣传》记载,此事又与唐朝的分化政策有关。在这个攻击突骑施的三部同盟中,以拔悉密部为首领,故其酋长阿史那施为联盟可汗,回鹘部首领骨力裴罗与葛逻禄部首领自称左右叶护。[1] 系此事于"开元初",实误。据《旧唐书·突厥传》上载,突骑施乌苏米施为可汗在开元二十八年,则当作"天宝初"。《新唐书·玄宗本纪》作"天宝三载"从之。攻杀乌苏米施以后,联盟内部因争夺可汗一职再次发生火并,《新唐书·拔悉密传》谓"天宝初,与回纥叶护杀突厥可汗,立拔悉密大酋阿史那施为贺腊毗伽可汗。遣使入朝。……不三岁,为葛逻禄、回纥所破,奔北庭"。于是"葛禄与九姓复立回纥叶护,所谓怀仁可汗者也"。不断强大的回鹘部从此就掌握了联盟的领导权。骨力裴罗自称骨咄禄毗伽阙可汗,"天子以为奉义王,南居突厥故地,徙牙乌德鞬山、(嗢)昆河之间……悉有九姓地"(《新唐书·回鹘传》上)。

如前所述,阿尔泰山以东,乌德鞬山左右厢浑河、狼山二州乃是葛逻禄部聚居地之一,回纥占据此地势必包含着对葛逻禄部的征服。事实上也正是这样,"以后于鸡年(天宝四载)……三姓葛逻禄心怀恶意,逃往西方十箭部落"[2]。这是为回纥所迫,逃往西突厥地区的葛逻禄部众。还有未能逃脱者被回纥征服,加上被征服的拔悉密部,以及回纥故九姓,即有"十一姓"之称。回纥置都督统领之。"每行止斗战,常以二客部为军

---

[1]《新唐书·回鹘传》上。《唐会要》卷一〇〇"葛逻禄国"。
[2]《突厥文回纥毗伽可汗碑》,转见岑仲勉:《突厥集史》上,中华书局,1958年,第470页。

锋。"即让葛逻禄和拔悉密人充当先锋军。"自此后,葛逻禄在乌德鞬山左右者,别置一都督,隶属九姓回鹘;其在金山及北庭管内者,另立叶护,每岁朝贡。"①这样,葛逻禄部众即分为两部分,以阿尔泰山为界,原唐所属的浑河、狼山二州葛逻禄部众转归回纥统治;阿尔泰山以西本部地区由葛逻禄叶护管理,开元三年归附唐朝,并向唐朝每岁纳贡。天宝十二载,此部葛逻禄叶护顿毗伽因生擒突厥酋帅阿布思,受唐封赏。②

关于开元天宝间葛逻禄部与唐朝的关系,主要表现有二:其一,葛逻禄部协助唐王朝抵御突厥各部掠夺,捍卫边防,履行藩部职责;其二,向唐朝贡献方物,并接受册命印信,以尽藩臣之礼。

葛逻禄部助唐御敌,首先遇到的就是对付突厥默啜可汗所部的掳掠。因为葛逻禄投唐,正是反抗默啜可汗残暴统治的结果。史载,开元三年(715年),突厥默啜可汗(691—716年)年老昏暴,部落怨叛,"葛逻禄、胡禄屋、鼠尼施三姓,大漠都督特进朱斯、阴山都督谋落匐鸡、玄池都督踏实力胡鼻率众内附,诏处其众于金山"③。

默啜可汗当然不能容忍这一切,开元三年,"默啜发兵击葛逻禄、胡禄屋、鼠尼施等,屡破之"。玄宗即命北庭都护汤嘉惠等人,与葛逻禄、胡禄屋、鼠尼施及定边道大总管阿史那献,互相应援以对付默啜的攻掠。④次年六月,默啜势穷为九姓拔也古所杀;七月,唐玄宗下诏称颂三姓葛逻禄助平默啜"为国藩捍"之功,并决定将葛逻禄三部重新安排其"金山旧居"。⑤

开元五年(717年),突骑施引大食、吐蕃谋取四镇,"会(汤)嘉惠拜安西副大都护,即发三姓葛逻禄兵与(阿史那)献共击之"⑥。天宝十一载,

---

① 《旧唐书·回鹘传》。《唐会要·葛逻禄国》。
② 《唐会要·葛逻禄国》;执阿布思时间从《新唐书·玄宗本纪》;《唐会要》作"十一年"不取。
③ 《新唐书·突厥传》上。
④ 《资治通鉴》卷二一一"开元三年"。
⑤ 《册府元龟》卷九九二。
⑥ 《新唐书·突厥传》下。

阿布思叛唐。十载,北庭都护程千里兵至碛西,讨伐叛军,并以书喻葛逻禄,令其响应。阿布思(即李献忠)势穷,逃归葛逻禄部,"葛逻禄缚献忠并其妻子及帐下数千人,送之千里"①,叛乱平息。总之,葛逻禄作为唐朝藩部助唐戍边,起到了不可忽视的作用。但是,开元天宝间,葛逻禄与唐朝的朝贡册封联系更值得注目。

开元三年四月,突厥三姓葛逻禄内附。次年七月,唐玄宗下诏称颂三姓之功,命鸿胪卿郑嘉祚赍告身、袍带等驰往宣慰,并与之商定讨伐默啜事宜,另赠锦袍、钿带、刀子、砺石。② 这是玄宗时期与藩属葛逻禄部的初次交往活动。这种活动随着时间的流逝不仅没有中断,而且更为加强了。开元十六年(728年),"九月壬寅,突厥大酋长葛逻禄伊难如裴等来朝,并授中郎将,赐紫袍、银钿带"③。葛逻禄首领接受了唐朝委任之官及紫袍等物。开元二十九年(741年)七月,玄宗更命左羽林将军孙老奴与中官出使葛逻禄,向三部首领敕降诏书,令其于金山故地安置部落。④

安史之乱以前的天宝年间(742—755年),葛逻禄部与唐朝的宗藩联系又有所加强。据载,"天宝间,凡五朝"。天宝四载九月,九姓使回纥大首领顿啜罗达、三姓葛禄使首领仵并来朝。⑤ 五载十月癸巳,三葛逻禄苾伽叶护顿阿波移鞬啜遣使朝贡,唐朝授其叶护以"左武卫大将军"(员外置),赐其使者以色绫、金带等物。十一载二月丙申,"三葛逻禄遣使来朝,赐锦袍、金钿带、鱼袋七事"⑥。同年十一月,葛逻禄遣使来朝。十二载四月,"三葛逻禄遣使来朝,凡一百三十人,分为四队,相继而入,各授官赏,恣其请求,皆令满望"。同年十二月,葛逻禄又遣使贡方物。⑦ 由如

---

① 《旧唐书·程千里传》。
② 《册府元龟》卷九九二。
③ 《册府元龟》卷九七五。
④ 《册府元龟》卷一七〇。
⑤ 《册府元龟》卷九七一。
⑥ 《册府元龟》卷九七五。
⑦ 《册府元龟》卷九七一。

上事实中可以看出：（一）葛逻禄部对唐朝朝贡的次数明显地增多了。从天宝四载至十二载的九年中，朝贡五次，献方物一次，尤其是天宝十一、十二两载，皆有朝贡，且每年两次。这说明葛逻禄部与唐朝交往之密切，以及宗藩关系的加强；（二）朝贡的规模有所扩大，其中天宝四、五载均为葛逻禄部首领或叶护亲诣朝贡，四月一次，天宝十二载，使者竟多达一百三十人，均是空前之举；（三）对葛逻禄部首领，唐朝委以要职，给以宠信；对其使者均赏赐色绫、金带，"各授官赏，恣其请求，皆令满望"。

唐朝除了接受朝贡、厚赏其使之外，还敕玺书，奖勉葛逻禄等属部的功绩。如天宝十三载（754 年）五月壬寅，"帝以葛逻禄叶护有擒阿布思之功，特降玺书曰：'卿归心向化，守节安边，常献忠诚，无失蕃礼……卿今载并前俸禄，并令京军给付，后虑其辽远，任于北庭请受，所请印信并译语人官并依来表'"①。由此可知，葛逻禄部与唐朝关系是密切的，唐朝对所任命的葛逻禄部官员，依例给予俸禄。这些俸禄起初由京军供给，后来因为路途辽远不便，改由北庭都护府发放。又依《册府元龟》卷九六五载，擒获阿布思，受到奖勉的葛逻禄叶护是顿毗伽，玄宗授其开府义同三司，并改封为金山王，依旧充任其叶护之职，同时进封叶护妻子及母亲并为国夫人，以示褒扬。

四

天宝十四载以后，唐朝与葛逻禄部和睦的宗藩关系被破坏。安禄山在范阳起兵后，唐朝调兵平叛，导致西域失守，吐蕃、回鹘相继内侵。葛逻禄在"至德后，部众渐盛，与回鹘为敌国，仍移居十姓可汗故地，今碎叶、怛罗斯诸城，尽为所踞，然阻回鹘，近岁朝贡，不能自通"②。"至德"乃唐肃宗年号，即公元 756—757 年。据格鲁赛《草原帝国》认为，天宝十载（751 年），西迁的葛逻禄曾勾结新兴的大食帝国，在塔拉斯河畔大败唐朝

---

① 《册府元龟》卷九七五。
② 《唐会要·葛逻禄国》。

高仙芝的军队。巴托尔德更认为这一天决定了中亚的命运，也就是迫使唐朝势力退出昭武九姓之地，则葛逻禄之西移当在至德以前。此后，葛逻禄部的活动在汉文史籍中极为罕见。但是，我们从安史之乱后，吐蕃、回鹘相继内入中原，或助唐平叛、或寇掠唐朝的形势看，阿尔泰山以西地区的争锋或曾出现过减弱的迹象，葛逻禄的发展正是利用了这一条件，遂能"部众渐盛，与回鹘为敌国"。

又据《旧唐书·突厥传》下称，代宗大历（766—779 年）后，"葛逻禄盛，徙居碎叶川，二姓（即突骑施黄、黑二姓——引者）微，至臣于葛禄、斛瑟，余部附回鹘"。则葛逻禄西迁曾征服过居于伊丽水（今伊犁河流域，为其"小牙"所在）、碎叶川（在中亚楚河流域，为其"大牙"所在）的突骑施部。关于此事，西人米诺尔斯基所译中亚史地古书《世界境域志》称，"他们（葛逻禄人）抓住并征服了他们（突骑施人），夺取了他们的王国，（或者说使他们的王国臣从了）"。自此，我们知道，大历以后，居于北庭的是葛逻禄的一部分，其中大多数已西迁碎叶川与怛罗斯（今苏联哈萨克东南江布尔城）一带活动，也即西突厥十姓可汗故地，并征服突骑施部。而留居北庭的葛逻禄部众真正摆脱回鹘统治，大约在贞元六年（790 年）以后，此前"三葛禄、白服（一作白眼）突厥皆附于回鹘，回鹘数侵掠之"。由于回鹘对葛逻禄等部"征求无度"，使其"人不聊生"，在贞元五年，葛逻禄部"因吐蕃厚赂见诱，遂附之"。接着，吐蕃率葛逻禄、白服之众进略北庭，回鹘大相颉干迦斯屡战皆败[1]，"吐蕃攻围颇急，北庭之人既苦回鹘，是岁（贞元六年）乃举城降于吐蕃"[2]。这样，居于北庭附近的葛逻禄部众即归于吐蕃治下。回鹘当然不甘心让吐蕃占据北庭。贞元六年秋天，颉干迦斯举国兵数万将复北庭，结果为吐蕃所败，死者大半，葛逻禄部乘机取回鹘的浮图川。回鹘震恐，悉迁西北部落于牙帐之南以避之[3]。浮图川，依《资治通鉴》卷二二三胡三省注在乌德鞬山西北，但这与事件发生之地

---

① 《资治通鉴》卷二三三。
② 《唐会要》卷七三。
③ 《资治通鉴》卷二三三。

点相距太远,而且据《旧唐书·回鹘传》记载,吐蕃陷北庭的第二年即贞元七年八月,"回纥遣使败吐蕃、葛禄于北庭所捷及其俘畜"。战争只限于北庭地区,则浮图川在北庭附近无疑,应以王国维浮图川"今古城和济木萨中间之小水"之说①为是。其名浮图川或因在浮图城附近的缘故。

关于回鹘与吐蕃、葛逻禄的战争,"毗伽可汗碑"尚有记载,文称:"北庭半收半围之次,天可汗(即保义可汗)亲统大军讨灭元凶,却复城邑,……复吐蕃大军攻围龟兹,……天可汗射惣师旅,大败贼,奔至真珠河(今纳林河)……攻伐葛禄。吐蕃,搴旗轩馘,追奔逐北,西至拔贺那国(在今苏联乌兹别克斯坦境内)。"②葛逻禄参预吐蕃攻陷北庭及与吐蕃结盟的关系由上可见。《新唐书·黠戛斯传》亦称:"吐蕃之往来者,畏回鹘剿钞,必住葛禄,以待黠戛斯护送。"此后,葛逻禄部除在乌德鞬山左右地区及金山以西、北庭附近活动者以外,主要部众已移居中亚地区。

公元840年,黠戛斯部兴起,与回鹘渠长句录莫贺合骑十万攻回鹘城,灭其汗国,迫使回鹘部众开始大规模的迁徙:一支投奔吐蕃(后为河西回鹘);一支投奔安西(后为高昌回鹘);另一支"有回鹘相驭职者,拥外甥宠特勒(勤)及男鹿并遏粉等兄弟五人一十五部西奔葛逻禄"③。此时葛逻禄已是中亚强部,当另加论述。

纵观葛逻禄部早期历史发展过程,可以看到:它与突厥以及其他各部落民族一样,经济上以游牧生活为主,逐水草迁徙,带有畜牧业生产所固有的流动性和分散性。其社会尚处于部落联盟状态,起初作为西突厥汗国的若干部落,贞观元年以后分离出来,独自发展,中有谋落、炽俟、踏实力三姓。对东、西突厥时而臣属、时而脱离,表现出较大的灵活性。同时又与周围的突骑施、拔悉密、回纥以及强大的中原唐王朝发生了密切的联系;其部落发祥地和中心在今阿尔泰山以西、准噶尔盆地北部地区,而活动足迹遍及蒙古草原西部杭爱山、阿尔泰山东西,乃至今中亚素叶、

① 王国维:《观堂集林补遗·西域杂记》。
②《回鹘毗伽可汗圣文神武碑》,载罗振玉校补:《和林金石录》。
③《旧唐书》卷一九五。

江布尔等广大地区,对中国历史、中亚历史的发展起到不可忽视的作用。尤其是,葛逻禄部在太宗末年、高宗及玄宗时期,作为唐朝的藩部,为唐守边接受册命,以及与唐王朝频繁的朝贡往来,在我国古代民族关系史上写下壮丽的篇章,值得阐扬。

原载《新疆历史研究》1987 年第 2 期

九　沙陀早期历史初探

　　沙陀,是隋唐时期突厥民族的一部分,其先为西突厥之一部——处月部,后又从西突厥中分离出来并与其他部落融合,在今新疆吉木萨尔、奇台一带形成新的部落。它与西突厥处密、失卑、仆骨各部及吐蕃、唐朝、回鹘、党项、吐谷浑等交往密切。在唐代北方各族的纷争中,沙陀人以英勇善战而闻名于世。唐亡后,在我国北方地区迭相出现了5个朝代,其中有3个(后唐、后晋、后汉)是沙陀人建立的。因此,沙陀人在中国历史上所产生的巨大影响是不言而喻的。但是,史学界对沙陀历史的探讨却要相对薄弱一些。我们搜罗诸书,撰成此篇,以为引玉之砖!

一、沙陀历史之溯源

　　沙陀人的祖先部落是西突厥属部之一——处月部。《新唐书》卷二一八《沙陀传》称:"沙陀,西突厥别部处月种也。""别部",在古史上是一个笼统的称呼,既包括被征服的其他部落,也包括其自身之分支部落,然处月与西突厥族属密切,殆无疑义。故《新五代史·唐本纪》径称:"庄宗光圣神闵孝皇帝(李存勖)其先本号朱邪,盖出西突厥,至其后世,别自号曰沙陀,而以朱邪为姓。""朱邪"即"处月",音译不同,其本一也。如此,则处月部的活动就是我们探索沙陀部历史之上源。

处月是西突厥的一部分,关于它的原始居地,史无明载。《旧五代史》谓,"太祖武皇帝(李克用),本姓朱邪氏,其先陇右金城人也。始祖拔野,唐贞观中为墨离军使,从太宗讨高丽、薛延陀有功,为金方道副都护,因家于瓜州。太宗平薛延陀诸部,于安西、北庭置都护属之,分同罗、仆骨之人,置沙陀都督府"云云。这大约是该书作者沿袭了后唐宰相赵凤《后唐太祖纪年录》一书的说法。① 以朱邪氏起自陇右金城,史无佐证,或与沙陀部后代被唐朝赐姓李氏,从而又冒李氏籍贯(即"陇西李氏")有关。

对于沙陀本姓朱邪的说法,《新五代史》的作者断然予以否定。理由是:"夷狄无姓氏,朱邪,部族之号耳,拔野古与朱邪同时人,非其始祖,而唐太宗时,未尝有沙陀府也。"② 以"朱邪"为部族之号及唐太宗时未有"沙陀府"等皆是正确的,但作者欧阳修既以"朱邪"为族称,又谓"拔野古与朱邪同时人",是亦自相矛盾。其他史书未见有"朱邪"或"拔野古(一作拔野)"其人的记载,而只有属于突厥民族的处月和拔野古两部落。史书既已明载太宗时并无沙陀府,则拔野古为都督事必属虚枉。《旧唐书·北狄传》记,唐太宗贞观二十一年(公元 647 年)以薛延陀汗国灭亡,在北方设十三府州以安置北方诸部,其中也无处月部落。显然,贞观中有"沙陀府"的说法,是后世沙陀人对其祖先部落的夸大之辞。

处月人的早期活动地,据《新唐书》记载,在"金娑山之阳,蒲类之东"③。岑仲勉先生以为,金娑山即遏索山,也即额林哈毕尔噶山,且断言:"处月之语原曰 vuguē(aq),其部在今额林哈毕尔噶之南,自空格斯流域,迄于天山之北,与沙陀是二非一。"④ 这就把史书所载之处月居地大大

---

① 《新五代史》卷四《唐本纪》。

② 《新唐代史·唐本纪》欧阳修自序。

③ 《新唐书》卷二一八《沙陀传》。

④ 岑仲勉:《处月处密所在部地考》,《西突厥史料补阙及考证》,中华书局,1958 年,第 194—210 页。

西移了。首先,史书明载,处月居于蒲类之东,金娑山之阳。蒲类即今新疆奇台县南部一带;金娑山,冯承钧编《西域地名》作"搏格达山",即准噶尔盆地与吐鲁番盆地交界地带。其次,处月与沙陀之区别,仅在于沙陀除了来自处月的成分而外,还包含有仆骨、同罗等其他部落,然而其主要成分却是源自处月,所以,二者有直接的承继关系,史书也有所记载。其居地之北有大沙碛也与事实相符合。故处月的居地应在今新疆奇台、木垒、吉木萨尔及巴里坤一带,其北或及于阿尔泰山。

处月部的早期活动,基本上是在西突厥可汗的支配下进行的,也就是说,它是西突厥部落联盟之一。因此,汉文史书对其记载十分少见,依《册府元龟》载,处月部最早入贡唐朝在太宗贞观九年(公元 635 年),这一年十月乙亥"处月初遣使入贡"。[1] 自此后,处月部落的活动始见于籍载。贞观十二年(公元 638 年)十二月,西突厥乙毗咄陆辖下的处月部、处密部与高昌王麴文泰合兵进攻焉耆,陷其五城,抄掠男女一千五百人,焚毁民居民舍而去。[2] 次年,西突厥阿史那弥射恐其兄步真兼并,乃率处月等部投归唐朝,唐授之为右监门大将军。[3] 后阿史那步真势穷,也投归唐朝。留居故地者,咄陆可汗命贺鲁统之。[4]此后的处月部就一分为二,其主要部众仍活动在西域地区。

贞观十六年(公元 642 年),西突厥乙毗咄陆可汗遣处月、处密二部围攻唐天山军(今新疆托克逊一带),被唐将郭孝恪击败,处月部损失惨重,唐军攻拔处月俟斤城,其部众西逃于遏索山(今新疆乌鲁木齐西南之天山一段),免于覆灭。

关于处月俟斤城的位置,学术界有不同的看法。清代官修的《西域图志》云:"按唐处月部为金满州,在北庭,今为迪化州(今乌鲁木齐)以东博克达鄂拉以北之地。处密居处月西,在今玛纳斯郭勒左右,当哈屯博克达鄂拉之北,咄陆以处月处密兵进围天山者,迪化州东境之博克达鄂

---

① 《册府元龟》卷九七〇《外臣部朝贡三》等。
② 《资治通鉴》卷一九五。《新唐书》卷二二一《西域诸国·焉耆传》。
③④ 《新唐书》卷二一八《沙陀传》。

拉也,孝恪追北之会,先拔处月城,后抵遏索山,是遏索山必在处月之西,为今之哈屯博克达鄂拉,而处密居山之北,兵至其境故降也。"①对此,沙畹氏(Ed. Chavannes)十分赞同。② 而岑仲勉先生则断然否定,他认为,"处月部在北庭"是出于误会,"处密居处月西"是毫无信证,并以"处月俟斤城"为"弓月城"。③ 弓月城,按学术界的一般说法,在今新疆霍城西北一带。④ 两地相距遥远。

我们认为,《西域图志》的说法是基本正确的,但《图志》以"天山"为博克达鄂拉,却是错误的。"天山"即"天山县",在今新疆托克逊一带,不是山名。岑先生的考证,或有不妥之处。处月居金满州,史有明文。⑤ 金满州即唐代北庭,今之新疆吉木萨尔,也已为学术界定论。所以,处月俟斤城即应在金满州一带寻之,不会在远远偏西的弓月城。我们怀疑处月俟斤城,或者就是唐代北庭都护府之府治所在地。元代谓之别失八里,今天当地居民谓之唐城或破城子。

贞观二十二年(公元648年)西突厥发生内讧,射匮可汗击败乙毗咄陆,乙毗西奔吐火罗(在今新疆帕米尔以西之中亚地区),阿史那贺鲁迫于形势,率其部众数千帐归属唐朝。唐封其为瑶池都督,遣还故地。此时,处月部朱邪阙俟斤阿阙亦请内属,西域局势为之一变。同年九月,唐崑丘道行军大总管阿史那社尔率兵西击处月处密,大破其部,又有一部分处月人归降唐朝。为时不久,强盛起来的阿史那贺鲁,又走上了反叛唐朝的道路。

唐高宗永徽元年(公元650年),贺鲁拥部叛唐,次年正月,召集离散部众,自称沙钵罗可汗,建牙于双河(今新疆博乐、温泉一带)及千泉(前苏联吉尔吉斯山脉北麓,库腊加特河上游一带)胜兵数十万,诸都皆归

---

① 清代官修《西域图志》卷二一。
② 沙畹(Ed. Chavannes)著,冯承钧译:《西突厥史料》,商务印书馆,1935年,第28页。
③ 岑仲勉:《西突厥史料补阙及考证》,第194—201页。
④ 谭其骧主编:《中国历史地图集》第5册《隋唐五代十国》,中国地图出版社,1982年。
⑤ 《旧五代史》卷二五。《唐书》卷一武皇纪上。《新五代史·唐本纪》等。

之。这一年十二月，处月部首领朱邪孤注也杀唐朝招慰使单道惠，归降贺鲁麾下。唐朝遣军西进。永徽三年（公元652年）正月，弓月道总管梁建方、契苾何力等率众大破处月朱邪孤注于牢山。孤注星夜逃遁。梁建方命副总管高德逸轻骑追之，行五百里，生擒孤注，斩首九千级，虏渠帅六千，俘获万余人，牛马杂畜七万，重伤其部。① 这里出现的"朱邪孤注"及前文的"朱邪阙俟斤阿阙"，都是处月部的部落首领。是知，贞观末年至永徽初年，处月部已有将部落名作为姓氏的例证。

永徽五年（公元654年），唐朝因处月部落置金满州，隶属轮台。龙朔三年（公元662年）改为府。② 《新五代史·唐本纪》称，"唐德宗时，有朱邪尽忠者，居于北庭之金满州"，即朱邪尽忠及其所部之沙陀人出自金满州。但是，据《旧五代史》记载，朱邪尽忠出自"沙陀都督府"。③ 《新唐书·地理志》只记"沙陀都督府"，而未载建府时间，使人难以确定沙陀都督府之属民包括有哪些部落。

据《旧五代史》载，沙陀始祖拔野，唐贞观中为墨离军使，后因从唐太宗讨高丽、薛延陀有功，被封为金方道副都护。薛延陀汗国灭亡，太宗在安西北庭置都护，分同罗、仆骨之人置沙陀都督府。此仅孤证。故《新五代史》作者欧阳修及《资治通鉴考异》的作者司马光均持否定态度。然而考之新、旧唐书之本纪及《北狄传》《东夷传》却发现：处月部确曾参与过唐朝攻打高丽及薛延陀的战争，不过，他们是随阿史那弥射投归唐朝的那一部分处月人，也是随阿史那弥射参加战争的。《旧五代史》的说法虽有夸大成分（如置府之说），但也并非毫无根据，该书下文称："永徽中，以拔野为都督，其后子孙五世相承。"拔野此人史无信证已如前述，但是却包含有处月人部落首领活动的痕迹。

据我们研究，沙陀都督府即是金满州都督府，二者虽名称不同，其内涵一也。《新唐书》卷四三《地理志》七不察史实，将两府并列，而新、旧

①《旧唐书》卷一九四《突厥传》。《资治通鉴》卷一九九。《册府元龟》卷九八六。
②《新唐书》卷四三《地理志》。
③《旧五代史》卷二五《唐书·武皇纪》。

《五代史》的作者对此各持一端,令人难辨真伪。沙陀,即沙碛。北庭以东以北多沙碛,以地貌特点称其府州,遂有"沙陀都督府",而称"金满州都督府"者,以其府治在金满州也,是以地名府。后者应是官方称呼,前者则是俗称。《旧唐书》卷四〇《地理志》所载16个寄寓于北庭府内之杂戎胡部中,有"金满州都督府",而无"沙陀都督府"即是其证。因此,《新唐书·沙陀传》称,高宗永徽年间"废瑶池都督府,即处月地置金满、沙陀二州,皆领都督",也是不足为据的。

显庆元年(公元656年)八月,因处月、葛逻禄等部随贺鲁背叛唐朝,唐葱山道行军总管程知节击之,与葛逻禄获刺颉利发及处月预支俟斤战于榆慕谷,大破之。次年,唐将苏定方、萧嗣业、阿史那弥射等进军伊丽水(今新疆伊犁河),处月、处密各率众来降。显庆三年(公元658年)贺鲁降。唐朝分其种落置崑陵、濛池二都护府,以阿史那弥射为崑陵都护,分押贺鲁辖下之五咄陆部落;阿史那步真为濛池都护,分押五弩失毕部落,处月部归崑陵都护阿史那弥射之管辖。此后,"沙陀"之名渐见于史籍。

"沙陀"一名的出现,是处月人与同罗、仆骨等部融合,并长期在北庭一带居住活动的结果。《新唐书·沙陀传》称:"处月居金娑山之阳,蒲类之东,有大碛,名沙陀,故号沙陀突厥云。"《新五代史》及《资治通鉴考异》所引沙陀人自序谓:"沙陀者,北庭之碛也。"唐太宗破西突厥后"分同罗、仆骨之人于此碛,置沙陀府,……故其后世因自号沙陀",与前说不尽相同,即沙陀人似又来自同罗、仆骨。我们认为,这只是说明沙陀人的来源不是单一的,而是多元的。沙陀主要来自处月,却是可以肯定的,沙陀人姓"朱邪"即是明证。

"沙陀"二字作为姓氏,在唐高宗永徽初年已经出现。永徽二年(公元651年),贺鲁叛唐,处月部朱邪孤注举部响应,时有射脾(即失毕)部落俟斤沙陀那速者不肯从,高宗以贺鲁所领职衔授之。[①] 此沙陀那速是

---

① 《册府元龟》卷九九七。《新唐书·沙陀传》。

西突厥失卑部落之首领,大约也不是处月部人。可见,沙陀之来源除处月而外,还有仆骨、同罗及失卑等部人。

二、沙陀部与诸部之交往及其内迁

沙陀部是以处月为主,吸收北庭一带西突厥其他各部余众而形成的,自然与周围西突厥各部有千丝万缕的联系。但是,它与唐朝、回鹘及吐蕃的关系则影响更为巨大。

自唐高宗在沙陀居地设金满州(后改为府),到安史之乱以前,沙陀基本上是唐朝的一个藩部,受唐封赐,并为唐效力尽职。龙朔二年(公元662年),唐以处月酋长沙陀金山随武卫将军薛仁贵攻打铁勒有功,授之为墨离军讨击使。[①]《旧五代史·唐书·武皇纪》多有夸大。《新唐书》卷四〇《地理志》四记,瓜州晋昌郡下"有府一,曰大黄",其西北千里有墨离军,即指金满州一带(后或改军治于瓜州之晋昌附近)。咸亨元年(公元670年)夏四月,吐蕃陷西域十八州,沙陀部与唐朝的联系一度中断。武则天长寿二年(公元693年)唐武威道总管王孝杰大破吐蕃。十一月,复置四镇。[②] 沙陀又与唐恢复联系。长安二年(公元702年)唐朝封沙陀部首领沙陀金山为金满州都督,徙封其为张掖郡公。[③]《册府元龟》卷九五六载:"通天中,有黑(墨)离军讨击使沙陀金山为金满州都督。"时间略异。但据《新唐书,地理志》载,唐朝复置北庭都护府在长安二年,而金满州又归北庭管辖,似以长安二年授沙陀金山为金满州都督更妥当。

沙陀金山作为沙陀部的首领历时甚久,自唐高宗龙朔初至玄宗开元初年,计50余年,且一直与唐保持着较密切的臣属关系。玄宗先天元年(公元712年)十月,沙陀金山遣使朝贡,次年二月"处月突厥"又遣使来贡。开元二年(公元714年)十二月,沙陀金山还亲自朝贡唐朝。玄宗宴

---

① 《新唐书·沙陀传》。
② 《唐会要》卷七三,国学基本丛书,商务印书馆,1936年,第1326页。
③ 《新唐书·沙陀传》。

之于内殿,仍授其为金满州都督。①《新唐书·沙陀传》记,沙陀金山死于开元二年。《资治通鉴》及《册府元龟》同,故从之。为时不久,沙陀金山死,其子辅国继为首领,代父为金满州都督,累爵永寿郡王。开元十六年(公元728年)三月,沙陀辅国之母鼠尼施被唐朝封为鄯国夫人。②

沙陀辅国为首领时,除向唐朝朝贡有史可依而外,其他活动不见经传。据《新唐书·沙陀传》载,天宝初年前后,沙陀辅国死,其子骨咄支嗣其位。天宝三年(公元744年)回纥内附,唐朝以骨咄支兼回纥副都护。及安史之乱爆发后,骨咄支率部助唐平叛,被肃宗(公元756—761年)拜为特进、骁卫上将军。骨咄支死后,其子尽忠嗣位,继续与唐保持臣属关系,为唐金吾大将军、酒泉县公。

沙陀部从沙陀金山经辅国、骨咄支到朱邪尽忠,虽因当时局势多变及频繁战争而多有迁徙,但其主要活动地区仍在金满州及北庭以东以北地区。沙陀金山曾任墨离军讨击使。严耕望氏《唐代凉州西通安西道驿程考》③以为,墨离军有在瓜州"西北千里"而至"瓜州西北十里"之变化。如果此说不误,则沙陀的活动范围已由北庭而及于河西走廊西部地区。先天初年(公元712—713年),吐蕃大军北上,沙陀部畏其逼迫,或者又退出瓜州一带。安史之乱爆发后,吐蕃北上东进,唐朝遥授朱邪尽忠以"酒泉县公",用其力以牵制吐蕃。

安史之乱及吐蕃军事进攻的加剧,是导致唐王朝走向衰落的重要因素,也是改变沙陀人命运的关键环节之一。史称:"及安禄山反,边兵精锐皆征发入援……数年间,西北数十州相继沦没,自凤翔以西,邠州以北皆为左衽矣。"④唐朝遥授朱邪尽忠以金吾大将军及酒泉县公等,说明沙陀部曾与吐蕃进行过艰苦的斗争。但是,唐朝在吐蕃大军的威逼下节节败退,迅速改变了西域地区的形势。

---

① 《册府元龟》卷九七四。
② 《册府元龟》卷九七五。
③ 文载《中央研究院历史语言研究集刊》第43集。
④ 《资治通鉴》卷二二三"代宗广德元年"。

吐蕃占领河陇,西域的唐朝守将陷于孤立无援之地。能够抵抗吐蕃北掠北庭一带的力量,只有回鹘及沙陀等部,战斗变得更加艰苦。在回鹘部率领下的沙陀等部,英勇奋战,屡败吐蕃大军。但不久,北庭诸部不满回鹘的诛求搜刮,使战局瞬息万变。唐德宗贞元六年(公元 790 年),当吐蕃与葛逻禄、白服突厥等再攻北庭时,沙陀部酋长朱邪尽忠以七千帐降于吐蕃,北庭遂为吐蕃所据。①《新唐书》卷四〇《地理志》三作"贞元三年"。

吐蕃攻据北庭一事,在司马光《资治通鉴考异》所引赵风《后唐懿祖纪年录》中有更详细的记载,文称,贞元五年"回纥葛逻禄及白眼(即白服)突厥叛回鹘忠贞可汗,附于吐蕃,因为乡导,驱吐蕃之众三十万寇我北庭"。尽忠劝忠贞可汗归附唐朝,援救唐北庭节度使杨袭古以共抗吐蕃。次年十二月,"北庭之众劫烈考(即尽忠)降于吐蕃,由是举族七千帐徙于甘州,臣事赞部(即赞普,藏文作 btsanpo)"②。其中"归唐"及"劫烈考降于吐蕃"之说,显然是后世对沙陀先祖之美化与庇护之辞。

沙陀背回鹘而归吐蕃不久,即贞元七年(公元 791 年),回鹘又从吐蕃手中夺回北庭。于是,吐蕃畏沙陀复与回鹘相联背己,乃徙其部于甘州(今甘肃张掖),并以朱邪尽忠为军大论(大论,吐蕃官号,藏文应作 blon chen 或 blon po)。这是沙陀部第一次大的迁徙。此后,吐蕃进掠唐边,皆以沙陀军为其前锋,所向无敌,为时近 20 年之久。

唐德宗贞元末年至宪宗元和初年,局势又发生新的变化。活动在河西一带的回鹘部落一度得势,大败吐蕃军,夺取凉州(今甘肃武威),从而与甘州的沙陀部居地连接起来。对此,吐蕃感到不安,唯恐二部相协危及它在河陇的统治,遂欲将沙陀部迁离河西。沙陀部酋担心为吐蕃兼并,朱邪尽忠乃与子执宜相谋归唐。恰在这时,唐灵盐节度使范希朝引诱沙陀内附。元和三年(公元 808 年),朱邪尽忠率其部共 3 万落沿乌德

---

① 《资治通鉴》卷二三三;《旧唐书·吐蕃传》等。
② 《资治通鉴》卷二三七注引文。

鞬山东行。吐蕃追之,且战且走。行三日,吐蕃追兵大至,"自洮水转战至石门(《水经注》称,石门在原州平高县界),凡数百合;尽忠死,士众死者太半。执宜帅其众犹近万人、骑三千,诣灵州降"①。

这里有一个问题,即"乌德鞬山"在哪里?在史书中,乌德鞬山即郁督军山,一般指今蒙古国车车尔勒格以西之杭爱山。此山在甘州以北数千里,既与沙陀部逃亡的方向不合(一在北,一往东),又与"行三日,吐蕃追兵大至",战于洮水的时间、地点不符。沙陀军不可能在三日之内,从甘州北迁至今杭爱山,又南下至今甘肃兰州市以南之临夏地区,这是显然的。此乌德鞬山必有他指。

考之史志,乌德鞬山即郁督军山(或于都斤山),又有"天山"之称,而横亘今甘肃河西地区的祁连山,在史书中也被称为"天山"(祁连,匈奴语"天山")。则乌德鞬山与祁连山皆有天山之名,由此缘故,史书作者或将祁连山称作乌德鞬山。征之地理实际,也恰好相合。沿祁连山疾行 3 日,即可抵达今甘肃临夏一带地区(即枹罕、洮水之地)。因此,此乌德鞬山是祁连山而非杭爱山。沙陀部或许有从甘州向东北迁徙,至今内蒙、山西等地者,然其主力即朱邪尽忠、执宜父子所部则是顺上述路线迁徙的。此即沙陀部第二次大迁徙。

关于沙陀部内迁的时间,史书有不同的说法。赵风《后唐懿祖纪年录》谓:"贞元十三年,回纥奉诚可汗收复凉州,大败吐蕃之众,……贞元十七年,(朱邪尽忠)自乌德鞬山率其部三万东奔,……至灵州,犹有马三千骑,胜兵一万。时范希朝为河西、灵盐节度使,闻懿祖(执宜)至,自帅师蕃界,应接而归,以事奏闻。"②考之诸史,发现赵氏之说有一些明显的错误。首先,贞元十三年(公元 797 年)奉诚可汗收复凉州、大败吐蕃一事与事实不符。据新、旧《唐书·回鹘传》记载,奉诚可汗已在贞元十一年(公元 795 年)去世,此后的唐代回鹘可汗中再未有奉诚之名,故其说

①《资治通鉴》卷二三七。《新唐书·沙陀传》。
②《资治通鉴》卷二三七注引文。

纯属虚构可知。其次,贞元十七年(公元 801 年)范希朝为灵盐节度使并迎沙陀部归附事也有失实之处。据《旧唐书》卷一三《德宗纪》载,贞元末,范希朝为振武麟胜节度使,而非灵盐节度使。范氏为灵盐节度使事,依新、旧《唐书·范希朝传》载,应在唐宪宗元和初年。① 《旧唐书·宪宗纪》系之于元和三年(公元 808 年)夏四月甲子。这一说法之正确性,还得到《资治通鉴》及《册府元龟》等书的充分证实。② 故沙陀自甘州内迁应在元和三年(公元 808 年)。赵凤虽生活时代较早,且为沙陀人所建后唐政权的宰相,然其所说也并非尽是事实。

三、归唐后的沙陀部

沙陀部由一万余人的部落发展而为称雄一方的藩镇势力,这与其迁徙内地不无关系。迁居中原不仅可以吸收先进的文化与技术,而且还可以直接参与王权的角逐,从而开辟了沙陀历史发展的新时期。

沙陀部在朱邪尽忠死后,由尽忠子朱邪执宜率领,于元和三年(公元 808 年)抵达灵州(今宁夏灵武南)。唐灵盐节度使范希朝闻之,亲自率众迎于塞上,并将沙陀部众安置在盐州(今陕西定边县),"为市牛羊,广其畜牧,善抚之"③。并置阴山府,以朱邪执宜为兵马使。

唐朝的安抚政策赢得了沙陀部人民的归心,"其童耄自凤翔、兴元、太原道归者,皆还其部"④。元和三年六月,朱邪尽忠之弟葛勒阿波(一作曷勒河波)又率众七百投奔范希朝处,唐朝封其为左武卫大将军、阴山府都督。⑤ 唐朝对惨败之后的沙陀部予以极大的关怀和救助,为沙陀的振兴提供了良好的条件,沙陀遂也成为唐朝戍边平叛的一支劲旅,"自是,

① 《旧唐书》卷一五一。《新唐书》卷一七〇《范希朝传》。
② 《资治通鉴》卷二三七注引《资治通鉴考异》文。
③ 《资治通鉴》卷二三七注引《资治通鉴考异》文。
④ 《新唐书》卷二一八《沙陀传》。
⑤ 《册府元龟》卷九六五、九七七。《旧唐书·宪宗纪》上。

灵盐每有征讨,用之所向皆捷,灵盐军益强"①。

朱邪执宜率部定居灵州以后,立刻至长安朝贡,宪宗赐其金币袍马万计,并授之以特进、金吾卫将军。元和四年(公元 809 年)六月,范希朝为太原尹、北都留守、河东节度使,前往太原(今山西太原市南),沙陀举部从之。范希朝选其劲骑 1 200 人,号为"沙陀军",置军使。将沙陀余部安置于定襄川(在今山西定襄境内)。不久,朱邪执宜为吐谷浑所击,率部徙居神武川之黄花堆(今山西山阴东北),更号阴山北沙陀。

北迁河东一带的沙陀部,不久即参与了平定诸节度使叛唐的战斗。元和五年(公元 810 年),宪宗遣兵讨伐成德军节度使王承宗,朱邪执宜以沙陀军七百为前锋从征,与王承宗数万人相遇于木刀沟,执宜"横贯贼阵",力破叛军,被唐朝封为蔚州刺史。时王谔节度太原,恐沙陀部势力过大并萌生背唐之心,遂建十府以分处沙陀部众。

元和八年(公元 813 年)回鹘渡碛南取西城(即西受降城,在今内蒙古五原西北部地区)、柳谷(不详,约与西城纬度相当,且相距不远),宪宗诏朱邪执宜屯驻天德(今内蒙古乌梁素海南)阻遏回鹘南下。此后不久,唐朝讨伐蔡州刺史吴元济之叛,执宜随李光颜破时曲(今河南郾城南),拔凌云栅,大获全胜。叛平,执宜被授予检校刑部尚书,仍归李光颜属下。穆宗长庆二年(公元 822 年),执宜入朝,穆宗留其宿卫,拜金吾卫将军。② 以勇猛善战而著称的沙陀军,遂成为唐王朝维持其最后统治的重要支柱之一。无论是对付叛乱的节度使,还是起义的农民军、抄掠的回鹘部,均以沙陀军为其先锋。

唐文宗大和四年(公元 830 年),柳公绰为太原尹、北都留守、河东节度观察等使时,陉北的沙陀部势力已相当强大,回鹘各部皆畏服之。柳公绰一到任,立刻召朱邪执宜,"治废栅十一,募兵三千留屯塞上,其妻母来太原者,令夫人饮食问遗之。沙陀感恩,故悉力保障"③。此后,沙陀部

---

① 《资治通鉴》卷二三七注引《资治通鉴考异》文。
② 《旧唐书》卷一六《穆宗纪》。《资治通鉴》卷二三七注引《资治通鉴考异》文。
③ 《新唐书》卷一六三。《旧唐书》卷一六五《柳公绰传》。

即居于云、朔塞下,为唐捍卫北边。唐朝授执宜阴山府都督、代北行营招抚使,由河东节度使统辖。执宜死后,其子赤心代父继立。

开成四年(公元 839 年),回鹘发生内乱,其相掘罗勿将兵在外,以马三百赂沙陀首领朱邪赤心,借其兵共攻彰信可汗,可汗兵败自杀。会昌三年(公元 843 年),回鹘乌介可汗侵逼振武,太原节度使刘沔遣麟州刺史石雄等率沙陀军击回鹘于杀胡山。① 后又讨伐潞州(今山西南部),诛杀刘稹,唐以赤心率代北骑军三千为前锋军,攻城陷阵,得其死力。

唐宣宗大中元年(公元 847 年)五月,吐蕃趁武宗新丧,与党项、回鹘联合进攻河西(陕西北部、山西西部),沙陀军随太原王宰前往征讨,史称"沙陀常深入,冠诸军。赤心所向,虏辄披靡,曰'吾见赤马将军火生头上'"②。因战功,宣宗授赤心蔚州刺史、云州守捉。

懿宗咸通九年(公元 868 年)七月,桂林戍卒推庞勋为帅起兵反唐。次年,唐以康承训为义成节度使和徐州行营都招讨使,朱邪赤心为太原行营招讨使、沙陀三部落等军使,率沙陀突骑三千人随征。这一部分沙陀军远行数千里,抵达今安徽南部地区。据称,康承嗣所部唐军在涣水(今安徽浍河)遭到伏击,几乎全军覆没,而"赤心以骑五百掀出之。(庞)勋欲速战,众八百,短兵接,赤心勒劲骑突贼,与官军夹击,败之。其弟赤衷以千骑追之亳东"③,是沙陀军为唐镇压戍卒起义立下汗马功劳。十一年正月,赤心被封为检校工部尚书、单于大都护、振武节度使。④ 赐姓李,名国昌,并赐亲仁里甲第。这便是沙陀部首领由唐之属臣转而为割据一方之封建势力的开始。

原载《西北历史研究》1989 年号,西北大学出版社 1991 年

---

① 《资治通鉴》卷二四七。《旧唐书》卷一六一《刘沔传》《石雄传》。
② 《新唐书》卷二一八《沙陀传》。
③ 《新唐书》卷二一八《沙陀传》。
④ 《旧唐书》卷一九《懿宗纪》。

十　唐代北方民族的大迁徙及其影响

在唐代历史上,北方少数民族的大迁徙占有突出的地位。它不仅历时长久、规模宏大,而且影响极其深远。通过迁徙,各民族新的分布格局形成了,文化交流、民族融合随之而生。在唐末及唐亡后的数十年间,参与迁徙的诸族均跨入新的历史时期,先后建立了地方政权。迁徙还影响到唐朝的政治、经济、军事及社会生活的各个方面,在中国的人口流动史上也是十分壮观的一幕。本文拟就吐蕃、吐谷浑、党项、沙陀、回鹘诸族在北方地区的迁徙加以论列,供读者参考。

一、吐蕃人向北部、东北部的迁徙

公元 7 世纪初,松赞干布统一青藏高原,建立吐蕃王朝。松赞干布死后,其子早死,其孙芒松芒赞幼年继位,大权悉归吐蕃贵族噶尔家族掌握,吐蕃向邻部的军事扩张由此展开。吐蕃人的大迁徙便是这种扩张的直接产物。

吐蕃向其北部,也即今新疆南部塔里木盆地一带的扩张由来已久。但是,把军事势力伸入西域并建立较稳定的统治,却发生在赞普芒松芒赞在位时期。

据藏文史书《敦煌吐蕃历史文书》记载,唐高宗龙朔二年(662年),吐蕃大论东赞域宋在吐货尔(dugul)地方向象雄(即羊同)征收军备物品。同年十二月,与唐朝在西域展开争夺。唐朝属部"有阿史那都支及李遮匐,收其余众附于吐蕃"。① 进入西域的吐蕃军与当地突厥各族结合起来,气势很大。至咸亨十八年(670年)夏四月,"吐蕃陷西域十八州,又与于阗袭龟兹拔换城(今新疆阿克苏),陷之。(唐)罢龟兹、于阗、焉耆、疏勒四镇"②。

安史之乱爆发后,唐朝调兵东守,一度夺回的西域地区又复丧失。"贞元三年,陷安西、北廷(庭),陇右州县尽矣。"③此后,吐蕃占据西域达百余年之久。

随着吐蕃向北扩张,大批吐蕃人迁居西域地区。据新疆出土的藏文简牍记载,在西域地区活动的吐蕃贵族有没庐氏、属庐氏、蔡邦氏、那囊氏、昆氏、娘若氏、努布氏、韦氏等古老家族④,至于一般的部落组织则为数更多。《新唐书·吐蕃传》称:"虏法,出师必发豪室,皆以奴从",即是这种情况的反映。

吐蕃人向东北部的迁徙也是以军事扩张的方式来实现的。唐太宗贞观十年以前,吐蕃曾对吐谷浑、党项等部进行过一次掠夺,为唐军所遏止。⑤ 松赞干布死后,吐蕃重开战衅,终于在龙朔三年(663年),灭亡吐谷浑部,把势力伸入今青海境内。

唐中宗景龙三年(709年),金城公主下嫁,唐蕃暂归于好。睿宗时,鄯州都督杨矩受吐蕃厚贿,将河西九曲之地作为金城公主汤沐地,送给吐蕃。"吐蕃既得九曲,其地肥良,堪顿兵畜牧,又与唐境接近,自是复叛,始率兵入寇。"⑥玄宗开元年间,吐蕃屡次入掠临洮、兰、渭诸州及河西

---

① ②《资治通鉴》卷二〇一。
③ 新、旧《唐书·地理志》"陇右道"。
④ 王尧、陈践编:《吐蕃简牍综录》,文物出版社,1986年。
⑤ 新、旧《唐书·吐蕃传》。《册府元龟》卷九七八《外臣部·和亲一》。
⑥《旧唐书·吐蕃传》。

地区,甘、瓜二州重被其害。吐蕃人随着军事上的向东推进也相继移居今甘肃南部、西部地区。

乾元之后,吐蕃趁安史之乱,唐军东调之机,长驱直入。"数年之后,凤翔之西,邠州之北,尽蕃戎之境,湮没者数十州。"①此后,吐蕃大军北掠灵州、盐州、麟州,东入关中,甚至一度进据京师长安,吐蕃撤离关中后,仍占据青海、甘肃及四川西北部地区,吐蕃的军队及随之而来的居民在这一带生活百余年之久。

吐蕃的统治瓦解之后,沙州人张义潮起兵收复河陇,吐蕃远徙叠(今甘肃迭布)、宕(甘肃宕昌)以西。但是,吐蕃在今甘肃、青海一带居住与活动的状况却已成定局。唐亡后,在今甘肃东部的仪、渭、泾、原、环、庆、镇戎、秦、灵各州均有吐蕃余众杂居。宋代的河西吐蕃六谷部和河湟吐蕃唃厮啰所部还分别建立了自己的割据政权,盛极一时。

吐蕃居民的东北迁徙影响深远。元明时代,居住于凉州、甘州、肃州、永昌、山丹、临洮、巩昌(陇西)、西宁、洮州、河州、岷州一带的藏族即是东迁者的后裔,可以说,吐蕃的东北迁徙奠定了今天甘青藏族形成与分布格局的基础。藏文史书在谈到甘青区域藏族形成史时,大多以吐蕃大军东侵为其上源正是这个道理。②

二、吐谷浑的内迁

吐谷浑原为辽东鲜卑慕容部,"属晋乱,始度陇,止于甘松之南,洮水之西,南极白兰,地数千里"③。唐太宗贞观十一年,吐蕃向唐求婚,太宗不许。吐蕃使者诬称吐谷浑从中作梗,松赞干布遂派大军北击吐谷浑,"吐谷浑不能支,遁于青海之上,以避其锋,其国人畜并为吐蕃所掠"。④

---

① 《旧唐书·吐蕃传》。
② 嘉木样协巴·久美旺布著,杨士宏译,达瓦洛校订:《卓尼政教史》,西北民族学院研究所印。
③ 《旧唐书》卷一九八《吐谷浑传》。
④ 《旧唐书》卷一九六《吐蕃传》上。

嗣后,唐蕃和好,吐蕃大军也撤离其境。

松赞干布死后,吐蕃向东北部扩张,吐谷浑首被其害。高宗显庆元年十月,吐蕃大将禄东赞率兵 12 万击白兰羌,杀白兰千余人,并进攻吐谷浑。龙朔三年,唐遣右威卫大将军薛仁贵等助吐谷浑抵抗,反为吐蕃所败,于是吐谷浑归于吐蕃辖下。吐谷浑王诺曷钵率部众与唐弘化公主一起内迁。

诺曷钵部先至凉州(甘肃武威),唐以凉州都督郑仁泰等率兵驻扎凉、鄯二州以为前御。咸亨三年(672 年),诺曷钵部迁至鄯州浩门河之南。不久,因畏吐蕃之强,不安其居,又鄯州地狭,难以发展,遂徙其部于灵州。唐为之置安乐州,以诺曷钵为刺史。①

武则天圣历二年(699 年),吐谷浑部分别有七千帐和一千四百帐内附。② 唐朝因其所归,处之甘、凉、瓜、沙等州境内,河西走廊的吐谷浑人为之大增。开元三年,吐谷浑大酋慕容道奴等降唐,唐处之"河南"(即河套南部),并封道奴为"左武卫将军兼刺史、云中郡公"。③

安史乱前,内迁的吐谷浑基本上居住在今甘肃河西地区及宁夏、陕北一带,即甘、凉、瓜、沙、灵、夏、延等州。安史乱后,吐蕃东侵,河西陇右尽为所据。至德间,吐蕃又陷安乐州,散居上述地区的吐谷浑人又被迫东迁,并集中在以下三个地区:一是盐、庆、夏、银诸州;二是河东道的太原府、路州、岚州、石州及北面的云、朔等州;三是原属朔方节度使管辖的天德与振武等地。④

唐末,居于今山西一带的吐谷浑部落首领赫连铎的活动颇为频繁。《新五代史·吐谷浑传》称,"懿宗时,(吐谷浑)首领赫连铎为阴山府都督,与讨庞勋,以功拜大同军节度",与背唐的沙陀部也屡见兵锋。广明元年(880 年),唐朝击败沙陀,封赫连铎为"云州刺史,大同军防御使",其

---

① 《册府元龟》卷一〇〇〇《外臣部·亡灭》。
② 《新唐书》卷一一〇《论弓仁传》。《资治通鉴》卷二〇六。
③ 《册府元龟》卷九六四《外臣部封册二》。
④ 周伟洲:《吐谷浑史》,宁夏人民出版社,1986 年,第 170—171 页。

部将白义诚为"蔚州刺史"。①

赫连铎死后,其部始衰,属众散居蔚州(今河北蔚县)界内。此后,吐谷浑人或属相继出现的五代政权管辖,或归党项人统治,活动在天德等地的吐谷浑还成了辽朝的属民,其人数不少,辽朝还为之设有"吐谷浑国王府"。②

三、党项人的内迁

党项人是汉代西羌人的一支。唐初,"其界东至松州(今四川松潘),西接叶护(今新疆境内),南杂舂桑、迷桑等羌,北连吐谷浑,处山谷间,亘三千里"③。

唐代党项人较大的内迁有三次:唐太宗贞观三年至六年(629—632年),唐高宗乾封二年至则天天授三年(667—692年)及安史之乱(755—763年)时期。

贞观初年,党项人的内迁是由唐朝的诏谕及吐蕃之压力而引起的。贞观三年,南会州都督郑元璹遣使诏谕,其酋长细封步赖举部内附,太宗降玺书慰抚之。"步赖因来朝,宴赐甚厚,列其地为轨州,拜步赖为刺史……其后,诸姓酋民相次率部落皆来属,请同编户,太宗厚加抚慰,列其地为崌、奉、岩、远四州,各拜其首领为刺史。"④贞观五年,"太仆寺丞李世南开党项之地十六州、四十七县"⑤。到贞观六年,"党项羌前后内属者三十万口"⑥。唐朝均因其部落列地置州府以处其众。

乾封二年至天授三年的迁徙,也即党项的第二次内迁,其直接原因是吐蕃王朝的崛起及其向东北部的扩张。《新唐书·地理志》七下"党项

---

① 《旧唐书·僖宗记》。《新五代史·吐谷浑传》。
② 《辽史》卷四六《百官志》三。
③ 《旧唐书·党项传》。
④ 《旧唐书·党项传》。
⑤ 《新唐书·地理志》七下。
⑥ 《旧唐书》卷三《太宗纪》下。

州五十一"条记:"乾封二年,以吐蕃入寇,废都、流、厥、调、凑、般、匐、器、迻、镶、率、差等十二州。"永徽前后,吐蕃尽据羊同、党项及诸羌之地,东接凉、松、茂、巂等州。① 原居于河西陇右及今四川西北并归唐松州都督府管辖的党项人,纷纷内迁至陇右东部、北部及灵、夏、银、胜等州境内,以避吐蕃之逼。"其在西北者,天授三年内附,凡二十万口,分其地置朝、吴、浮、归等十州,仍散居灵、夏。"②党项人内迁今甘肃东部、北部及陕西北部、宁夏一带地区,为其日后的民族振兴打下基础。

安史之乱爆发后,唐朝征发大批河陇丁壮东守潼关,吐蕃大军趁势东进,党项各部又掀起一次迁徙浪潮。这一次迁徙有一个新的特点,即它又伴随着对唐朝的寇抄活动,党项部落甚至与吐蕃相结合,共同进攻唐朝。为此,唐朝对内迁党项除了采取保护措施,使其免遭吐蕃杀掠之外,也采取了一些防备措施。永泰元年,"(郭)子仪以党项、吐谷浑部落散处盐(今陕西定边)、庆(今甘肃庆阳)等州,其地与吐蕃滨近,易相协,即表徙静边州都督、夏州乐容等六府党项于银州之北,夏州之东,宁朔州吐谷浑往夏西,以离沮之"③。内迁党项便逐渐集中到灵、庆、夏、银、绥、延、胜等州,而留居陇右者,遂为吐蕃所统治。

占据夏、绥、银、宥等州的党项拓跋部(平夏部)是诸部之核心。天宝末年,平夏部助唐平叛有功,被授以容州刺史天柱军使。咸通末,党项首领拓跋思恭称宥州刺史,又助唐镇压黄巢起义,受封为权知夏、绥节度使。次年,获定难军之号。从此,以拓跋部为首的党项人割据政权出现了。党项余部则因其迁徙足迹所至,或臣属于唐朝,或臣服于契丹,或隶归于吐蕃。

---

①《资治通鉴》卷二○二"唐永隆元年"。
②《旧唐书·党项传》。
③《新唐书·党项传》。

四、吐蕃、吐谷浑及党项人内迁之特点与影响

　　青藏高原地区吐蕃、吐谷浑及党项人向东北部、北部的迁徙,形成了唐代民族大迁徙的一股洪流。这一迁徙活动开始于隋末唐初,其内因是诸部社会发展的需要,外因是吐蕃之压迫、扩张与唐朝的招谕。吐蕃与吐谷浑、党项之内迁含义不同,严格地说,前者是内侵,但其后果却造成了大批吐蕃迁入内地。

　　内迁有一些特点并产生了巨大的影响,其主要内容是:(1) 迁徙的时间长。若从唐太宗贞观初年算起,到唐代宗永泰年间大规模迁徙结束为止,其间竟有近一个半世纪之久。(2) 迁徙地域辽阔。吐蕃、吐谷浑、党项从今西藏青海等地迁至甘肃东部、陕北及宁夏、山西、内蒙古等地,足迹遍及数百万平方公里。(3) 对唐王朝的政治、经济、军事各方面产生了深刻的影响。吐谷浑、党项的内迁与归附,使唐朝的西部疆域扩大了。但是,二部由内迁变为内迁与内寇相结合,又加深了唐王朝的社会矛盾。吐蕃的内迁更直接是内侵,破坏了唐朝的西部经营措施。安史乱后,诸部的内迁使唐朝穷于应付。而吐蕃与唐朝的战争竟与安史之乱一起,拉开了唐朝由盛转衰的序幕。(4) 迁徙对唐代北方民族的分布产生重要影响。由于迁徙,一部分吐蕃、吐谷浑及党项人离开青藏高原,进入我国北方地区,成为北方民族的成员,并与汉族及其他各族相互杂居。此后,在甘肃南部,河西之甘、凉等州及青海地区又聚居着吐蕃人;宁夏、陕北等地聚居着党项人,山西的北部聚居有吐谷浑人等。他们与当地人一起,为开发和建设我国北方地区做出了贡献。(5) 民族迁徙为各族自身的发展开辟了新的前景。迁入内地的吐蕃、吐谷浑及党项人逐渐放弃了原来的生产生活方式,过上定居的农业生活,并直接与中原王朝建立密切联系,为其吸收中原先进技术,发展本民族经济与文化,提供了良好的条件。党项人和吐蕃人还建立了自己的割据政权。(6) 内迁促成了唐代的民族大融合。内迁甘、青等地的吐蕃人,是今天甘青藏族的主要来源之

一。而迁居今宁夏、甘肃和陕北一带的党项人又与其他羌族部落、汉族等融合而为西夏民族。迁至陕北、山西等地的吐谷浑先后融合到汉族或其他民族之中,民族迁徙即意味着民族新的发展与融合。吐蕃、吐谷浑及党项人内迁即是如此。

五、沙陀人之东迁及影响

沙陀是活动在我国新疆及中亚地区的西突厥的一支。其先为处月部,后因居住在北庭(今新疆吉木萨尔),而北庭以北、以东多沙碛,后遂改称沙陀。[1] 沙陀人的东迁,构成了唐代北方民族大迁徙的另一条支流。

沙陀部自出现史册后,长期居住在北庭一带,即金娑山之阳、蒲类之东。唐德宗贞元初年,吐蕃北攻北庭,与回鹘等部展开激烈争夺。五年十二月,葛逻禄与白服突厥为向导,引吐蕃攻北庭,沙陀首领朱邪尽忠也以部众附于吐蕃。[2] 此后不久,回鹘又收复北庭。吐蕃遂迁沙陀部七千帐于甘州(即今甘肃张掖一带)居住。以朱邪尽忠为军大论,"吐蕃寇边,常以沙陀为前锋"[3]。这是沙陀部的第一次大迁徙。

在甘州活动十余年后,回鹘在河西地区击败吐蕃并夺取凉州。吐蕃恐甘州沙陀部与凉州回鹘重新结合,危及其在河陇的统治,遂欲徙之河外。沙陀部甚为恐惧。朱邪尽忠与其子朱邪执宜相谋归唐。唐宪宗元和三年,尽忠率部三万余落,沿乌德鞬山而东。[4] 吐蕃追之,且行且战。沙陀部沿洮水抵达石门,即今甘肃临夏一带,惨遭失败,朱邪尽忠也在激战中死亡。朱邪执宜率残部士卒二千、骑士七百北投灵州(今宁夏灵武)。唐灵盐节度使范希朝处其部于盐州(今陕西定边),置阴山府,为其市牛羊,广畜牧,休而养之。"其童耄自凤翔、兴元、太原道回者,皆还其

①③《新唐书·沙陀传》。新旧《五代史·唐书》。
②《资治通鉴》卷二三三。
④《新唐书·沙陀传》;参见张云:《沙陀人早期历史初探》,《西北历史研究》1989年号,西北大学出版社,1991年。

部。"同年七月,尽忠弟葛勒阿波也率残部七百至振武降,受封为左武卫大将军兼阴山府都督。①

沙陀此次东迁是在吐蕃大军追击下进行的,死伤惨重。在今甘肃临夏大败后,沙陀部大体沿三个方向迁徙:一是北迁灵、盐二州的,以朱邪尽忠为首,是沙陀部的核心;一是向东南迁至兴元,即今陕西汉中市以西地区;另一支是东迁至凤翔(今陕西凤翔)一带。还有一支向东北迁徙,抵达今山西省太原市西南地区,即尽忠弟葛勒阿波所部。前几支后来相继辗转至盐州一带,而迁至太原的一支,则北归振武军(治今内蒙古和林格尔西北)。

元和四年七月,范希朝调任河东节度使,沙陀举部从之,由今陕北、宁夏一带迁至河东地区。范希朝选沙陀劲骑 1200 人号"沙陀军",置军使,处之于定襄川(今山西定襄)。朱邪执宜率部退保神武川之黄花堆(今山西山阴东北部),更号阴山北沙陀。这样,沙陀部基本上迁至今山西北部地区。

唐文宗太和四年(830 年),柳公绰镇河东,在云州(今山西云中)和朔州(今山西朔县)治废府十一,选沙陀部 3000 人戍守北边,号代北行营,授执宜为阴山府都督,代北行营招抚使。此后沙陀部以河东北部为基地,助唐守边平叛,并逐渐发展起来。

沙陀部的内迁在唐代北方民族历史上产生了十分重要的影响:第一,内迁使面临危亡的沙陀部恢复转机,摆脱了吐蕃的统治。巨大的损失换得良好的生存环境。第二,内迁中原,定居河东为吸收中原先进的生产技术与文化提供可能,从而推动了沙陀部社会组织的进步。第三,沙陀军的英勇善战,不仅使其在混战的唐末得以安存,而且由于助唐镇压农民反抗及平定节镇叛乱而得以壮大。沙陀部在河东定居,对唐朝稳定河东局势,抵御回鹘南下起到一定作用,由此也使强大的沙陀部成为割据一方的地方势力。第四,唐亡后,在中原地区迭相出现的五代政权

---

① 《新唐书·沙陀传》。新旧《五代史·唐书》。

中,其中后唐、后晋、后汉三个均系沙陀人所建。这一点已足以证明内迁对沙陀部的影响及内迁沙陀人在中国历史上的重要地位。

六、回鹘人西迁及其历史意义

回鹘人西迁,是回鹘族历史上的转折性事件,在唐代北方民族的迁徙史上,其意义也不容忽视。

回鹘原居嗢昆水(今鄂尔浑河)及仙萼河(今色楞格河上游)一带,即今蒙古人民共和国乌兰巴托以西及杭爱山东部地区。唐文宗开成初,萨特勒可汗诛杀谋反的柴革与安允谷二相。四年,回鹘相掘罗勿作难,引沙陀朱邪赤心部共攻可汗,萨特勒自杀,国人立馺馺特勒为可汗。其时,内乱与天灾相加,"方岁饥,遂疫,又大雪,羊、马多死,未及命"①。次年,部落渠长句录莫贺恨掘罗勿,遂与黠戛斯合骑兵 10 万攻回鹘城,杀可汗,诛掘罗勿,焚其牙帐,诸部溃散。回鹘各部在其首领引导下纷纷逃散,考之史籍,主要有以下几支:

1. 南归唐朝的回鹘嗢没斯等部

回鹘政权为黠戛斯覆灭后,可汗牙部十三姓奉乌介特勒为可汗,南保错子山。此时,黠戛斯已击败回鹘并劫得唐太和公主,遂遣其使者达干送公主南归唐朝。途中,达干为乌介所杀,乌介又劫唐公主南渡沙漠,进攻天德城(今内蒙古乌拉特旗北五加河东岸)。唐振武节度使刘沔遣兵拒之。后又采取安抚措施,赈济回鹘部。回鹘相赤心与王子嗢没斯、特勒那颉啜等率部来归,依附唐朝。

会昌元年,回鹘奉唐公主至漠南,入掠云、朔二州。然后,北转天德、振武间,抢夺牲畜。唐朝遣兵合击,回鹘部再分裂。嗢没斯与唐天德军戍将田牟联合,诱杀赤心。那颉啜收赤心众七千帐东走振武、大同,并欲

---

① 新、旧《唐书·回鹘传》。

与室韦及黑沙部南图幽州,为唐幽州节度使张仲武所破,"全收七千帐,杀戮收擒老小近九万人"。那颉啜也为乌介所杀。特勒庞俱遮、阿敦宁等凡四部及将军曹磨你众三万人,投降张仲武。

嗢没斯率三部及特勒大酋二千骑诣振武(内蒙古和林格尔西北),唐朝封其为右金吾卫大将军、怀化郡王,以天德为归义军,拜其为归义军使,其部下各有差。"嗢没斯请留族太原,率昆弟为天子捍边,帝命刘沔为列舍云、朔间处其家。"①从此,一部分回鹘人也定居在今山西北部及陕北、宁夏与内蒙古交界地区。后,回鹘据滹沱河(在今山西代县与定襄间)反抗,为刘沔镇压。此部分回鹘人又散居今山西北部各地,与汉族及其他各族杂处。

2. 乌介可汗所部回鹘的迁徙

在南归唐朝的回鹘十三姓中,因意见相左而分裂为二部:一支以王子嗢没斯为代表,一支以乌介可汗为代表。特勒那颉啜与室韦、黑沙部攻唐幽州失败后,乌介杀那颉啜,拥部自有,号称 10 万,驻扎在大同北闾门山。嗢没斯所部则归附唐朝,列为属民。

乌介可汗之投唐,原不过是权宜之策。及局势稍好转后,便萌生背唐自立之心。乌介求归天德军之愿望未能满足时,遂进掠大同川,北攻云州,屡与唐军交战。大中元年乌介部众在战败后,降唐者甚多。乌介势孤,收其余部 3 000 人,往依黑车子(在今内蒙古巴林左旗一带)。唐将弘顺厚贿黑车子人谋杀乌介。部众又推其弟遏捻特勒为可汗。遏捻率部依附奚部(在今辽宁朝阳市西)大首领硕舍朗。及奚部为唐朝所破,回鹘残部转依室韦,分属室韦七部。后,室韦为黠戛斯大军所击,回鹘部又随黠戛斯还居沙漠以北,"遗帐伏山林间,狙盗诸蕃自给"②。有的则西归甘州回鹘。

---

①② 新、旧《唐书·回鹘传》。

3. 西迁北庭的回鹘

回鹘在北庭的活动由来已久。早在高宗永徽年间,回鹘即参预了唐朝平定贺鲁之乱的战斗。玄宗开元中,回鹘攻杀凉州都督王君㚟,断安西入长安之大道,为唐将郭知运击败,退保乌德鞬山(今杭爱山)。不久又西入北庭,与拔悉蜜等驱逐葛逻禄部,据有北庭。

天宝三年,回鹘击败拔悉蜜部,其首领称骨咄禄毗伽阙可汗,唐封之为怀仁可汗。此后,回鹘与吐蕃在北庭地区屡次争锋。咸通七年(866年)北庭回鹘仆固俊击取西州,收诸部,赶走吐蕃在西域的势力。

4. 西迁葱岭以西的回鹘

据《旧唐书·回鹘传》记载,"有回鹘相驭职者,拥外甥庞特勤及男鹿并遏粉等兄弟五人、一十五部西奔葛逻禄"。这是西迁回鹘的基本力量。他们离开蒙古草原后西迁,经过伊犁河谷和七河地区,南抵伊塞克湖。《世界境域志》称,伊塞克湖(Ay-skuk)"位于炽俟与九姓古斯之间"。"在伊塞克湖附近,九姓古斯的边界上另有一条山脉,延伸到突骑施和葛逻禄之交界处"。九姓古斯人,即是迁至中亚葛逻禄与突骑施人居地的回鹘人。

西迁的回鹘部落,还有从七河地、伊塞克湖地区继续南迁,抵达今新疆南部喀什噶尔与和田一带的。①

活动在葱岭一带的回鹘人与中亚的葛逻禄、样磨、炽俟、突骑施以及吐蕃等族居地相连。译书还记葛逻禄时称"其东为吐蕃的领地及样磨与九姓古斯人边界;南为样磨领地及河中地区;西为古斯人边界;北为突骑施人、炽俟人和九姓古斯人之边界"。

进入葱岭一带的回鹘人即开始与先前迁居此地的葛逻禄等部相互

---

① 《世界境域志》对此有所记载,见佚名著,王治来译注:《世界境域志》,上海古籍出版社,2010年,第19—21页、第65页。

争夺又相互融合,最后以西迁回鹘为主形成了喀拉汗王朝。据学者研究:"喀喇汗王朝起源于回鹘,即王朝的汗族是回鹘人。确切些说,喀拉汗王朝就是 840 年西奔葛逻禄的回鹘王朝的汗族成员之一庞特勒建立,并由其后裔继承了王朝的汗位。"①因此,西迁葱岭的回鹘在中国历史,乃至中亚历史上的重要影响是不言而喻的。

5. 西迁西州的回鹘

迁至西州的回鹘,人数不多。据新旧《唐书·回鹘传》载,这是迁往葱岭的回鹘部之残余。但是,北庭地区自唐高宗以来,一直有回鹘人活动,南越天山者为数不少。回鹘毗伽可汗碑及《世界境域志》都记载了回鹘人在天山南部之焉耆、库尔勒、库车等地与吐蕃人对立的情况。

公元 840 年,部分回鹘人移居高昌后,更加强了其在这一带的力量,回鹘与吐蕃在这一地区的争夺更激烈了。至唐末,终于战胜吐蕃并建立自己的地方政权。

6. 西迁甘州的回鹘

回鹘西迁至甘、凉等州,早在武则天当政时已经开始。唐德宗贞元年间,河西的回鹘人还击败吐蕃,夺取凉州②,知其势力不小。但较大的迁徙却是 840 年。由于甘、凉、沙等州地与回鹘故地接近,散居漠北的回鹘纷纷来归,所以,以甘州为核心的河西回鹘之势力日益壮大。他们拥有部众,自称可汗。唐宣宗大中年间,甘州回鹘遣人至长安朝贡,宣宗封其为嗢禄登里逻汩没蜜施合俱录毗伽怀建可汗。③ 五代、宋时期,甘州回鹘一直很活跃。

回鹘人的迁徙,在唐代历史上产生一系列影响:(一) 回鹘迁徙,尤其

---

① 魏良弢:《喀喇汗王朝史稿》,新疆人民出版社,1986 年,第 32 页。
②《新唐书·沙陀传》。
③《新唐书·回鹘传》。

是西迁,结束了它在蒙古草原地区活动的历史,为契丹、蒙古等族兴起于这一地区提供了外在条件。(二)回鹘的西迁,是其历史发展的重要转折点。它使回鹘人摆脱灾难,转危为安并走向发展。西迁的回鹘人相继在西域与河西走廊地区建立了三个地方政权。(三)回鹘的西迁,在今天维吾尔族形成史上也有十分重要的地位,维吾尔族能聚居并活动在今新疆地区,主要取决于唐代的大迁徙。(四)西迁改变了蒙古草原及西北地区的民族关系网,并对文化传播产生一定的影响。

七、最后的结论

(一)唐代北方民族的大迁徙,自唐朝建立时起到唐朝灭亡为止,一直未停息,影响了整个唐代的政治、经济、军事与文化活动。

(二)迁徙的方向从西南到东北,从西到东,从北到南,从东到西,纵横交错,涉及地域广阔,彻底改变了北方民族的分布格局。

(三)吐蕃、吐谷浑、党项、沙陀、回鹘等族,或者一部分,或者大部分,甚至举部迁徙,流动总人口数以百万计。

(四)除吐蕃而外,其余诸族的迁徙均是在外部压力下进行的。吐谷浑、党项、沙陀因于吐蕃的攻掠与吞并,而回鹘西迁的直接原因则是黠戛斯的进攻。内迁中原是诸族迁徙的基本趋势,反映了汉族文明的吸引与内聚力。

(五)迁徙开辟了诸族历史发展的新时期,他们程度不同地摆脱了落后状况,为此后建立割据政权打下基础。可以说,后代的河西六谷部、河湟青唐政权、夏州及西夏政权,五代的唐、晋、汉三代,中亚的喀拉汗王朝,西州的高昌政权、甘州回鹘政权等,均与唐代北方民族大迁徙密切相关。

(六)迁徙为各民族的互相融合开辟了广阔的前景。今天新疆的维吾尔族、甘青藏族等的形成,均是唐代北方民族大迁徙的直接产物。

原载《西北大学学报》1992 年第 2 期

后　记

　　这部著作是我研究唐朝时期吐蕃史、吐蕃与西北民族关系史,以及西北民族历史的成果汇集,由于是不同时期撰写的,风格上存在一定差异,水平也参差不齐。也许是敝帚自珍的缘故吧,我把它们都收了进来,从某种意义上也可以看出我探求学问所留下的足迹。

　　我和西藏历史研究结缘,可以追溯到我读硕士研究生时期。1985年,在工科院校做了两年教师之后,我发现自己想做诗人的梦想濒临破灭,忽然想重新回到故纸堆里探求学问,于是,就报考了某所大学的古文献专业,成绩还不错,结果却被别人顶替了,只能上研究生班。那时,我年轻气盛,自然容忍不了这种做法,遂要求转校到西北大学。西北大学研究生处的领导听了我的转校请求,面有难色。但是在看了我的成绩单后,便决定作为特殊情况,汇报给时任校长的张岂之先生。最后我获得了读研究生的机会,而且专业由我自己选择。民族史是西北大学一个很有特色的专业,由著名民族史专家马长寿先生开辟的这一事业,已经得到发扬光大,并且形成了很好的学术传统。我有幸能在这里学习,成为这个队伍中的一员,可以说是值得庆幸的。而我的导师则是马先生事业的继承人、著名的西北民族史专家周伟洲教授和王宗维教授。由于改换专业的缘故,我必须接受复试。而导师让我做的事情则是:把自己关在狭小的屋子里,阅读两唐书吐蕃传,然后在规定的时间里写出一篇文章。

时间过去了三十多年,我在小屋子里看两唐书吐蕃传、撰写文章的情形,依然历历在目。而在西北大学三年苦读,接着留校两年从事学术研究的经历,也在我的脑海里时时泛起。想不到那次复试竟然也预示着我和藏学研究结下的不解之缘,进而影响到我而后的学术研究道路;想到这些,我深深感激我的导师周伟洲教授和王宗维教授,没有他们的耳提面命、精心指导,我的勤奋只能是事倍功半。我也十分怀念在西北大学西北历史研究室度过的那段时光,虽然无住房和生活贫寒如影相随,可是那种和睦的气氛和良好的人际关系,也给我的精神上带来了许多乐趣。

1988年,我以《吐蕃与党项关系史研究》的学位论文通过答辩,获得硕士学位,该文也得到了同行专家的一致好评与鼓励。1990年,我考入南京大学,跟随著名元史专家陈得芝教授学习元代西藏史,1993年以《元代吐蕃地方行政体制研究》一文获得博士学位,并来到中国藏学研究中心工作。在这里工作的二十几年里,我在思想上经历了许多,感悟了许多,也学到了许多。

张 云

2018 年 7 月 31 日